História do Português Brasileiro

VOLUME X
**DIALETAÇÃO E POVOAMENTO:
DA HISTÓRIA LINGUÍSTICA
À HISTÓRIA SOCIAL**

COLEÇÃO
HISTÓRIA DO PORTUGUÊS BRASILEIRO

VOLUME I	O PORTUGUÊS BRASILEIRO EM SEU CONTEXTO HISTÓRICO
VOLUME II	CORPUS DIACRÔNICO DO PORTUGUÊS BRASILEIRO
VOLUME III	MUDANÇA FÔNICA DO PORTUGUÊS BRASILEIRO
VOLUME IV	MUDANÇA SINTÁTICA DAS CLASSES DE PALAVRA: PERSPECTIVA FUNCIONALISTA
VOLUME V	MUDANÇA SINTÁTICA DAS CONSTRUÇÕES: PERSPECTIVA FUNCIONALISTA
VOLUME VI	MUDANÇA SINTÁTICA DO PORTUGUÊS BRASILEIRO: PERSPECTIVA GERATIVISTA
VOLUME VII	TRADIÇÕES DISCURSIVAS DO PORTUGUÊS BRASILEIRO: CONSTITUIÇÃO E MUDANÇA DOS GÊNEROS DISCURSIVOS
VOLUME VIII	HISTÓRIA SEMÂNTICA DO PORTUGUÊS BRASILEIRO
VOLUME IX	HISTÓRIA SOCIAL DO PORTUGUÊS BRASILEIRO: DA HISTÓRIA SOCIAL À HISTÓRIA LINGUÍSTICA
VOLUME X	DIALETAÇÃO E POVOAMENTO: DA HISTÓRIA LINGUÍSTICA À HISTÓRIA SOCIAL

Conselho Editorial deste volume
Alan Norman Baxter (University of Saint Joseph – Macau)
Josane Moreira de Oliveira (Universidade Estadual de Feira de Santana)
José da Silva Simões (Faculdade de Filosofia, Letras e Ciências Humanas – USP)
Julio Manuel Pires (Faculdade de Economia, Administração e Contabilidade de Ribeirão Preto – USP)
Márcia Cristina de Brito Rumeu (Universidade Federal de Minas Gerais)
Maria Cristina Vieira de Figueiredo Silva (Universidade Federal da Bahia)
Maria Eugênia Lamoglia Duarte (Universidade Federal do Rio de Janeiro-CNPq)
Valéria Neto de Oliveira Monaretto (Universidade Federal do Rio Grande do Sul)

Proibida a reprodução total ou parcial em qualquer mídia
sem a autorização escrita da editora.
Os infratores estão sujeitos às penas da lei.

Este livro é resultado de pesquisa realizada pelo Projeto Temático História
do Português Paulista – Processo Fapesp 06-55944-0 –
e Pelo Projeto Para a História do Português Brasileiro.

A Editora não é responsável pelo conteúdo dos capítulos deste livro.
As Coordenadoras e os Autores conhecem os fatos narrados,
pelos quais são responsáveis, assim como se responsabilizam pelos juízos emitidos.

Consulte nosso catálogo completo e últimos lançamentos em **www.editoracontexto.com.br**.

História do Português Brasileiro
Ataliba T. de Castilho
(coordenador geral)

VOLUME X
DIALETAÇÃO E POVOAMENTO: DA HISTÓRIA LINGUÍSTICA À HISTÓRIA SOCIAL
Jânia M. Ramos
Marilza de Oliveira
(coordenadoras)

Copyright © 2021 das Coordenadoras

Todos os direitos desta edição reservados à
Editora Contexto (Editora Pinsky Ltda.)

Montagem de capa e diagramação
Gustavo S. Vilas Boas

Preparação de textos
Lilian Aquino

Revisão
Daniela Marini Iwamoto

Dados Internacionais de Catalogação na Publicação (CIP)

História do português brasileiro : dialetação e povoamento :
da história linguística à história social / Ana Paula Rocha...
[et al.] ; coordenação geral de Ataliba T. de Castilho ;
coordenação de Jânia Martins Ramos e Marilza de Oliveira. –
São Paulo : Contexto, 2021.
336 p. (História do português brasileiro ; 10)

Bibliografia
ISBN 978-65-5541-006-8

1. Língua portuguesa – Brasil – História
2. Língua portuguesa – História social 3. Linguística
4. Sociolinguística I. Rocha, Ana II. Castilho, Ataliba T. de
III. Ramos, Jânia Martins IV. Oliveira, Marilza de V. Série

20-4123   CDD 469

Angélica Ilacqua CRB-8/7057

Índice para catálogo sistemático:
1. Língua portuguesa – Brasil – História

2021

EDITORA CONTEXTO
Diretor editorial: *Jaime Pinsky*

Rua Dr. José Elias, 520 – Alto da Lapa
05083-030 – São Paulo – SP
PABX: (11) 3832 5838
contexto@editoracontexto.com.br
www.editoracontexto.com.br

SUMÁRIO

APRESENTAÇÃO 7
Jânia M. Ramos e *Marilza de Oliveira*

INTRODUÇÃO 11
Jânia M. Ramos e *Marilza de Oliveira*

VETORES DE HOMOGENEIDADE E HETEROGENEIDADE:
QUESTÕES LINGUÍSTICAS 46
Marilza de Oliveira e *Jânia M. Ramos*

VOZES E LETRAS: NOTÍCIAS DE FALAS E DE ESCRITOS
DE CRIOULOS E AFRICANOS NO BRASIL DO SÉCULO XIX 78
Tania Alkmim

URBANIZAÇÃO E INTERVENÇÃO LINGUÍSTICA NO BRASIL (1950-1960) 106
Marlos de Barros Pessoa

SÓCIO-HISTÓRIA DO PORTUGUÊS PAULISTA NOS SÉCULOS XVI E XVII:
A PRESENÇA DE JUDEUS NA COLONIZAÇÃO DE SÃO PAULO 124
Célia Maria Moraes de Castilho

CONSTRUÇÕES-SE EM ANÚNCIOS DE REVISTAS PAULISTANAS:
UM DIÁLOGO ENTRE A LINGUÍSTICA E O CONTEXTO SÓCIO-HISTÓRICO 152
Giovanna Ike Coan

A ORDEM VERBO-SUJEITO NO MERCADO LINGUÍSTICO REPUBLICANO 182
Priscilla Barbosa Ribeiro

A ELITE PAULISTANA E O SUJEITO PLENO: OS MESQUITA 202
Hélcius Batista Pereira e *Maria Alice Rosa Ribeiro*

ÊNCLISE PRONOMINAL NA FATURA LINGUÍSTICA
DO IMPÉRIO E DA REPÚBLICA 232
Marilza de Oliveira

(IM)PRENSA E MUDANÇA LINGUÍSTICA:
PERIÓDICOS DE OURO PRETO (1850-1900) 256
Elaine Chaves

A RELAÇÃO ENTRE DIALETOLOGIA E HISTÓRIA:
REFLEXÕES TEÓRICO-METODOLÓGICAS PARA
O ESTUDO DO PORTUGUÊS USADO EM MINAS GERAIS 280
Ana Paula Antunes Rocha e *Francisco Eduardo de Andrade*

REFERÊNCIAS BIBLIOGRÁFICAS 303

OS AUTORES 331

APRESENTAÇÃO

Jânia M. Ramos
Marilza de Oliveira

O presente volume trata da história social do português brasileiro. Tal como outras investigações que adotam esse ponto de vista, buscamos priorizar a experiência do homem comum "e os processos de diferenciação e individuação dos comportamentos e identidades coletivos – sociais – na explicação histórica" (Castro, 1997: 54). Assim sendo, as mudanças linguísticas ocorridas na língua portuguesa em uso no Brasil, que constituem nosso objeto de investigação, serão analisadas levando-se em conta seus agentes e as condições políticas, econômicas e sociais em que foram produzidas, adotando-se uma abordagem interdisciplinar.

O tema da formação do português brasileiro vai-se desenvolver como um caso de expansão dialetal da língua portuguesa, o que significa conceber o português brasileiro como um *novo dialeto*, resultante do contato entre diferentes dialetos da língua portuguesa que, após um período de acomodação, sofreu um processo de mistura dialetal e nivelamento, como propôs Trudgill (1999) para outras línguas.

Para sustentar tal concepção, torna-se imprescindível revisitar estudos empíricos que tenham identificado marcas dialetais e/ou tenham documentado processos de mudança linguística, e identificar os agentes das mudanças, as respectivas áreas geográficas por eles habitadas e as datações dos respectivos fenômenos analisados. Para alcançar tais objetivos, solicitamos contribuições de colegas, que, reunidas neste volume, são apresentadas como capítulos. Em decorrência desse propósito, cada capítulo buscou adotar um formato em que inicialmente é identificado um fenômeno linguístico em mudança, em uma área geográfica específica, num período de tempo claramente definido, contextualizado política e socialmente.

Nosso foco, portanto, é definido com base num conjunto de falantes, um fenômeno linguístico atestado, observado dentro de uma determinada conjuntura social e política. Diferenciando-se de outros trabalhos sobre história do português brasileiro, o leitor não encontrará aqui narrações que se baseiam em dados indicadores de densidade demográfica de diferentes locais, recolhidos em diferentes períodos de tempo, considerados autoexplicativos de processos linguísticos. Também não serão elencados grandes eventos políticos nem legislações, ambos tomados como condicionadores diretos de mudanças linguísticas. O balizamento do eixo temporal, século por século, será também evitado. A rejeição a essas escolhas visa, em primeiro lugar, a evitar o surgimento de lacunas difíceis de preencher, por exemplo, buscar justificações para correlações de causa e efeito entre percentuais de densidade demográfica por cor/qualidade e fatos linguísticos. Em segundo lugar, visa a evitar a utilização de parâmetros que, de um modo ou de outro, homogeneízam o que é diverso: por exemplo, usar como argumento a grande extensão do território brasileiro ou a superioridade populacional do Brasil em relação a Portugal referindo-se a épocas nas quais tanto a extensão quanto a população eram muito inferiores às atuais. Em outras palavras, buscou-se evitar anacronismos.

Cientes das dificuldades e dos desafios que nossa proposta nos impõe, passemos a uma breve síntese de cada um dos capítulos que se seguem. Na "Introdução", as coordenadoras do volume explicitam sua proposta de análise e os pressupostos teórico-metodológicos adotados.

No primeiro capítulo, "Vetores de homogeneidade e heterogeneidade: questões linguísticas", Marilza de Oliveira e Jânia Ramos comparam traços linguísticos do português brasileiro com traços dos dialetos de Açores e Madeira. Apontam semelhanças e, com base em fatos históricos, documentam a presença de imigrantes das ilhas desde o século XVI.

No capítulo "Vozes e letras: notícias de falas e de escritos de crioulos e africanos no Brasil do século XIX", Tania Alkmim descortina comportamentos linguísticos de africanos e afrodescendentes no Brasil do século XIX. A partir de uma amostra constituída de textos literários e anúncios de fuga de escravos publicados em jornais no século XIX, a autora compara duas categorias de escravos: aqueles originários da África (africanos) e aqueles nascidos no Brasil (crioulos). O trabalho centra atenção nas particularidades linguísticas de cada uma dessas categorias, identificando aspectos fonéticos, morfossintáticos e interacionais.

No capítulo "Urbanização e intervenção linguística no Brasil (1950-1960)", Marlos de Barros Pessoa argumenta que discussões sobre padronização linguística em jornais de Recife no período de 1950 a 1960 manifestam conflitos entre homens do campo e homens da cidade. O processo de urbanização em Recife oportunizou embates entre representantes da tradição rural e representantes do nacionalismo desenvolvimentista. Apenas a esses últimos associava-se o padrão linguístico adotado pelos jornais.

No capítulo "Sócio-história do português paulista nos séculos XVI e XVII: a presença de judeus na colonização de São Paulo", Célia Maria Moraes de Castilho investiga o dialeto de um grupo social: os judeus que vieram para o Sudeste da colônia nos séculos XVI e XVII, fugindo da Inquisição.

No capítulo "Construções-*se* em anúncios de revistas paulistanas: um diálogo entre a Linguística e o contexto sócio-histórico", Giovanna Ike Coan analisa as construções com "se" em anúncios publicitários do início do século XX e observa que, em contextos ambíguos, o pronome "se" pode indicar pessoalidade ou impessoalidade. A classe popular e a elite interpretam diferentemente o destinatário do anúncio.

No capítulo "A ordem verbo-sujeito no mercado linguístico republicano", Priscilla Barbosa Ribeiro verifica o alto índice de frequência da ordem não canônica VS (verbo-sujeito) em textos produzidos na Escola Normal, entre os séculos XIX-XX. A autora credita esse alto índice à reprodução de *habitus* linguístico de seus atores sociais, os professores e diretores vinculados à Faculdade de Direito, lugar que privilegia a escrita formal. A reprodução do *habitus* linguístico da Faculdade de Direito distendeu a diferença entre a escrita e a fala naquela época e ampliou o fosso entre grupos sociais.

No capítulo "A elite paulistana e o sujeito pleno: os Mesquita", Hélcius Batista Pereira e Maria Alice Rosa Ribeiro analisam a realização do sujeito sentencial em cartas pessoais da elite paulistana do início do século XX e observam alta frequência de sujeitos não nulos. Os autores chamam a atenção para o fato de que, não obstante a entrada maciça de imigrantes europeus, cujas línguas têm o traço de sujeito nulo, a elite paulistana não opta por essa realização gramatical. A explicação aventada é de que a elite paulistana deu continuidade ao processo de realização pronominal que estava em andamento no seu próprio dialeto, ao qual estava afeita por várias razões e manteve-se distante da fala estrangeira.

No capítulo "Ênclise pronominal na fatura linguística do Império e da República", Marilza de Oliveira investiga a colocação pronominal em orações infinitivas preposicionadas colhidas em discursos parlamentares do século XIX. O crescimento do uso de ênclise ao longo do século XIX, independentemente de condicionadores linguísticos, revela não apenas uma desvinculação entre português culto do Brasil e aquele usado em Portugal, em que a ênclise se restringe ao contexto linguístico de uso da preposição "a", mas também a sua adoção como marcador de diferença de posição política.

No capítulo "(Im)prensa e mudança linguística: periódicos de Ouro Preto (1850-1900)", Elaine Chaves investiga as razões pelas quais, ao final do século XIX, ocorreu um grande número de mudanças gramaticais no português brasileiro. Conclui que a liberação do funcionamento da imprensa jornalística, ocorrida nos anos 20 daquele século, abriu um novo espaço de produção escrita que pôde ser ocupado por sujeitos provenientes de segmentos sociais até então excluídos.

No capítulo "A relação entre Dialetologia e História: reflexões teórico-metodológicas para o estudo do português usado em Minas Gerais", Ana Paula Antunes Rocha e Francisco Eduardo de Andrade problematizam uma correlação que é central em estudos geolinguísticos: a correlação entre espaço e variação linguística. Os autores buscam mostrar que, ao tomar-se como ponto de partida uma configuração político-administrativa, reiteram-se ou reforçam-se interesses que levam a uma interpretação convencional, a qual deixa escapar leituras mais condizentes com os objetos investigados, isto é, leituras capazes de evidenciar correlações entre o fenômeno linguístico e mudanças político-sociais operadas naquele espaço, no decorrer do tempo.

Um ponto em comum entre os capítulos é a tentativa de sustentar que escolhas entre opções linguísticas espelham conflitos entre grupos sociopolíticos. Os grupos representados nas discussões são os madeirenses e açorianos nos períodos iniciais de povoamento do Brasil, os africanos, representação na literatura; as pessoas da zona rural ao chegarem a centros urbanos; os judeus, cuja presença contribuiu na formação do Brasil; a elite paulistana, em suas manifestações no século XIX; e, finalmente, o enfoque desses grupos na discussão dos conflitos sociais subjacentes às isoglossas geolinguísticas.

INTRODUÇÃO

Jânia M. Ramos
Marilza de Oliveira

É múltipla e diversa a reconstrução histórica de qualquer fenômeno. Por isso mesmo, é múltipla e diversa a reconstrução da história social da língua portuguesa na América. Muitas narrações dessa história têm tomado como referência a densidade demográfica em diferentes períodos de tempo. A partir do percentual de negros, brancos e índios, por exemplo, têm sido feitas ilações sobre a composição mestiça da língua falada no Brasil colonial. Outras narrações têm tomado como balizas grandes eventos políticos, ou legislações, ou ainda o eixo temporal, século por século e, com base nesses parâmetros, inferido periodizações do português brasileiro.

Uma das limitações encontradas nas argumentações que adotam categorias não linguísticas é ter que preencher lacunas muito difíceis, tais como a inserção de dados que visem a justificar conexões entre as categorias indicadas e fatos linguísticos que se pretende explicar. Além disso, há o problema de essas categorias, de um modo ou de outro, homogeneizarem o que é diverso. Com efeito, nessas abordagens o atual território brasileiro tem sido concebido como um conjunto unitário, uniforme e integrado, o que é um anacronismo. Acrescente-se ainda que, dada a composição étnica da população, o português brasileiro[1] (PB) tem sido concebido como um modo de falar português que "sofreu" os abalos advindos do contato com outras línguas, avançando juízos de valor sobre as resultantes desse processo.

Para evitar esses desvios, esta introdução tem como foco a língua portuguesa, a partir da história da rede social que tornou possível a formação da variedade brasileira. Por essa chave de leitura, o PB será concebido como um novo dialeto da língua portuguesa, constituído na América a partir do século XVI. A orientação teórica em que se desenvolvem os capítulos é interdisciplinar, envolvendo Sociolinguística, História da Língua[2] e História Social do Brasil. O conceito de novo dialeto é de Trudgill (1999; 2004).

A hipótese de que o português falado e escrito no Brasil é um novo dialeto traz algumas implicações. Uma delas é que a origem do que veio a ser o português brasileiro atual deve coincidir temporalmente com a chegada dos primeiros colonizadores falantes dessa língua. Isso faz com que nossa proposta conflitue com várias outras propostas de datação que situam o surgimento do português brasileiro nos séculos XVIII ou XIX.

Outra implicação é que a situação linguística que se configurou no Brasil não foi qualitativamente diferente daquela desenhada na América espanhola e na América do Norte. Essa linha de raciocínio nos leva a rejeitar as suposições de que o português brasileiro são dois – quando se opõe o vernáculo à norma culta interpretada como europeia – ou que teria havido um período de crioulização na sua história.

A não excepcionalidade do português brasileiro em relação ao inglês americano fica evidente quando se observa que uma mesma descrição se mostra adequada a ambos.

> [A língua europeia] entrou em contato com um enorme grupo de línguas e culturas durante esse período [de colonização]. Entretanto, era sempre e virtualmente numa posição de dominação. [As] línguas indígenas americanas [...] eram vernáculos orais [...]. [A língua europeia] gradualmente veio a simbolizar a cristandade, o poder administrativo e militar e a moderna tecnologia.[3] (Leith, 1995 [1983]: 185-186)

A similitude do processo responsável pela presença da língua portuguesa na América com o de outras línguas europeias nas respectivas colônias é também reconhecida por Silva Neto, que, na esteira de Schuchardt, Lenz e Meyer-Lübke, descreve a situação linguística dessas línguas como "média dos vários dialetos que com os povoadores atravessaram o oceano":

> [...] o inglês da América do Norte é o denominador comum, uma espécie de koinê [conforme Schuchardt, 1870] [,] [...] o mesmo caráter [manifesta-se] no espanhol chileno, onde se dera uma nivelação linguística [conforme Lenz 1892] [...]. À proporção que progredia o estudo das línguas transplantadas ia-se confirmando esse princípio, que Meyer-Lübke generaliza ao estudar o francês canadense. (Silva Neto, 3ª ed., 1979: 592)

Assim como ocorreu com o espanhol e o inglês, o português na América entrou em contato com volumoso número de línguas indígenas e de línguas africanas. A heterogeneidade linguística também é tributária da fonte europeia, afinal, diferentes regiões de Portugal forneceram colonos desde os primórdios da colonização no século XVI.

Com efeito, estudos dialetológicos[4] informam que, no período em que se iniciou a colonização, Portugal já se dividia em áreas dialetais. Os dialetos interamnense e trasmontano seriam os mais antigos, datando do século XII.

Introdução

O meridional seria mais recente, por volta do século XIV (Vasconcelos, 1987 [1901]: 27-28). Já a formação dos dialetos insulares é mais recente, uma vez que a ocupação dos arquipélagos de Madeira e Açores teve seu início no primeiro quartel dos quatrocentos.[5]

A diversidade dialetológica portuguesa tem sido desconsiderada pela maioria dos estudos quando o tópico em discussão é o surgimento do português brasileiro. Geralmente a concepção adotada é a de que o português europeu (PE) é um bloco monolítico ou a ênfase recai somente sobre a variedade padrão dessa língua,[6] como se pode depreender da ideia de sua "quase" perfeição como língua nacional:

> Amputado do galego, o português chegou a compor um território que corresponde, aproximadamente, ao território nacional de Portugal continental [...]. como se vê, o português é uma língua nacional praticamente "perfeita". Ocupa, além disso, a área que se manteve estável desde a origem. Portugal é um país que ignora os problemas criados, em outras regiões, pela existência de minorias linguísticas. (Teyssier, 1994: 40)

Essa tomada de posição explica por que em vários estudos quantitativos empreendidos mais recentemente por pesquisadores brasileiros conjuntos de construções têm sido apontados como representativos do PE, sem especificar qual dialeto estaria ali representado.[7] E, quando se analisam textos literários, muitas vezes não se leva em conta a diversidade linguística interna, geralmente presente na fala de personagens rústicos, em contraposição a narradores, nem se leva em conta a origem regional do autor. Em nossa análise, conforme ficará mais claro nas seções seguintes, vamos adotar uma concepção mais realística do PE, identificando os dialetos. Faremos isso porque as diferenças dialetais fornecem informações essenciais para desvendar alguns desafios já postos por estudiosos da história do PB. Enfrentar esses desafios constitui um dos objetivos do presente volume. Passemos, portanto, a eles, a partir de dois trabalhos seminais que, gerados no projeto Para a História do Português Brasileiro, impuseram importantes reflexões sobre a formação do PB.

O primeiro desafio foi posto por Ilza Ribeiro (1998). Ao analisar textos quinhentistas, essa pesquisadora verificou que traços linguísticos, já apontados como caracterizadores do PB, estavam ali presentes, o que gerou um questionamento acerca da datação do PB.

O segundo desafio foi posto por Moraes de Castilho (2001). Numa outra pesquisa assentada na língua do colonizador, com interesse nas construções de tópico e de duplicação de clíticos e possessivos, Moraes de Castilho detectou traços linguísticos em textos quatrocentistas, normalmente associados ao PB.

Esses achados, além de apontarem a necessidade de se reformular a datação do PB, levaram ao seguinte questionamento: se o atual território brasileiro começa a ser ocupado por falantes de língua portuguesa no século XVI, como explicar marcas quatrocentistas no português brasileiro?

Esses desafios exigem respostas. Duas questões impõem-se: uma, de caráter historiográfico e outra, de caráter sócio-histórico. (i) Por que os estudos descritivos sobre a história do PB datam o seu surgimento nos séculos XVIII e XIX, se os portugueses chegaram à América em 1500 e a colonização teve início efetivo cerca de trinta anos depois? (ii) Quais ondas migratórias foram relevantes para explicar marcas quatrocentistas, se a colonização se iniciou em meados do quinhentos?

A resposta para a primeira questão exige a revisão das interpretações atribuídas aos resultados quantitativos de mudanças linguísticas no PB obtidos nos estudos comparativos. Essa revisão exige que se posicionem lado a lado dialetos portugueses e dialetos brasileiros A resposta à segunda questão deve ser buscada na comparação entre variedades regionais portuguesas, de modo a identificar aquela ou aquelas que, por razões geográficas, econômicas ou sociais, tenham ficado isoladas e, por isso, mantido marcas quatrocentistas cem anos depois. Usuários dessa variedade certamente participaram do fluxo populacional que contribuiu para o povoamento do solo brasileiro.

Diferentemente da bibliografia recente, vamos focalizar o português europeu como um conjunto de dialetos. Paralelamente também, vamos ter em conta diferenças entre dialetos brasileiros. Assumir tais diversidades é fundamental para a descrição da história social de uma língua, já que a história social sobre qualquer objeto de análise focaliza as pessoas comuns, os fatos cotidianos e, portanto, não pode ignorar a multiplicidade inerente a esses objetos.

Cinco seções vão compor esta introdução: na primeira, será feita uma breve retrospectiva dos tratamentos dispensados às hipóteses sobre o surgimento do português brasileiro, indicando-se em que se diferenciam da proposta sustentada nesse volume. Na segunda seção será discutida a noção de novo dialeto, seus processos e estágios. Na terceira seção, aduzimos evidências linguísticas da formação de novos dialetos e, na quarta seção, dispensaremos algumas palavras sobre o povoamento do território brasileiro com foco na origem diversificada do colonizador e na formação de núcleos urbanos. Na quinta seção contextualizam-se social, espacial e politicamente as primeiras gerações de falantes de língua portuguesa na América, visando a identificar processos e estágios de formação de dialetos nas áreas recém-colonizadas.

REVISÃO DE DATAÇÕES DO SURGIMENTO DO PORTUGUÊS

Há uma certa convergência nas propostas que visam a datar o surgimento do português brasileiro. A maioria dos autores aponta o século XVIII ou o século XIX. Faremos, a seguir, uma breve retomada dessas propostas e suas justificativas, de modo a traçar um cenário sobre o qual desenvolveremos nossa proposta.

PB teve início no século XIX

Vários estudos quantitativos identificaram mudanças na gramática do português brasileiro em relação à gramática do português europeu no século XIX (para uma síntese desses trabalhos, ver Roberts e Kato (1993) e o capítulo "A relação entre Dialetologia e História: reflexões teórico-metodológicas para o estudo do português usado em Minas Gerais" neste volume). As construções analisadas são o preenchimento de sujeito, a colocação pronominal, o uso do pronome "se" como indeterminador, o uso de preposição em construções de duplo objeto, dentre outras. Duas noções subjazem às análises quantitativas. A primeira é que o PE e o PB, até o século XVIII, não se diferenciavam e, a partir de então, passaram a manifestar especificidades sintáticas. Como corolário, tem-se outra noção, a de que PE e PB são hoje duas línguas. Uma evidência disso são os contrastes de gramaticalidade observados na avaliação de construções por falantes do PE e do PB.

Essa proposta tem recebido várias críticas. Ivo Castro (1996) ressente-se da ausência de amostras niveladas quanto ao modo de seleção, ao registro e à natureza das fontes, para efeito de comparação. Outras críticas dizem respeito à existência de diferenças gramaticais antes do século XIX entre PB e PE (Ribeiro, 1998; Menon, 2009; Galves, 2007), a partir das quais nascem novas propostas de datação do PB.

PB teve início no século XVIII

Galves et al. (2006) sustentam que um processo de profundas mudanças ocorreu na passagem do século XVII para o século XVIII, o que teria dado origem ao português brasileiro, a partir de 1700. Do ponto de vista da história externa da língua, Galves (2007) concorda com Marlos Pessoa (1997) em que as reformas pombalinas, no âmbito da política linguística para a colônia – imposição da língua portuguesa como estratégia de inibir o avanço da língua geral –, teriam marcado o fim legal do "estágio do multilinguismo". Por esse viés se entende a afirmação de que "*A partir do século XVIII a língua portuguesa começa a se espalhar entre a população brasileira até chegar à situação atual*" (Silva Neto, 1986 [1950]: 178; Rodrigues, 1983).

Do ponto de vista da história interna, a indicação do século XVIII como marco do surgimento do PB é justificada com base em três evidências: i. perda da distinção entre as vogais pretônicas abertas e fechadas; ii. palatalização do /t/; e iii. uso do pronome "você". A distinção entre vogais abertas e fechadas em posição pretônica, tal como registrada pelo gramático Monte Carmelo em 1767 ("*pàdeiro*" e "*càdeira*", respectivamente), teria deixado de ser marcada no português do Brasil, evidenciando uma diferença fonética entre o falar da colônia e o da metrópole.

Quanto à palatalização de /t/ e o uso de "você", esses dois fenômenos são identificados em mapas geolinguísticos atuais da região Sul, e demarcam, conforme G. Oliveira (2001), uma rota de tropeiros iniciada em 1710.[8] O uso de /t/ não palatalizado e do pronome "tu" preenchem as margens direita e esquerda da referida rota. O fato de a demarcação ter permanecido indicia que somente a partir do século XVIII o PB teria adquirido uma configuração capaz de diferenciá-lo, no caso, do português dos imigrantes vindos de Portugal, que passaram a ocupar a região.

Críticas a essa proposta foram feitas por Menon (2009), que aponta traços que distinguem PE e PB anteriores a 1700, conforme veremos em a seguir.

PB teve início no século XVII

Menon (2009) argumenta a favor de que as origens do português brasileiro devam ser buscadas no português seiscentista. Ela aponta uma acepção diferenciada do uso da forma de tratamento "você" nos textos poéticos de Gregório de Mattos (1633-1696). Compare-se (1) e (2).

(1)   *Minha gente, **vossê** vê/estas loucuras borrachas.* (Menon, 2009: 52, ex. 9)

(2)   ***Você** perdoe/nariz nefando/que eu vou cortando/*
    E inda fica nariz,/ver que se assoe. (Menon, 2009: 53, ex.10)

O emprego de "você" no trato menos cerimonioso seria uma pista para um uso brasileiro do pronome, diferenciando-o do uso português. Embora Gregório de Mattos fosse filho de pai português, a mãe era brasileira e, ainda que ele

Introdução

tenha frequentado a Faculdade de Leis da Universidade de Coimbra, todos os seus estudos preparatórios foram realizados no colégio da Companhia de Jesus. Esses dados biográficos dão suporte à hipótese de que o uso pouco cerimonioso de "você" fizesse parte do uso brasileiro, e não português.

PB teve início no século XVI

Alguns estudiosos não negam a presença da língua portuguesa na América a partir do início da colonização. A questão está em saber se nesse período se deu a formação de um novo dialeto.

Silva Neto (1979) identifica o ano de 1532 como marco inicial da primeira fase de implantação do PB na América, correlacionando-o ao fato sócio-histórico da "*vinda de povoadores oriundos de todas as partes de Portugal*" (1979: 523). O autor não se restringe a citar o movimento desses colonos, e realça importantes aspectos sociolinguísticos, como a presença da diversidade dialetal em Portugal e a mistura dialetal no Novo Mundo:

> [...] o panorama linguístico do Brasil: o português, falado sobretudo na costa, [...] resultante do convívio de gente oriunda de todos os pontos de Portugal, o português brasileiro apresentava aspecto de *notável* unidade, já que, postos em contato [,] [...] vários falares aqui se fundiam e se mesclavam. Assim as peculiaridades regionais europeias ficaram anuladas pela interação e chegou-se a um termo médio. (1979: 523)

Apesar de salientar aspectos importantes como "*gente oriunda de todos os pontos de Portugal*" e "*vários falares aqui se fundiam e se mesclavam*", Silva Neto deixa claro que o estágio de "*notável unidade do português brasileiro*" só teria sido atingido "*nos começos do século XIX*" (1979: 524). Em consequência, avalia que o processo de mistura dialetal sob o contato de várias línguas indígenas e africanas teve a duração de três séculos.

Noll (2004 [1999]) é outro autor que identifica a fase inicial, de fato, com a chegada da língua portuguesa no Brasil, nos primórdios do processo de colonização, entre 1500 e 1550. Essa fase é marcada pela chegada dos primeiros degredados, assinalada linguisticamente pela aparição de dois termos tupi, "sagui" e "tuim",[9] num relatório de viagem – o *Livro da Nau Bretoa* (1511). O período de 1550 a 1700 é identificado como "*primeira fase formativa*", evidenciada por "*fatores que indicam a formação das primeiras características da língua portuguesa no Brasil*", a saber, um vocabulário formado por "*empréstimos do tupi*" (2004: 270), o "*início da documentação geográfica e historiográfica regular de língua portuguesa sobre o Brasil*" (2004: 270) e reconhecimento da não adoção no Brasil de traços fonéticos presentes em Portugal no século XVII (queda de nasalização heterossilábica ['kama] e oposição entre "*cantamos/cantámos*", formas do presente e do pretérito perfeito do modo indicativo, respectivamente).

É importante observar que nenhum dos fatores apontados por Noll diz respeito diretamente ao PB, mas sim às inovações fonéticas que configuraram o PE. Isso fica ainda mais claro quando se observam as balizas que delimitam o período de 150 anos da "*primeira fase formativa*"; de um lado, aponta-se "*o limiar da fase clássica do português moderno e*", de outro, "*o início da diferenciação* [resultante de uma inovação ocorrida] *do lado do português europeu*" (2004: 271). O início do PB é datado no século XVIII. Corroborando a afirmação de Tarallo (1993b: 82) de que "*o português do Brasil existe como língua literária somente a partir de 1700* [e que] *qualquer material anterior àquela data revelaria, pois, traços do português europeu e enviesaria os dados*", Noll acrescenta que "*o século XVIII se caracteriza pela diferenciação evidente das variedades europeia e brasileira*" (2004: 271). Apesar de marcar a implantação da língua portuguesa no continente americano no quinhentos, remete ao setecentos a origem do PB.

Repensando o surgimento do português brasileiro

A ausência de convergência entre as diferentes propostas de datação do surgimento do português brasileiro decorre dos critérios adotados: ou é a produção literária, ou é a expansão da língua portuguesa por todo território brasileiro, ou é o reconhecimento por gramáticos de diferenças fonéticas e sintáticas em relação ao português europeu. Além da diferença de critérios, parece permear essas propostas uma suposição: o PE e o PB não apresentam dialetos, o que justificaria afirmações de que o português brasileiro se distingue do português europeu em relação aos traços tais e tais.

O chamado período formativo durou 300 anos, 150 anos ou mais ou menos? Mas o que ocorreu, de fato, durante o período formativo a que Silva Neto se refere como *fase de implantação* e Noll como *fase formativa*? A noção de novo dialeto, que detalharemos a seguir, parece-nos fornecer um meio de obter respostas a essas questões.

É oportuno deixar claro que reconhecemos que o português brasileiro tem suas origens na interação entre os falantes portugueses quinhentistas que, chegando à nova terra, nela se tornaram colonos, tiveram filhos, dominaram a economia, desempenharam diferentes funções profissionais, dentre elas as funções administrativas e de catequese e, assim, contribuíram para consolidar esse idioma como língua legítima.[10] Em vista disso, vamos assumir que o português brasileiro é um novo dialeto que, ao lado dos outros dialetos descritos por Cintra (1971), a saber, dialetos *"portugueses setentrionais (transmontanos e alto-minhotos; baixo-minhotos duriense-beirões); portugueses centro-meridionais e dialetos insulares realizam a língua portuguesa"*.

PORTUGUÊS BRASILEIRO: UM NOVO DIALETO

Alfredo Bosi, no livro *Dialética da colonização* (1992), faz uma ampla explanação etimológica dos termos *cultus* e *cultura* a partir do elemento nodal *colo* ("eu moro", "eu ocupo a terra", "eu cultivo o campo"), que também está na raiz de *incola* ("agricultor") e de *colonus* ("o que cultiva a terra em vez de seu dono"). Como "o *incola* que emigra torna-se *colonus*" (1992: 12), seria de esperar, como resultado desse movimento, o transplante de comportamentos sociais e linguísticos. Entretanto, não é bem isso o que ocorre:

> Como se fossem verdadeiros universais das sociedades humanas, a produção dos meios de vida e as relações de poder, a esfera econômica e a esfera política, reproduzem-se e potenciam-se toda vez que se põe em marcha um ciclo de colonização.

> Mas o novo processo não se esgota na reiteração dos esquemas originais: há um *plus* estrutural de domínio, há um acréscimo de forças que se investem no desígnio do conquistador emprestando-lhe às vezes um tônus épico de risco e aventura. A colonização dá um ar de recomeço e de arranque a culturas seculares. (Bosi, 1992: 12)

É nessa linha de argumentação que propomos seguir a hipótese de que os colonos portugueses, que assentaram no continente americano no século XVI, não implantaram a língua portuguesa na nova terra reiterando os esquemas linguísticos originais; antes, fomentaram a gênese de um novo dialeto. A noção de novo dialeto refere-se ao surgimento de uma variedade linguística após a migração de pessoas que falavam dialetos mutuamente inteligíveis, para um território em que os dialetos desses migrantes não eram falados (Trudgill, 1999; 2004). Durante um período de tempo correspondente a três gerações, ou pouco mais, desenvolve-se, sob forças linguísticas e não linguísticas, um dialeto que não corresponde univocamente a nenhum daqueles trazidos na bagagem pelos colonos. As forças não linguísticas são de natureza social, política e psicológica. Uma dessas forças é a interação social (os grupos formados tornam-se comunidades ou se mantêm isolados?) e a outra diz respeito aos atos de acomodação, ou seja, trata da forma como são organizados os grupos observando se há maior ou menor divisão social entre eles. As forças linguísticas são processos mais gerais que levam ao *"aumento da regularidade e diminuição da marcação"* (Siegel, 1985: 358).

Nesse período de ebulição das divergências dialetais das diferentes gerações de migrantes, podem ser identificados três estágios (Trudgill, 1998; Trudgill et al., 2000), conforme Quadro 1 a seguir.

Quadro 1 – Três estágios das diferenças dialetais de diferentes gerações de imigrantes

Estágios	Falantes envolvidos	Características linguísticas
Estágio I	Migrantes adultos	Nivelamento rudimentar
Estágio II	Primeiros falantes nativos (segunda geração)	Extrema variabilidade e nivelamento extremo
Estágio III	Gerações subsequentes	Convergência ("focusing"), nivelamento e realocação

Fonte: Kerswill e Trudgill, 2005: 200.

No estágio I, efetiva-se a coexistência de traços originados dos diferentes dialetos, configurando-se uma mistura dialetal. Alguns desses traços serão adotados, outros não. Os rejeitados serão aqueles *"proeminentemente estereotipáveis, isto é, aqueles que diferenciam os dialetos"* (Dillard, 1972, apud Siegel, 1985: 364). Os traços excluídos – consciente e passivamente – decorrem da acomodação, uma vez que

> haveria mais atos de acomodação envolvendo adoção das variantes da maioria do que da minoria, simplesmente porque haveria maior número de contextos conversacionais nos quais aquelas variantes irão ocorrer. (Kerswill, 2002: 680)

A esse processo dá-se o nome de *nivelamento*. Sendo realizadas interações entre adultos, a motivação essencial é a inteligibilidade, evitando-se a estigmatização social (Kerswill e Trudgill, 2005).

No estágio II, a interação envolve crianças, filhos de imigrantes. O nivelamento torna-se mais extenso e há o surgimento de formas interdialetais, isto é, formas que não estavam presentes em nenhum dos dialetos envolvidos na mistura dialetal. Tais formas poderiam ser mais simples e mais regulares. Além desse último subconjunto, formas hipercorretas podem ser identificadas. Trata-se de construções que, embora já existentes em alguns dos dialetos que deram origem ao novo dialeto, não são dominadas pelos falantes com competência

Introdução

linguística, agora restritos ao dialeto emergente e, por isso, avaliadas como incorretas ou inapropriadas. Nesse estágio, é surpreendentemente grande a variabilidade dialetal entre os indivíduos e no indivíduo (Trudgill, 1986).

No estágio III, o nivelamento ainda ocorre e a fala vai-se encaminhando para a convergência (*"focusing"*), isto é, para a normalização e estabilidade dialetal. Esse processo pode levar várias gerações para se completar. Assiste-se também, nesse estágio, à realocação, isto é, variantes provenientes de diferentes dialetos regionais podem, no dialeto emergente, tornar-se variantes de classe social ou estilística.

A relação entre os estágios II e III é de nivelamento mais acelerado: o número de variantes reduz-se muito, chegando a uma ou duas de uma mesma variável, nos casos em que há realocação. Os traços que irão sobreviver dependem largamente de fatores demográficos, assim como do fator de marcação (Trudgill et al., 2000). *"A estatística das origens da primeira geração dos imigrantes reflete-se nas proporções de traços morfológicos e lexicais dos novos dialetos"* (Kerswil e Trudgill, 2005: 203). Em outras palavras, no processo de seleção de uma variante dentre o conjunto de variantes concorrentes, o fator responsável pela seleção é o fator demográfico (Trudgill, 2004).[11] Os imigrantes que participaram em maior número no estágio I legarão mais variantes de seu dialeto ao novo dialeto em formação.

A delimitação e o detalhamento de cada um dos três estágios mostram a atuação conjunta e sequencial dos processos de mistura dialetal: nivelamento, simplificação, conversão e realocação. Tais processos não se restringem à situação de formação de um novo dialeto, uma vez que podem atuar separadamente. Em vista disso, é possível investigar sua atuação em diferentes períodos de tempo e em diferentes circunstâncias. Em outras palavras, o Princípio Uniformitário rege esses processos. Os estágios pelos quais um novo dialeto se forma são experimentados em diferentes locais e em diferentes momentos de eixo temporal: por exemplo, o inglês da Nova Zelândia (Trudgill et al., 2000), o híndi das Ilhas de Fiji (Siegel, 1997).

A adequação da proposta de que o português brasileiro é um novo dialeto encontra evidências nos seguintes fatos:

(1)   O reconhecimento generalizado de que vieram para o Brasil, nos dois primeiros séculos de colonização, portugueses de diversas regiões de Portugal. Isso significa que havia falantes de distintos dialetos portugueses na América nos séculos XVI e XVII (Silva Neto, 1979: 592; Teyssier, 1994 [1980]; Cintra, 1995; Holanda, 2005 [1936]), dentre vários outros.

21

(2)   Referências à mistura dialetal e ao nivelamento podem ser observadas na literatura especializada, embora os respectivos autores não tenham extraído consequências dessas afirmações. São muito elucidativas as inferências de Silva Neto (1979: 592), a partir de bases estatísticas e históricas, de que *"houve um equilíbrio na migração"* e, por *"se misturarem"* os diferentes dialetos portugueses, *"caminhava-se na direção de um denominador comum"*, isto é, *"um modo de falar sem exageros dos dialetos [de origem]"*.

(3)   Reconhecimento da existência de uma elite local formada por membros de Câmaras, fazendeiros, senhores de engenho, comerciantes e ocupantes de cargos administrativos, os "homens bons", alguns dos quais netos e bisnetos dos primeiros colonizadores. A presença desse grupo é registrada no Brasil da segunda, terceira e quarta gerações dos primeiros portugueses aqui chegados (Mello, 1986; Fragoso, 2000; Ricupero, 2004, 2008; Dantas, 2017).

(4)   Registro de construções e itens lexicais que, presentes no Brasil, já eram reconhecidos como arcaicos pelos habitantes de Portugal no século XVII.

(5)   A existência de núcleos urbanos desde o século XVI é uma evidência indireta, uma vez que é nas cidades que se concentra a elite administrativa. A documentação em língua portuguesa, gerada pela administração colonial, constitui um testemunho do uso dessa língua e da formação de núcleos urbanos. Ainda que o número de índios e escravos da Guiné superem o de portugueses em Salvador no século XVII, não é desprezível o número de portugueses e o fato de os índios serem qualificados como cristãos, o que, nesse período, é indicativo de espraiamento da língua de domínio (ver mais à frente a atuação dos missionários nesse sentido):

> Salvador começa a ser construída a partir de 1549. Em 1583 já contava com 3 mil vizinhos portugueses, 8 mil índios cristãos, 3 ou 4 mil escravos da Guiné, conforme Fernão Cardim. (Pereira, 1996: 28)

Outro testemunho importante da formação de núcleos urbanos na região litorânea nos dois primeiros séculos de colonização associa esse processo à economia açucareira:

Durante os séculos XVI e XVII a colonização portuguesa na América, que se estruturava em um espaço litorâneo gradualmente construído sobre as plantações de cana-de-açúcar movidas a trabalho escravo indígena e africano, produziu uma cultura urbana surgida antes mesmo dos engenhos: em vilas e cidades fundadas a partir de ordens metropolitanas as elites de descendência portuguesa se esforçavam por implantar práticas cotidianas inspiradas na rígida hierarquia social ibérica. Por outro lado, essa rede urbana que se espalhava entre Bahia, Pernambuco e "capitanias anexas" passou por um gradativo processo de diversificação, durante o século XVII, que foi responsável pelo surgimento de grupos sociais urbanos que iam muito além dos senhores e dos escravos. (Silva, 2011: 63)

Os relatos anteriores, ainda que não permitam reconhecer a presença de *"uma profunda urbanização"*, permitem inferir que nos centros urbanos desde muito cedo teria se configurado uma certa *"composição sociolinguística de monta"*, na medida em que os historiadores identificam a presença de uma elite econômica. Em vista disso, discordamos de Silva Neto (1979: 524) de que somente a partir *"dos começos do século XIX [...] o português era a língua da administração [...] e que para aspirar os cargos públicos era necessário o conhecimento do português"*.

(6)   Outro conjunto de evidência de uso continuado da língua portuguesa no Brasil vem da atuação de missionários.

Retomaremos mais adiante o motivo por que missionários e uma elite urbana recém-formada compõem uma rede de uso continuado de língua portuguesa. Antes, porém, trazemos evidências linguísticas da constituição de novos dialetos no Brasil.

EVIDÊNCIAS LINGUÍSTICAS DA FORMAÇÃO DE NOVOS DIALETOS NO BRASIL

Nesta seção vamos apontar evidências de natureza propriamente linguística a favor da hipótese da mistura dialetal de modo a compor um quadro mais consistente da situação da língua portuguesa na América no período do início da colonização, a partir da década de 30 do século XVI a meados do século XVII, perfazendo um período de três a quatro gerações.

Indicaremos dois tipos de evidências: relatos de época e considerações feitas por historiadores que não tinham a questão linguística como foco de atenção.

Uma breve referência à variedade linguística em uso no Brasil aparece em observações de João de Barros:

[...] vício que se comete na escritura de cada uma das partes [da gramática], ou na pronunciação. E em nenhuma parte da terra se comete mais esta figura da pronunciação [o barbarismo], que nestes reinos [...]: assim nós podemos dizer que as nações de África, Guiné, Ásia [e] Brasil barbarizam quando querem imitar a nossa [língua]. (João de Barros, 1540: 34; ortografia e pontuação atualizadas)

Essa citação é bastante conhecida e geralmente é interpretada como uma impressão sobre a produção linguística em língua portuguesa como L2 (aquisição de língua estrangeira). Mas, tendo em conta a imigração portuguesa para o Brasil, até que ponto essa apreciação não estaria manifestando a sensibilidade de um gramático à fala local em comparação com a fala da corte?

Uma razão para se interpretar desse modo a afirmação de João de Barros é que, como se sabe, a elaboração de gramáticas não é um fato descontextualizado, na medida em que se insere num processo de padronização linguística. Esse processo inclui diferentes etapas. Para Milroy e Milroy (1999), são as de implementação, fixação e manutenção, isto é, inicialmente um padrão linguístico é identificado, então uma variedade é aceita por pessoas de prestígio e difundida geográfica e socialmente; depois são elaboradas gramáticas, dicionários, livros em geral de modo a promover a consciência social daquela variedade; e, por último, essa variedade precisa ser mantida institucionalmente. Enquanto gramático, João de Barros critica a pronúncia nos vários pontos colonizados por Portugal a partir da necessidade de promover a valorização e de legitimar a institucionalização da língua portuguesa nesses reinos. Está comprometido com uma visão homogeneizadora da língua que não aceita variações linguísticas e, por isso mesmo, coloca um véu sobre a formação de novos dialetos portugueses.

Outra citação muito recorrente na literatura é o caso de Domingos Jorge Velho, uma das evidências de que se vale Sérgio Buarque de Holanda para reafirmar o uso da língua geral no século XVII em São Paulo:

Não deixa assim de ser curioso que, para tratar com o bispo de Pernambuco [...] em 1697, [o tetraneto da filha de Piquerobi [e] e da tapuia anônima de Pedro Afonso], precisasse levar intérprete *porque nem falar sabe*. (Holanda, 2005 [1936]: 91)

O próprio Sérgio Buarque de Holanda faz a ressalva de que na observação do bispo poderia estar embutida uma aversão ao bandeirante e que é necessário relativizar a correlação entre a presença de um intérprete e a falta de domínio da língua portuguesa por Domingos Jorge Velho. De fato, a descoberta de textos

Introdução

escritos pelo bandeirante fragiliza o argumento do bispo, como assinala um dos poucos historiadores que trazem novo prisma de leitura dessa citação:

> Na verdade, Domingos Jorge não apenas falava como escrevia em português [...]. Apesar de alguns tropeços na língua, o rude sertanista redigiu uma interessante carta ao rei, e sua firma mais que reconhecível aparece com alguma frequência nos registros do cartório de Santana do Parnaíba. (Monteiro, 1995: 164)

Na esteira de John Monteiro, Marilza de Oliveira (2002/2009) aponta testamento em que o bandeirante fora chamado a escrever para o cunhado e apresenta outras interpretações possíveis para as evidências elencadas por Buarque de Holanda para defender a tese da língua geral em São Paulo. Segundo a autora, a língua geral teria coexistido com a língua portuguesa na área paulista: aquela centrada no cinturão paulista dominado pelos aldeamentos que acolhiam os índios descidos do sertão e esta no núcleo urbano.

Não se pode esquecer que alguns núcleos urbanos foram se formando nos dois primeiros séculos de colonização concentrando a atividade administrativa. Um cenário do que foi o Brasil nesse período é descrito por Almeida Prado Júnior:

> [...] a administração portuguesa estendeu ao Brasil sua organização e seu sistema [...] Centralizar o poder e concentrar as autoridades; reuni-las todas nas capitais e sedes [...], [por exemplo] as Relações do Rio de Janeiro e da Bahia, que contava cada qual para mais de 30 pessoas entre desembargadores e funcionários, todos largamente remunerados, enquanto a maior parte da colônia a administração e a justiça não tinham autoridade alguma presente [...]. É nas vilas, sede dos termos e das comarcas, que se concentravam as autoridades: ouvidores, juízes, câmaras e as demais. (Prado Jr., 1972: 300-302)

As Câmaras eram compostas geralmente de quatro a seis oficiais por ano, sendo três vereadores, dois juízes e um procurador, além de um escrivão. Esse último nomeado pelo rei, conforme Dantas (2017: 53), sobre Olinda, no período de 1657-1702. Só eram elegíveis nas Câmaras os "homens bons", reinóis ou herdeiros de reinóis. Os camaristas vieram a constituir um segmento da chamada "nobreza da terra". Enquanto vila (de Piratininga), São Paulo, ainda que frequentemente esvaziada de seus homens pelas idas ao sertão para o apresamento de índios, primeiro, e procura de ouro, depois, não fugia à regra de ter em sua estrutura administrativa os tais "homens bons". Em suma, nesses núcleos urbanos novos dialetos foram gestados, ainda que causassem estranhamento aos

25

falantes do reino e da própria colônia, como é o caso do bispo de Pernambuco em relação ao bandeirante paulista.

Por fim, é importante acrescentar que diferenças lexicais entre o português em uso na América e o português em uso em Portugal já haviam sido observadas mesmo antes do século XVIII. Verdelho (2007) relata ter encontrado referências a distinções entre a "língua" usada no Brasil e a "língua" usada em Portugal no *Dicionário* de Bento Alves. Esse dicionário, conforme se depreende das datas das licenças, já estaria concluído em 1638, embora sua publicação tenha sido posterior (apud Clarinda Maia, 2010: 126).

Nas próximas seções, retomamos os pontos (2) e (6) e apresentamos evidências sócio-históricas a favor da mistura dialetal e do surgimento de um novo dialeto a partir da segunda geração de falantes de língua portuguesa nascidos no Brasil.

O POVOAMENTO DO TERRITÓRIO BRASILEIRO

Todo o panorama empreendido sobre o Brasil nesta introdução ficaria incompleto se não se explicitasse sua dimensão geográfica em diferentes momentos de sua história. Os Mapas 1, 2 e 3 projetam, sobre o mapa geopolítico atual, o espaço referente à área colonizada nos séculos XVI a XIX. Por *área colonizada*, estamos nos referindo à ocupação portuguesa.

Mapa 1 – Povoamento no século XVI

Fonte: Azevedo, 2000: 20.

História do Português Brasileiro

Mapa 2 – Povoamento no século XVII

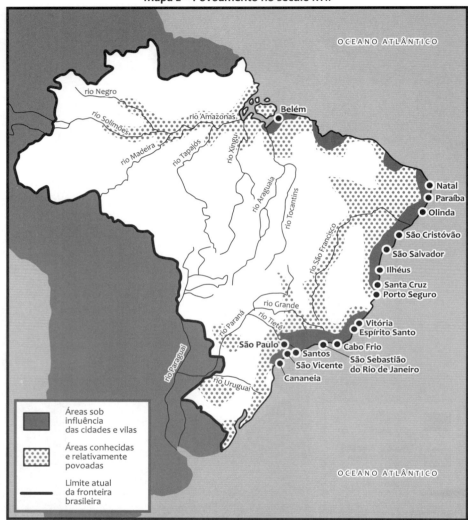

Fonte: Azevedo, 2000: 25.

Mapa 3 – Povoamento no século XVIII

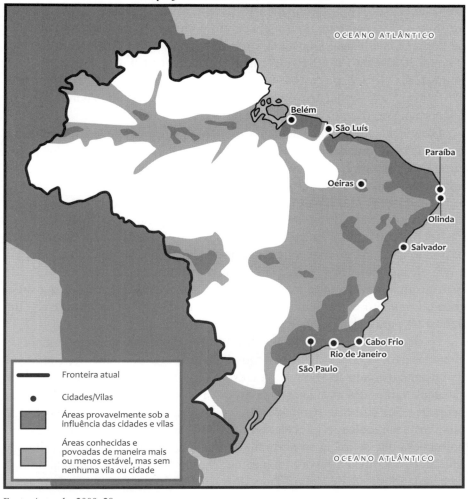

Fonte: Azevedo, 2000: 28.

A área hachurada representa o povoamento do Brasil ao longo dos séculos. É possível observar que os colonos começaram a se fixar no litoral, limitando-se, ao norte, na área demarcada por Natal, e ao sul, por São Paulo. Nessas áreas, a partir de 1534, foram sendo construídos engenhos para produção de açúcar: em 1570 eram 60 engenhos, em 1585, 120 e em 1689 os engenhos batiam a casa numérica de 528 (Schwartz, 2005). Com efeito, nos séculos XVI e XVII, a economia se desenvolveu por meio da extração do pau-brasil e do plantio da cana-de-açúcar, seguindo o modelo adotado para as ilhas da Madeira e dos Açores.

O crescimento numérico dos engenhos acompanhava o ritmo de chegada de deslocamento de portugueses para as terras americanas. Estima-se que no período de 1500 a 1580 entraram no Brasil 280 mil portugueses, enquanto a população de Portugal continental girava em torno de 1,100 a 1,377 bilhão de indivíduos (Serrão, 1982). De 1581 a 1640, teriam entrado no Brasil de 100 mil a 300 mil portugueses. No período de 1641 a 1700 a estimativa é de 100 mil (Coates, 1998). De 1700 a 1760, a estimativa é bem mais expressiva, alcançando o índice de 600 mil portugueses (Serrão, 1982; Godinho, 1975).[12]

O aumento da dinâmica demográfica não pode ser creditado somente à movimentação de indivíduos de Portugal continental. Com efeito, muitos portugueses que vieram para o Brasil ocupavam anteriormente as regiões insulares povoadas ao longo do século XV. Essa movimentação ocorria não obstante a reduzida cifra populacional das ilhas da Madeira e dos Açores. A estimativa para os Açores é de 100 mil habitantes ao final do século XVII (Pinto, Rodrigues e Madeira, 2001: 398). Para a Ilha da Madeira em 1500 é de 18 mil habitantes, passando em 1552 ao montante de 20 mil habitantes e ao final do século, em 1598, alcançando a marca de 29.028 (Pinto e Rodrigues, Tabela 2, 2013: 22). Essas estimativas são questionáveis, pois não se dispunha de censos que auferissem o número de habitantes. Não à toa, Carrara (2014) referencia 200 mil habitantes para a Ilha da Madeira em 1550.

Os movimentos populacionais de Portugal continental e insular eram direcionados para os dois estados que formam o território português no continente americano: o estado do Maranhão e o estado do Brasil. Para efeito de apresentação aqui, vamos desconsiderar as divisões da época e atentar apenas para a área ocupada pelos europeus. Com efeito, a comparação dos mapas de povoamento relativos aos séculos XVI e XVII permite observar o espraiamento da presença portuguesa que se inicia ao norte do território em regiões próximas à Ilha de Marajó e toma toda a faixa litorânea que vai de Natal ao Rio Grande do Sul, com a manifestação de alguns intervalos.

Essas ocupações no litoral que se traduziam na fundação de vilas em diversos pontos da costa brasileira eram estratégicas, pois procurava-se afastar riscos de invasões. É nesse sentido que D. João III, a partir de 1530, determinou que se adotassem práticas que visassem o povoamento do território:

> [...] quando lá [nas terras do Brasil] houver 7 ou 8 povoações, estas serão bastante para defenderem [impedirem] aos da terra que não vendam [pau] brasil a ninguém e não o vendendo as naus [francesas] não hão de querer lá ir para virem de vazio, [e] depois disso aproveitaram a terra na qual não se sabe se há minas de metais como pode haver e converterão a gente a fé. (Carta de 29 de março de 1532, apud Ricupero, 2004: 5).

Introdução

O povoamento deu-se em etapas, num movimento que respondia às tentativas de invasão do território por parte dos franceses e holandeses. Povoava-se para defender a posse das novas terras. Ressalte-se que a década de 30 do século XVII foi o período de ocupação holandesa de Pernambuco. O movimento de colonização das terras do sul do Brasil deu-se também como forma de defesa da soberania portuguesa face à cobiça castelhana animada pela guerra de fronteiras.

> [...] entre 1530 e 1550 aproximadamente, o estabelecimento das primeiras capitanias [...] em Itamaracá, Pernambuco, Bahia, Ilhéus, Porto Seguro, Espírito Santo e São Vicente. Em seguida, num esforço que reuniu elementos de praticamente todas as capitanias então existentes e reforços vindos da metrópole, a conquista e povoação do Rio de Janeiro com a expulsão dos franceses (1560 e 1565). Depois duas arrancadas, a primeira entre 1584 e 1596, consolidou a chamada costa norte-sul, com a conquista da Paraíba, Sergipe e Rio Grande (hoje do Norte) em, respectivamente, 1584, 87 e 96, implementada por elementos da Bahia e de Pernambuco basicamente. A segunda arrancada, entre 1612 e 1616, com ocupação do Ceará em 1612, Maranhão em 1615 – também com a expulsão dos franceses – e finalmente do Pará em 1616, fechando a ocupação de praticamente toda a costa atlântica do que viria a ser o Brasil. (Ricupero, 2004: 7)

Convém salientar que os Mapas 2 e 3 trazem o desenho da acomodação populacional colonizadora. Não se retrata nesses mapas a extensão da ocupação indígena porque o nosso foco é a expansão da língua portuguesa. Isso não significa que estamos ignorando a presença indígena, o que estamos fazendo é um recorte com o objetivo de atender a uma exigência metodológica decorrente do objeto de análise selecionado nessa pesquisa, que é a expansão da língua portuguesa.

Outro fator importante no que diz respeito ao perfil da população que participou dos descobrimentos no século XVI é a presença de estrangeiros, que atuaram como marinheiros, mercadores e povoadores. Alguns deles, já residentes em Portugal; alguns, naturalizados; outros, por casamento. Merecem especial destaque os italianos, oriundos das diversas cidades-Estados, e os flamengos. Aliás, esses mesmos elementos já haviam marcado presença nas ilhas dos Açores e da Madeira.

No final do século XVI, quando os núcleos urbanos começam a se delinear, despontam grupos humanos com especificidades locais. A esse propósito, Evaldo Cabral de Mello em seu livro *Rubro Veio* faz uma descrição detalhada da formação social de Olinda seiscentista, sa   lientando a constituição da açurocracia. Por açurocracia o autor refere-se a uma elite formada por nascidos no Brasil (10%) e reinóis demográfica e economicamente dominantes, que dispunham de cabedal para efetuar uma ou outra operação. Nas regiões açucareiras, os reinóis respondiam por 68% da população colonial (Quirino, 1966: 20, apud Mello, 1986: 408):

> O estrato social que ocupou o primeiro plano da cena nas regiões cana-vieiras [de Pernambuco] [...] só emerge como grupo no derradeiro quartel do quinhentismo. Em 1549 o donatário de Pernambuco enumerava, entre as categorias de povoadores [...], os que construíam engenhos de cana ou granjeavam partidos de cana, a realidade é que então os primeiros podiam-se contar nos dedos de uma mão e os segundos seriam apenas mais numerosos quando do falecimento de Duarte Coelho [em 1535, havia 6 engenhos]. Que a formação da açurocracia na Bahia ou em Pernambuco só se tenha verificado a partir de finais do século XVI parecerá perfeitamente natural a quem tiver em mente que os núcleos agrário-exportadores da colônia só nos anos setenta conseguiram efetivamente arrancar. (Mello, 1986: 408)

O baixo percentual dos nascidos no Brasil correspondia àqueles que, sendo da primeira ou segunda geração de descendentes, casaram-se com os reinóis. Os rearranjos familiares se davam com elementos humanos provenientes de diferentes regiões de Portugal continental e insular. Tal cenário constitui, do ponto de vista linguístico, um exemplar modelo da gênese de novos dialetos, uma vez que iam se formando e conformando comunidades com elementos humanos de origem diversificada. Como essa pseudoeugenia tinha por lastro a língua portuguesa, os dialetos gestados no novo território vinham se contrapor e, às vezes, se confundir com a língua usada pela elite local no âmbito administrativo que tinha que prestar contas à metrópole.

DA CONTEXTUALIZAÇÃO POLÍTICO-SOCIAL DOS FALANTES DE LÍNGUA PORTUGUESA NA AMÉRICA

A constituição de uma elite local

As circunstâncias sociais e políticas dos primórdios da colonização até o início do XVII tornaram possível a formação de uma elite colonial portuguesa com participação no governo de conquista que, graças ao deslocamento para o continente americano, amealhou um dilatado patrimônio. As condições para a transferência dos elementos sociais para a América favoreciam a todos: os nobres apelavam para as garantias de seus privilégios e os plebeus reivindicavam o enobrecimento (Ricupero, 2008: 83).

A dinâmica adotada para a formação de um microcosmo de pessoas que obtinham mercês, consolidavam seu patrimônio e tinham acesso a cargos já se esboçava com a distribuição de capitanias hereditárias a partir de 1534. No período filipino (1580-1640), era uma prática bastante recorrente a política de prêmios, como a nomeação de funcionários e a distribuição de títulos nobiliárquicos, entre outras tantas vantagens. A elite econômica galgava importância política, passando a fazer parte da elite governamental (Acioli, 1997).

Além da concessão de sesmarias, os primeiros colonos reclamavam cargos administrativos como recompensa pelos serviços prestados ao rei. Nesse processo de distribuição de benesses entabulado já nos primeiros anos da colonização, o dinheiro vindo do reino acabava *"nas mãos dos ministros, párocos e oficiais da justiça, e por essa razão eram ofícios tão estimados, que muitos Fidalgos e pessoas nobres da terra serviam de escrivães e tabeliães"* (Frei Madre de Deus (1787), apud Ricupero, 2008: 66).

Saber sobre quem eram os fidalgos e os nobres da terra constitui uma informação relevante para podermos qualificar a situação de contato linguístico havida no Brasil e a consequente expansão da língua portuguesa. A esse respeito, o período de 1500 a 1700 assistiu à *imigração restrita* (Venancio, 2000: 64)[13] da qual participaram portugueses que podiam arcar com investimentos elevados para exploração das novas terras além-mar. Conforme Godinho (1975), aproximadamente 700 mil portugueses emigraram nesse período.

Ricupero (2004) descreve a constituição da elite colonial que se inicia por volta de 1530 e vai até 1630.

> A Coroa utilizava recursos humanos e financeiros particulares para viabilizar seus projetos, sem arcar com a maior parte do ônus, cedendo, em troca desse apoio, terras, cargos, rendas e títulos nobiliárquicos. Enfim, os mais diversos serviços, prestados ou prometidos, e as mais variadas mercês são trocados entre a Coroa e seus vassalos. (Ricupero, 2004: 2)

Assim, com a implementação do sistema de capitanias hereditárias, o desempenho das tarefas necessárias na colonização era condicionado pelos recursos dos vassalos. Além de reforçar o poder econômico, a distribuição de sesmarias se tornava adjuvante da prestação de novos serviços:

> Dessa forma, constituía-se a elite detentora de recursos, proprietária de terras e de escravos, engajada e comprometida com o processo de ocupação e capaz de fornecer os quadros para administração colonial. (Ricupero, 2004: 3)

Com a instituição de cargos régios remunerados, a elite econômica ganhava o capital (Bourdieu, 1996; 2001) de elite social e governamental. A tal processo também dava ensejo ao Governo Geral, que, em substituição ao fracassado modelo de capitanias hereditárias, otimizava o acesso a cargos e a benefícios, patrocinando aqueles que tinham assento na administração colonial. Foi justamente essa elite que, incentivada e apoiada pela Coroa com a distribuição de sesmarias, assumiu a tarefa de ocupação da costa atlântica. Não à toa, as grandes fortunas no Brasil quinhentista pertenciam aos conquistadores que eram membros da administração.

Uma passagem do testamento de Mem de Sá, redigido em 1569, exemplifica com clareza o comportamento da elite colonial. Senhor de engenho e moinhos, o governador era também comerciante que atuava nas praças de Lisboa, Sevilha, Antuérpia e São João do Porto Rico na América espanhola. Possuía várias áreas de terra cultivadas e grandes extensões de terra para a pastagem do gado. Em testamento estabeleceu as condições sob as quais seu filho, Francisco de Sá, e seus descendentes poderiam ser herdeiros do morgado. Entre elas, predominava a pureza das raças, controle social que curiosamente se sobrepunha à legitimidade da união dos consortes e à questão do gênero, em contraposição aos preceitos da Igreja Católica, cujos sacramentos controlavam a vida social e ao perfil patriarcal da sociedade (Freyre, 2006):

> [...] assentava na sucessão por um filho nascido de um matrimônio legítimo e desde que a mulher não fosse negra, índia ou mameluca. Na falta de um filho legítimo esta terça era vinculada a um filho de mulher solteira, desde que branca. Não o havendo devia ser herdado pela sua filha e após esta pelo seu filho herdeiro e legítimo. A sucessão seria sempre preferencialmente por via masculina, ainda que a feminina fosse mais velha [...] Em caso de Francisco de Sá ter filhos que não fruto de um legítimo matrimônio, mas de uma mulher branca [...], "nem preta nem índia do Brasil" essa criança podia herdar o morgado, mesmo que fosse mulher. (Marques, 2017: 195-196)

Para além das grandes extensões de terra necessárias para o cultivo da cana-de-açúcar, a sua produção em larga escala, voltada ao mercado europeu, exigia grande quantidade de trabalhadores, o que foi obtido por meio da escravidão de indígenas, sob o apanágio da "guerra justa". Como a exploração de pau-brasil e o acesso a terras, aos escravos e aos engenhos eram gerenciados pela administração, os ocupantes de cargos administrativos, por tabela, se beneficiavam de facilidades na constituição de atividades produtivas e, por via de consequência, ganhavam prestígio, poder político, pessoal e familiar.

Introdução

Desse modo, o período de conquista da costa atlântica, avalia Ricupero (2004), representou a consolidação do antigo sistema colonial do Brasil, efetivando atividades produtivas que viabilizaram a defesa, e, paralelamente, a consolidação de uma elite colonial. A composição das Câmaras de Vereança testemunha sua presença e atuação na colônia.

Um outro segmento compunha a elite colonial: os cristãos novos. O número estimado de judeus em Portugal, a partir de 1490, segundo Novinsky (2000), era de aproximadamente 50 mil indivíduos. Em 1492, o Tribunal da Inquisição foi instaurado e os judeus foram incluídos entre os que tinham mancha de sangue, passando a sofrer proibições e perseguições. Em 1496, o batismo forçado tornava-os cristãos novos[14] e nos anos seguintes, apesar da realização dos sacramentos, eles foram obrigados a procurar abrigo em outras terras. O Brasil se tornou um dos destinos desses grupos excludentes.

Nos fins do século XVI e meados do XVII, vários cristãos novos haviam se tornado senhores de engenho, traficantes de escravos e grandes comerciantes no Brasil. Outros também atuaram como artesãos, pequenos lavradores, comerciantes, bacharéis, militares, cirurgiões e chegaram inclusive a ocupar cargos políticos, apesar das restrições legais.

Não eram poucos os cristãos novos no Brasil. A partir da análise da relação de casamentos realizados no período de 1591-1595, Anita Novinsky identificou a presença de 492 cristãos novos em parte da região nordestina, reunindo nubentes identificados e respectivos pais, assim distribuídos: na Paraíba, 22; em Pernambuco, 174; em Itamaracá, 72; na Bahia, 224.[15] Como durante o período de ocupação holandesa (1630-1654), havia tolerância religiosa, a autora chegou a um índice extremamente alto de cristãos novos, concluindo que *"50% da população branca e urbana de Pernambuco [...] eram de cristãos novos"* (Novinsky, 2000: 129).

Os missionários

Aprovada pela bula papal *Regimini Militantes Ecclesiae* em 1540, logo após os movimentos protestantes limitarem seus avanços (Fernandes, 1980: 20), a Companhia de Jesus ganhou licença da Coroa portuguesa para efetuar a tarefa da organização cívico-religiosa referente ao povoamento da colônia. Além dos jesuítas, atuavam na América portuguesa outras ordens religiosas, como os franciscanos, os Farmelitas e os beneditinos, que disputavam entre si o domínio das instituições educativas entre os séculos XVI e início do XVII (Santos, F., 2014: 104).

Apesar da existência dessas outras ordens religiosas, os jesuítas ganharam poder e evidência nas ações educativas. A escolha desses missionários para atuar na América portuguesa não era acidental. A Companhia de Jesus e a sua forma de atuação dialogavam diretamente com os interesses da Coroa em assegurar, no longínquo Novo Mundo, a coesão do grupo de colonos por meio da doutrina cristã e da língua portuguesa.

Tratava-se de um processo que estabelecia os princípios da ordenação hierárquica e a obediência entendidos como disposição interior que homogeneizava, nessa direção, os grupos locais, em termos religiosos e culturais, garantindo o domínio português das áreas conquistadas. Para tanto, era necessário adotar uma estratégia que permitisse a contínua troca de informações. Adotava-se, assim, o envio de cartas aos centros de poder da Companhia de Jesus, por meio das quais os jesuítas relatavam a seus superiores, de forma sistemática e metódica, os obstáculos encontrados na sua tarefa missionária e expunham as próprias ações tomadas para superá-los:

> Essa correspondência, depois de lida e censurada, servia de original para cópias e traduções. Editadas assim, as cartas eram distribuídas para as diversas províncias da Companhia, onde circulavam em forma de lições aos noviços, como prestação de contas dos diversos colégios espalhados pelo Novo Mundo e, ainda, para dar notícias das ações e dos descobrimentos nas novas terras portuguesas. (Cerello, 2007: 11)

Além da uniformização quanto à maneira de resolver os problemas locais, a correspondência permitia que os jesuítas entrassem em contato com o modelo linguístico da metrópole, expresso na carta do Provincial, que, por hipótese, devia ser tomado como referência para a escrita local, refletindo-se no ensino dos colonos, conforme assinala Holanda (2005). Ademais, indicadores da Companhia de Jesus sobre a nacionalidade dos 164 membros da Companhia, no período compreendido entre 1580 e 1620, revelam que 72% deles eram nascidos em Portugal (Castelnau-L'Estoile, 2006). Apesar da importância do aprendizado da língua geral pelos jesuítas, somente cerca de 51% deles a conheciam e, ainda assim, sem muito domínio.

Sobre a significativa atuação educacional dos jesuítas, é importante ter em conta que o primeiro grupo de jesuítas chefiado pelo padre Manuel da Nóbrega chega em 1549 encarregado das missões de catequizar e alfabetizar. Essas atividades não eram estranhas aos padres, pois desde o final da Idade Média portuguesa, quando o analfabetismo grassava em todas as classes sociais, o saber ler e escrever era um privilégio da classe sacerdotal e da alta administração pública. É nessa conjuntura que os jesuítas passam a capitanear o ensino da escrita portuguesa a ser usada nas leis, nas cartas ao rei, nos inventários e testamentos, nas cartas de venda e de doação, tornando-se responsáveis pela formação do quadro administrativo[16] da América portuguesa.

Manuel da Nóbrega fundou cinco escolas de instrução elementar nas quais se ensinava a falar e escrever em língua portuguesa (em Porto Seguro, Ilhéus, Espírito Santo, São Vicente e São Paulo de Piratininga). Eram escolas de bê-a-bá que tinham como público-alvo as crianças indígenas e mamelucas; e ainda três colégios com internatos voltados para os filhos dos colonizadores portugueses e para os pretendentes a ingressarem na Ordem.

Com papel ativo na colonização, Manuel da Nóbrega, ignorando o impedimento de Tomé de Souza de adentrar os sertões, avançou em direção ao planalto de Piratininga onde fundou a aldeia e o colégio[17] (1554), o que representou a início de "um centro irradiador de povoamento" (Shigunov Neto e Maciel, 2008: 177).

Nessa primeira fase de atuação dos jesuítas, a referência à instrução constitui um viés pelo qual se pode entrever o espaço dedicado à língua portuguesa. Para ensiná-la aos meninos indígenas, os jesuítas adotavam o método espontâneo e direto do convívio dessas crianças com os mestres e com os órfãos portugueses, cuja vinda para a colônia tinha sido feita graças ao pedido do padre Manuel da Nóbrega. Além do aprendizado espontâneo da língua portuguesa, as crianças indígenas e as portuguesas tinham diariamente aula de doutrina cristã, na capela do Colégio. Seguiam-se exercícios de ler e escrever, com base na cartilha de João de Barros ou na de Frei João Soares:[18]

> Os meninos da terra, ainda muito tenros, às vezes mal começando a falar, decoravam sentenças sobre a doutrina cristã e assim preparados iam repetir em casa, aos seus parentes, o que haviam fixado de memória. Guardavam também de cor diálogos em sua língua sobre a doutrina para ensinarem, por si na sua língua e na nossa, a seus companheiros, a doutrina cristã, tarefa que chegavam a desempenhar tão bem quanto os missionários.[19] (Carta do Irmão Blázkez, de 5 agosto de 1552, apud Thales de Azevedo, 1959: 44)

As cartas jesuíticas, escritas nos primeiros anos do Brasil colônia, sugerem que havia uma política linguística que privilegiava o bilinguismo no âmbito da doutrinação. As pregações, como as cantigas, eram feitas em língua indígena e em português, como assinalam as cartas do padre Francisco Pires (7/08/1552) e do Irmão Blázquez (04/08/1556) (cf. Leite, 1945). O teatro também foi uma das estratégias para conquistar os indígenas. O *Auto da Pregação Universal*, encenado em 1567, foi escrito em português e em tupi (Leite, 1945: 606), e o *Diálogo Pastoril*, encenado em 1584, foi escrito em português, castelhano e tupi (Leite, 1945: 608).

À época do mestre Simão Rodrigues, padre provincial de Portugal, Manuel da Nóbrega pôde igualar os meninos indígenas aos filhos dos colonos, mas a troca do padre provincial reorientou as atividades jesuíticas. Retomou-se a concepção do Antigo Regime para o qual importava o elemento colonizador:

> [Dentro] de uma concepção de Estado dinástico, não haveria por parte do dinasta interesse particular em impor a língua da corte às populações submetidas, visto que as línguas do reino não se revestiriam de caráter nacional, uma vez que este só se realizava na manutenção e na reprodução da dinastia. As línguas tinham caráter de instrumento de uso oficial, na qualidade de línguas-do-poder. (Freire, 2000: 45)

Em outras palavras, a substituição do mestre Simão pelo padre Diogo Mirão no cargo Provincial de Portugal em 1553 trouxe profundas alterações no processo de educação, com reflexos para a questão da língua. Contrário ao internato de leigos, o novo padre provincial promoveu uma mudança radical na política missionária e educacional no Brasil, substituindo o padre Manuel da Nóbrega pelo padre José de Anchieta. A nova orientação estabelecia: (i) o sistema de internato dos colégios deveria atender apenas os futuros padres da Ordem; (ii) os filhos dos colonizadores portugueses seriam acolhidos na forma de externato; (iii) os índios aldeados deveriam ser apenas catequizados; retirava-se-lhes o ensino da língua portuguesa (fala e escrita); (iv) as escolas de bê-a-bá atendiam os filhos de colonos portugueses. Essas novas disposições evidenciam que o acesso à cultura portuguesa, o que se fazia por meio das letras, era privilégio de poucos, tornando-se o eixo social da sociedade colonial. Além da exclusão do indígena, que deveria ser apenas catequizado, criava-se, assim, a diferença de acesso em que o letramento era restrito aos colonos e as letras eram reservadas aos principais, o que propiciava diferentes domínios da língua portuguesa:

> Trata-se de uma atitude cultural de profundas raízes: pelas letras se confirma a organização da sociedade. Essa mesma organização vai determinar os graus de acesso às letras, a uns mais, a outros menos. A certa altura da catequese dos índios, os próprios jesuítas vão julgá-las desnecessárias. E os colégios, estes sobretudo, se voltam para os filhos dos principais. A cultura hegemônica assim o dispunha. (Paiva, 2011: 44)

Essa reorganização educacional introduzida pela política do segundo governador-geral (Duarte da Costa 1553-1558) permaneceu até 1759, data da expulsão dos jesuítas. Durante esse período, foram criadas 27 instituições jesuíticas, sendo 17 colégios, 10 seminários, 3 dos quais de formação não exclusivamente sacerdotal (Viotti, 1974: 917). O Mapa 4 mostra a rede resultante da atuação dos jesuítas como educadores.[20]

Mapa 4 – Colégios dos jesuítas na era colonial

Fonte: Fernandes, 1980: 63.

Alguns colégios espalhados pela costa brasileira supriam o vazio deixado pela proibição de instalação de universidades[21] na América portuguesa. Aos jesuítas cabia a tarefa de transmitir conhecimentos e moldar comportamentos, implementando sua pedagogia e proporcionando um acúmulo de saberes codificados sobre a ação educativa.

Uma das diretrizes administrativas no século XVI, após o período de Nóbrega, foi a instituição de aldeamentos jesuíticos. O Regimento de Tomé de Sousa ordenava, como política indígena, a conversão dos gentios e a sua transferência para áreas próximas da povoação da capitania:

> A principal causa que me moveu a mandar povoar as ditas terras do Brasil foi para que a gente dela se convertesse à nossa fé católica, e mais, porque parece que será grande inconveniente os gentios, que se tornaram cristãos, morarem na povoação dos outros e andarem misturados com eles, e que será muito serviço de Deus e meu apartarem-se de sua conversação, vos encomendo e mando que trabalheis muito por dar ordem como os que forem cristãos morem juntos, perto das povoações das ditas capitanias, para que conversem com os cristãos e não com os gentios e possam ser doutrinados e ensinados nas coisas de nossa santa fé. (Petrone, 1995: 108)

Os aldeamentos beneficiavam o projeto colonial, pois funcionavam como postos de defesa, seja das fazendas açucareiras, seja das vilas portuárias, mas acabaram por escravizar os índios aldeados para usá-los como mão de obra nas fazendas açucareiras (Schwartz, 1988).

Do ponto de vista linguístico, a política dos aldeamentos implicava a mistura étnica, forçando o abandono das línguas indígenas maternas. Os índios – monolíngues, em uma das mais de 700 línguas não tupi – tiveram que abandonar sua língua vernácula, por meio da qual executavam suas práticas sociais em suas tribos de origem (Freire, 2008), para adotarem a língua geral.

Com a desarticulação da sociedade indígena, implementava-se o processo de homogeneização dos diferentes povos aglomerados nos aldeamentos. Os jesuítas encontraram algumas barreiras para executar seu controle, principalmente em São Paulo, pois os colonos, alegando a necessidade de mão de obra cativa, reivindicavam seu direito sobre os índios deslocados por eles do sertão. A discórdia entre colonos e jesuítas, quanto ao controle dos índios, durou todo o século XVII. Não era incomum os colonos se apropriarem dos indígenas aldeados, o que levou à formulação de regras que dificultavam a comunicação entre índios e brancos. O isolamento dos aldeados, com os paulistas impedidos de irem às aldeias e vice-versa, foi uma diretriz prevista nas *Ordenações filipinas* (Livro I, Tít. XVI: 8, apud Omegna, 1961: 21, nota 28).

No século XVIII ocorre uma reviravolta. A Ordenação de 4/4/1755 incentivava casamentos entre colonos e índios, dava liberdade de comércio e autorizava a posse de bens aos índios, tornando mais rotineiros os contatos com os brancos. Os aldeamentos contariam com escolas para o ensino da leitura aos

Introdução

meninos. Além disso, os aldeamentos passaram a acolher os livres pobres, os mulatos e toda a população desajustada (Petrone, 1995: 135).

Por fim, não se pode deixar de acrescentar que, além do trabalho evangelizador e a construção de uma rede educativa, os jesuítas tiveram também um papel importante na economia. Tornaram-se grandes fazendeiros. Quando expulsos da América portuguesa em 1759, contabilizavam-se 590 jesuítas, dos quais 316 eram sacerdotes, que deixaram 17 colégios e 10 seminários que administravam em 12 municípios, desde Belém do Pará até Paranaguá, além de 55 missões entre os nativos, num total de 131 casas religiosas (Klein, 2016: 10).

Além dos jesuítas, outras ordens religiosas vieram para a América portuguesa: os franciscanos, beneditinos e outros. Devido à aceitação sem restrições de fidelidade à autoridade papal nos termos do Concílio de Trento (1546-1563), Portugal propiciou o surgimento do padroado. Desse modo, a Igreja Católica se tornaria um setor da burocracia do Estado, na medida em que competiria ao rei

> a escolha de bispos, o direito de erigir igrejas, mosteiros, capelas, oratórios, enviar missionários, decretar censura e regras eclesiásticas. Além disso, executar a cobrança e a administração dos dízimos eclesiásticos devidos pelos habitantes das terras do padroado [...]. Por este regime o Estado passou a manter a Igreja sob seus domínios. Acaso o dízimo não fosse suficiente para custear as despesas eclesiásticas o rei assumia a responsabilidade de custeá-las através dos cofres do Estado. (Cunha, 1980, apud Rosário e Melo, 2015: 382-383)

Os Mapas 5 e 6 representam, respectivamente, a divisão do território brasileiro em bispados e em dialetos.

Mapa 5 – Mapa dos bispados no Brasil – 1745

Fonte: Rubert, 1988: 145.

Mapa 6 – Divisão dialetal proposta por Nascentes em 1953

Fonte: Nascentes, 1953: 18-19, apud Teles, 2018: 121.

Pode-se perceber certa sobreposição entre os limites dos bispados e as isoglossas dos falares identificados por Nascentes (1953). Se tal correlação for comprovada, indicaria a força da socialização via Igreja no processo de transmissão e nivelamento da língua portuguesa no Brasil.

CONSIDERAÇÕES FINAIS

Neste capítulo, buscamos retomar e comentar alguns estudos sobre o surgimento do português brasileiro. Buscamos mostrar que (1) o português do Brasil não é uma excepcionalidade em relação às outras línguas europeias faladas na América; (2) o processo de formação do português do Brasil teve início no século XVI; (3) o português europeu, tal como qualquer língua, não pode ser referido como um bloco, invariável geográfica e temporalmente, tal como tem sido feito em vários estudos sobre história do português brasileiro; e (4) a presença de traços quatrocentistas no português brasileiro deve-se, pelo menos em parte, à presença de imigração de açorianos e madeirenses por serem eles falantes de um dialeto conservador, que traz marcas de meados do século XV.

Além disso, buscamos descrever o contexto social e político em que se deu a colonização nos primeiros cento e cinquenta anos, com o propósito de buscar evidências a favor da noção de novo dialeto e seus estágios.

O português brasileiro, a nosso ver, resulta da interação de falantes de diferentes dialetos de Portugal continental e insular. Parafraseando Alfredo Bosi, não se pode falar em transplante da língua portuguesa para o Brasil, pois os novos agrupamentos humanos, ao mesclar seus dialetos, promoveram nivelamentos originando novos dialetos, a face linguística do impulso que o processo de colonização dá a "novas culturas seculares".

Efetivamente, o processo de formação de novos dialetos é observável em diferentes línguas (como o francês, inglês, híndi, dentre outras) e em diferentes momentos. Trata-se de uma manifestação de um princípio mais geral: o princípio uniformitário, resguardando-se as limitações apontadas quando se tem em conta fenômenos de natureza social, conforme Labov (1999 [1994]: 23-25): *"problemas particulares precisam ser abordados de diferentes pontos de vista, por diferentes métodos com fontes de erro complementares"*.

NOTAS

[1] Faraco (2018) e Coelho e Silva (2018) fazem uma retrospectiva sobre a terminologia adotada por gramáticos para definir o português do Brasil. Nesta introdução, vamos adotar indistintamente os termos português do Brasil e português brasileiro.

[2] Adotando a metáfora da "fênix renascida", Castilho (2018) sinaliza a retomada da Linguística Histórica do português pela Universidade Federal da Bahia e pela Universidade Estadual de Campinas.

[3] "English came into contact with an enormously wide range of languages and cultures during this period [of colonisation]. Moreover, it was virtually always in a position of dominance. [The] languages of American Indians [...] were oral vernaculars [...] English gradually came to symbolise Christianity, military and administrative power, and modern technology" (Leith, 1995 [1983]: 185-6).

[4] Vasconcelos (1929); Santos (1961); Cuesta (1961); Cintra (1983; 1990); García Mouton (coord. (2016); Holmes e Kerswill (2008); ALPI-CSIC [<www.alpi.csic.es>], edición digital de Navarro (dir., 2016).

[5] "Misturam-se nos dialetos madeirenses (como, aliás, nos açorianos) características próprias de ambos os grupos [dialetos setentrionais e os dialetos centro-meridionais], o que obriga a situá-los num grupo à parte – insular" (Cintra, 1990: 28). "O português do século XV dos primeiros povoadores teria evoluído com características próprias [...] devido a[o] [...] isolamento geográfico [das ilhas], apresenta[ndo hoje] formas arcaicas, ainda conservadas nos dialetos nortenhos" (Freitas, 1994).

[6] Naro e Scherre (2007) chamam a atenção sobre esse problema.

[7] Silva Neto é uma exceção. Lê-se, a propósito do fenômeno de perda da nasalidade: "Na linguagem popular e regional de todo o País, perde-se a nasalidade final: *virgem* (*virgẽ* ou *virgẽi*) pronuncia-se *virge*, *homem* (*homẽ* ou *homẽi*) pronuncia-se *home*. [...] Cremos que estamos diante do desenvolvimento e da generalização de fatos muito conhecidos *nos dialetos portugueses*" (Silva Neto, 1986: 166; grifo nosso).

[8] Esse fluxo decorreu da Guerra dos Emboabas, uma disputa travada entre habitantes originários de São Vicente e migrantes vindos de diferentes localidades, nordestinos e portugueses, de 1707 a 1709, no interior do Brasil.

[9] Respectivamente, *sa'ui* e *tu'ĩ*, do tupi. Segundo Cunha (1982: 796), que apresenta as seguintes grafias: *toy* (1511), *toym* (1511) e *tuyns* (1576).

[10] Sobre a discussão dos termos língua e idioma, ver Bourdieu (1996; 2001).

[11] Essa suposição tem sido objeto de controvérsias. Ver Holmes e Kerswill (2008).

[12] Esses dados foram extraídos da Tabela 1, apresentada por Venancio (2000: 66).

[13] As outras fases propostas são a de *transição* (1701-1850), de *imigração de massa* (1851-1960) e a última, a de *declínio* [da imigração] (1961-1991) (Venancio, 2000: 64).

[14] Em 1491, os soberanos católicos da Espanha ordenaram a expulsão dos judeus que não queriam se converter ao catolicismo. Milhares de famílias partiram para Portugal. Em 5 de dezembro de 1496, D. Manuel fez publicar o Decreto de "expulsão de todos os filhos da maldição" que não aceitassem o batismo. Segundo o cronista Damião de Góis, cerca de 20 mil judeus de todas as regiões de Portugal se reuniram nos arredores desse porto [o de Lisboa], e um grupo de clérigos jogou a água do batismo sobre eles. Muitos conseguiram partir, mas a maioria, voluntariamente ou não, permaneceu (Pieroni, 2000, cap. 6).

[15] Esses dados foram extraídos de Novinsky (2000: 157).

[16] Não se pode esquecer que os cristãos novos dominavam a arte da escrita e participaram do quadro administrativo. Moraes de Castilho observou que 24% dos testamentos paulistas dos séculos XVI e XVII foram redigidos por cristãos novos (Moraes de Castilho, 2011).

[17] "Na verdade se tratava de uma escola que ensinava a ler e escrever, e não de colégio em que se ensinava a gramática latina" (Hilsdorf, 2003: 10).

[18] Ver Mattos (1958: 67-68).

[19] Na obra *Monumenta Brasiliae*, em carta de 5/08/1552, assinada por "vossos irmãos Diogo Tinambé Piribira Mongeta Quatia", conta-se das entradas que os meninos faziam a pé, pelo sertão, até distâncias consideradas grandes para o tempo e para a idade: uma vez andaram sete léguas.

[20] Na França, o primeiro colégio da Companhia foi aberto em 1556, com 500 alunos, três anos depois contava com 800 e, quatro anos mais tarde, 1.600. A mesma expansão aconteceu na Alemanha e em Portugal. Em Lisboa, os alunos passavam de 1.300 (Franca, Leonel. *A Igreja e a reforma*, apud Fernandes, 1980: 54, nota 14).

[21] Enquanto prevaleceu o domínio português, não houve curso superior no Brasil. Diferentemente, a Espanha permitiu a abertura de universidades em seus domínios, ainda que estivessem sob o controle de ordens religiosas: Santo Domingo (1538); Peru (1551); México (1553); Lafaye (1999).

VETORES DE HOMOGENEIDADE E HETEROGENEIDADE: QUESTÕES LINGUÍSTICAS

Marilza de Oliveira
Jânia M. Ramos

SUMÁRIO

APRESENTAÇÃO 48
VISITANDO OS CONTOS DE VITORINO NEMÉSIO 48
COMPONDO UM MOSAICO
DE FALARES AÇORIANOS 49
    O sistema consonântico 49
    Alterações no sistema vocálico 50
    Acréscimo e perda de segmentos fônicos 52
    Traços morfossintáticos 54
COMPARANDO DIALETOS 57
DE HISTÓRIA E DEMOGRAFIA 65
    Da Madeira para o Brasil colonial 65
    Dos Açores para o Brasil colonial 70
BUSCANDO RESPOSTAS 75
CONSIDERAÇÕES FINAIS 76

APRESENTAÇÃO

Algumas obras literárias retratam marcas dialetais. Seus autores concebem diálogos entre diferentes personagens, aproximando-os o mais possível das falas locais, reproduzindo-as, e, assim, relacionando-as à escrita. Conforme assinala Rebelo (2015: 15), esses autores utilizariam o português padrão quando o narrador ou alguma personagem instruída toma a palavra, e um português regionalizado quando as personagens populares, de condições sociais e econômicas menos prestigiadas o fazem. O resultado seria *"um painel repleto de variantes, ainda que potenciais"*.

Os contos de Vitorino Nemésio oferecem um painel desse tipo. Esse autor retrata dialetos açorianos dos anos 20 e 40 do século xx. Neste capítulo, serão apontados e comentados fenômenos fonológicos, morfossintáticos e lexicais registrados pelo contista. Na primeira seção, serão elencadas as ocorrências em apreço. Na segunda seção, será feita uma comparação entre os dados apontados nos contos nemesianos e os dados registrados por Amadeu Amaral por serem duas publicações da primeira metade do século xx (ver Quadro 1). O propósito é mostrar semelhanças entre textos coetâneos. Na terceira seção, apresentamos dados demográficos relativos ao fluxo migratório de açorianos, assim como o de madeirenses para o Brasil, e discutiremos uma controvérsia presente na literatura linguística sobre a "influência" açoriana apontada por Manuel Paiva Boléo em diferentes trabalhos.

VISITANDO OS CONTOS DE VITORINO NEMÉSIO

Vitorino Nemésio, inspirando-se na expressão *"hispanidad"*, de Unamuno, inventou o termo *açorianidade*, etiqueta de um conceito identificacional (Pimentel, 2013) que une as diferentes populações do arquipélago e as separa de falantes de língua portuguesa em outros domínios. Estruturado pelo fator geográfico e pela origem, a açorianidade embute, em seu rótulo, o sentimento de aglutinação e de união, de um lado, e a percepção da diferença, de outro, como ressonâncias da condição de viver em condições de perene vulnerabilidade. Essa duplicidade tem repercussões no nível linguístico: o surgimento de variantes nas diferentes ilhas, fazendo coexistirem formas comuns e formas distintas do português padrão falado no eixo Lisboa/Coimbra.

Na plataforma do regionalismo na literatura, esse escritor açoriano lançou, em 1932, uma espécie de manifesto em favor da consciência açoriana, escrito em comemoração do quinto centenário do descobrimento do arquipélago. A percepção de que *"uma espécie de embriaguez do isolamento impregna a alma e os actos de todo o ilhéu,* [que] *estrutura-lhe o espírito e procura uma fórmula quase religiosa de convívio* [...]" levou-o a esculpir o conceito de açorianidade, com o qual pretendia desvelar os Açores *"como corpo autônomo de terras portuguesas"* reduzido a um *"autêntico viveiro de lusitanidade quatrocentista"* (Nemésio, 1932, apud Gouveia, 1986: 406).

Nascido na Ilha Terceira, Vitorino Nemésio tinha formação filológica e esmerou-se na seleção de traços linguísticos tomados como marcas identitárias da população açoriana, buscando articular particularidades da fala a elementos de natureza antropológica. Em *O mistério do Paço do Milhafre*, livro de contos editado em 1924, cujo título evoca a ave típica dos Açores, o escritor dava um passo para a inserção da realidade açoriana no universo da narrativa literária.

COMPONDO UM MOSAICO DE FALARES AÇORIANOS

Há uma tradição dialetológica que afirma que

> os dialetos falados nos arquipélagos dos Açores e da Madeira "representam um prolongamento dos dialetos portugueses continentais, podendo ser incluídos no grupo centro-meridional" que remetem ao período da descoberta das ilhas. (Cunha e Cintra, 1984, apud Salomão, 2012: 145)

Esse prolongamento é posto em xeque por Cintra,[1] que, ao analisar os dialetos madeirenses, observou tipicidades linguísticas, o que o levou a propor a autonomia do grupo linguístico insular.

Esses e outros traços linguísticos são recuperados na representação dos falares da Ilha de Pico e da Ilha Terceira, inscritos nos textos literários de Nemésio Vitorino. Aos olhos do leitor brasileiro alguns desses traços lhe parecerão familiares.

O sistema consonântico

Um dos fenômenos mais salientes nos contos nemesianos é a formação de grupos consonânticos, os quais podem ser resultados de metátese *trocida de fio* (MTC, p. 300),[2] *expromentei* (QPDA, p. 148), *praguntei* (QPDA, p. 167), *revolvre* (QPDA, p. 143), *açúcre* (MB, p. 185), *acarditar* (QPDA, p. 166); ou de queda de vogais; *quem me qria bem* (QPDA, p. 164), *vespra* (QPDA, p. 131), *esprava* (QPDA, p. 166), *difrentioso* (QPDA, p. 169). A metátese pode levar a novos grupos consonânticos: *pertindia* (MTC, p. 295). Mas também há aqueles casos em que o resultado é um ditongo: *demoinos* (MB, p. 180), *auga* (QPDA, p. 159). O desfazimento do grupo consonântico é mais raro: *recurta* (QPDA, p. 135).

Esses falares manifestam a troca da realização vibrante pela lateral: *cramar* (QPDA, p. 168), *prantado* (MB, p. 206), *cramou* (MA, p. 63); a palatalização de /l/, como em *aquilho* (MTC, p. 384), *palhitos* (MTC, p. 385), *milhaigre* (MB, p. 194); e a troca da oclusiva bilabial pela fricativa labiodental encontrada em *vengala* (QPDA, p. 226), em *gavar* na frase "*não é por me gavar*" (QPDA, p. 137), em *brabo* em "*Valantim ainda estava mais infiado e brabo do qu'eu*" (QDPA, p. 152) e em *brabado* em "*e um home brabado*" (MTC, p. 296).[3]

Alterações no sistema vocálico

(1) *Lá fomos antão pràdonde elas dissero, na Calha de las Fuentes, lá prò cu de Judas, caise no fim de Badajoz. Ê nunca me temi de nada inté ò dia de hois, graces a Deus: e munto menos naquele tempo, que era um **padaço** de home (não é por me gavar...) Mãis sempre digo a Vossa Sioria que, ao **antrar** naquela fonda, ò lá que diabo era, e ver aqueles cracamanos de calça de bombazina **santados** nas mesmas mesas do chinquilho, a fumar e a alanzoar, que só o diabo os **intindia**. E beijo a esta, salero à... que só les faltava... (olha o diabo do **piqueno** oitra vez a pé de mim! **Sume**-te, dimoino!) que só les faltava a cama!*
*Mãis, **infim**... Um home é um home, e eu, de mais a mais, era um soldado de El-Rei de **Pertugal** que stava ali. Tinha **impinhado** a minha farda? Isso era cá comigo! [...]* (QPDA, p. 137-8)

O trecho acima fornece pistas da instabilidade das vogais: a vogal pretônica /e/ é rebaixada (*padaço, antrar, santados*) ou alteada (*intindia, piqueno, infim, impinhado*), processo que atinge o contexto e a sílaba tônica (*sume*). Quando em início de palavra, o alteamento da vogal pode vir acompanhado de nasalidade:

(2) *Deixe-se vossemecê star aí quieto, que Sua **Incelência** dá licença.* (QPDA, p. 161)
*Andou co aquilho **inscundido** na manta.* (MTC, p. 301)
*[...] põe-se de cócoras no solho a **inzeminar** a poeira.* (QPDA, p. 129)

Além do alteamento das vogais (*mitido*, QPDA, p.143; *vistir*, MTC, p. 384), ocorre alteração na articulação da vogal que de coronal passa a dorsal. A vogal pretônica baixa [a] pode se realizar como média-alta dorsal *chomar* (MTC, p. 300); e a vogal pretônica anterior <e> pode se realizar como posterior, mantendo-se no mesmo plano transversal, isto é, realizando-se como média-alta [o], como em *vormelha* (QPDA, p. 139), *bober* (QPDA, p. 167), *rospeito* (MTC, p. 295), ou pode se realizar como vogal baixa: *antrei* (QPDA, p. 167), *assantar* (QPDA, p. 161). Em casos extremos, as alterações atingem conjuntamente o plano transversal, com o alteamento da vogal e da articulação coronal alterada para dorsal: *furver* (QPDA, p. 155), *punduricalho* (QPDA, p. 163), *umage* (QPDA, p. 155). O processo contrário também é observado: a vogal média posterior pode se realizar como anterior: *seluço* (QPDA, p. 155), *semos* (M, p. 131).

Outro aspecto a ser salientado é o processo de ditongação que alcança vogais orais e nasais: *láigrimas* (QPDA, p. 165), *milhaigre* (MB, p. 194; QPDA, p. 164), *criatuira* (QPDA, p. 11), *punduirado* (QPDA, p. 151), *funduira* (MTC, p. 307), *sauíde* (MTC, p. 297), *caroiço* (QPDA, p. 156), *tuido* (QPDA, p. 164), *fuirto* (M, p. 72), *mũindo* (MB, p. 186), *sãingue* (QPDA, p. 134), *marmãinjo* (QPDA, p. 141), *puilho* (= *pulo*, MTC, p. 384). A inserção de elementos também ocorre nos ditongos <oa> criando formas como *Lisboua*, ou *canoua*.

(3)   *Sempre davo uns lencinhos, ũa alambrança pròs netos... Chomei o mê Lauriano e santei-o aqui im riba dos joelhos, co lencinho dele **pũinduirado** na mão: "Toma lá, meu home!".* (MTC, p. 301)
        *Quem pertindia a ũa cumpanha pidia a bença ò mestre, cõma **hoij'im** dia só se pede a pai e a mãe... q'ando é!* (MTC, p. 295)
        *O guarda a dezer: "**Haija** quem mai' lance!" [...] e um home brabado qu'aí havia a picar, a picar... Os oitros bem se chegavo!: êl cobria semp'e. Lá cuntaro até três e êl deu o nome à praça.* (MTC, p. 296)

A instabilidade da vogal acentuada que se deixa condicionar pelo timbre das vogais [i] e [u] é apontada como uma das características que tipificam os falares insulares (Segura e Saramago, 1999). Outro fenômeno, já identificado por José Leite de Vasconcellos (1892: 293) como característica da Ilha Terceira, é a realização das vogais médias como [u], processo que também ocorre no contexto de vogais acentuadas: "vergonha" [*verg'uŋa*], "flor" [*flur*] (Blayer, 1992: 50).

Por fim, é notável a troca da semivogal /w/ por /y/ nos ditongos decrescentes como em *oivir* (MTC, p. 295), *toiros* (QPDA, p. 130), *doirada* (QPDA, p. 166), *oitra* (MTC, p. 295), *troixa da roipa* (MTC, p. 296), *ciroilhas* (QPDA, p. 124).[4] A esse propósito, é interessante observar que, a partir do século XVII, o ditongo [ow] perdeu o segmento [w] no centro e sul de Portugal, ao passo que, no norte, conservou-se esse ditongo e, em alguns casos, deu origem à variante *oi*: *toiro, oiro, coisa.*

Acréscimo e perda de segmentos fônicos

(4)   *Ao meter-se na cama, lá se esquecia benzer-se... Palmira rompeu na reza, como quem despe um menino:*
*– Cum Deus me deito, cum Deus me **alevento**...*
Noutros tempos, Velhinho caçoava daquilo, melgueiro e brincalhão:
– Cuntigo é que m'eu deito, rapariga!
A mulher, então, protestava; não queria que se brincasse com Deus Nosso Senhor [...] (MB, p. 229)

O acréscimo de segmentos fônicos na margem esquerda da palavra como em *alevanto* é bastante frequente: *assentar-se* (QPDA, p. 126), *assantar-me* (QPDA, p. 161), *alambrei-me* (QPDA, p. 140), *avantage* (QPDA, p. 155), *ajuntei* (QPDA, p. 164), *assucedido* (QDPA, p. 161). Além da vogal <a>, na variedade açoriana ocorre o acréscimo da vogal protética <i>: *O Valantim disparou a sua **(i)arma**, mais caiu logo prà banda [...]* (QPDA, p. 154), *Fui-me chigando a **(i) ele** de mê vagar [...]* (QPDA, p. 159).

No que concerne à perda de segmentos fônicos, há a supressão pela monotongação ou pelo apagamento de vogais ou consoantes no início (aférese), no meio (síncope) e no final de palavra (apócope).

A aférese é pouco representativa nos contos nemesianos, manifestando-se nos verbos "estar" e "apresentar": *stá* (QPDA, p. 169), *stou* (MTC, p. 384), *presentei-me a Sua Incelência* (QPDA, p. 164).

A síncope aparece com mais frequência e em contextos diversificados. Em *vespra* (QPDA, 161) e *fôlgo* (p. 232), a síncope leva à diminuição do número de sílabas e à eliminação do acento proparoxítono. A síncope pode atingir a sílaba toda: *"Se nã fossim as lanchas da lenha e o lambique do figo, tĩmos passado fome!"* (MTC, p. 305).

Entretanto, em *parcia* (MTC, p. 298) e *carcia* (MTC, p. 385), e na queda da consoante nos grupos consonânticos como *malino* (para *maligno*, TB, p. 63) e *tamem* (*também*, TB, p. 63), a pressão do acento não se impõe. Em ditongos crescentes, ocorre o apagamento do segmento vocálico dorsal imediatamente após o segmento consonantal também dorsal como em *Q'ando* (QPDA, p. 129) e *Q'al o quê!* (QPDA, p. 129).[5]

Das perdas fônicas, a apócope parece ser a mais representativa nesses falares, podendo inclusive atingir toda a sílaba, como ocorre no advérbio "muito": *A menina é mum nova, mãis diz coisas ò grave qu'eu inté fico palristo!* (MTC, p. 301). É bastante produtiva a queda do elemento nasal na preposição "com" (*Andou co aquilho inscundido na manta*, MTC, p. 301) e em nomes: *virze* (= *virgem*, TB, p. 63), *avantage* (QPDA, p. 155), *corage* (QPDA, p. 154), *marge* (QPDA, p. 158), *passage* (QPDA, p. 164), *umage* (QPDA, p. 155), *penuge* (QPDA, p. 138), *home* (QPDA, p. 143) etc. Esse fenômeno se estende às formas verbais de 3ª pessoa do plural de diferentes tempos verbais (presente, imperfeito e perfeito):

(5)   **Fázi** *êls bem! Quérim tirar o pão a quem no ganha cum suor [...]* (MTC, p. 307)
    Os oitros bem se **chegavo***!: êl cobria semp'e. Lá* **cuntaro** *até três e êl deu o nome à praça.* (MTC, p. 296)

Nas formas pluralizadas, à queda da nasal segue-se a alteração da vogal final que passa a dorsal, garantindo a oposição entre as formas do singular e do plural.

O apagamento da consoante vibrante ocorre com a preposição *Po'milhaigre* (QPDA, p. 164), no quantificador *qalqué coisa* (QPDA, p. 167), e é bastante comum nas formas infinitivas do verbo:

(6)   *[...] e deixei* **crecê** *barba...* (QPDA, p. 166)
    Antrei nũa venda da Rua das Fregedeiras pa **mitê** *qalqué coisa na boca [...]* (QPDA, p. 167)
    Vossioria nã **qué** *ver qu'ê ne dava fé da Mizricórdia [...]* (QPDA, p. 166)
    Eu ainda me quis **fazê** *forte...* (QPDA, p. 218)
    Ninguém escolhe pai pa **nace**. (QPDA, p. 215)

Na contramão das consoantes nasal e vibrante, a supressão da consoante sibilante em final de palavra é redutível a alguns poucos casos: *alguém mai limpinho* (QPDA, p. 168); *co coração mai'negro* (QPDA, p. 145), *– Poi' não! Caise im riba da terra* (MTC, p. 298). No meio da palavra, também é bastante rara: *A alma do diabo tinha mêmo feitiço!* (MTC, p. 297), *Tinho apanhado po'ju'tiça um brigue francês [...]* (MTC, p. 295), *diga-me cá vòmecê* (MTC, p. 277).

Interessante observar que a consoante sibilante é preservada mesmo após a queda da vogal átona que a precede, como em *Dês* (= *Deus*), no pronome possessivo "mês" e no pronome pessoal "eles":

(7)   **Dês** quis que le pagasse a esmola que me fez q'ando me tratou nas Vinhas, ele e **mais** a menina...
– Margarida, caminhando entre a alfazema e a terra das sepulturas,
parecia cega e surda.
 – Morreu nos **mês** braços... com a sua cabecinha incostada **ò** meu om-
bro... **Morrê**-me aqui! (MTC, p. 385)
Mê pai stava à minha espera ò sainte do varadoiro e **mitê**-me ũa pataca
na mão: Toma lá prà viage. (MTC, p. 296)

O apagamento da vogal final ocorre em verbos: *morrê-me, mitê-me*, em
itens lexicais curtos como "Deus": *Dês quis* e "tio": *ouvir o Ti João Grande
contar o triste causo da Impanatriz Porcina* (QPDA, p. 204), no numeral: *quinz
anos* (MTC, p. 295); *dua vezes* (QPDB, p. 227), nos pronomes possessivos (*mê
pai*, MTC, p. 295; *Olha tê pai!*, MTC, p. 299; *sê tio*, MTC, p. 295) e nos pronomes
pessoais do caso reto "eu": *Ê fui à terra do Brabo* (MTC, p. 296), "ele": *e êl deu
o nome à praça* (MTC, p. 296) e "eles": *Fázi êls bem!* (MTC, p. 307).

Traços morfossintáticos

As alterações fonéticas em pronomes e verbos vistas anteriormente não parecem repercutir gramaticalmente. No caso dos verbos, a perda da nasal da 3ª
pessoa do plural não tem reflexos no sistema, pois o morfema de pessoa passa
a ser marcado com a vogal posterior, como nos exemplos seguintes: *Tinho apanhado po'ju'tiça um brigue francês* (MTC, p. 295), *Fázi êls bem!* (MTC, p. 307),
Lá cuntaro até três e êl deu o nome à praça (MTC, p. 296).

No caso dos pronomes possessivos, a queda do segmento vogal final não
leva à oposição entre formas fortes e fracas, ainda que essas apenas precedam
os nomes: *Olha, olha, meu avô!* (MTC, p. 301), *Toma lá, meu home!* (MTC, p.
301), *Fui ter cum mê pai...* (MTC, p. 296).

A forma leve "sê" e a forma truncada "sô" (de "senhor") são usadas como
índices de aproximação; o possessivo de 3ª pessoa pleno "seu" é usado no tratamento como estratégia de deboche ou afastamento:

(8)   – Boa noite, tia Cacena! O **sê** João lá deu baixa ò espital. (QPDA, p. 66)
– Tempo siguro, **sô** João? (IAV, p. 284)
(9)   Simplício Eusébio, o mestre de latim da Câmara, que correra voluntário à batalha, topando o Tenente gracejou:
– Que faz **vossemecê** por aqui, **seu** caceteiro? [...]

*– E **vossemecê**, **seu** malhado?*
Amigalhaços de escola, o Simplício e o Tenente saudavam-se sempre assim desde que se tinham armado aquelas cizânias na ilha. (M, p. 189)

Além do pronome "vossemecê" e "vossioria", aparecem as formas "senhor", "você" e "tu". O pronome "você" aparece em menor escala de frequência e usos do que o pronome "tu", em particular nos contextos de apreciação negativa.

(10) *– E **Vossemecê**, atira-le pedras?* (QPDA, p. 169)
*Olhe **Vossioria** q'o Dàfutdo ainda é bem desviado de Lisboa!* (QPDA, p. 165)
*Mas está **o Sr**. compreendendo que não avezava nem real, pois o quê!* (TB, p. 60)
***Você**, sô Simplício, não ajuda daí com um latinório?* (M, p. 129)
*Já disse que nã quero, e **tu** a dares-lhe!* (TB, p. 58)

A expressão "a gente" também já parece gramaticalizada como pronome pessoal de primeira pessoa do plural. Foi observada apenas a concordância formal:

(11) *– Ora viva a vezinha – dissera a Sra. D. Maria encontrando-as. – O carro lá está às ordens...*
A mãe respondeu:
*– Muito obrigada à senhora, mas **a gente** fica por í onde calhar [...]* (E, p. 100)

Os pronomes pessoais do caso reto sofrem truncamento devido à queda da vogal final (assinale a variação entre "eu" e "ê"; "ele" e "el"):

(12) *Pois **eu**, do casar não expromentei, a nã ser de mão esquerda im riba das enxergas da Calahorra, de Fuentes qu'**ê** tinha cá na ilha a minha Estrudes à espera.* (QPDA, p. 148)
***Ê** nunca mais me temi de nada.* (QPDA, p. 137)
***Ê** disse: "Cubra-me mê pai co a sua bença!"* (MTC, p. 296)
***Ele** faz(i)-os e baptiza-os!* (MTC, p. 352)
*Vai **êl**, prègunta-me: "O que foi, Manuel?!"* (MTC, p. 385)
***Êl** é que quis aguá-lo munto bem cum petróleo [...]"* (MTC, p. 385)
*– **Êls** vão mãis é varar os botes à Velas, pròs livrar da pinhora [...]* (MTC, p. 307)
*Fázi **êls** bem! Quérim tirar o pão a quem no ganha cum suor [...]* (MTC, p. 307)

Quanto aos pronomes oblíquos, há competição entre a forma palatal e a forma despalatalizada "le": *E vossemecê, atira-**lhe** pedras*? (QPDA, p. 169), *Diga vossemecê à tia Estrudes qu'é um camarada que **le** trás notícias do seu home [...]* (QPDA, p. 168).

No que diz respeito às construções negativas, o item "não" sofre apócope, realizando-se como *nã*, quando precede o verbo. Há também dupla negação, caso em que o segmento fônico final é conservado.

(13)　　– *Levas isto no pão. Sempre é uma pisquinha de conduito, que a gente anda a modo desconsolada... E aqui estão duas laranjas, para em-riba.*
*– Já disse que **nã** quero, e tu a dares-lhe!*
– Leva, home, leva! São da ladeira do João do Pico, doces como açucre. (TB, p. 58)
*Dos teus mimos de donzela / **Não** tenho saudades, **não**: / Já mastiguei do teu fruito, /*
Já comi do teu limão. (E, p. 113)[6]

Ainda sobre a negação, observa-se ocorrência do item "não" à direita do verbo "parecer".

(14)　　*Chamava-se Antonico; parece **não** que o **estou vendo**!* (TB, p. 60)
*Fomos para o bangalé e bebemos para capote. Parece **não** que foi onte!* (TB, p. 61)

Quanto aos auxiliares, registra-se o uso *estar* + gerúndio:

(15)　　– *A gente usava calça preta e bota de cano, entende o Sr.? Ora, eu **estava morrendo** por ir a Badajoz. Boas mulheres! Coitado quem viu e cegou! Boas mulheres! Mas **está** o Sr. **compreendendo** que não avezava nem real, pois o quê!* (TB, p. 60)

Diferentes contos de Nemésio Vitorino assinalam a multifuncionalidade da preposição *ò*, resultante da elisão da preposição "a" com o artigo de gênero masculino:

(16)　　– *Ê vou **ò** mar mais o pai! Ê vou! [...]* (MB, p. 184)
*Aquilho é um home a afogar-se! digo eu **ò** minhoto.* (QPDA, p. 158)
*Vai-te imbora, rapaz! E faz lá vesitas **ò** Padre Vigairo de Sâ Mateus [...]* (QPDA, p. 165)
*Agora, diz o que é que tu queres ũa medalha **ò** peito ou a tua ressalva amanhen?* (QPDA, p. 163)

*Tava aqui a dezer **ò** sê tio e **ò** papai que comecei a balear munto antes das sortes [...]* (MTC, p. 295)
*Pedro!, bota a tua rede **ò** mar e deixa o peixe por minha conta [...]* (MTC, p. 300)

Muitos dos fenômenos fonológicos e morfossintáticos rastreados nos contos nemesianos são familiares aos falantes do português brasileiro não padrão e têm sido objeto de descrição linguística. As semelhanças parecem poder ser creditadas à presença de migrantes insulares – da Madeira e dos Açores – na América e sua consequente participação na mistura dialetal ocorrida no século XVI. Conforme argumentamos na "Introdução", os traços que sobrevivem após o estádio III, na formação de um novo dialeto, dependem largamente de fatores demográficos, além do fator de marcação (Trudgill et al., 2000). Uma consequência disso é que "*a estatística das origens da primeira geração dos imigrantes reflete-se nas proporções de traços morfológicos e lexicais dos novos dialetos*" (Kerswil e Trudgill, 2010: 103).

A correlação entre presença maciça de imigrantes e presença significativa de traços dos respectivos dialetais no novo dialeto constitui um motivo para que retomemos dados demográficos de madeirenses e açorianos nos séculos XVI e XVII na América. E será esse o tópico ao qual será dedicada a última seção deste capítulo.

Antes de ir adiante, será feita uma síntese dos fenômenos referidos na primeira seção, indicando as fontes bibliográficas que registram a ocorrência desses fenômenos no português brasileiro e/ou em dialetos portugueses continentais. Nosso objetivo é explicitar as semelhanças entre os dialetos. O Quadro 1 mostra os resultados dessa comparação.

COMPARANDO DIALETOS

Os processos fonológicos e morfossintáticos identificados na seção anterior reaparecem no Quadro 1, na primeira coluna. Na segunda coluna, documentam-se as ocorrências, no dialeto insular, extraídas do texto de Nemésio. Na terceira coluna, registram-se as variantes documentadas na obra brasileira *Dialeto caipira*, do dialetólogo Amadeu Amaral (1920), aqui escolhida por ser contemporânea à de Nemésio. Esse Quadro visa conjugar os dados extraídos dos contos com dados documentados em estudos linguísticos.

Quadro 1 – Metaplasmos apresentados em duas obras do início do século xx em dois dialetos da língua portuguesa: dialetos açorianos (Portugal) e dialetos caipiras

Metaplasmos	Anos 20	
	Dialetos insulares (Nemésio 1920–40)	Dialeto caipira do Brasil (Amaral, 1920)
Por subtração	[a]presentou; [e]stive; crescê[r]	[es]tou; Cobra[r] (p. 6); Vapo[r] (p. 9)
	Virze[m]	Home[m] (p. 8); Corre[m] (p. 8)
	tam[b]ém	
	Ti < ti[o]	
	pa[ra]	
	mai[s]	Pire[s] (p. 10)
	mudemo[s]	Vamo[s]; Os menino[s]
	Folgo > fôlego	Musga < música (p. 135)
	Malino > maligno	Malino < maligno (p. 12)
	Cando> quando; Canto > quanto	Coresma > quaresma (p. 118-9)
	Dire[i]to	Lo[u]cura (p. 7)
Por aumento	Alevanto/levanto;	[Alembrá < lembrar (p. 10)
	iarma > arma; iele > ele	eigreja < igreja
	Igre[i]ja	
	Lisbo[u][a]	
	MA[i]s	luita < luta (p. 12)
	Ca[u]so	
Permuta/ Transformações I	Mudemo > mudamos	Semos > somos
	Amenhã > amanhã	
	Cumpanhia > companhia	
	Seluço < soluço	Seluço < soluço (p. 12)
	Furver > ferver	Sumana > semana (p. 171)
	Com > có	Com ele > có ele (p. 8)

58

Permuta/ Transformações II	Prantado > plantado	Áu-ua = águá (p. 5); léu-ua = légua (p. 5)
		Insurta > insulta ; Craro < claro (p. 9)
	Vengala > bengala	Jabuticava < jabuticaba; taióva < taióba; piaçaba > piaçava (p. 19)
	Eu **le** falei [nã] > [[nɐ] [nẽw̃] > [nɐ] Chega**vo** > chegavam	Sol> [sɔw]; Brasil > [brasiw] já **le** falei (p. 31)
		cant**aro** < cantaram
Permuta/ Transposição	Contrairo > contrário Breço > berço	Perciso < preciso (p. 11)

Fonte: elaboração das autoras.

O Quadro 1 permite verificar, de modo imediato, a ocorrência das mesmas variantes nas colunas 2 e 3, o que evidencia semelhanças entre os dialetos insulares e os dialetos brasileiros. Como explicar as semelhanças entre os dialetos insulares e o PB? Como explicar a presença daqueles traços que estão ausentes no português continental? Uma hipótese é que houve contato linguístico por meio do processo de colonização, como apresentaremos mais adiante.

Além dos processos fonológicos comuns, encontram-se também construções sintáticas e fenômenos morfológicos (conforme demonstra o Quadro 2): usos de formas de tratamento com acepções diferentes, concordância verbal de segunda e terceira pessoas, uso de gerúndio e uso da dupla negação (não/não) na mesma sentença. A relevância desses objetos linguísticos está no fato de que são considerados ausentes ou pouco frequentes nos dialetos de Portugal continental.

Quadro 2 – Processos não fonológicos referidos por Nemésio (1924-1944), em obras reeditadas por Gouveia (1986) e Amaral (1982 [1920])

	Nemésio, V. (1924–1944)	Amaral, A. (1920)
Formas de tratamento	Seu Simplício	Seu (p. 169)
	Vossa mercê (depreciativo)	--------------
	Vossemecê (depreciativo)	Vacê, vancê, vossuncê, vassuncê (p. 29) (não depreciativo)
	Você (depreciativo)	Você (p. 29) (não depreciativo)[7]
	A gente vamos	*Aquela gente* **são** *muito bão*(s) (p. 30)
Concordância		
	Tu era	Tu vai (p. 29)
Gerúndio	Eu estava morrendo	Puxando
		Vai pular pulando (p. 26)

Fonte: elaboração das autoras.

A emigração de brasileiros para a Região Autônoma da Madeira é muito recente, data da primeira década do século XXI; em 2009, a comunidade brasileira somava 1.296 pessoas. Já a emigração dos arquipélagos de Madeira e Açores para o Brasil teve início no século XVI e prolongou-se até meados do século XX. Será detalhada na próxima seção a intensa presença de migrantes açorianos e madeirenses na América portuguesa. Antes, porém, serão comentados dois estudos que rejeitam qualquer marca de dialetos insulares no português brasileiro: Rogers (1949) e Noll (2008). Os argumentos desses autores parecem não se sustentarem do ponto de vista histórico nem linguístico.

As considerações feitas por Rogers e Noll inserem-se num debate protagonizado por Manuel de Paiva Boléo. Em seu trabalho publicado em 1943 e em outros subsequentes, Boléo comenta sobre semelhanças fonéticas, sintáticas e lexicais entre dialetos brasileiros e dialetos açorianos/madeirenses. Suas observações têm sido, a partir de então, objeto de controvérsias na literatura linguística. Furlan (1989) confirma as observações de Boléo em sua pesquisa sobre o dialeto catarinense. Busca em Piazza (1983) a informação de que houve uma imigração estimulada de açorianos e madeirenses para o litoral de Santa Catarina no século XVIII, mais exatamente de 1748 a 1756, num total de 6.071 ilhéus, levando a um aumento populacional de 144% (Furlan, 1989: 33): um fluxo de cerca de 6.000 no período de 1748 a 1756 (Furlan, 1989: 34). Analisando o dialeto catarinense, Furlan enumera 11 *"traços para os quais existem razões sólidas a indicar que não persistiriam no dialeto açoriano-catarinente sem a imigração açórica* [p.178-181] *e aponta, dois traços mais típicos* [dos dialetos açorianos do momento atual]" para os quais "*não achou indícios capazes de dar segurança à determinação de sua origem*" (1989: 180). E acrescenta que o dialeto açoriano-catarinense se abrasileirou em relação a três traços.

Do primeiro conjunto, Noll contra-argumenta, em relação aos sete primeiros traços, que (i) a africativização de /t/ e /d/ diante de [i], a velarização do /r/ [x] implosivo, o uso familiar de tu e a palatalização do grupo -it- *são espalhadas em* [outras] *porções do Brasil* (Noll, 2009: 288); (ii) o [e-i] paragógico em oxítonas com /r/, /l/,/s/ finais e a vogal epentética não são traços difundidos nos Açores, conforme apontou Rogers (1949: 51), e o próprio Furlan (1989: 126-130); (iii) a acentuação enfática da tônica e a elevação final do tom nas orações afirmativas "*não são comprováveis como características açorianas*" (1989: 288).

Ainda que Kröll tenha agregado às discussões feitas por Boléo a informação de que "*extensas regiões do Brasil foram povoadas por emigrantes vindo da Madeira e dos Açores*" (Kröll, 1994: 555, apud Noll, 2008: 287), Noll (2008 [1999]: 287) contra-argumenta afirmando que "*naturalmente, as ilhas povoadas no século XV dispunham, face à extensão brasileira, apenas de um contingente comparativamente limitado de colonos*". Agrega ainda outro argumento: "*Os traços linguísticos mais notáveis dos Açores, as vogais arredondadas anteriores [...] não ocorrem em Santa Catarina*" (Noll: 289).

Em primeiro lugar, o nivelamento dialetal que ocorre na formação de um novo dialeto justifica o afastamento de traços marcados como o arredondamento de vogais anteriores e a africativização de /t/ e /d/. Em segundo lugar, os contra-argumentos de que lança mão se baseiam na ideia falseada da homogeneidade linguística no tempo e no espaço, mas tanto o dialeto insular quanto o português do Brasil sofreram mudanças linguísticas. Aliás, faltam evidências de que os traços marcados, como o arredondamento das vogais e a africativização de /t/ e /d/, já estivessem presentes no dialeto açoriano antes de meados do XVIII. Por fim, é necessário lembrar que, apesar de ter um denominador comum, há diferenças dialetais entre os arquipélagos dos Açores e da Madeira, e entre as ilhas de cada arquipélago. Os Açores são constituídos de nove ilhas, reconhecidas em três grupos: o oriental (Santa Maria e São Miguel), central (Terceira, São Jorge, Pico, Faial e Graciosa) e ocidental (Flores e do Corvo). Já o arquipélago da Madeira é constituído de duas ilhas principais (Madeira e Porto Santo), duas secundárias (Selvagem Grande e Selvagem Pequena) e três ilhas desertas.

Outro contra-argumento usado para desconstruir a hipótese de aproximação entre o português insular e o português do Brasil é o fato de que o chiamento resultante da palatalização do /s/ implosivo [ʃ], a velarização do /r/ implosivo

[x], cujo efeito sonoro também é o chiamento, e o uso familiar do "tu" estão *"espalhados por vastas regiões do Brasil"*. Noll alega ainda que o contingente de colonos proveniente das ilhas era irrisório diante da extensão territorial da América portuguesa (Noll, 2009: 287).

Esses dois contra-argumentos não levam em conta fatos históricos sobre povoamento. Afinal, ao longo de três séculos, não obstante a extensão do território brasileiro, a ocupação recobria apenas uma estreita faixa litorânea; os açorianos e os madeirenses (como se verá mais adiante) ocuparam diferentes pontos do território brasileiro.

Para aceitar que ocorreu a africativação de /t/ e /d/ diante de /i/ ou outro qualquer fenômeno que pudesse recobrir todas as regiões brasileiras, exige-se também aceitar que não há diferentes áreas dialetais no Brasil, contrariando, assim, as fartas evidências apresentadas no *Atlas linguístico do Brasil* (ALiB), 2014.[8]

A ausência de homogeneidade linguística no território brasileiro, tal como ocorre em qualquer país, verifica-se porque, como se sabe, as fronteiras geopolíticas quase nunca coincidem com as fronteiras geolinguísticas, que são culturais (ver último capítulo deste volume).

A ocupação das áreas que compõem o atual território brasileiro deu-se em etapas, e em diferentes momentos históricos. A heterogeneidade linguística é, portanto, esperada, uma vez que as línguas mudam no decorrer do tempo. Desse modo, não é surpreendente que áreas que receberam migrantes açorianos no século XVI não apresentem o mesmo contraste fonológico que uma área ocupada por intensa migração açoriana no século XVIII, como é caso do referido estado de Santa Catarina. As áreas de /t/ africado sofreram mudanças no período em que a área do atual estado de Santa Catarina ainda não tinha sido ocupada, era uma vasta região de *escassa população fixada*.[9]

A correlação entre presença de imigrantes e presença de marcas linguísticas não é direta nem perene. Para identificá-las, é preciso ter em conta o momento em que houve a migração, o modo pelo qual os imigrantes se integraram à nova comunidade, e a natureza e duração do processo que levou à formação de um novo dialeto, tal como ocorreu no Brasil.

Traços linguísticos tipificados como brasileiros (ou brasileirismos) estão presentes no texto cotejado na seção anterior. Tratamos, neste capítulo, o *açoriano* (entendido de forma alargada), cuja sócio-história no Atlântico Sul mostra a pertinência de concebê-lo como lastro linguístico para a formação do português do Brasil em geral.

A similitude de traços linguísticos entre o açoriano e o português do Brasil apontada no cotejamento de dados colhidos nos textos literários examinados é tal que, à primeira vista, leva-nos a reconhecer ali o que alguns autores haviam rotulado como especificidades do PB. Entretanto, a queda de segmentos na margem direita das palavras, um dos fenômenos que unem os falantes do PB, tem efeitos morfossintáticos que os torna diferentes.

A queda da nasal final, por não se restringir ao nome, elimina a diferença entre as formas P3 e P6 da terceira pessoa (singular "canta" e plural "cantam", respectivamente), fenômeno largamente estudado por Naro e Scherre (2003 e em vários outros trabalhos), o qual tem registro nos textos de testamentos e inventários paulistas dos séculos XVI a XVIII (ver Moraes de Castilho, neste volume). Um outro efeito desse mesmo fenômeno está na eliminação da diferença entre passivas sintéticas e indeterminação do sujeito (ver Coan, também neste volume).

A queda da vogal final nos pronomes pessoais que ocorre no açoriano também se observa no português do Brasil. Neste caso, a mudança fonológica teve efeitos morfossintáticos ao alterar o paradigma pronominal, criando uma série fraca de pronomes (*ô* (eu) *ê/el* (ele)) com a função específica de marcar a função semântica dos morfemas flexionais do verbo (Kato, 1999). Ao lado da série fraca, manteve-se a série pronominal forte usada em construções de tópico, favorecendo a duplicação: *Eu, ô não sei o que dizer* (Kato, 2000).

Associada a esses fenômenos, a simplificação do paradigma pronominal eliminou as formas morfológicas da 2ª pessoa do singular e do plural, cujas funções foram assumidas pelo pronome de referência indireta "você"/"vocês". Entretanto, algumas regiões ainda sustentam a forma conservadora "tu fizeste" enquanto outras misturam o pronome "tu" à forma verbal da 3ª pessoa "você fez" (ver Mapa 1).

Mapa 1 – Uso de "você" no Brasil no período atual (séculos XX e XXI)

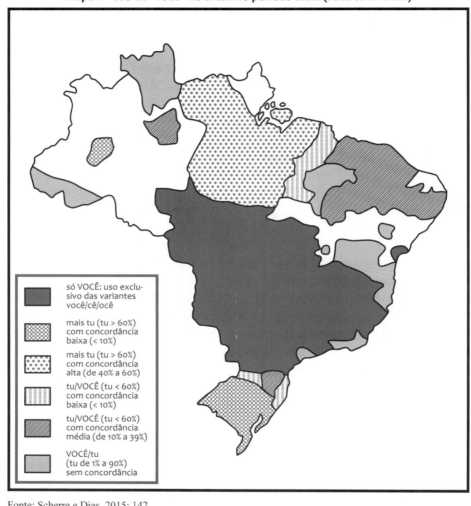

Fonte: Scherre e Dias, 2015: 142.

O enfraquecimento da morfologia verbal, o surgimento da série pronominal fraca e a simplificação do paradigma pronominal tornaram o português do Brasil uma língua de sujeito pleno (Duarte, 1993, 1995, entre outros). A perda do parâmetro do sujeito nulo que alcança todo o território brasileiro aparece de forma mais intensa na fala caipira, mas tem seus reflexos na escrita culta do início do século XX, como mostram Hélcius Batista Pereira e Maria Alice Rosa Ribeiro (neste volume).

Os fatos linguísticos aqui elencados são apenas alguns exemplos do efeito da perda do plural como categoria gramatical. São casos de mudança estrutural, que atinge os níveis morfológico e sintático da língua e autorizam a asseverar que um novo dialeto foi construído no Brasil colonial, a partir da mescla das populações e da formação de um denominador comum que, aos poucos, sofreu diferentes processos de mudança linguística cujo produto final parece se encaminhar para uma nova gramática.

DE HISTÓRIA E DEMOGRAFIA

A imigração de insulares (dos Arquipélago da Madeira e dos Açores) foi um movimento importante na dinâmica do povoamento da América portuguesa implantada desde o século XVI, desempenhando relevante papel na colonização e na defesa do território. Na contramão dos estudos que restringem a presença de açorianos em áreas litorâneas do estado de Santa Catarina, apresentamos dados de pesquisas que apontam que os insulares têm pontilhado, de norte a sul, o extenso litoral da América portuguesa. As informações a respeito das marchas e da presença de insulares na nova colônia são fundamentais para a compreensão do novo dialeto que vem a se formar a partir da base linguística portuguesa.

Da Madeira para o Brasil colonial

A descoberta do arquipélago da Madeira precede à do Brasil em mais ou menos 80 anos. Forçados a buscar alternativas à crise cerealífera e à peste na Europa, os portugueses se lançaram ao Atlântico, movimento de que resultou a tomada de Ceuta (1415), o avanço para a costa ocidental da África e o descobrimento dos arquipélagos atlânticos da Madeira (1419-21) e dos Açores (1427).

Os arquipélagos da Madeira e dos Açores eram desertos até a chegada dos portugueses no século XV. Rica em madeiras e água, a Madeira logo foi ocupada pelos portugueses. Visando ao povoamento efetivo, o governo português determinou o cumprimento de algumas medidas básicas para atrair e fixar colonos na ilha, como as dações de terras em regime de propriedade privada, por meio da concessão de sesmarias, o transporte de produtos e instrumentos necessários para garantir o aproveitamento do solo e o envio de gado bravio para as ilhas.

Situado a 978 quilômetros de Lisboa e a cerca de 700 quilômetros da costa africana, o território do arquipélago da Madeira é muito acidentado, o que dificulta o contato entre as diferentes povoações, isolamento que, além de favorecer a conservação de alguns traços linguísticos arcaicos, cria situações de heterogeneidade linguística dentro da própria ilha.

Apesar da impossibilidade de resgatar com boa margem de segurança as origens da população madeirense, as pesquisas que investigam as culturas material e imaterial sinalizam a presença de portugueses do norte e do Algarve.[10] Os documentos apontam que a ocupação foi imediata e efetiva, em virtude da circulação de produtos com valor mercantil já em meados do século xv.

Junto aos colonos portugueses, atraídos pela possibilidade de ganhar sesmarias, deu-se a entrada do elemento escravo, proveniente das Canárias e da África Ocidental em fins do século xv, presença que atingiu o índice não desprezível de 12% da população total. Esse fator pode ter favorecido mudanças linguísticas em decorrência da transmissão/aprendizagem irregular da língua portuguesa, processo comum em situação de contato entre indivíduos que não compartilham a mesma língua materna.

Logo após sua ocupação, a Madeira se transformou em ponto de apoio para as investidas no Atlântico, tornando-se, a partir de 1445, ponto estratégico nas rotas comerciais europeias que navegavam ao longo da costa africana (Ver Mapa 2, mostrando a localização do arquipélago da Madeira).

Mapa 2 – Arquipélago da Madeira

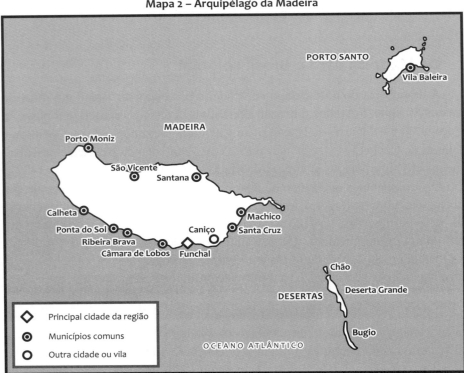

Fonte: <pt.wikipedia.org>.

Vetores de homogeneidade e heterogeneidade

O período que vai de 1450 a 1550 se caracteriza pelo desenvolvimento demográfico, agrícola, artesanal e mercantil. Da perspectiva de Joel Serrão (s/d), a exploração econômica do arquipélago da Madeira teve duas fases: na primeira, fez-se proveito de gêneros que tinham valor mercantil (madeiras, pastel,[11] urzela[12]); na segunda, focou-se numa economia de produção (gado, trigo, açúcar e vinho).

Ganhando foros de entreposto, a Madeira, inicialmente, fornecia madeiras, urzela, mel, cera e trigo para o reino. Em seguida, o clima e o solo se mostraram apropriados para a implementação da produção do açúcar que, para além dos portugueses, galvanizou a atenção de italianos (genoveses e florentinos), franceses, belgas (flamengos) e ainda de judeus de diferentes nacionalidades, excitados pela viabilidade de abertura de um novo mercado que gerasse operações comerciais vantajosas. O açúcar madeirense era exportado para Flandres, de onde provinham os produtos (cereais, presunto e manteiga) para o abastecimento alimentar da ilha.

Com o fim da barreira à fixação de estrangeiros ocorrida no último quartel do século XV, a Ilha da Madeira transformou-se em polo exportador de açúcar, tendo chegado a *"prover Lisboa de umas 120 mil arrobas por ano, para o reino e o restante para Flandres, a Provença, sul de França, Veneza"* (Peixoto, 1944: 21).

Os estrangeiros financiavam a expansão dos canaviais e compravam o açúcar antes mesmo de sua produção, o que levou à baixa dos preços. O esgotamento das condições de produção do açúcar já no começo do século XVI[13] fazia declinar a presença de flamengos na Madeira, mas entrava em cena um novo estrangeiro. É que, em 1546, muitos madeirenses já se dedicavam à cultura das vinhas e do pastel (planta da tinturaria), produtos que atraíam a atenção dos ingleses com os quais começavam a estabelecer novas relações comerciais.

A atividade econômica açucareira e a posição geográfica estratégica tiveram importante papel na colonização do Brasil. Suplantada a produção do açúcar na ilha, os madeirenses se dedicaram a essa atividade na colônia portuguesa em terras americanas. Os madeirenses António e Pedro Leme introduziram as primeiras socas de cana na nova colônia, e mestres e trabalhadores especializados no refino do açúcar passaram a se dedicar à formação dos engenhos:

> A Madeira destacou-se como o centro de lançamento da nova cultura atlântica, como a terra de referência de onde saem os mestres e trabalhadores experimentados da cana e do açúcar. De lá terão ido os que ensinaram a faina nas outras ilhas, inclusive nas Canárias, e no Brasil. Duarte Coelho, o colonizador de Pernambuco, não dispensará a presença de madeirenses entre os trabalhadores que lhe asseguravam a produção. Porque as operações dos engenhos neles tinham a garantia de um saber já velho. (Magalhães, 2009: 162)

Escavações realizadas no engenho do senhor governador, em São Vicente, apontam que carpinteiros madeirenses construíram o primeiro engenho do Brasil, de onde, graças à atuação dos agricultores e mestres de engenho, a cultura açucareira se expandiu para o norte. Seguindo a onda do ouro branco, vinham os aventureiros, os judeus perseguidos pela Inquisição e alguns foragidos da justiça. Essas ondas tiveram impacto na demografia da Madeira. Na primeira metade do Quinhentos e nos primeiros anos do Seiscentos, o índice de aumento demográfico apontava estagnação, com níveis próximos a zero (Pinto e Rodrigues, 2013).

O declínio da taxa demográfica na ilha se justifica, em parte, pelo deslocamento de madeirenses para o Brasil, os quais contribuíram para o povoamento do litoral com a formação dos primeiros engenhos de açúcar em Pernambuco (1516), na Bahia (1515 e 1549) e em São Vicente (1515, 1532 e 1551). O papel dos madeirenses na definição da agricultura de exportação baseada na cana-de-açúcar nos primórdios da sociedade brasileira era tão importante que levou João Cabral de Mello a definir a capitania de São Vicente como a *Nova Madeira* (Vieira, 2008: 90).

O Mapa 3, que descreve o povoamento do Brasil no século de seu descobrimento, mostra que os colonos começaram a se fixar no litoral, limitando-se, ao norte, na área demarcada por Natal e, ao sul, por São Paulo. Nessas áreas, criaram-se engenhos de açúcar que tiveram enorme êxito. A relevância da Madeira para a colonização brasileira é assinalada por Gilberto Freyre:

> A irmã mais velha do Brasil é o que foi verdadeiramente a Madeira. E irmã que se extremou em termos de mãe para com a terra bárbara que as artes dos seus homens [...] concorreram para transformar rápida e solidamente com nova Lusitânia. (Freyre, 1987: 2, apud Vieira, 2008: 78)

Mapa 3 – Povoamento no século XVI

Fonte: Azevedo, 2000: 20.

Na virada do século XVI, o açúcar brasileiro ganhava o mercado internacional, com uma produção que atingia 1.200 arrobas (Magalhães, 2009), e, paradoxalmente, ganhava autorização do rei para entrar na Madeira (1611) e ser transacionado pelo novo produto de exportação da ilha, o vinho.

Dos Açores para o Brasil colonial

A participação dos açorianos na formação da sociedade brasileira não foi de somenos importância. É que o seu papel se diferencia do madeirense pela própria estrutura social e econômica do arquipélago. Ainda que os Açores tenham sido descobertos em 1427, o começo de sua colonização foi moroso. Distante 1.525 quilômetros de Portugal, o arquipélago é formado por nove ilhas (cf. Mapa 4).

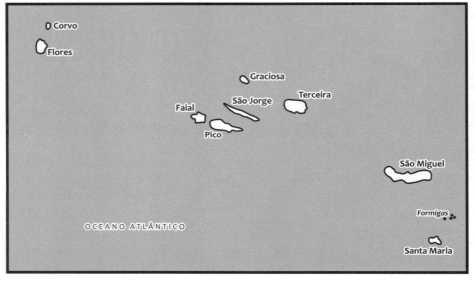

Mapa 4 – Arquipélago dos Açores

Fonte: <pt.wikipedia.org>.

A partida para a colonização já se deu no terceiro quartel do século XV, graças à cultura do trigo e da urzela. A instituição de capitanias e as doações de terras em sesmarias, assim como tinha ocorrido na Madeira, serviram de incentivo para a emigração para as ilhas. O reconhecimento da importância do arquipélago nas rotas comerciais do Atlântico fez convergir para aí corsários ou mercadores envolvidos no contrabando.

Fazendo um balanço da ocupação das ilhas, Nemésio Vitorino, no artigo "O açoriano e os Açores", publicado em 1928, assinala que a organização do povoamento foi atribuída às pessoas que se distinguiram nas viagens dos descobrimentos e a alguns estrangeiros aportuguesados que se tornaram a nata da burguesia portuguesa. Já a massa de colonos era constituída de portugueses de mais ou menos todas as províncias de Portugal, criados de lavoura, e de escravos negros e mouriscos.

Tal como ocorreu com a Madeira, os Açores passaram de polo de atração a exportadores de colonos assim que el-rei passou a ter olhos para as terras americanas que já estavam na mira dos franceses. Em 1549, o recrutamento de açorianos foi uma iniciativa cujo propósito era auxiliar o governador-geral Tomé de Souza na fundação de Salvador. Os incentivos oferecidos para a fixação na América, de um lado, e as dificuldades econômicas nas ilhas, de outro, resultaram na disposição dos açorianos em rumar para o Novo Mundo.

As regulares investidas dos franceses no Atlântico Sul e a seguida destruição da feitoria de Pernambuco motivaram a expedição de Martim Afonso de Souza (1530-1532) visando à exploração do litoral do Pará até o rio da Prata, de que resultou o apresamento de navios franceses. Vinte anos depois, os franceses se lançaram à criação da França Antártica na Baía de Guanabara, mas foram expulsos pelo governador Mem de Sá em 1560. Projetaram ainda a criação da França Equinocial (1612-1615), tendo fundado a cidade de S. Luís. Foram, porém, expulsos pela monarquia hispânica (Portugal estava sob domínio da Espanha, que exigiu do governador-geral do Brasil o empenho na ocupação do Maranhão, implementando o transporte de ilhéus para fomentar o povoamento da região, como estratégia geopolítica.

A partir de 1615, momento de empenho na conquista do Maranhão aos franceses, levas de famílias – "casais"[14] – açorianas e madeirenses formavam núcleos populacionais em praticamente toda a faixa litorânea, com maior densidade no extremo norte, como Maranhão, Pará e foz do Amazonas, que, além dos grupos civis, recebia militares para proteger a região das incursões francesas.

Na primeira metade do século XVII, chegavam madeirenses e açorianos das ilhas de Santa Maria, S. Miguel e Terceira; na segunda metade do século, além de levas de açorianos provenientes da ilha de Pico, houve, em consequência de um terremoto na ilha de Faial, forte deslocamento populacional para o Pará. Os dados referentes ao número de migrantes, que aparecem no Mapa 5, têm como fonte Cordeiro e Madeira (2003).

História do Português Brasileiro

Mapa 5 – Povoamento no século XVII

Fonte: Azevedo, apud Hermann, 2000: 25.
Obs. Mapa adaptado com acréscimo de número de imigrantes (Cordeiro e Madeira, 2003).

Os ilhéus tiveram relevante papel na defesa do território brasileiro, pressionando a saída dos franceses que ocupavam o Maranhão, e dos holandeses, em Pernambuco. Aliás, a libertação do Maranhão (1642) e a resistência aos holandeses (1645) foram organizadas por insulares: António Teixeira Mello e João Fernandes Vieira, respectivamente. No século seguinte, o risco à soberania portuguesa provocado pelos ataques dos espanhóis à praça do Sacramento, pelos

Vetores de homogeneidade e heterogeneidade

franceses, no Rio de Janeiro (1710-1711), e pelas revoltas e conflitos entre colonos (Guerra dos Emboabas, 1707-1709; Revolta dos Mascates, 1710-1711) passou a exigir reforço militar por parte da Coroa portuguesa, que direcionou 200 açorianos ao Rio de Janeiro e 120 ao Maranhão (Rodrigues e Rocha, 2018).

Em virtude da perda de sentido do Tratado de Tordesilhas,[15] no século XVIII, estavam em curso as negociações entre Portugal e Espanha para redefinição de fronteiras. A aplicação do princípio *uti possedetis*, defendido por Alexandre de Gusmão, e segundo o qual os limites territoriais deveriam ser estipulados a partir de marcos de ocupação efetiva, elasticizou o domínio português. Com a adoção de tal princípio pelo Tratado de Madri, em 1750, o soberano português agilizou a mobilização de açorianos, dando-lhes atraentes incentivos para ocupar territorialmente os espaços mais ao sul (Bezerra Neto, 1997), de forma que o movimento migratório controlado pela Coroa deu continuidade à fixação de ilhéus no norte do território (Pará, Maranhão e Macapá) e investiu pesadamente nas regiões meridionais (áreas que hoje correspondem aos estados de Santa Catarina e do Rio Grande do Sul). O deslocamento de grupos civis foi precedido pelo envio de militares para a região do Sacramento na década de 1730. Entre 1766 e 1798, foram recrutados 3815 militares para essa base (Rodrigues e Rocha, 2018).

Saliente-se, porém, que a fundação da cidade de Porto Alegre foi feita por um madeirense, apesar de os colonos serem de origem açoriana.

No Mapa 6, os dados demográficos relativos ao povoamento do Brasil por ilhéus são indicados por número de pessoas e número de casais (1748). O cálculo estimado do número de ilhéus que se deslocaram em meados do século XVIII para Santa Catarina gira em torno de 6 mil pessoas, segundo Piazza (1983, 1992). Nesse mesmo período, 265 casais açorianos aportaram no Rio Grande do Sul (Laytano, 1967, 1974).

Mapa 6 – Povoamento no século XVIII

Fonte: Azevedo, apud Hermann, 2000: 28.
Obs. Mapa adaptado com acréscimo de número de imigrantes (Cordeiro e Madeira, 2003).

No século XIX, deu-se continuidade à entrada de ilhéus, cujo assentamento não se restringe às áreas reconhecidamente "açorianas" no Brasil. Com efeito, as listas de habitantes da capitania de São Paulo acusam a presença de 20% de açorianos em 1801. Apesar de o ritmo ter sido menor do que nas décadas anteriores, a migração foi coordenada pela Coroa, que continuava adotando a estratégia de seleção de "casais" e de recrutamento de militares:

Logo em 1804 lançava-se um recrutamento de mil indivíduos; em 1809, solicitava-se novamente às autoridades açorianas que recrutassem pelo menos três mil mancebos; e, em 1812, o conde de Aguiar, no Rio de Janeiro, escrevia a D. Miguel Pereira Forjaz informando-o de que esperava a chegada de quatrocentos recrutas dos Açores. Quanto aos "casais", um "mapa" de 1812 informa-nos que, em São Miguel, estavam alistados 42 casais, perfazendo 194 pessoas, que seguiriam voluntariamente para o Rio de Janeiro. (Rodrigues e Rocha, 2018: 255-256)

Entre 1800 e 1815, os ilhéus se deslocaram para diferentes regiões, como Bahia (8 casais), Rio de Janeiro (42 casais), Espírito Santo (30 casais) e São Paulo (25 casais). Só da ilha de S. Miguel saíram 6828 indivíduos, com predomínio de mulheres (Cordeiro e Madeira, 2003).

Os documentos encontrados não especificam onde se localizaram, de início, estes ilhéus. Entretanto, como a segunda leva de açorianos, chegada a Casa Branca em 1815, foi alojada provisoriamente nas fazendas de Jundiaí, São Carlos e Mojimirim [sic], ao longo da estrada dos Goiás, é bem possível que desde o início se tenha adotado essa prática. (Alves, 2002: 121)

Após a independência política do Brasil, os insulares continuaram o seu movimento, distribuindo-se por toda a costa e ocupando preferencialmente o Rio de Janeiro. Em 1834, iniciou-se um novo ciclo de emigração espontânea para o Brasil, com 2.476 indivíduos, assim distribuídos: Maranhão (32), Pernambuco (79), Bahia (14), Rio de Janeiro (1.245) e trazendo a indicação geral de Brasil (1.106) (Silva, 2009).

Com o término legal do tráfico negreiro em 1831, entrou em pleno vapor o processo de aliciamento de açorianos, dando início ao "embarque a calhau",[16] ou seja, à emigração clandestina. Os emigrantes, em sua maioria analfabetos, eram facilmente enganados com promessas falsas, ficando presos, por vezes vitaliciamente, a contratos de exploração. A malha da clandestinidade se tornou tão séria que, em sessão de 16/2/1854, nos debates parlamentares da corte, o fenômeno foi chamado de "escravatura branca".

BUSCANDO RESPOSTAS

Retomemos as questões formuladas na seção "Comparando dialetos": como explicar a presença daqueles traços que estão ausentes no português continental? Uma hipótese é que houve contato linguístico. Mas quando? Onde?

Se tivermos em conta a hipótese formulada na introdução deste volume, a qual o português brasileiro é um novo dialeto, poderemos apontar uma semelhança em relação aos dialetos das ilhas. Tal como o português brasileiro, aqueles dialetos também se formaram a partir da mistura dos dialetos de Portugal continental (Cintra, 2008 [1990]). Nesse processo, reúnem-se, após séculos, traços dos dialetos de origem e inovações. Assim, os processos fonológicos e as construções que aparecem no Quadro 1 assinalados como "peculiares" aos dialetos insulares e que também são documentados no português brasileiro merecem nossa especial atenção. É plausível que boa parte deles sejam marcas quatrocentistas que permaneceram na fala dos insulares e contribuíram para a formação do português brasileiro. Outras peculiaridades assinaladas no Quadro 1 estão ausentes no português brasileiro. Estas, sim, seriam as inovações dos dialetos insulares.

CONSIDERAÇÕES FINAIS

Neste capítulo, argumentou-se a favor do reconhecimento de que os dialetos insulares deixaram marcas no português brasileiro, assim como os demais dialetos portugueses. Os Quadros 1 e 2 permitem visualizar sobreposições. Os mapas permitem dimensionar as extensões territoriais do Brasil nos diferentes séculos, evitando conclusões anacrônicas em relação à população brasileira e à das ilhas atlânticas no passado.

Dados demográficos documentam o início da colonização do território brasileiro a partir do século XVI. Contrariamente a Rogers (1949), Noll (2009 [1999]) e outros, e favoravelmente a Boléo (1943; 1945) e outros, pôde-se apontar, entre o português brasileiro e os dialetos insulares, um conjunto significativo de semelhanças que reforça a hipótese de que "*a estatística das origens da primeira geração dos imigrantes reflete-se nas proporções de traços morfológicos e lexicais dos novos dialetos*", tal como apontam Siegel (1985), Mesthrie (1992), Trudgill (2004) e Kerswill e Trudgill (2010: 103) a propósito de outros novos dialetos investigados.

A direção do fluxo migratório, sua intensidade e datação parecem justificar as sobreposições apontadas nos Quadros 1 e 2. Alguns dos fatos comuns aos dois dialetos analisados já até haviam sido avaliados como "brasileirismos". Tais avaliações decorrem da comparação do português brasileiro com o português europeu continental, e não com o português das ilhas de Madeira e Açores. Dois exemplos de brasileirismos são o item "causo" (Ferreira, 1975: 299) e a construção com dupla negativa "não V não" (Amaral, 1982 [1920]: 35). A leitura do Quadro 1 leva a confirmar a impressão de Boléo (1943: 68) de que "*é possível que se venha a descobrir que muitos brasileirismos eram, afinal, dialetalismos lusitanos*".

Finalmente, é importante reconhecer na discussão empreendida sobre as semelhanças e diferenças entre dialetos brasileiros e dialetos açorianos/madeirenses a relevância da seguinte afirmação:

Vetores de homogeneidade e heterogeneidade

deve-se admitir que, nos 240 anos da imigração açoriana a Santa Catariana, iniciada em 1748, *passaram por significativa evolução não só os falares dos Açores mas também o açoriano-catarinense.* [...] O atual açoriano-catarinense resulta de uma coiné formada [da fala] das primeiras gerações dos descendentes de portugueses [advindos de São Vicente], os açorianos (93%) e madeirenses (7%) imigrados [...] e outros de outras póvoas da costa brasileira. (Furlan, 1989: 176-177; grifo nosso)

Diríamos que não somente o açoriano-catarinense resulta de um processo decorrente do contato entre diferentes elementos portugueses originários das ilhas do Atlântico, mas que o português falado e escrito no Brasil configura um novo dialeto tributário da mistura de dialetos/falares portugueses continentais e insulares. Cada um evoluiu no eixo temporal sob diferentes pressões internas e externas tal como qualquer variedade em uso.

NOTAS

[1] "Os dialectos da Ilha da Madeira no quadro geral dos dialectos galego-portugueses", comunicação apresentada no II Congresso da Cultura Madeirense, 1990, publicada por José Eduardo Franco (Franco, 2008: 95-104).

[2] Os exemplos são identificados conforme o nome dos contos, a saber: "Mar Bravo" (MB), "Os Malhados" (M), "Quatro Prisões Debaixo de Armas" (QPDA), "Terra do Bravo" (TB), "Mau Agoiro" (MA), "Enganada" (E) e "I am very well thank you" (IAV). In: Vitorino Nemésio, *O mistério do Paço do Milhafre*, Lisboa, Livraria Bertrand, 1924. "Mau tempo no canal" (MTC) identifica o romance Vitorino, Nemésio. *Mau tempo no canal.* 6. ed., Lisboa: Bertrand, 1986 [1944].

[3] A ausência de uma clara oposição /v/~/b/, que também aparece nos dialetos madeirenses, é comum no falar do Baixo-Minho (Serqueira, 1957: 28), atinge "todas as regiões, com exceção precisamente do centro e do sul de Portugal" (Teyssier, 1994: 49).

[4] Em Portugal, a perda do segmento [w] do ditongo [ow] não atingiu a desinência de 3ª pessoa do singular do tempo perfeito (*amou*). Já o ditongo crescente é menos produtivo, aparecendo em posição de postônica. O ditongo em lugar da vogal baixa (*diferencia, desgrácia*) também é considerado uma característica do português popular do Brasil, segundo Silvio Romero (1888).

[5] Essas formas açorianas ressoam o falar do Baixo-Minho (Serqueira, 1957: 19).

[6] O verso "não tenho saudades, não" exemplifica um fenômeno já encontrado na fala de Marta Gil no *Auto da Barca do Purgatório*, de Gil Vicente (*E este serão glorioso não he de justiça, não*) (Berardinelli, 2012: 109).

[7] Sobre esse uso, ver Carrilho e Pereira (2009; 2011).

[8] Ver discussão em Cardoso (1986).

[9] Em 11 de agosto de 1731, era lançado um extenso plano de colonização "para servir de ponto de apoio à conquista e, principalmente, à fixação do [domínio] português à margem esquerda do Prata. [...] A vastidão da região, **a escassa população fixada** e os precários meios de defesa tornavam a situação sempre instável" (Menezes, 1952: 48; grifo nosso).

[10] Dias, 1952: 23.

[11] A cultura do pastel vinha atender às necessidades do mercado de têxteis. Dessa planta, extraíam-se as cores preta e azul usadas na tinturaria. O pastel perdeu espaço para o anil introduzido na Europa no século XVI.

[12] A urzela produz corante de cor púrpura (ou azul-violáceo).

[13] "Por 1504, a produção teria atingido as 182 mil arrobas, subindo às 230 mil em 1506. Mas depois começa a baixar, atingindo apenas 115 mil arrobas em 1518. Pior será daí em diante. Das 106 mil em 1521, já só chegará às 46 mil arrobas em 1537" (Pereira, 1991, apud Magalhães, 2009: 160).

[14] "Casal" designa uma pequena tribo, pois engloba filhos, criadagem e agregados (Vilhema, 1989).

[15] O meridiano atingia seu limite territorial sul em ponto próximo de Laguna (Santa Catarina).

[16] "Embarque a calhau" designa a emigração clandestina, na calada da noite, longe das alfândegas e da vigilância portuária (Riley, 2003).

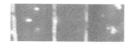

VOZES E LETRAS: NOTÍCIAS DE FALAS E DE ESCRITOS DE CRIOULOS E AFRICANOS NO BRASIL DO SÉCULO XIX

Tania Alkmim

SUMÁRIO

APRESENTAÇÃO 80
OS ANÚNCIOS 81
    Informações linguísticas gerais 81
        Anomalias ou defeitos de fonação 82
        Qualidade da voz ou da fala 82
        Habilidade comunicativa 83
    Africanos e crioulos 83
        Os africanos: boçais, ladinos, negros novos 85
        Os crioulos: cores e falas 90
OS ESCRAVOS VÃO ALÉM... 95
    Escravos e língua estrangeira 95
    Leitura e escrita entre escravos:
    notícias de uma apropriação 96
    Escrita de escravos: um pouco de ilustração 99
CONSIDERAÇÕES FINAIS 104

APRESENTAÇÃO

Como falavam os africanos trazidos para o Brasil como escravos, e seus descendentes? Não temos respostas conclusivas para essa questão, mas apenas registros – ou melhor, pistas – que nos apontam marcas e características das práticas linguísticas dessa população demograficamente tão significativa, ao longo do período do tráfico de seres humanos no Brasil entre os séculos XVI e XIX.[1]

Em um excelente livro intitulado *O alufá Rufino* (ver Reis, Gomes e Carvalho, 2010), tomamos conhecimento da vida de um africano, capturado em sua terra natal – o reino de Oió (região da atual Nigéria) – e trazido para Salvador (BA) aos 17 anos. Trata-se de Rufino, um iorubá que, após uma história de escravo urbano na Bahia e no Rio Grande do Sul, de cozinheiro em navios negreiros brasileiros, acabou por se estabelecer em Recife (PE). Aí, já alforriado, ele passou a viver de práticas curativas, de adivinhação e de ajuda às aflições de negros, pardos e brancos, que iam à sua casa. Rufino, por ser um alufá – sacerdote muçulmano – despertou a desconfiança da polícia local, desconfiança disseminada na região após as revoltas protagonizadas por negros muçulmanos na Bahia: Reis (2003). O fato é que Rufino, que teria cerca de 45 anos, em 03/09/1853, foi preso e interrogado pelas autoridades policiais, e nessa circunstância ele narrou sua vida, desde a chegada ao Brasil. Uma testemunha do depoimento de Rufino, baseada no que ouviu, publicou um artigo no *Jornal do Commercio*, do Rio de Janeiro, em 25/09 do mesmo ano.

Nesse artigo, encontramos uma interessante observação do autor: *"Conquanto esteja há muitos anos no Brasil, a sua linguagem* [a de Rufino] *é ainda assaz corrupta, e a pronúncia bastante viciada; mas faz-se entender claramente"* (Reis, Gomes e Carvalho, 2010: 372).

Como vemos, a testemunha, cuja identidade é desconhecida, avalia a habilidade linguística de um africano que vivia há cerca de 28 anos no Brasil (incluindo-se aí o tempo em que trabalhou em navios negreiros brasileiros) e, para a pessoa que fez a declaração, embora fluente, Rufino não falava um "bom português". Tal avaliação sugere que o autor se encontrou diante de uma "fala de estrangeiro". Ou melhor, diante de uma variedade de português produzida por um falante não nativo. Seria essa variedade de português –*"corrupta"* e com *"pronúncia viciada"* – típica de africanos escravizados no Brasil? A esse respeito, não temos uma resposta segura. Não encontramos muitos testemunhos sobre linguagem de africanos e de seus descendentes, livres ou escravos, nas fontes históricas consultadas (por ex., relatos de viajantes, textos de historiadores, de cronistas, de estudiosos em geral). Mas informações semelhantes àquelas feitas a propósito da linguagem de Rufino aparecem em um tipo de fonte bem particular: trata-se

Vozes e letras

de anúncios de fugas ou de venda e aluguel de escravos, publicados em jornais brasileiros do século XIX, em meio a outros, sobre venda ou aluguel de imóveis, abertura de casas comerciais, sobre espetáculos, sobre animais perdidos e ainda sobre muitos outros, relativos a interesses da sociedade da época.

No presente capítulo, tomaremos como base o trabalho de Guedes e Berlinck, *E os preços eram commodos*: *anúncios de jornais brasileiros do século XIX* (2000). Trata-se de uma coletânea de anúncios publicados em jornais brasileiros dos seguintes estados: Bahia, Minas Gerais, Paraná, Pernambuco, Rio de Janeiro, Santa Catarina e São Paulo, entre 1808 e 1899. Aí, encontramos 1.643 anúncios, sendo cerca de 270 deles relativos a escravos. Desse universo de 270, 51 anúncios apresentam indicações sobre a linguagem dessa parcela da população. Examinaremos, aqui, esses 51 anúncios, assim como um anúncio publicado por L. C. Soares (2007: 115).

A presença de anúncios sobre escravos em jornais brasileiros nos dá, antes de mais nada, uma das dimensões do sistema escravocrata: o ser humano como propriedade. Assim é que nos anúncios relativos a fuga, venda ou aluguel, os escravos são descritos como uma mercadoria, um animal ou um imóvel, cujos detalhes orientam a recepção e a ação do leitor interessado. Tais anúncios focalizavam características físicas (por exemplo: pardo, retinto, cabelo encarapinhado, olhos grandes, magro, alto), marcas de castigo, defeitos físicos (por exemplo: ausência de dedos, manco), características psicológicas (por exemplo: pernóstico, idiota, alegre) e morais (por exemplo: preguiçoso, sem vícios, bom trabalhador), origem étnica (por exemplo: escravo da Costa, de nação Angola), habilidades ou profissões (por exemplo: cozinheira, cocheiro, ferreiro) etc. Em alguns casos, como veremos, os anunciantes se referem ao desempenho linguístico dos escravos, informando se falam bem ou não a língua portuguesa. Esse conjunto de indicações em torno da figura do escravo era veiculado por um vocabulário "especializado", que definia o contorno do que significava *ser escravo* no Brasil: uma pessoa capturada e subjugada, estrangeira à sociedade à qual era constrangido a se integrar, maltratada física e moralmente.

OS ANÚNCIOS
Informações linguísticas gerais

Observemos, inicialmente, um conjunto de anúncios que apontam características bem gerais dos escravos, associadas às vezes a aspectos psicológicos. Mais concretamente, tais anúncios fornecem uma "aparência" da fala, que poderia ajudar a compor a figura do escravo. Vemos, assim, anúncios relativos a:

81

ANOMALIAS OU DEFEITOS DE FONAÇÃO

(1) *[...] gratificação, a quem prender o moleque Teodoro, crioulo, de idade 18 anos, bastante alto [...] e quando fala parece ter a **boca cheia de língua** [...]. Fazenda do Jacaré, na freguesia de São Gonçalo dos Campos.* (Feira de Santana (BA), *O Feirense*, 18/02/1863, p. 57).

(2) *Tendo fugido ao baixo assinado no dia 1º do corrente um escravo de nome Antônio Moreira, de cor parda, bastante feio, **fanhoso no falar, e alguma coisa gago**, finge-se ou é idiota [...]. Ouro Preto, 4 de setembro de 1860 – José Rodrigues de Meira.* (Ouro Preto (MG), *O Bem Público*, 10/09/1860, p. 134).

(3) *[...] fugiu um escravo cabra [...] de nome José, de idade de 21 anos, estatura alta, bons dentes, com a **fala em falsete** [...].* (São João del Rey (MG), *O Amigo da Verdade*, 17/07/1829, p. 148).

(4) *Fugiu [...] do engenho Jardim, freguesia do Cabo, um preto crioulo de nome Lourenço, que representa ter 25 a 30 anos, alto, [...], tem a perna torta para dentro, na qual tem o joelho mais grosso, **fala um tanto manco** [...].* (Santo Amaro (BA), *O Commercial*, 27/05/1850, p. 191).

QUALIDADE DA VOZ OU DA FALA

(5) *[...] fugiu-lhe uma escrava de nome Marcelina, crioula, fula, rosto comprido e puxado, bexigosa [...] muito regrista, **branda no falar** [...]; quem dela der notícia dirija-se a do do Xixi, [...].* (Salvador (BA), *Diário da Bahia*, 10/05/1833, p. 84).

(6) *[...] fugiu da fazenda do Macuco [...] um escravo de nome José, africano, oficial de pedreiro, e tem os seguintes sinais: idade 38 anos, alto bastante, rosto ou feições alegres, **fala macia** [...].* (Ouro Preto (MG), *O Bem Público*, 25/07/ 1860, p. 128).

(7) *[...] evadiu-se o meu escravo João, mulato, idade de 25 anos pouco mais ou menos, boa dentadura [...], **fala um pouco compassado e grosso** [...].* (São Paulo (SP), *O Constitucional*, 17/07/1878, p. 135).

(8) *Fugiu da cidade de Itabira [...] o escravo Zacarias [...]. Tem os seguintes sinais: preto, fula, 30 anos mais ou menos [...], boca rasgada, falta de 2 ou 3 dentes [...], **fala descansada e voz branda** [...].* (Ouro Preto (MG), *A Actualidade*, 19/10/1878, p. 137).

(9) *[...] um pardo de nome Félix (talvez tenha trocado o nome), natural de Pernambuco, que fugiu da cidade de Bananal, província de São Paulo, [...] que terá 45 a 50 anos de idade [...], é alto, corpo regular, **tem o falar risonho**, rosto comprido [...], e é cortês no trato [...].* (São Paulo (SP), *O Constitucional*, 42/03/1854, p. 400).

Vozes e letras

(10) *Fugiram do abaixo assinado [...] os seguintes escravos: João, fula, alto, magro, dentes pontiagudos, **risonho no falar**, pernambucano [...]. A quem apreender qualquer deles e o entregar na cadeia de Itatiba ou na fazenda de seus senhores [...].* (São Paulo (SP), *Correio Paulistano*, 01/07/1879, p. 419).

(11) *[...] fugiu um escravo, mulato claro, cheio de corpo [...]; **fala baixo e tem aspecto de idiota**. [...]* (São Paulo (SP), A Constituinte, 28/09/1879, p. 453).

(12) *Fugiu há 3 meses da fazenda do abaixo assinado o seu escravo de nome Teófilo, pardo, de 24 a 25 anos de idade, estatura regular, pouca barba, com falta de dentes na frente, **fala pausada**, natural da Bahia [...].* (São Paulo (SP), *A Constituinte*, 05/02/1880, p. 461).

HABILIDADE COMUNICATIVA

(13) *[...] fugiu a FSC um seu escravo crioulo, de nome José, vindo proximamente da província das Alagoas, terá de idade pouco mais ou menos 30 anos; é de cor fula, tem falta de dois dentes na frente do queixo superior; estatura baixa, é **muito falador**, e diz que é forro [...].* (Cachoeira (BA), *Gazeta Comercial da Bahia*, 01/08/ 1838, p. 22).

(14) *Fugiu [...] uma escrava crioula por nome Catarina, de idade 30 anos, com os sinais seguintes: alta, corpo regular, cor fula, **bem falante** [...].* (São Paulo (SP), *O Constitucional*, 15/03/1850, p. 188).

(15) *De casa de F.A.P., morador na rua da Pedreira da Candelária [...], fugiram [...] os escravos abaixo mencionados, oficiais de canteiros, [...]. 1º Cipriano, de Nação Quilimane [...]. 2º Felipe, de Nação Benguela [...]. 3º José, de Nação Cabinda, estatura regular, zanago de um olho pouca coisa, coxeia de uma coxa, e **muito poeta no falar** [...]. 4º Isidoro, crioulo, de 18 anos de idade, fula, nariz chato, vicioso na fala [...].* (São Paulo, *O Farol Paulistano*, 20/04/1830, p. 378).

Africanos e crioulos

Muitos dos anúncios considerados neste capítulo apresentam informações mais precisas no que diz respeito à experiência e às práticas linguísticas dos escravos. Inicialmente, é preciso levar em conta uma distinção básica, que abarcava o conjunto da população escrava: *a distinção entre africanos e crioulos*, estes últimos nascidos no Brasil, distinção esta que instala uma identidade primordial do escravo, apontando para o seu local de origem e, assim, sinalizando sua trajetória no mundo da escravidão. Africanos eram estrangeiros, portadores de tradições distintas e estigmatizadas pela sociedade à qual eram agregados. Os crioulos, "produtos nacionais", já nasciam capturados e expostos às demandas postas pela condição escrava, incluído aí o contato imediato com a língua portuguesa. Como veremos, outras distinções eram aplicadas aos escravos, de modo a particularizar e a especificar suas identidades. Observemos alguns deles.

Segundo Karash (1987: 42), os senhores de escravos utilizavam, como forma de identificação de origem dos africanos, "*a fórmula de um prenome cristão mais a 'nação' africana*", como por exemplo, "*José, 'de nação Benguela'*". Tais nomes de "nação", geralmente, não correspondiam a etnônimos reais, mas a nomes de portos de embarque dos cativos nas costas do continente africano. Quando se desconhecia a origem dos escravos, usavam-se expressões como "*negro de nação*" ou apenas "*de nação*", como em "*Agostinho, de nação*". Ou simplesmente "*africano*". No campo de informação sobre a origem, havia outras denominações de uso corrente, como "*negro da Costa*" e "*gentio ou negro da Guiné*". Segundo Queiroz (1998: 30):

> A expressão *da Costa*, presente na denominação da língua dos negros da Tabatinga, costuma ser associada à Costa dos Escravos, região africana que corresponde ao Benin e à Nigéria atuais, habitada por negros do grupo sudanês. Rodrigues [1932] faz referência explícita ao termo *língua da Costa*, afirmando que na Bahia designava invariavelmente o nagô, língua sudanesa.[2]

No entanto, segundo a mesma autora, sua pesquisa sobre a comunidade dos negros da Tabatinga (Bom Despacho, em Minas Gerais) indica "*uma origem predominantemente banto*" (1998: 30). Tal fato levou Queiroz a entender, conforme Ramos (1937), que

> a expressão *negro da Costa* é, antes, uma denominação genérica, utilizada inicialmente pelos senhores brancos para se referir aos negros escravos sem distinguir-lhes as origens africanas.[3] (1998: 30)

A expressão *gentio ou negro da Guiné*, segundo M. I. Oliveira (1997: 40), era usada para "*os escravos procedentes de toda a costa ocidental africana, da Gâmbia ao Congo*".

Vale ainda mencionar o termo *moleque*, que designava o escravo não adulto, jovem, até os 21 anos, período que permeava a infância e o final da adolescência.[4] O dicionarista brasileiro Beaurepaire-Rohan (1899), no verbete *moleque*, informa que esse "*era o nome dado ao negrinho no tempo da escravidão. Era injúria aplicá-lo aos negrinhos livres*" – uma sugestão de que, mais do que faixa etária, o referido termo era um indicativo da condição escrava.

OS AFRICANOS: BOÇAIS, LADINOS, NEGROS NOVOS

Examinemos, inicialmente, um conjunto de anúncios relativos a escravos africanos:

(16) *Participa-se acharem-se na cadeia desta Vila os escravos seguintes – Uma escrava por nome Maria, de Nação Angola que diz ser de M.J. [...]. Outra **que não sabe dizer nem seu nome**, nem quem é seu senhor [...].* (São João Del Rei (MG), *O Amigo da Verdade*, 07/07/1829, p. 147).

(17) *[...] na cadeia daquela Vila se acham quatro negros apanhados como fugidos, todos de Nação: o primeiro [...]; o segundo diz chamar-se Alexo, tem várias marcas, **falando mal**, entende-se dizer ser das partes da Mantiquira [...]; o terceiro diz chamar-se Manoel **fala muito mal**, rapaz, tem falta de um dedo no pé [...].* (São Paulo (SP), *O Farol Paulistano*, 12/01/1830, p. 373).

(18) *[...] fugiu um escravo da Costa, altura pouco menos que ordinária, cheio de corpo [...]; **fala sofrivelmente**, e terá 25 anos de idade pouco mais ou menos [...].* (São Paulo (SP), *O Farol Paulistano*, 09/02/1830, p. 375).

(19) *[...] fugiu da fazenda [...] um escravo de nome José [...]. Seus sinais são estes: Nação Benguela, estatura ordinária, magro [...] **fala desembaraçado**, trabalha de enxada [...] e começa agora a barbar [...].* (Ouro Preto (MG), *O Bem Público*, 27/08/1860, p. 133).

(20) *[...] fugiu a FSP, um negro de nome Agostinho, de Nação, com 30 e tantos anos de idade mais ou menos, alguma coisa fula, **fala bem**, alto, magro [...] e lhe fugiu do seu engenho [...].* (São Paulo (SP), *O Farol Paulistano*, 30/01/1830, p. 374).

(21) *Fugiu [...] um escravo de Nação, de nome José, de altura regular, magro [...] mal encarado e **fala como crioulo**. [...] e fugiu da fazenda denominada Jaguary [...].* (São Paulo (SP), *O Constitucional*, 01/04/1854, p. 400).

Como podemos notar, os escravos desses anúncios se distribuem, em termos de habilidade linguística, ao longo de uma espécie de escala, que poderíamos denominar "escala de habilidades linguísticas".

Escala de habilidades linguísticas

a. Uma escrava que, aparentemente, não fala português, como a escrava sem nome em (16);

b. escravos com domínio precário do português, como o escravo da Costa em (18), os escravos de nação, Alexo e Manoel em (17);

c. escravos positivamente avaliados, como José, de nação Benguela em (19) e Agostinho, de Nação, em (20);

d. em (21), no mais alto grau da escala, José, de Nação, um africano que fala como crioulo, isto é, como se tivesse nascido no Brasil.

Não dispomos de dados que permitam estabelecer nenhum tipo de correlação entre idade, tempo de vida no Brasil, tipo de ocupação e local de moradia (zona rural ou urbana), mas a amostra, mesmo restrita, sugere, de um lado, que a condição de africanos escravizados não implicava uma experiência linguística homogênea e, de outro, que a habilidade de "falar como crioulo" era uma experiência possível. Mas, seguramente, *fala como crioulo*" não era uma experiência acessível à maioria dos escravos africanos, particularmente, aos escravos inseridos em atividades rurais, ligadas à lavoura, por exemplo.

Duas distinções eram tradicionalmente aplicadas aos escravos: aquelas que opunham escravos boçais e escravos ladinos. Em linhas gerais, o termo *boçal* designava o africano que ainda não se adaptara aos costumes nacionais. O termo *ladino* qualificava o africano aculturado, sendo o domínio da língua portuguesa considerada a faceta mais relevante dessa aculturação: ser ladino era praticamente sinônimo de usuário da língua nacional. A esse respeito, vale considerar a observação de M. C. Soares (2007: 90):

> Foi o historiador Édison Carneiro que deu uma das mais sintéticas e claras explicações acerca dos significados dos termos boçal e ladino, que ultrapassou as explicações relativas unicamente à capacidade de aprendizado da língua portuguesa. O boçal era o negro novo, recém-chegado da África, "aturdido com o tipo de sociedade que encontrava aqui, incapaz de exprimir-se senão na sua língua natal e ainda distinguível pelas marcas que trazia no rosto". Para passar a ladino, o negro africano tinha que "acostumar-se ao português, ao trabalho nas fazendas ou nas minas, ao serviço doméstico, à disciplina da escravidão e às artimanhas dos seus pares, com quem convivia, para evitar punições e desmandos e garantir-se proteção ou segurança".[5]

Dentro da categoria dos boçais, estavam incluídos os chamados "negros novos" ou "pretos novos", africanos recém-chegados ao Brasil – marca temporal que reforçava a condição de boçal e sinalizava o pouco ou nenhum domínio do português.

Observemos os anúncios a seguir:

(22) *[...] se perdeu um moleque na praia do Peixe, o qual terá 15 anos de idade; chama-se Mateus, é de Nação Cabundá [...]; **ignora a língua portuguesa** por ser comprado dias antes no Valongo [...].* (Rio de Janeiro (RJ), *Gazeta do Rio de Janeiro*, 24/02/1809, p. 196).

Vozes e letras

(23)   *Quem se queixa de uma **negra nova de tanga** perdida, venha à casa de M.F.B. [...].* (Salvador (BA), *O Bahiano*, 11/03/1830, p. 81).

(24)   *[...] fugiram há meses dois **moleques novos** de Nação Cabinda; ambos levaram cobertas de baeta [...]; o mais alto é de cor preta [...] e chama-se Conrado; o mais baixo é de cor mais fula [...] e chama-se Tadeu. [...].* (São João del Rey (MG), *O Amigo da Verdade*, 11/08/1829, p. 148).

(25)   *M.G.N., morador na Lagoa Dourada [...] declara ter em sua casa, desde 19 de outubro do ano passado, um **preto novo**, de Nação Caçange, que **só dá as informações seguintes**; seu senhor chama-se Pilouto, sua senhora Dona Maria, e que ele vinha de muito longe: diz chamar-se Gonçalo. [...].* (São João del Rei (MG), *O Amigo da Verdade*, 29/09/1829, p. 149).

Vemos que apenas em (22) não aparece o adjetivo "novo", mas informa-se que o moleque Mateus foi comprado em período recente à publicação do anúncio no mercado do Valongo, no Rio de Janeiro e, portanto, não falava português. Nos outros anúncios, não há informação linguística sobre os escravos: provavelmente, o fato de serem identificados como "*negra nova*", "*moleques novos*" e "*preto novo*" era suficiente para caracterizar a pouca ou nenhuma experiência em língua portuguesa.

Como vimos, o termo *ladino* era normalmente aplicado a africanos ditos integrados ao mundo da escravidão, destacando-se a integração linguística. A propósito da habilidade linguística dos ladinos, Soares (2007: 90) dá notícia do trabalho de Nizza da Silva (1995):

> Nizza da Silva pôde constatar a existência de diversas fases no processo de aculturação dos escravos africanos, ao pesquisar os anúncios publicados na Gazeta do Rio de Janeiro, no período de 1808-1821. Segundo ela, existiria uma complexa graduação entre os extremos boçal/ladino, que variava de acordo com o grau de adaptação do escravo à nova vida, podendo ele ser pouco ladino, meio ladino, já ladino e muito ladino. Embora seja possível que muitos escravos passassem rapidamente por esses vários estágios até atingir o grau de muito ladino, para a grande maioria este processo levou muitos anos. Devem ter existido muitos que, não resistindo aos rigores do cativeiro, morreram antes que chegassem ao grau mais elevado do processo de aculturação.

A constatação de Nizza da Silva (1995) é claramente observável nos anúncios a seguir:

(26)   *Fugiu [...] um moleque, Nação Nagô, por nome Bernardo [...], é muito bichento, cabeça raspada de pouco tempo, tem andar frio e devagar, é **alguma coisa ladino** [...]. [...] foi escravo do padeiro F.A.A. [...].* (Salvador (BA), *Gazeta da Bahia*, 04/08/1832, p. 82).

87

(27)   *Vende-se uma escrava, **um pouco ladina** Nação Benguela, boa figura, representa ter 30 anos [...].* (Recife (PE), *O Cruzeiro*, 16/05/1829, p. 177).

(28)   *[...] fugiu da obra da Estrada de Itapagibe, um preto **ladino**, de nome Estevão, Nação Angola, idade mais ou menos 18 anos, um tanto fulo, baixo, olhos grandes e avermelhados, beiços foveiros, unhas de uma mão podrentas, com marcas de dois EE no peito, visos de macaco [...].* (Salvador (BA), *O Bahiano*, 11/03/1830, p. 81).

(29)   *Quem quiser comprar dois negros, **ladinos**, para fora da Província, queira [...].* (Recife (PE), *O Cruzeiro*, 16/05/1829, p. 178).

(30)   *Vende-se uma negra **ladina**, que sabe cozinhar o ordinário de uma casa, engoma muito bem, e costura sofrível. [...].* (São Paulo (SP), 1828, p. 359).

(31)   *Fugiu [...] nesta cidade, um escravo de nome João Nação Congo, barba serrada, cara ruguenta, pernas direitas, **ladino** [...].* (São Paulo (SP), *O Farol Paulistano*, 11/01/1829, p. 363).

(32)   *[...] fugiram da Padaria Francesa [...] dois escravos de Nação Moçambique, ambos irmãos; um chama-se João, baixo e reforçado [...] – o outro chama-se Damião, alto, meio fula: ambos **já ladinos** [...].* (São Paulo (SP), *O Farol Paulistano*, 04/03/1829, p. 365).

(33)   *Vendas. Um escravo **muito ladino**; robusto; de Nação Angola que terá 16 a 18 anos com princípio de cozinheiro [...].* (Recife (PE), *O Cruzeiro*, 13/05/1829, p.177).

(34)   *[...] fugiu do sítio do doutor [...] o preto Joaquim, de Nação Angola, alto, barbado, bem apessoado, bem falante [...] de 33 anos, anda regularmente vestido com asseio. Este escravo foi do padre Monteiro [...]. É preto **muito ladino**: é provável que se diga forro [...].* (Recife (PE), *O Commercial*, 25/01/1850, p. 186).

Assim é que, com base nesses dados, é possível estabelecer uma nova escala, desta vez relativa ao processo de ladinização:

Escala do processo de ladinização

a.   O moleque Bernardo, de nação Nagô, "alguma coisa ladino" em (26), e a escrava de nação Benguela, em (27), "um pouco ladina", estariam em início do processo de ladinização;

b.   Estevão, de nação Angola, em (28), os dois negros em (29), a escrava negra em (30), João, de nação Congo e os dois irmãos, de nação Moçambique, João e Damião atingiram o patamar de "ladinos";[6]

c.   o escravo em (33) e o preto Joaquim (34), ambos de nação Angola, têm a condição de ladinos intensificada: são "muito ladinos".

88

Esses anúncios sugerem, como explicitado por Carneiro (1964) e constatado por Nizza da Silva (1995, cf. nota x), que o conceito de *ladino* não define um estágio cristalizado, fixo, mas envolve um processo dinâmico e heterogêneo de vivência e de sobrevivência de africanos e de seus descendentes no contexto da escravidão brasileira.

Alguns outros anúncios exibem usos particulares do termo ladino. Inicialmente, consideremos um anúncio que, aparentemente, é usado em relação a uma escrava não africana, possivelmente de origem indígena – uso que sugere o funcionamento efetivo do termo *ladino* no "vocabulário da escravidão" –, e, sobretudo, assinala o tema da escravidão indígena,[7] um capítulo às vezes esquecido da história da escravidão no Brasil:

(35)   *O cirurgião M.V.D. vende uma escrava **ladina**, de Língua Geral, moça e boa lavadeira.* (Salvador (BA), *Idade d'Ouro do Brasil*, 1821, p. 77).

Houaiss (1988: 70) informa-nos sobre o uso do termo *boçal* para escravos indígenas:

> *Boçal*, por sua vez, já é de uso, como qualificativo, desde meados do século XVI, empregado tanto pra índios como para negros; "bravio" será, depois, uma especificação de gênero *boçal*, mas só para índios e, destes, só para os que lutaram por sua liberdade.

Outros quatro anúncios também são de interesse no que diz respeito ao uso do termo *ladino*:

(36)   *Na Rua Direita número 2 há para vender uma negrinha nova, Nação Benguela, **meio ladina**; sabendo já o serviço da casa por dentro [...].* (São Paulo (SP), *O Farol Paulistano*, 18/10/1828, p. 360).

(37)   *[...] fugiu um escravo [...] chama-se João de Nação Munjolo, altura menos de ordinária, fino de corpo, e de pernas [...] é **ladino**, porém a pronúncia é meio confusa [...].* (São Paulo (SP), *O Farol Paulistano*, 20/12/1828, p. 362).

(38)   *Em 2 do corrente mês de março fugiram os **escravos ladinos** de nome João [...] é crioulo do Maranhão; o outro de nome Manoel, baixo, grosso de corpo, fala descansada, cor retinta [...].* (Recife (PE), *A quotidiana Fidedigna*, 06/03/1835, p. 182).

(39)   *[...] desapareceu do engenho Ladeira Grande [...], um escravo de nome Pedro [...] alto, idade de 30 anos mais ou menos, **cor pálida**, [...] pés grandes [...]. É oficial de carapina e **muito ladino**. [...].* (Salvador (BA), *Diário da Bahia*, 31/12/1868, p. 89).

No anúncio (36), vemos se tratar da venda de uma "*negrinha nova*", expressão que designava, normalmente, escravo recém-chegado, portanto *boçal*. Mas, no anúncio, justifica-se a qualificação "*meio ladina*": a adaptação ao trabalho escravo, deixando a questão linguística como secundária. Essa espécie de dissociação entre *ladinização e domínio do português* aparece mais claramente em (37): João, de nação Monjolo, é ladino, mas "*a pronúncia é meio confusa*". É um caso que se mostra semelhante ao do alufá Rufino, comentado no início do capítulo. No caso dos dois anúncios referidos, é possível que a marca relevante na caracterização seja a capacidade laboral, acentuando-se assim os valores em jogo na venda do "bem" e na perda deste com a fuga.

No anúncio (38), o termo *ladino* é aplicado a João, um escravo crioulo do Maranhão. E este parece ser também o caso do escravo Pedro, em (39), considerado muito ladino: a sua descrição como sendo "*de cor pálida*" sugere uma origem mestiça, e, portanto, uma origem crioula. Como interpretar tal uso do termo *ladino*? Um uso inadequado, pura e simplesmente? Ou um uso intencional, com o objetivo de destacar a capacidade laboral do fugitivo João, e talvez também de Pedro, de "cor pálida" – como o uso da expressão "*meio ladina*" para uma "*negrinha nova*" em (36), e ainda como no caso do escravo João, de nação Monjolo, que, qualificado como "*ladino*", tem uma pronúncia "*meio confusa*"? Questões de difícil resposta. Mas fica aberta uma brecha para pensar que o termo "ladino", que acrescenta valor ao escravo, era sujeito à manipulação de sentido por parte dos anunciantes.

OS CRIOULOS: CORES E FALAS

Nos anúncios relativos a africanos aqui considerados, a informação relativa à cor da pele é pouco frequente: a suposição básica é a de que são todos de cor "negra" ou "preta". Encontramos apenas o caso de um moleque novo, de nação, apresentado como "*de cor preta*", em (24) (cf. seção "Os africanos: boçais, ladinos, negros novos"). Mas, em alguns desses anúncios, referentes a africanos, aparece o termo *fula*, como em trechos de anúncios já apresentados anteriormente:

(40)   *um negro de nação, "alguma coisa fula"* (cf. seção "Os africanos: boçais, ladinos, negros novos").

(41)   *um preto de nação Angola, "um tanto fulo"* (cf. seção "Os africanos: boçais, ladinos, negros novos").

(42)   *um escravo de nação Moçambique, "meio fula"* (cf. seção "Os africanos: boçais, ladinos, negros novos").

O termo também é usado em caso de crioulos, como em (13) (cf. seção "Habilidade comunicativa"), (5) (cf. seção "Qualidade da voz ou da fala"), (14) (cf. seção

"Habilidade comunicativa"), e (10) (cf. seção "Qualidade da voz ou da fala"), como sendo de "cor fula" ou apenas "fula". Em seu dicionário do português brasileiro, Macedo Soares (1875-1888) aponta no verbete *fula* os sentidos de: "*preto amarelado, como são os Fulbê ou Fulas*" e "*cor de mulato escuro, avermelhado*". Parece possível inferir daí que "fula" remete a uma cor de pele menos escura, distinguível da pele negra. Quanto aos escravos crioulos, os anúncios apresentam alguns termos descritivos relativos à cor da pele, particularmente no caso dos mestiços. Observemos, a seguir, alguns outros termos que integram o "vocabulário da escravidão".

Karash (1987: 37) comenta o sentido dos termos *negro* e *preto*:

> Embora *negro* e *preto* servissem às vezes para os negros brasileiros, esses termos eram usados com maior probabilidade em relação a africanos; os negros brasileiros preferiam aparentemente "crioulo", uma vez que significava nascimento no Brasil. *Negro* era menos aceitável para eles: era quase sinônimo de "escravo", e apenas *negro* significava amiúde escravo africano. *Preto*, porém, parece ter sido um termo um pouco mais neutro para "negro", especialmente nos casos em que a nacionalidade ou o *status* legal de uma pessoa negra era desconhecido.

Nos anúncios considerados, encontramos, como termos relativos à cor de pele: *pardo/pardo trigueiro, mulato, preto/cor preta, cor retinta* e *cabra*. Além do exemplo (38) (cf. seção "Os africanos: boçais, ladinos, negros novos") – lembrado neste ponto com destaque para a expressão *cor retinta* –, são estes os exemplos que apresentamos:

(43) *Tendo fugido ao abaixo assinado no dia 1º do corrente um escravo de nome Antônio Moreira,* **de cor parda**, *bastante feio, fanhoso no falar, e alguma coisa gago, finge-se ou é idiota, [...].* (Ouro Preto (MG), *O Bem Público*, 10/09/1860, p. 134).

(44) *[...] fugiu um escravo* **cabra** *[...] de nome José, de idade de 21 anos, estatura alta, bons dentes, com a fala em falsete [...].* (São João del Rey (MG), *O Amigo da Verdade*, 17/07/1829, p. 148).

(45) *[...] evadiu-se o meu escravo João,* **mulato**, *idade de 25 anos pouco mais ou menos, boa dentadura [...].* (São Paulo (SP), *O Constitucional*, 17/07/1878, p. 135).

(46) *[...] um* **pardo** *de nome Félix (talvez tenha trocado o nome), natural de Pernambuco, que fugiu da cidade de Bananal, província de São Paulo, [...] que terá 45 a 50 anos de idade [...].* (São Paulo (SP), *O Constitucional*, 42/03/1854, p. 400).

(47) *[...] fugiu um escravo,* **mulato claro**, *cheio de corpo [...]; fala baixo e tem aspecto de idiota. [...].* (São Paulo (SP), *A Constituinte*, 28/09/1879, p. 453).

(48) *Fugiu há 3 meses da fazenda do abaixo assinado o seu escravo de nome Teófilo, **pardo**, de 24 a 25 anos de idade, estatura regular [...], natural da Bahia [...].* (São Paulo (SP), *A Constituinte*, 05/02/1880, p. 461).

(49) *Em 2 do corrente mês de março fugiram os escravos ladinos de nome João [...] é crioulo do Maranhão; o outro de nome Manoel, baixo, grosso de corpo, fala descansada, **cor retinta** [...].* (Recife (PE), *A quotidiana Fidedigna*, 06/03/1835, p. 182).

(50) *Fugiram ao abaixo assinado, da sua fazenda [...] dois escravos, cujos nomes e sinais são os seguintes: Miguel, **preto**, de 30 a 40 anos de idade, estatura e corpo regular, barbado, crioulo do Rio Grande do Sul, fala com sotaque de africano e inculca-se como pedreiro. Segismundo, **pardo** [...].* (São Paulo (SP), *Correio Paulistano*, 1879, p. 418).

(51) *Fugiu [...] um escravo de A.D.F., morador da Vila Cristina de nome Aureliano, **pardo trigueiro**, de idade de 24 anos pouco mais ou menos, estatura regular [...].* (Ouro Preto (MG), *Bom Senso*, 05/05/1856, p. 127).

Mais uma vez, encontramos em Karash (1987) informações históricas de interesse. Segundo a autora, o termo *pardo* era usado para qualificar uma pessoa mestiça, descendente de pais africanos e europeus. No mesmo plano de sentido, estava o termo *mulato*, que, nos termos de Karash (1987: 39), "*era uma palavra menos polida*" para se referir a pardos, e que "*os senhores a usavam frequentemente como um insulto*".

Quanto ao termo *cabra*, a mesma autora diz ser de difícil interpretação, que teria sido um termo pejorativo aplicado a escravos, homens e mulheres, de origem e mistura racial indeterminada. Em (41), vemos a expressão "pardo trigueiro", que parece significar "pardo de pele escura", dado que "trigueiro", derivado de trigo, se reporta à cor do trigo maduro.

Consideremos, agora, alguns anúncios que trazem informações sobre as *habilidades linguísticas de escravos crioulos*. Inicialmente, temos dois anúncios em que estes escravos são positivamente avaliados:

(52) *Fugiu [...] um escravo de A.D.F., morador da Vila Cristina de nome Aureliano, pardo trigueiro, de idade de 24 anos pouco mais ou menos, estatura regular [...] **fala bem** e tem-se empregado em tocar tropa [...].* (Ouro Preto (MG), *Bom Senso*, 05/05/1856, p. 127).

(53) *Fugiu [...] do engenho Conceição, uma escrava crioula por nome Catarina, de idade 30 anos, com sinais seguintes – alta, corpo regular, cor fula, **bem falante** [...].* (Recife (PE), *O Commercial*, 16/03/1850, p. 188).

Como indica o anúncio a seguir, há crioulos cuja fala é considerada "incorreta", "corrompida" como no anúncio (54):

(54)   *De casa de F.A.P., morador na rua da Pedreira da Candelária [...], fugiram [...] os escravos abaixo mencionados, oficiais de canteiros, [...]. 1° Cipriano, de Nação Quilimane [...]. 2° Felipe, de Nação Benguela [...]. 3° José, de Nação Cabinda, estatura regular, zanago de um olho pouca coisa, coxeia de uma coxa, e muito poeta no falar [...]. 4° Isidoro, crioulo, de 18 anos de idade, fula, nariz chato, **vicioso na fala** [...].* (São Paulo (SP), *O Farol Paulistano*, 20/04/1830, p. 378).

Há ainda casos em que os crioulos são descritos como tendo um domínio bem restrito da língua portuguesa, como se pode ver em:

(55)   *O abaixo assinado, morador no rio de São Pedro, freguesia da Vitória [...] a fuga de seu escravo crioulo, de nome Gabriel, [...], de 16 anos, meio fulo, testa espaçosa, olhos amortecidos [...] fala um tanto grossa [...] **não pronuncia bem** Jesus Cristo, e sim Zuguisto; também não pronuncia Vossa Mercê e sim Vincê etc [...]. Costuma mudar do nome, é de todo o serviço, inclusive o de lavoura.* (Salvador (BA), *Diário da Bahia*, 31/12/ 1868, p. 88).

(56)   *Fugiram ao abaixo assinado, da sua fazenda [...] dois escravos, cujos nomes e sinais são os seguintes: Miguel, preto, de 30 a 40 anos de idade, estatura e corpo regular, barbado, crioulo do Rio Grande do Sul, **fala com sotaque de africano** e inculca-se como pedreiro. Segismundo, pardo [...].* (São Paulo (SP), *Correio Paulistano*, 1879, p. 418).

Sobre a *linguagem de crioulos*, cabe fazer algumas observações. Como já comentado inicialmente, as informações históricas sobre a realidade linguística de africanos e de seus descendentes no Brasil são pouco numerosas, mas é possível buscar pistas em fontes alternativas. Assim é que, em pesquisas sobre a representação da fala de africanos e crioulos em fontes literárias (prosa de ficção e peças de teatro) do século XIX, Alkmim (2002, 2006, 2008, 2009) aponta que personagens africanos e personagens crioulos, livres ou escravos, são caracterizados de maneira distinta. Mais concretamente, personagens africanos são representados como usuários de uma variedade de português que os identifica como estrangeiros, dado que sua pronúncia e frases apresentam marcas linguísticas não observáveis em falantes nativos de português, brancos ou não, incluídos aí os crioulos. Quanto aos crioulos, a representação de suas falas incide sobre marcas fonéticas e gramaticais que os caracterizam como falantes de um "mau português", próprio a indivíduos grosseiros, socialmente inferiores. Como ilustração, observemos extratos de fala, coletados em fontes literárias do século XIX:

(57) *Eh! Eh! [...] Balanco nô tem qui fazê, é mandigueiro. Zicrive, zarabisca e tá rizendo, e tá farando! Óia lá! [...] Balanco é o riabo [...] fitiçaria ta i! [...]* (Pai Francisco, velho escravo doméstico, africano, residente em zona urbana, personagem da peça *Os extremos*, de Aníbal Teixeira de Sá, 1866; ato 3, cena I).

(58) *Óia! Óia esse roupa de tiatro como está! Capote brodado c'o ouro com que seu moço reprecenta, tudo amarotado! [...]* (Pai Caetano, velho africano, escravo doméstico, residente em zona urbana, personagem da peça *Os pupilos do escravo*, de J.P. Costa Lima, de 1870, ato 3, cena I).

(59) *Seu Pantaleão, Seu Pedrinho, aqueles dois estudante da cidade, aqueles dois lojista da rua do Imperadô, e que andam sempre cumo unha com carne, e mais um punhado deles. Tá tudo na sala, e vossem'cê metida na sala do engomado, no lugar das pretas [...]* (Marcolina, mucama, crioula, residente em zona rural do Rio de Janeiro, personagem da peça *Abel, Helena*, de Artur Azevedo, de 1877, ato 2, cena II).

Nos extratos (57) e (58), encontramos algumas marcas linguísticas que só aparecem nas representações de fala de personagens africanos (cf. Alkmim, 2009), a saber:

- Marcas fonéticas: epêntese de vogal em grupo consonantal (*balanco* em lugar de *branco*); redução e desnasalização de ditongo nasal (*no* em lugar de *não*); prótese do segmento zi- (*zicrive*, de zi + escreve; *zirabisca* de zi + *rabisca*); [r] em lugar de [d] (*rizendo* por *dizendo*; *riabo* por *diabo*); [r] em lugar de [l] (*farando* por *falando*); redução de ditongo oral (*fitiçaria* em lugar de *feitiçaria*); metátese em grupo consonantal (*brodado* em lugar de *bordado*); [s] em lugar [z] (*reprecenta* por *representa*); r-fraco em lugar de r-forte (*amarotado* por *amarrotado*).
- Marcas gramaticais: concordância de gênero inadequada (*esse roupa*); concordância de 1ª pessoa do singular inadequada (*si eu toca*).

No extrato (59), vemos algumas marcas linguísticas mais comuns nas representações da fala de crioulos:

- Marcas fonéticas: ausência de r final (*Imperadô* em lugar de *Imperador*); fechamento do timbre de vogal pretônica (*cumo* em lugar de *como*); aférese (*tá* em lugar de *está*).
- Marca gramatical: concordância nominal de número parcial (*aqueles dois lojista* em lugar de *aqueles dois lojistas; aqueles dois estudante* em lugar de *aqueles dois estudantes*).

De uma certa forma, surpreende um pouco o fato de que crioulos, nascidos no Brasil, expostos à língua portuguesa ao longo da vida, apresentem um mau desempenho linguístico a ponto de falar com "sotaque africano". Mas o fato é que assim como havia africanos que falavam como crioulos, havia também crioulos que falavam como africanos. Mais uma vez, não temos condições de estabelecer correlações entre domínio de português e fatores como faixa etária, ocupação, local de moradia (zona rural ou urbana), por exemplo. Teriam tais crioulos uma rede de relações sociais restrita, por exemplo, em contato contínuo ou exclusivo com falantes nativos de línguas africanas? Ou ainda seriam mantidos em algum tipo de isolamento em função da atividade de trabalho? De qualquer forma, é possível supor que os crioulos com mau desempenho linguístico tiveram uma vivência linguística oposta à dos africanos caracterizados como bons usuários da língua portuguesa. Esses africanos bem falantes devem ter se inserido em redes amplas e/ou diversificadas e, assim, adquirido a percepção de que o controle do instrumento linguístico poderia garantir conhecimentos úteis a respeito da sociedade que os dominava, possibilitando, dessa maneira, ações e reações em prol de suas sobrevivências.

OS ESCRAVOS VÃO ALÉM...

Escravos e língua estrangeira

No conjunto dos 52 anúncios considerados, um deles é relativo à venda de um escravo com domínio de língua estrangeira:

(60)   *Escravos! Quem pretende comprar; I pardo, idade 16 anos, nas melhores condições para pajem. [...]; II crioulo, 22 anos, cozinheiro, sabendo lavar e engomar roupa, e que,* **praticamente, fala muito bem o alemão** *[...].* (São Paulo (SP), *Correio Paulistano*, 23/01/1879, p. 411).

Gilberto Freyre (1963: 125), em sua conhecida obra *O escravo nos anúncios de jornais brasileiros do século XIX*, também informa sobre a fuga da escrava Delfina, crioula de Pernambuco, *"mui gorda"*, de *"cara redonda, beiços grossos"* e que falava muito bem o espanhol.

Como os escravos dos anúncios anteriores teriam aprendido a falar uma língua estrangeira? A hipótese mais óbvia é a de que tais escravos teriam aprendido com seus senhores estrangeiros residentes no Brasil. Soares (2007: 115) nos oferece mais um exemplo:

(61)   *Aluga-se uma crioula moça, boa mucama por saber todo serviço doméstico de família; é muito carinhosa para crianças e própria para uma casa de estrangeiros por falar bem o francês e ser muito desembaraçada, à rua Direita nº 17.* (*Jornal do Commercio*, 14/03/1860).

O mesmo autor (2007: 55) nos propõe uma explicação bem objetiva:

> Estrangeiros que viviam temporariamente no Rio de Janeiro, tais como comerciantes, diplomatas, cientistas etc., frequentemente consideravam mais conveniente e confortável o aluguel de escravos para atender as suas necessidades domésticas. Muitos senhores que alugavam cativos procuravam tirar vantagem desta situação, não apenas lhes ensinando as tarefas domésticas, como também línguas estrangeiras, pelo menos rudimentos de francês e inglês, que eram as línguas mais comumente faladas na comunidade estrangeira da cidade. Anúncios que ofereciam ou procuravam por escravos domésticos que falavam francês e inglês apareciam com frequência nos jornais do Rio de Janeiro.

Como se pode perceber, o ensino de língua estrangeira podia funcionar como uma estratégia de "agregar valor" ao escravo de ganho ou de aluguel – tais escravos representavam uma fonte de renda fundamental para muitos senhores ao longo da vigência da escravidão no Brasil.

Leitura e escrita entre escravos: notícias de uma apropriação

Um conjunto de anúncios chama, particularmente, a atenção pela referência a escravos capazes de ler e escrever. O fato chama a atenção porque escravos, e mesmo os forros, eram formalmente impedidos de frequentar escolas.[8] Observemos os anúncios:

(62)   *[...] fugiu um rapaz pardo, bom alfaiate [...] com os sinais seguintes: pardo, guarapado, baixo, bem barbado [...] chama-se Bruno, **sabe pouco ler** e levou passaporte falso, é do padre J.B. [...].* (São Paulo (SP), *O Farol Paulistano*, 05/08/1829, p. 369).

(63)   *[...] Ao mesmo fugiu há menos tempo outro também pardo de nome Manoel, que é mais trigueiro, tem o rosto cumprido, olhos pequenos [...], **sabe ler**, e é bom marinheiro [...].* (São Paulo (SP), O *Farol Paulistano*, 16/03/1830, p. 377).

(64)   *[...] fugiu a J.A.O.G., morador na Corte do Rio de Janeiro [...], um cabra por nome Manoel, natural desta Província, alto, magro, bem feito*

*de corpo, e mal de pés [...], terá de idade 20 anos pouco mais ou menos, vem lhe saindo o buço, [...] tem uma cicatriz no peito; é bom boleeiro, e cozinheiro, lava, engoma, **lê e escreve mal** [...].* (Ouro Preto (MG), *O Universal*, 20/09/1825, p. 120).

(65)   *[...] fugiu o seu escravo de nome Vicente, cor parda, idade 32 anos, cabelos crespos mas não carapinhados: boa figura [...], monta bem a cavalo, pode inculcar-se como campeiro por saber laçar; pode também apresentar-se como boleeiro; levou roupa boa para andar bem trajado, fala regularmente e com sotaque provinciano, **lê e escreve um pouco** [...]. Pode apresentar-se por livre e ser facilmente acreditado. [...]. A quem o apreender e entregar na fazenda do abaixo assinado [...].* (São Paulo (SP), *Correio Paulistano*, 22/07/1879, p. 424).

(66)   *Fugiu [...] o escravo de nome Anacleto; crioulo, representando de 30 a 35 anos, com os seguintes sinais: altura mediana, cor fula, corpo delgado [...], fala manso mostrando humildade. **Sabe ler e escrever** e costuma inculcar-se forro e voluntário da pátria. [...].* (Campinas, *Gazeta de Campinas*, 17/07/1870, p. 281).

(67)   *Fugiu [...] o escravo de nome Pio, com os sinais seguintes: mulato, cabelos corridos quase pretos [...] nariz afilado, tem nas costas um sinal como queimadura e bons dentes. **Sabe ler e escrever** e trabalha um pouco de alfaiate. [...]. Quem o apreender e levar ao seu senhor em sua fazenda [...].* (Campinas (SP), *Gazeta de Campinas*, 28/04/1872, p. 290).

(68)   *Escravo fugido. Ambrósio, de 19 anos de idade, pardo, [...], barba nascente, cabelos crespos e soltos [...], fala com voz clara e descansada; é pedreiro, **sabe ler e escrever**, anda calçado e intitula-se liberto mas é escravo de Dona M.G.P., residente nesta capital [...].* (São Paulo (SP), *Correio Paulistano*, 26/06/1879, p. 419).

Em (62) e (63), indica-se que os escravos apenas liam – seriam eles apenas capazes de decifrar o "código ortográfico"? Uma situação, em princípio, perfeitamente compreensível, dado que a leitura e a escrita, como habilidades distintas, embora complementares, mobilizam recursos próprios e particulares ao seu funcionamento.

No caso da escrita, destaca-se a capacidade de elaborar uma mensagem para ser decodificada por um receptor ausente da situação de interlocução que impõe, no mínimo, a familiaridade com o gênero escrito em uso e o manejo de construções gramaticais, de um estoque lexical e de regras organizacionais próprios da linguagem escrita: tudo que possa garantir a interpretabilidade por parte do leitor. Quanto aos outros anúncios, vemos que há escravos caracterizados como pouco hábeis, como em (64) e (65), e outros apontados, genericamente, como "*sabe ler e escrever*", como em (66), (67) e (68). Dado que o acesso à escola era vedado a escravos e quase inacessível a não brancos, como teriam tais escravos aprendido a ler, ou a ler e escrever? Uma hipótese possível é a de que eles devem, em graus diferenciados, ter adquirido a leitura/escrita em espaços informais, através de relações com indivíduos dotados de competências variadas em leitura e escrita.

O fato de escravos exibirem algum tipo de habilidade em relação à leitura e à escrita causa certa admiração: é fato histórico bem conhecido que o analfabetismo atingia a grande maioria da população brasileira, particularmente no período colonial. Segundo Houaiss (1985), ao longo do século XVIII, 99% da população brasileira era analfabeta e, possivelmente, em torno de 1800, seriam letrados apenas 0,5% da população.

Encontramos em Conrad (1972: 358) dados referentes à alfabetização de escravos relativos a 1872. Selecionamos dados de apenas seis províncias em que os anúncios foram veiculados, conforme Tabela 1 (Conrad, 1972).

Tabela 1 – Alfabetização de escravos, 1872

Província	Homens		Mulheres		Total	
	Alfabetizados	Analfabetos	Alfabetizadas	Analfabetas	Alfabetizados	Analfabetos
Município Neutro	220	24.666	109	23.949	329	48.610
Rio de Janeiro	79	162.315	28	130.215	107	292.530
Pernambuco	105	49.918	52	41.953	157	88.871
Minas Gerais	99	199.335	46	170.979	145	370.314
São Paulo	81	87.959	23	168.549	104	156.508
Bahia	49	89.045	15	78.715	64	167.760

Observando, de um ponto de vista bem geral, os dados da tabela, duas constatações se destacam:

- O número de escravos (homens e mulheres) alfabetizados é extremamente baixo.
- O número de mulheres alfabetizadas é muito inferior ao de homens.

É fato que os dados apresentados são resultado de censos oficiais, e, em nossa avaliação, os escravos foram "aprendizes informais", fora de esquemas institucionais e/ou tradicionais. De qualquer forma, a maioria de pobres no Brasil do século XIX – livres, forros, brancos ou não – eram excluídos do precário sistema escolar e sem acesso ao mundo letrado, reservado à elite colonial. No caso dos escravos, legalmente excluídos, é difícil imaginar que os senhores tivessem interesse em alfabetizá-los – a não ser que, de algum modo, tal atitude resultasse em lucro.

Wissenbach (2002: 110) nos oferece duas observações muito pertinentes a respeito da difusão da leitura/escrita entre escravos:

> Tomando como ponto de partida as condições que propiciaram a alfabetização de escravos e de forros, tal como referida na documentação, dois aspectos chamam de imediato a atenção: em primeiro lugar, a presença de hábitos de escrita e de leitura difundidos principalmente entre plantéis pertencentes às ordens religiosas e ao clero; em segundo, sua associação a situações singulares do trabalho urbano, mas, principalmente, a trabalhadores que exerciam atividades autônomas.

Escrita de escravos: um pouco de ilustração

É bem conhecido e comentado o trabalho do historiador Schwartz (1977) sobre uma carta de escravos rebelados do engenho Santana (Ilhéus/Bahia), dirigida ao seu senhor.[9] Vale citar ainda três outros textos de escrita de escravos, que serão apresentados adiante. O primeiro deles é um documento referido por Noll (1999: 169): trata-se de uma carta escrita, no século XVIII, pela escrava Esperança Garcia, no Piauí, ao governador da província, estudada por Mott (1979). Na carta, datada de 06/09/1770, Esperança, sobre quem pouco se sabe, relata seus sofrimentos e pede intercessão da autoridade. É bem possível que Esperança tenha escrito a carta, pois, segundo Mott (1985),[10] ela *"era uma escrava pertencente a uma das fazendas reais que foram incorporadas à Coroa quando da expulsão dos padres jesuítas"*. Ou seja, Esperança tinha pertencido a uma ordem religiosa, fato que, como aponta Wissenbach (2002), pode ter lhe dado acesso à leitura e à escrita. Os outros dois textos são: uma das cartas escritas pelo escravo Claro e um bilhete do escravo Cyro, ambos do século XIX.

Wissenbach (1998; 2002) relata a história do escravo de ganho Claro,[11] que escreve cartas, a pedido da escrava africana Teodora – são sete cartas dirigidas ao marido e ao filho de Teodora, ao seu senhor e ao irmão deste. Segundo Wissenbach (2002: 114), Teodora

> esperava que, por meio das cartas, se concretizasse a possibilidade de localizar e entrar em contato com seu marido e seu filho, dos quais havia sido apartada já algum tempo, exigindo-lhes parceria na busca e na realização de seus objetivos maiores – reunir a família, juntar pecúlio necessário para a compra da liberdade e, finalmente, voltar à terra natal, a África.

Como escravo de ganho, pedreiro e pertencente ao cônego Fidelis Alves de Moraes, Claro preenche com folga o perfil de um escravo candidato à condição de alfabetizado: de um lado, a atividade autônoma como escravo de ganho e pedreiro e, de outro, a de ser propriedade de um religioso.

Mamigonian (2014) dá notícia de uma carta escrita pelo africano Cyro, datada de 05/03/1856, dirigida a Dionísio Peçanha, um graduado funcionário do Ministério da Marinha, no Rio de Janeiro. Cyro chegou ao Brasil em 1835, escravizado no âmbito do tráfico ilegal – fato que motivou a sua libertação. Como em outros casos de africanos liberados por tráfico ilegal, cumpriu serviço obrigatório, inicialmente no Arsenal de Marinha, na Bahia (onde havia desembarcado, vindo da Costa da Mina) e, posteriormente, foi alocado junto ao referido Dionísio Peçanha no Ministério da Marinha, no Rio de Janeiro. Já no Rio de Janeiro, com base no decreto de 28/12/1853, que autorizava a emancipação de africanos livres que tivessem prestado serviços a particulares pelo espaço de 14 anos, Cyro fez a sua solicitação, tendo enfrentado muitas dificuldades em relação a essa ação. Segundo Mamigonian (2014: 380), Cyro

> escreveu o bilhete no momento em que, autorizada sua emancipação e aguardando apenas a entrega da carta, foi enviado ao Arsenal de Marinha e obrigado a deixar seus dois filhos menores, àquela altura órfãos de mãe, sozinhos na Casa de Correção.

Daí a ameaça ao destinatário: "*senão quer me tirar eu faz uma cumunhão [?] que o senhor há de saber / o que é o preto mina*" (linhas 10 e 11 do texto, apresentado adiante).

Cyro, africano escravizado e libertado, foi, compulsoriamente, inserido em um contexto institucional – no Arsenal de Marinha e no Ministério da Marinha – em um mundo de atividades administrativas. Espaços de circulação da leitura e da escrita.

Ainda segundo Mamigoniam (2014: 380):

> Não é certo que Cyro tenha escrito o bilhete, mas é plausível. Poucos escravos ou libertos sabiam ler ou escrever, mas alguns ambientes ou ofícios por vezes capacitavam-nos para tal. Cyro trabalhava ao ganho, isto é, alugava-se por jornada e pagava uma quantia fixa a seus senhores ou concessionários. Trabalhadores, com autonomia, mobilidade e domínio do mercado de trabalho, os ganhadores tinham que manter boa contabilidade dos seus ganhos, gastos e pagamentos.

Dada a sua história, é muito possível que Cyro tenha aprendido a ler e a escrever. Apresentamos, a seguir, os três textos anteriormente referidos.

I - Carta escrita pela escrava Esperança Garcia, datada de 06/09/1770

Eu Sou hua escrava de V.S. dadministração do Capam Anto Vieira de Couto,/ cazada. Desde que oCapm pa Lá foi adeministrar, q. me tirou da fazda dos/ algodois, aonde vevia com meu marido, para ser cozinheira da sua caza,/ onde nella passo mto mal.

Eu sou uma escrava de Vossa Senhoria da administração do Capitão Antônio Vieira de Couto, casada. Desde que o Capitão para lá foi administrar, que me tirou da fazenda dos Algodões, aonde vivia com meu marido, para ser cozinheira da sua casa, onde nela passo muito mal.

A Primeira hé q. [~ sobre o q] há grandes trovoadas de pancadas enhum Filho meu sendo/ huã criança q [~ sobre o q] lhe fez estrair sangue pella boca, em mim não poço esplicar/ q [~ sobre o q] Sou hu [~ sobre o u] colcham de pancadas, tanto q [~sobre o q] cahy huã vez do Sobrado abacho/ peiada; por mezericordia de Ds esCapei.

A primeira é que há grandes trovoadas de pancadas em um filho meu sendo / uma criança que lhe fez extrair sangue pela boca, em mim não posso explicar / que sou um colchão de pancadas, tanto que caí uma vez do sobrado abaixo / peada; por misericórdia de Deus escapei.

A segunda estou eu e mais minhas parceiras por confeçar a tres annos. E / huã criança minha e duas mais por Batizar.

A segunda estou eu mais minhas parceiras por confessar há três anos. E/ uma criança minha e duas mais por batizar.

Pelo q [~ sobre o q] Peço a V.S. pello amor de Ds e do Seu valimto ponha aos olhos em/ mim ordinando digo mandar a Porcurador que mande p. a Fazda aonde elle/ me tirou pa eu viver com meu marido e Batizar minha filha

Pelo que peço a Vossa Senhoria pelo amor de Deus e do seu valimento ponha os olhos em / mim ordenando digo mandar o Procurador que mande para a fazenda aonde ele / me tirou para eu viver com meu marido e batizar minha filha

de V.S. sua escrava

EsPeranCa garcia

II - Carta escrita pelo escravo Claro a pedido da escrava Teodora, dirigida ao seu marido, datada de 20 de outubro de 1866:[12]

Ilmo. Sr. Luiz da Cunha em
São Paulo 20 de out. de 18...

Eu es de tima muito que e ta queu e ta que vom gorzamdo/ e a sua filici-
dade como para mim dezeio noto bem para/ mi fazer o fa vou de vi por o
nata falla com migo/ sem falta mi falta 198 mireis para minha/ li ber dade
no mais mi mamde a repota dês/ ta para o senhor de mi cian no na ci da de
de de solr/ crava sem falta no mais eu i tou pagamdo/ como huma i crava
deste pader mavado/ no mais a Deus a Deus a te hum dia que Deus/no a
jun de com sua garça devima mizeicode/ no mais sou a sua mulhe

ti a do ra da cunha dia

Eu hei de estimar que esta [...] gozando/ a sua felicidade como para mim
desejo noto bem para/ me fazer o favor de vir [...] falar comigo/ sem falta
me falta 198 mireis para a minha/ liberdade no mais me mande a resposta
des/ ta para o senhor domiciano na cidade de soro/ caba sem falta no mais
eu estou pagando/ como uma escrava deste padre malvado/ no mais a
Deus a Deus até um dia que Deus/ me ajude com sua graça divina miseri-
córdia/ no mais sou sua mulher

Teodora da Cunha Dias

III - Bilhete do africano Cyro, dirigida a Dionísio Peçanha, datada de 05/03/1856

Snr. Pisanges de Oliveira
Rio de Janeiro 5 de marco de 1856

Muinto estimarei que estas duas letras os vão achar em perfeita/ saude em compa / de quem vmcemais estima da toda fami-milia/ da Casa do Senhor, Quero que Vmce bá tirrar o meu filho athe amanhão não quero o/meu filho lá quero que me mande dizer que meu filho está solto;/ e com esta faz tres cartas que tenho escrebido ainda não tive/ resposta sobre a minha soltura sabado já se foi eu ainda estou a/ espera para sahir solto senão quer metirar eu faz uma cumunhão [?] que o snr. ade saber/ que he o preto mina quero que isto se fassa athe tres dias todo o/ que pesso deste seu escrabo

Chiro Pisanges Africano livre

Muito estimarei que estas duas letras os vão achar em perfeita/ saúde em companhia de quem Vossa Mercê mais estima de toda família/ Quero que Vossa Mercê vá tirar o meu filho até amanhã não quero o/ meu filho lá quero que me mande dizer que meu filho está solto;/ e com esta faz três cartas que tenho escrito ainda não tive / resposta sobre a minha soltura sábado se foi eu ainda à/ espera para sair solto
Senão quer me tirar eu faz uma cumunhão [?] que o senhor há de saber/ o que é o preto mina quero que isso se faça (em) até três dias tudo o/ que peço Deste seu escravo

Chiro Pissanges Africano livre

Não nos ocuparemos aqui da análise linguística dos textos anteriormente apresentados. A propósito do tema, vale conferir as pesquisas de Lobo e Oliveira (2012, 2009) e Oliveira (2009, 2006), sobre a escrita de negros.[13] De um ponto de vista geral, vemos que os três textos não são de fácil leitura, ou melhor, são de difícil compreensão para não especialistas. Tal dificuldade pode ser associada a aspectos da materialidade da escrita, como, por exemplo, à junção de vocábulos (*enhum = em um*; *dadminstação = da administração*), a grafias que tornam os vocábulos quase irreconhecíveis (*mizeicode = misericórdia*; *devima = divina*) e reflexos de pronúncias (*ma vado = malvado*; *hua/ huã = uma*). O texto do escravo

Claro se mostra como o de mais difícil leitura, fato associável à possiblidade, apontada por Wissenbach (2002), de ter sido ditado pela escrava Teodora – considere-se a propósito a "silabação" de vocábulos, como em "*o fa vou*" (*o favor*), "*li ber dade*" e "*ti a do ra*" (*Teodora*). Ao lado disso, é nele que vemos algumas transcrições incompreensíveis, como "*dezeio*" (*desejo*), *solr/crava* (*Sorocaba*) e "pader" (*padre*).

Quanto aos outros dois textos, embora mais "legíveis", apresentam as mesmas características assinaladas por Wissenbach (2002: 117) em relação às cartas de Claro:

> No geral curtas, quase pequenos bilhetes, guardam um ritmo todo particular, na quase ausência de pontuações gráficas, na inexistência de pausas, no uso de elementos de ligação (por exemplo, a expressão "no mais") e, principalmente, na rapidez em que a sequência de assuntos vai sendo articulada, como se tratasse de uma associação livre de ideias.

Um detalhe significativo aparece na carta de Cyro: a ocorrência de desvio de concordância verbal de primeira pessoa, presente em "*se não que metirar eu faz uma cumunhão*", em lugar de *eu faço*. É fato que Cyro assim se expressa uma única vez, isto é, nas demais ocorrências de primeira pessoa, ele as faz adequadamente, como, por exemplo, "*eu ainda estou a espera*". O fato apontado é relevante porque, em pesquisas sobre a representação da fala de negros e de escravos em fontes literárias brasileiras do século XIX (peças de teatro, contos e romances; cf. Alkmim, 2009, 2008), esse tipo de concordância, embora não a única,[14] aparece sempre como marca de fala de personagens africanos, caracterizados como "*falantes estrangeiros*", usuários de um "*português corrompido*". Assim é que, se não foi o africano Cyro quem escreveu o seu bilhete, foi, provavelmente, um outro africano.

Interpretar adequadamente um texto produzido no passado, próximo ou distante, é sempre um desafio. Sem uma contextualização histórica cuidadosa, a tarefa pode tornar-se impossível. No caso da escrita de escravos, é fundamental conhecer algo de seus percursos individuais e do contexto sócio-histórico em que, como escravos, estavam inseridos.

CONSIDERAÇÕES FINAIS

Baseado apenas em uma coletânea de anúncios de escravos, o presente capítulo tem, necessariamente, um alcance restrito, mas as informações veiculadas, ainda que produzidas a partir da ótica de integrantes e agentes do sistema escravocrata brasileiro, são reveladoras da realidade linguística de escravos. Uma realidade heterogênea, diversificada. Reduzidos à condição de escravos, relegados ao extrato social mais baixo da sociedade brasileira, sujeitos às mais duras limitações, houve escravos capazes de configurar práticas linguísticas que socialmente os integraram e lhes permitiram criar espaços de sobrevivência decorrentes das redes de relações que puderam criar.

NOTAS

[1] O título deste trabalho é uma evidente alusão ao da obra de Paul Zumthor: *A letra e a voz*. São Paulo: Companhia das Letras, 1993.

[2] Línguas sudanesas: línguas que ocupam territórios ao longo da costa atlântica ocidental, que vai do Senegal até o golfo de Benin, na Nigéria; região correspondente aos atuais países: Senegal, Gâmbia, Guiné-Bissau, Guiné-Conacri, Serra Leoa, Libéria, Burquina-Fasso, Costa do Marfim, Gana, Togo, Benin, e Nigéria. No Brasil, destacam-se as línguas do grupo *ewe-fon* (*ewe, fon* ou *fongbe, gun, mahi, mina*) e a língua *ioruba* (apud Castro, 2000).

[3] Artur Ramos, *As culturas negras no Novo Mundo,* Rio de Janeiro, Civilização Brasileira, 1937.

[4] Cf. Macedo Soares (1888), termos derivados: moleca, molequinho/molequinha, molecão/molecona.

[5] Carneiro (1964, na primeira página do livro, não numerada).

[6] Os anúncios (29) e (30) não informam a origem dos escravos: se africanos ou crioulos. Assumimos o risco calculado de considerar estes escravos como africanos. Avaliamos que, se tais escravos fossem crioulos, esta origem seria veiculada, por, geralmente, acrescentar valor ao escravo já submetidos ao sistema da escravidão. O uso dos termos "negro"/"negra" também se mostrou sugestivo.

[7] Macedo Soares refere-se ao povo conhecido como fula, que se autodenomina fulbe ou haal-pular, falante da língua fulfude ou pular, da família níger-congo, ramo oeste-atlântico, que se espalha *"por uma vasta área do Senegal e Mauritânia à Serra Leoa"* (Castro, 2001: 43). Este povo é também conhecido como peul, fulbe e fulani.

[8] Cf. Mattoso (1982) e Silva (2008).

[9] O texto do tratado se encontra em: Schwartz (1977).

[10] Mott, Luiz R.B. *Piauí colonial: população, economia e sociedade.*Teresina, Projeto Petrônio Portela, 1985. Apud Moura (2004) – verbete: Garcia, Esperança.

[11] Wissenbach (1988) informa que Claro era africano. Em seu texto de 2002, a autora, não se refere à origem do escravo Claro. Klebson Oliveira (2008) afirma que Claro era crioulo.

[12] Carta de Teodora: apresentamos o texto na forma transcrita por K. Oliveira (2008: 22). A "tradução" desta carta é de Wissenbach (2002: 116-117).

[13] Ver: Oliveira (2013); Lobo e Oliveira (2009); Lobo e Oliveira (2007).

[14] Exemplos de outras marcas utilizadas para caracterizar personagens africanos: desvio da concordância de gênero, como *tua filho*; *r* em lugar de *d* como em *riabo* (diabo); prótese do segmento *zi-*, como em *zincontrô* (zi + encontrou).

URBANIZAÇÃO E INTERVENÇÃO LINGUÍSTICA NO BRASIL (1950-1960)

Marlos de Barros Pessoa

SUMÁRIO

APRESENTAÇÃO 108

CONTEXTO HISTÓRICO:
O NACIONALISMO DESENVOLVIMENTISTA
(INDUSTRIALIZAÇÃO) 108
    A urbanização 109
    A migração 110

URBANIZAÇÃO, MIGRAÇÃO
E PADRONIZAÇÃO LINGUÍSTICA 111

INTERVENÇÃO LINGUÍSTICA 112
    Política linguística 112
        Primeiro Congresso Brasileiro
        de Língua Falada no Teatro de 1956 112
        Primeiro Congresso Brasileiro
        de Etnografia e Dialetologia de 1958 113
    A criação da NGB em 1959 114
    Os estudos dialetológicos 114
        A elaboração de atlas linguísticos (1963) 115
        Projeto da Norma Urbana Culta (Nurc) (1968) 115

ALFABETIZAÇÃO DE ADULTOS (1962-1964) 116
    O *Livro de leitura para adultos*
    do Movimento de Cultura Popular do Recife (MCP) 117
        O Método Paulo Freire 119

CONSIDERAÇÕES FINAIS 122

APRESENTAÇÃO

O objetivo deste capítulo é contribuir para se entender como se passam as relações entre língua e contexto urbano. O caso em estudo é uma interpretação dos destinos da língua portuguesa no Brasil nas décadas de 1950 e 1960. Para o Recife, cidade que considero em alguns casos, esse período tem importante significado social porque o crescimento populacional entre 1940 e 1960 é quase três vezes maior do que nas duas décadas anteriores, revelando o intenso processo de urbanização em curso.

Caracterizando o contexto histórico, procuro estabelecer uma relação entre o processo de urbanização e a intervenção linguística promovida pelo Estado. Aqui são três frentes de intervenção que se materializam: na adoção de uma política linguística com fins claros de se padronizar a língua falada; no levantamento de dados linguísticos dos ambientes rural e urbano; e, por fim, na contribuição da alfabetização como parte também de uma política linguística que recebe influência das pesquisas dialetológicas. Nesse quadro, em que as populações rurais migram para os grandes centros, as variedades rurais tornam-se mais evidentes e passam a ser estudadas. Em consequência, as variedades urbanas passam a diferenciar-se e tornar-se mais complexas. O processo de alfabetização, como forma de introduzir os novos fluxos de adultos migrantes na cultura escrita, contribui para a acomodação linguística urbana, colaborando com a padronização em curso.

CONTEXTO HISTÓRICO: O NACIONALISMO DESENVOLVIMENTISTA (INDUSTRIALIZAÇÃO)

O nacionalismo brasileiro se desenvolve desde a época da independência em 1822, e com a proclamação da República, em 1889, ele atinge um outro estágio. Esta nova fase prossegue até 1930, quando eclode a revolução. Mas durante os anos 1950, com a industrialização, um novo ciclo do nacionalismo surge: o chamado *nacionalismo desenvolvimentista*. São três dimensões de uma mesma visão: industrialização, desenvolvimento e nacionalismo. Como a preocupação central na época era o desenvolvimento para vencer o atraso econômico e cultural, para os nacionalistas a industrialização promoveria o desenvolvimento de uma cultura nacional.

Enquanto ideologia, o nacionalismo se fez sentir em diversos campos das ciências sociais e nas artes e continuou forte pelos anos 1960. No governo João Goulart estabeleceu-se um plano nacional reformista que atingia vários aspectos da vida social. Isso implicava a modernização da vida brasileira, que em vários sentidos podemos identificar nas cidades na arquitetura, nas artes, nas técnicas, na ciência. Foram realizados estudos sobre a formação brasileira: desde dados reais da sociedade escravista até dados apresentados pela literatura. O tema da língua era muito sensível a partir das primeiras décadas do século. Por isso, cresce o interesse em fazer monografias e pesquisas sobre a realidade linguística das comunidades brasileiras, como forma de identificar o "nacional".

A urbanização

Em primeiro lugar, devo dizer que "urbanização" neste trabalho está sendo entendida como a concentração de pessoas nas cidades, provocando, além de seu crescimento populacional, uma série de outros efeitos.

A industrialização, explicada anteriormente, está, por sua vez, associada à urbanização, que, por outro lado, implica a migração de mão de obra de jovens e adultos e de famílias para a cidade. Como afirma Rocher (1977: 124):

> Como uma parte da nova população é vítima do desemprego ou do subemprego, dá-se uma proliferação "de zonas de barracas ou de bairros de lata", geralmente na periferia da cidade.

Esses problemas passam a fazer parte dos migrantes na nova realidade social. Na década de 1950 a expansão industrial atrai populações rurais para aos centros urbanos. Rodrigues (2003) descreve esse período:

> Os centros urbanos começaram a "inchar" e a transformar sua feição. Antigos bairros se descaracterizaram e mudaram de função. Antigos moradores cederam espaço a migrantes recém-chegados; residências unifamiliares tornaram-se habitações coletivas. Edifícios, antes referenciais da cidade, foram destruídos e substituídos por centros comerciais. (2003: 31)

> As favelas e os bairros de periferia brotaram na mesma intensidade que novos bairros de classe média e de "grã-finos", refletindo no espaço físico a distinção entre grupos sociais e desafiando as metas dos técnicos em planejamento urbano que, através de planos diretores, tentavam disciplinar a ocupação do solo. (2003: 32)

Historicamente, Santos (2002) situa bem o processo de urbanização mais recente:

> É apenas após a Segunda Guerra Mundial que a integração do território se torna viável, quando as estradas de ferro até então desconectadas na maior parte do país são interligadas constroem-se estradas de rodagens, pondo em contato as diversas regiões e entre elas e a região polar do país empreende-se um ousado programa de investimentos em infraestruturas. (2002: 38)

E o autor acrescenta:

> Este período duraria até fins dos anos 1960. O golpe de Estado de 1964 todavia aparece como um marco, pois foi o movimento militar que criou as condições de uma rápida integração do país a um movimento de internacionalização que aparecia como irresistível, em escala mundial. (2002: 39)

No Brasil esse vai ser um dos problemas centrais do período 1950-1960, como podemos observar no caso do Recife. Podemos dividir a história da urbanização do Recife, a partir do século XIX, entre dois momentos: até 1850 e no início do século XX. De um polo inicial que comporta quatro bairros (Recife, Santo Antônio, São José e Boa Vista) no primeiro momento até a expansão de outras áreas mais periféricas depois de 1900. Esta última vai se intensificando até 1950-1960, quando a cidade ganha a configuração de hoje. Como se pode ler em Rezende (2002: 123):

> Entre os anos de 1939 e 1945, 13.355 mocambos foram demolidos. Há de se registrar que, em 1939, 63,7% dos prédios da cidade eram considerados mocambos, segundo estatísticas oficiais. O Recife recebia um expressivo contingente populacional vindo da zona rural, sonhando em melhorar de vida. É interessante assinalar que, em 1940, a população da cidade era de 348,4 mil pessoas, aumentando para 524,7 mil habitantes em 1950, tendo o município do Recife expandido sua área territorial na década de 50, de 180 km² para 209 km². A cidade adquiriu, nesse período, a forma urbana atual.

Veja-se o crescimento populacional do Recife nas primeiras décadas do século XX:

1900	113.000
1920	239.000
1940	348.400[1]
1950	524.700
1960	700.000[2]

Fonte: Rezende, 2002: 123.

A migração

A migração para o Recife no século XX parece provir das primeiras décadas. Mas entre 1950 e 1960 esse processo se intensifica. A população passa a ocupar espaços em alagados e constrói mocambos. Esse novo contingente passa a conviver no espaço urbano e novas relações sociais vão se estabelecendo, com novas ocupações que formarão mais tarde novos bairros. Fica claro que esse novo contexto social vai pôr em contato populações imigradas, e novos contextos de interação social vão ser forjados.

Mas é preciso entender o significado da migração. Nesse sentido, vale a pena considerar o que diz Singer (2002: 61):

> Para não perder de vista o significado das migrações no processo de desenvolvimento, é preciso evitar o erro de considerar a migração como mera transferência de pessoas de setores não capitalistas rurais e outros setores não capitalistas urbanos. Tal transferência constitui um estágio, necessário nas condições capitalistas, de integração da população à sociedade de classes.

Essa afirmação de Singer revela as diferenças sociais, a complexidade que elas assumem, que terão efeito tanto nas diferenças culturais como nas linguísticas. Por outro lado, é importante destacar que os imigrantes que habitavam o Recife, em 1961, compunham cerca de 60% da população. Destes, 73% provinham das regiões mais próximas e mais populosas (44,8% da zona da mata, produtora de cana-de-açúcar, e 29% do agreste, onde prevalece o sistema gado-policultura).[3]

URBANIZAÇÃO, MIGRAÇÃO E PADRONIZAÇÃO LINGUÍSTICA

A padronização linguística está, de fato, associada ao crescimento das cidades, ao fenômeno da urbanização. Como um dos fatores responsáveis por ela é a mobilidade social, favorecida pela migração, essa padronização tende sempre a ocorrer em várias sociedades, como destaca Finegan (1992: 118; tradução nossa): *"o processo de padronização pode levar séculos e nunca realmente cessa para uma língua viva"*.[4] Knowles (1997: 144; tradução nossa), depois de apresentar a evolução dos números da população da região de Liverpool, na Inglaterra, entre o final do século XVIII e as primeiras décadas do século XIX, conclui:

> A evidência sugere que, até 1830 ou mais tarde, Liverpool tinha um dialeto semelhante àquele das áreas locais de Lancaster, mas que um novo dialeto urbano deve ter se desenvolvido por volta de 1840.[5]

Antes do século XVIII as pessoas falavam seus dialetos locais, mas com o crescimento das cidades começa a haver um nivelamento linguístico. O mesmo autor alude também à expansão da variedade da fala urbana a outras áreas, num nítido processo de metropolização (*conurbation*),[6] em que um centro expande a sua influência sobre as cidades próximas, exercendo também influência linguística. Aos poucos, com as mudanças sociais e tecnológicas, a variedade de Londres se estende ao resto do país:

Mudança social e tecnológica tornaram inevitável que a fala de muitos (mas não de todos) falantes de inglês se modificasse na direção do inglês de Londres. Melhorias nos métodos de transporte com as modernas rodovias, rios no interior e canais criaram uma rede de comunicação para a cidade centrada em Londres. Isso permitiu que novas formas de falar se espalhassem de Londres ao resto do país. (Knowles, 1997: 128-9; tradução nossa)[7]

INTERVENÇÃO LINGUÍSTICA

É, pois, no contexto histórico descrito, que são identificadas ações que refletem a intervenção linguística do Estado brasileiro, isto é, como, de forma planejada, algumas iniciativas têm em mira uma resposta para a realidade brasileira, face à variação linguística e o papel da língua escrita. Essa intervenção se dá em três aspectos: na política linguística, nos estudos dialetológicos e na alfabetização. No fundo, tanto os estudos dialetológicos quanto a alfabetização são parte de uma política linguística.

Política linguística

Por política linguística (Garmadi, 1983; Arnoux e Bein, 2010) entendo o desenvolvimento de ações que visam interferir diretamente sobre a língua e sobre o pensamento a respeito da língua na sociedade. Por isso, incluí aqui o Primeiro Congresso Brasileiro da Língua Falada no Teatro (referido por Houaiss, 1960), o Primeiro Congresso Brasileiro de Etnografia e Dialetologia e a criação da Nomenclatura Gramatical Brasileira (NGB).[8]

As políticas de planificação linguística nem sempre ocorrem de forma projetada ou intencionalmente concebidas pelos governos. Muitas vezes, elas se dão por interesses de certos grupos ou de certas organizações que buscam influir no destino das línguas ou variedades de uma língua numa certa comunidade. Houaiss (1960: 72) destaca até fatores externos que estariam contribuindo para isso:

> Nas condições objetivas do Brasil contemporâneo, o rádio, o cinema, a televisão, o avião vão sendo fatores de precipitação de nossa unificação linguística. As referências dialetais de algumas décadas atrás já não são, muitas vezes, confirmadas pela observação hodierna, o que reflete bem o quanto se acelera aquela unificação.

PRIMEIRO CONGRESSO BRASILEIRO DE LÍNGUA FALADA NO TEATRO DE 1956

Realizado na cidade Salvador (Bahia) em 1956, esse Congresso tinha a intenção de identificar as normas relativas à pronúncia que deveriam ser seguidas

Urbanização e intervenção linguística no Brasil (1950-1960)

no teatro, proscrevendo-se certos traços das pronúncias regionais considerados muito rústicos e regionalismos muito restritos a certas áreas, principalmente quando não condiziam com a tradição fônica da língua. A intenção dos organizadores era a preparação do vocabulário ortoépico da língua portuguesa para estabelecer um padrão de pronúncia a ser adotado em todas as partes do país. Essa preocupação com a uniformização linguística no Brasil na década de 1950 é atestada pelo trabalho de Houaiss (1960: 9):[9]

> Deverá realizar-se, de 5 a 11 de setembro do corrente ano, em Salvador, no quadro das comemorações do decenário da Universidade da Bahia, o Primeiro Congresso Brasileiro de Língua Falada no Teatro – ao qual devemos todos aspirar o melhor sucesso, pelo simples fato de que seus resultados poderão ter projeções consideráveis sobre a relativa estabilidade e generalidade com que se apresenta no território nacional nossa língua comum e nacional – o português.

Nota-se a preocupação dos organizadores do evento e do autor do ensaio com a estabilidade da língua comum e nacional. Mais do que isso, o que se queria era uma padronização da língua falada no teatro para ajudar a unificar a língua culta do país, como se lê em outra passagem:

> Parecerá, no particular, um truísmo afirmar que o objetivo mínimo deverá ser o de sancionar, com sua autoridade coletiva, as bases de nossa fonologia culta, para que todos os atores – e com eles os diretores e professores de dicção – possam eliminar, espontânea e progressivamente, as diferenças de pronúncia dialectal que, por vezes, muitas vezes, enfeiam – por sua assimetria – as representações da cena teatral brasileira. (Houaiss, 1960: 10)

A partir desse congresso, preparava-se um outro sobre Dialetologia e Etnografia brasileiras. O objetivo dessa reunião seria identificar elementos para a normalização, a padronização, com a correção das pronúncias. Em resumo, estava em curso uma política linguística que visava, claramente, promover a língua culta numa situação histórica em que as variedades regionais iam se tornando visíveis nos espaços urbanos.

PRIMEIRO CONGRESSO BRASILEIRO DE ETNOGRAFIA E DIALETOLOGIA DE 1958

Por fim, um marco fundamental para os estudos dialetológicos brasileiros foi o Primeiro Congresso Brasileiro de Etnografia e Dialetologia em 1958. Já se fazia sentir a necessidade de se conhecerem aspectos da cultura da língua portuguesa no Brasil através de ações organizadas e mais cientificamente

113

preparadas. É mais uma evidência de que a migração para as grandes cidades estava expondo a complexidade linguística brasileira. Esse congresso serve para estimular os estudos e descobrir a realidade linguística do país.

A criação da NGB em 1959

O processo de simplificação da nomenclatura fazia parte da política linguística, com o objetivo claro de promover o ensino de uma língua de prestígio inspirada na língua escrita. A criação da Nomenclatura Gramatical Brasileira (NGB) representa um passo importante na uniformização das classificações dos diversos aspectos da gramática com interesse pedagógico e uma forma de intervenção do governo para tornar o ensino da gramática mais coerente e para facilitar o ensino da língua. O objetivo, depois de um trabalho de comissão, formada por filólogos e linguistas de todo o país, era recomendar essa nomenclatura no ensino programático e nos exames de língua portuguesa a partir de 1959 e abrangia a fonética, a morfologia e a sintaxe. A partir daí as gramáticas passaram a adotar essa nomenclatura.

Os estudos dialetológicos

Uma prova evidente do impacto das variedades de migrantes rurais nas cidades brasileiras do período é o interesse que os estudos dialetológicos passam a ter no Brasil no período investigado. Isso contribui para um estudo mais científico e mais completo dessas variedades. Como escreve Brandão (1991: 50):

> A segunda metade da década de 50, em especial o período que se estende de 1957 a 1959, é, sem dúvida, do mais alto significado na história da dialectologia brasileira.

É possível dizer que é a partir da realidade urbana que se redescobre o rural. Nesse sentido, podem-se notar três movimentos na história da pesquisa das variedades linguísticas no Brasil. Em primeiro lugar, desde o século XIX, a preocupação de linguistas e filólogos brasileiros é ora com o dialeto brasileiro, ora com a noção de língua nacional, da parte dos mais nacionalistas. No segundo momento, surge a necessidade de se caracterizarem certas variedades regionais com os atlas. Por fim, surge o interesse pela fala urbana, revelando mais claramente o reflexo da urbanização da sociedade brasileira e seus efeitos linguísticos.

O conhecimento produzido pelos trabalhos de campo tem como objetivo fornecer elementos para uma intervenção linguística do Estado brasileiro na vida da comunidade. Embora se possa pensar que o levantamento de dados linguísticos das comunidades sirva apenas para se conhecer melhor a realidade, na verdade é de posse dessas informações que se pode distinguir mais claramente o que pertence ao rural, ao urbano ou o que pode estar se constituindo como suburbano do ponto de vista das variedades.

A ELABORAÇÃO DE ATLAS LINGUÍSTICOS (1963)

A partir do empenho de Serafim da Silva Neto, sobretudo com o livro *Introdução ao estudo da língua portuguesa no Brasil* (Silva Neto, 1976), começa a cultivar-se uma nova mentalidade sobre os estudos do português do Brasil. Em 1950, Silva Neto propõe que seja elaborado um atlas linguístico-etnográfico brasileiro, *"porque poderia mostrar-nos as zonas de maior influência extra-portuguesa e dar-nos-ia, em cada mapa, uma visão esquematizada dos nossos falares"* (1976: 197). Para a coleta de dados, o autor propunha temas relativos às áreas: ecologia, passado, economia, sociedade e cultura. Além disso, propunha o uso do método *Wörter und Sachen* (palavras e coisas)[10] com o auxílio de ilustrações, figuras, desenhos, fotografias, como se lê em Boléo (1942: 16):

> Tratando-se de objectos ou trajes característicos de uma localidade e que sejam mal conhecidos, seria óptimo que viessem acompanhados, quando possível, de desenhos ou fotografias tiradas de propósito. (Ver alguns desenhos no questionário)

É durante a década de 1950 que surge o primeiro trabalho de campo para levantamento de dados linguísticos na Bahia. Foi, assim, o prof. Nelson Rossi o primeiro a realizar esse tipo de trabalho, com o *Atlas prévio dos falares baianos* (1963); depois o *Atlas linguístico de Sergipe*, iniciado em 1963; e o esboço de um *Atlas linguístico de Minas Gerais*, proposto em 1969. Como os atlas são trabalhos que levam muito tempo, outros só iriam aparecer nas décadas seguintes.

PROJETO DA NORMA URBANA CULTA (NURC) (1968)

O Projeto da Norma Culta (Nurc) foi um passo à frente nos estudos dialetológicos brasileiros. A partir daí a língua das grandes capitais brasileiras mais antigas e com mais de um milhão de habitantes passa a fazer parte das pesquisas linguísticas no Brasil. Esse projeto surge por influência de um outro projeto maior de cidades íbero-americanas (Proyecto de Estudio Coordinado de la Norma Lingüística Oral Culta de las Principales Ciudades de Iberoamérica y de la Península Ibérica).

O projeto Nurc (1968) tinha como objetivo identificar as características da língua portuguesa falada por pessoas com nível universitário. Uma das exigências era que os falantes tivessem nascido na cidade, e isso era um reflexo da consciência a respeito da presença de migrantes rurais nas grandes cidades brasileiras. Se nos anos 1950 tinha se desenvolvido o estudo das variedades rurais, no final dos anos 1960 era necessário saber as características do português urbano, porque já se tinha a impressão de que essa variedade não correspondia ao que estava estabelecido nas gramáticas escolares.

O Projeto Nurc completou 50 anos em 2019 (Oliveira Jr. (Org.), 2019).

ALFABETIZAÇÃO DE ADULTOS (1962-1964)

Dentro dos planos nacionais reformistas, na área educacional, o governo lançou a Mobilização Nacional contra o Analfabetismo (1962) e o Plano Nacional de Alfabetização (1964). Em 1963, 77 movimentos culturais e de alfabetização participaram do I Encontro Nacional de Alfabetização no Recife.

Considero a alfabetização parte do processo de padronização linguística e essa iniciativa da sociedade representa uma intervenção, tal como o estabelecimento da variedade padrão:

> Línguas-padrão são o resultado de uma intervenção direta e deliberada pela sociedade. A intervenção, chamada de "padronização", produz uma língua-padrão onde antes havia apenas "dialetos" (i.e., variedades não padrão). (Hudson, 1983: 32; tradução nossa)[11]

A situação discutida aponta para o caso de, numa comunidade, haver uma língua única, cujas variedades orais são utilizadas pela população. Resta a aprendizagem da leitura e da escrita. À medida que os falantes de variedades rurais vão sendo alfabetizados, a referência para a língua falada passa a ser a língua escrita, o que assim leva ao desaparecimento de muitas características dessas variedades orais, através do nivelamento linguístico. Mas a incorporação de novos falantes à(s) variedade(s) urbana(s) vai representar uma nova complexidade linguística. Indivíduos que passam a desfrutar dos usos que a escrita permite enriquecem essas variedades, quando a elas se incorporam pelo acesso à leitura/escrita, trazendo novos componentes, seja de entonação, de fonética ou de léxico. O papel da alfabetização é, pois, o de difundir a modalidade escrita, que vai possibilitar o acesso à leitura e, consequentemente, influir na disseminação da variedade de prestígio, porque a associação entre padronização e língua escrita é evidente, como afirma Leith (1995: 33-4; tradução nossa):

> Uma vez que a fala, pela sua própria natureza, é menos adequada para ser fixada do que a escrita, o conceito de inglês padrão faz mais sentido quando nós estamos nos referindo à palavra escrita. Quando aprendemos a escrever, é o inglês padrão que aprendemos. Ademais, é bem verdade que em qualquer lugar se aprende inglês na escola e o padrão escrito é muito parecido em toda parte do mundo onde o inglês é conhecido e usado.[12]

Nesse contexto histórico brasileiro, surgem várias ações do poder local para atender à população de migrantes. Em 1961, a partir de pesquisas sobre a situação dos mocambos, surgiu a proposta de que *"o tratamento adequado para as favelas era a urbanização delas não a sua demolição"* (Sousa, 2003: 79). E surge nesse momento o primeiro grande programa de alfabetização de adultos na cidade do Recife. A identificação do movimento de alfabetização dos anos 1950/1960 com a urbanização é estabelecida por Freire (1987), não de forma tão explícita, mas dentro do contexto histórico, quando o autor interpreta historicamente o papel da educação no capítulo "A sociedade brasileira em transição" da obra *Educação como prática da liberdade*:

> Mas, foi exatamente neste século, na década de 20 a 30, após a Primeira Grande Guerra, e mais enfaticamente depois da Segunda, que o nosso surto de industrialização, em certo sentido desordenado, recebeu o seu grande impulso. E, com ele, o desenvolvimento crescente da urbanização que, diga-se de passagem, nem sempre vem revelando o desenvolvimento industrial e crescimento, em todas as áreas mais fortemente urbanizadas do país. Dão o surgimento de certos centros urbanos que, na expressão de um sociólogo, revelam mais "inchação" que desenvolvimento. (Freire, 1967: 83)

O *Livro de leitura para adultos* do Movimento de Cultura Popular do Recife (MCP)

Dentro da efervescência cultural do período surge o Movimento de Cultura Popular (MCP), na cidade do Recife, que publica o *Livro de leitura para adultos* (Godoy e Coelho, 1962) e enquadra-se, portanto, no processo de intervenção aqui discutido. Doravante ele será referido como LLA.

Um aspecto importante da exploração do livro das cartilhas era o *léxico*. O LLA serve de pista para se entender a vida da população e os problemas relacionados com a situação social. O léxico, dessa forma, revela a visão de mundo e da cultura. Como o MCP procurava associar temas importantes para a vida cotidiana e a mudança da situação, algumas palavras usadas para a elaboração de atividades estão relacionadas com o movimento migratório e a situação das habitações urbanas. A seguir, cito o léxico e os enunciados constantes do LLA:

casa / mocambo (LLA, lição 11)
Recife / alagado (LLA, lição 17)

A partir do léxico proposto, observar que, no exercício adiante, há uma mais clara alusão à situação da população:

leia e copie:
1. O Recife tem muito alagado (LLA, lição 24)
2. O povo sem casa vive no mocambo (LLA, lição 24)

Nos itens lexicais a seguir, há, novamente, uma clara referência à situação do emigrado e às condições de intervenção do Estado na sua situação de analfabetismo:

escola / operário / livro (LLA, lição 24)
sertanejo / chuva / sol (LLA, lição 34)

Todo esse léxico indica a figura do emigrado (sertanejo) e as condições climáticas responsáveis pela migração (sol e busca de chuva).

No par que segue, lemos palavras que indicam, respectivamente, o nome das áreas inadequadas para a ocupação humana e o da máquina que procura secar os mangues para a construção de casas:

mangue / draga (LLA, lição 41)

Os enunciados seguintes apontam para a situação geográfica da cidade do Recife e indicam a ocupação dos mangues pela população mais pobre:

A cidade do Recife é cheia de mangue. (LLA, lição 41)
Muitos moram nos mangues, pois não podem pagar aluguel. (LLA, lição 43)

Nos dois pares adiante, o léxico dá conta da situação dos emigrados das áreas de plantação de cana-de-açúcar:

Açúcar / Pernambuco (LLA, lição 46)
Engenho / enxada (LLA, lição 46)

E na pergunta há explícita alusão ao êxodo rural e à migração campo-cidade:

– *O lavrador está fugindo do campo?* (*LLA*, lição 48)

Novas palavras reforçam a nossa tese e explicitam ainda mais a causa do êxodo rural e da migração:

Flagelado / progresso (*LLA*, lição 52)

E no diálogo se alude ao êxodo rural:

– *O progresso já chegou ao campo?*
– *Não, e esta é a causa da fuga do camponês.*
Por causa disto ele deixa de ser um camponês e torna-se um flagelado.
(*LLA*, lição 52)

Com essa breve análise, vê-se que, obedecendo à filosofia do movimento, o livro traduz a realidade dos adultos e da população migrante e deixa claro que esse instrumento de intervenção linguística reflete a situação urbana, em que o acesso à leitura e à escrita estava ocorrendo.

Em resumo, deve-se compreender a referência que o *LLA* do MCP faz ao "ensino da gramática e da língua". Ensinar ao povo a variedade escrita vai possibilitar o acesso e o uso mais consciente das estruturas gramaticais. Parece que os promotores desse movimento não percebiam muito claramente como se inseriam nessa atuação linguística, mas atuavam nessa direção.

O MÉTODO PAULO FREIRE

A partir do final dos anos 1950, na cidade do Recife, o educador Paulo Freire começa a pesquisar uma metodologia para a alfabetização de adultos. No início dos anos 1960, o autor apresenta uma proposta, rotulada de *Método Paulo Freire*, que leva em consideração a realidade cultural dos indivíduos a serem alfabetizados. Em seguida, a proposta é levada ao país inteiro com o governo de João Goulart.

Curiosamente, percebe-se que, tal como ocorrera a partir dos anos 1950, Paulo Freire incorpora a metodologia da pesquisa dos atlas linguísticos, que se estavam elaborando no país. Como seu objetivo era mais amplo ou muito mais antropológico, ele dá muita atenção ao diálogo, mas considera diferentes aspectos da língua, que basicamente coincidem com aqueles do trabalho de campo dialetológico. Para explicitar melhor a semelhança com o trabalho dos dialetólogos (sobretudo o "palavras e coisas", cf. Silva Neto, 1976), cito aqui a codificação do material a ser utilizado no processo de alfabetização: *"Elaborado o programa, com a temática já reduzida e codificada, confecciona-se o material didático. Fotografias, slides, films-trips, cartazes, textos de leitura, etc."* (Freire, 1987: 67).[13] Esse processo seguia algumas diretrizes gerais, como: a) levantamento de léxico e gramática; b) levantamento do aspecto pragmático desse léxico; c) o papel do diálogo na passagem do oral para a escrita. Vejamos mais de perto essas diretrizes.

a) O levantamento de aspectos da língua e da cultura (léxico e gramática)

Um aspecto importante da urbanização de variedades rurais que precisava ser considerado era o conhecimento do léxico para facilitar o acesso às técnicas de leitura e escrita. As variedades regionais têm no léxico uma das expressões mais claras de sua identidade. Freire propunha um levantamento do universo vocabular dos analfabetos para daí selecionar os itens lexicais mais adequados e explicita como se dá o levantamento do universo vocabular (Freire, 1967: 111):

b) Levantamento do universo vocabular dos grupos com que se trabalhará.

> Este levantamento é feito através de encontros informais com os moradores da área a ser atingida, e em que não só se fixam os vocábulos mais carregados de sentido existencial e, por isso, de maior conteúdo emocional, mas também os falares típicos do povo. Suas expressões particulares, vocábulos ligados à experiência dos grupos, de que a profissional é parte. (1967: 111)

O levantamento do universo vocabular não só é o caminho mais fácil para o trabalho posterior de separação das sílabas, mas também revela a concepção filosófica do método, ou seja: *"o teor pragmático da palavra, que implica numa maior pluralidade de engajamento da palavra numa dada realidade social, cultural, política, etc."* (Freire, 1967: 113). Essa visão do vocabulário com "teor pragmático" reflete a concepção da relação língua/meio ambiente já discutida por Sapir e Mandelbaum (1985: 90-1; tradução nossa):[14]

> É o vocabulário de uma língua que mais claramente reflete o contexto psicológico e social dos falantes. O vocabulário completo de uma língua pode ser visto, de fato, como inventário complexo de todas as ideias, interesses e ocupações que atraem a atenção da comunidade, e se estivesse esse tesouro completo da língua de uma dada tribo a nossa disposição, nós poderíamos, em larga medida, inferir a natureza do contexto físico e as características da cultura do povo que faz uso dele.[15]

Diferentemente das cartilhas de alfabetização disponíveis à época, o léxico não é mero objeto de observação fonética, mas deve representar a manifestação da cultura da comunidade e ter um sentido mais profundo para os alfabetizandos. Somente ante essa condição, as palavras são separadas em partes para se realizar o trabalho de alfabetização. Nota-se que a cartilha/livro do MCP também levava essa pressuposição em consideração. Mas Paulo Freire descrê das cartilhas e usa técnicas de codificação com materiais ilustrados e dá ênfase ao diálogo, como mostrei.

Tanto o livro do MCP quanto o Método Paulo Freire dão ao vocabulário importância capital para o desenvolvimento das atividades de alfabetização. Para o MCP não há discussão sobre essa importância. É como se houvesse um consenso de que o léxico desempenha papel importante, porque é a partir das palavras que se trabalham os sons e sua representação. Por outro lado, no Método Paulo Freire, há uma discussão sobre a importância não só do léxico, mas também de outros aspectos da língua, que devem ser registrados pelos alfabetizadores.

c) O diálogo como condição para a passagem da cultura oral à escrita

A urbanização favoreceu a possibilidade do encontro de imigrantes e novos espaços de interação social são fundados com a ampliação da rede urbana de interação e de conflito social. Os agentes do trabalho com a alfabetização levam em consideração essa nova situação e partem dessa realidade para considerar a interação como fator fundamental no acesso à escrita. Não é demais dizer que, do ponto de vista linguístico, o diálogo vai mediar as relações entre homens e mulheres desta cidade em transformação. Ele, então, vai ser o eixo central do trabalho de alfabetização posto em funcionamento pelo poder local. Por outro lado, como Freire (1967; 1987) vê o trabalho da alfabetização como libertação e capaz de interferir na transformação da sociedade de uma situação de dependência para uma outra de autonomia, o diálogo é visto como instrumento importante para estabelecer relações de amor e respeito, como provam suas palavras: *"Se não amo o mundo, se não amo a vida, se não amo os homens, não me é possível o diálogo"* (Freire, 1987: 45), como forma de se promover a construção de um saber crítico sobre o mundo. O autor assim define o diálogo: *"O diálogo é este encontro dos homens, mediatizados pelo mundo, para pronunciá-lo"* (1987: 45). E acrescenta: *"Esta é a razão por que não é possível o diálogo entre os que querem a pronúncia do mundo e os que não a querem"* (1987: 45).

O papel do diálogo, da conversa na transformação da realidade, é também destacado por Berger e Luckmann (1973: 202):

O veículo mais importante da conservação da realidade é a conversa. Pode-se considerar a vida cotidiana do indivíduo em termos de funcionamento de um aparelho de conversa, que continuamente mantém, modifica e reconstrói sua realidade subjetiva.

Além disso, ainda segundo os autores: *"Ao mesmo tempo que o aparelho de conversa mantém continuamente a realidade, também continuamente a modifica"* (Berger e Luckmann, 1973: 203).

Com isso, vê-se que a intervenção linguística, através do programa de alfabetização aqui discutido, revela uma tomada de consciência sobre o português urbano, a padronização de variedades rurais e a condução de falantes ao domínio da escrita. Afora essa preocupação com os aspectos linguísticos, há um interesse na transformação da sociedade brasileira, que implicava uma ação político-ideológica dos agentes envolvidos.

CONSIDERAÇÕES FINAIS

Este capítulo pretendeu investigar por um ângulo novo temas deixados de lado pelos estudos atuais. No fundo, ele procurou associar política linguística com urbanização. A motivação de tudo que se discutiu aqui é fruto de um momento histórico, em que as ideias de industrialização, desenvolvimento, nacionalismo e urbanização se conjugavam. A reflexão de como a língua e as ideias sobre ela se apresentavam nesse contexto procurou revelar um aspecto até então despercebido dessa relação entre contexto histórico urbano e intervenção linguística dos poderes local e nacional.

NOTAS

[1] Para 1930 não houve registro de número de habitantes.

[2] Ver Melo, 1978: 120.

[3] Ver Melo, 1978.

[4] "The process of standardization can take centuries and never really ceases for a living language."

[5] "The evidence suggests that, until 1830 or later, Liverpool had a dialect similar to that of local areas of Lancaster, but that a new urban dialect must have developed from about the 1840s."

[6] No Brasil, o fenômeno de *"cornubation"* pode ter alcançado São Paulo ainda nos anos 1960, mas no Recife isso só pode ter acontecido a partir dos anos 1970. Não há aparentemente pesquisa que correlacione a linguagem com esse fenômeno no país.

[7] "Social and technological change made it inevitable that the speech of many (but not all) English speakers would be modified in the direction of London English. Improved methods of transport by the new turnpike roads, by inland waterways and canals created for the town a net of communication centred on London. This enabled new fashionable forms of speech to spread from London to the rest of the country."

[8] O autor não teve acesso aos anais dos dois congressos. O de Língua Falada no Teatro foi citado por Houaiss (1960). O de Etnografia e Dialetologia foi referido por Brandão (1991). A NGB foi publicada por Luft (1976).

[9] O ensaio de Antonio Houaiss foi escrito em 1956, mas somente publicado em 1960.

[10] Trata-se de uma corrente da Geografia Linguística "fundada pelo indo-europeísta Meringer e por Schuhardt; teve como órgão de ação a revista *Wörter und Sachen*, iniciada por eles (com outros, como Meyer-Lübke) em 1909 e ainda hoje em curso de publicação" (Miazzi, 1975: 63). Investiga o verdadeiro sentido das palavras, ancorado na sua história ao invés de em seu étimo.

[11] "Standard languages are a result of a direct and deliberate intervention by society. The intervention, called 'standardisation', produces a standard language where before they were just 'dialects' (i.e. non-standard varieties)."

[12] "Since speech, by its very nature, is less amenable to being fixed than writing, the concept of standard English makes most sense when we are referring to the written word. When we are taught to write, it is standard English that we are taught. Moreover, it is largely true wherever English is learned in school; and the written standard is much the same in every part of the world where English is known and used."

[13] É aqui que há uma relação com o método *Wörter und Sachen* da Dialetologia, embora, claro, com diferenças. Em Brandão (1981) vê-se a reprodução de uma situação codificada sob forma de um desenho, em que se pergunta aos alfabetizandos quem fez um determinado poço, por que o fez, como o fez. Na Dialetologia, as figuras servem para elicitar os nomes dos objetos de forma espontânea.

[14] O artigo foi publicado pela primeira vez na revista *American Anthropologist*, 114 (1912: 226-42). Mas foi reproduzido por Sapir e Manbelbaum (1985).

[15] "It is the vocabulary of a language that most clearly reflects the psychological and social environment of its speakers. The complete vocabulary of a language may indeed be looked upon as complex inventory of all the ideas, interests, and occupations that take up the attention of the community, and were such a complete thesaurus of the language of a given tribe at our disposal, we might to a large extent infer the character of the physical environment and the characteristics of the culture of the people making use of it."

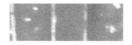

SÓCIO-HISTÓRIA DO PORTUGUÊS PAULISTA NOS SÉCULOS XVI E XVII: A PRESENÇA DE JUDEUS NA COLONIZAÇÃO DE SÃO PAULO

Célia Maria Moraes de Castilho

SUMÁRIO

APRESENTAÇÃO 126
PORTUGUÊS EUROPEU QUATROCENTISTA:
O "LATIM VULGAR" DO PB DE SÃO PAULO 126
    Construções de tópico 128
        CT sujeito 129
        CT objeto direto 130
        CT objeto indireto 130
        CT complemento oblíquo 130
        CT adjunto nominal e adverbial locativo 130
    Redobramento sintático:
    clíticos e possessivos duplicados 131
        Clítico acusativo 131
        Clítico dativo 131
        Clítico locativo 131
        Possessivo 131
SÓCIO-HISTÓRIA DO PB PAULISTA:
JUDEUS NA COLONIZAÇÃO DE SÃO PAULO 132
CONTATOS LINGUÍSTICOS DURANTE
A IMPLANTAÇÃO DO PORTUGUÊS EM SÃO PAULO:
A GRAMÁTICA DE MANUEL DE SOVERAL 138
    Os pronomes 140
        Escassez de pronomes redobrados 140
        Predominância de clíticos proclíticos 142
        Uso do possessivo *dele* 144
    Tratamento do sujeito 145
        Sujeito nulo 145
        Sujeito preenchido 146
    As sentenças relativas 146
        Predominância da relativa padrão 146
        Relativas copiadoras 147
CONSIDERAÇÕES FINAIS 148
ANEXOS 149

APRESENTAÇÃO

Os seguintes tópicos serão desenvolvidos neste capítulo: (1) o português europeu quatrocentista: o "latim vulgar" do português brasileiro (PB) de São Paulo, (2) sócio-história do português caipira, focalizando a presença dos judeus no povoamento de São Paulo e de Santana do Parnaíba e (3) a gramática do cristão novo Manuel de Soveral.

PORTUGUÊS EUROPEU QUATROCENTISTA: O "LATIM VULGAR" DO PB DE SÃO PAULO

Desde que Kato e Tarallo (1988) lançaram seu grande projeto de história do português brasileiro (PB), os seguintes traços distintivos, entre outros, foram identificados nessa variedade, por contraste com o português europeu (PE): (i) alteração do quadro dos pronomes pessoais, com a perda progressiva dos clíticos, tendência ao procliticismo quando eles eram retidos; (ii) surgimento de *dele* como pronome possessivo; (iii) tratamento da categoria vazia: tendência a omitir o objeto direto e a preencher o lugar do sujeito; (iv) surgimento das relativas cortadoras e copiadoras: Roberts e Kato (2018). Na ocasião, as principais mudanças foram datadas do século XIX em diante. Para novas pesquisas a respeito dessa agenda, na perspectiva gerativista, ver Roberts (2009), Kato (2009), Ribeiro (2009), Modesto (2009), Cyrino e Torres Morais (Coords., 2018).

Em hipótese que lancei em Moraes de Castilho (2001), assumi que a base do português brasileiro paulista (PBSP) é o português europeu quatrocentista (PE400). Para comprovar essa hipótese, observei o comportamento de três estruturas sintáticas, que afastam o PB do PE atuais: (i) as construções de tópico, (ii) o redobramento sintático: clíticos e possessivos duplicados, (iii) a concordância no português médio: Moraes de Castilho (2001; 2009a, b, c; 2011; 2013).

Confrontados com textos do século XVI, os do PE400 se mostram mais heterogêneos, aparentemente mais aproximados da língua falada. Mais importante que isso é que eles coincidem em mais de um ponto com os do PB contemporâneo, o que permitiu construir a hipótese citada.

Pesquisas sobre o PE400 reapareceram numa tese de Esperança Cardeira (2005), orientada por Ivo Castro. A autora mostra que de 1450 a 1540 caracterizou-se em Portugal o *português médio*, que se distinguiu fortemente dos períodos anterior e sequente e, dadas as seguintes características (ver também Castro, 2012; 2013: 149-184):

- Encontros vocálicos: a sequência -*eo*, -*ea*.
- Sequências nasalizadas em contexto final (convergência em -*ão*).
- Síncope de -*d*- no morfema número-pessoal.
- Particípios em -*udo*/-*ido*.
- Plural dos lexemas de singular em -*l*.
- Sistema de possessivos.

Essa pesquisadora demonstrou que a gramática do português desse período representa uma crise profunda que abalou a língua, crise essa a que se correlacionaram duas outras: a peste, que matou as pessoas que saíam à rua, de que resultou o extermínio dos pais e a sobrevivência dos avós e de seus netos, afetando o processo de aquisição da linguagem, e o surgimento dos Avises, nova dinastia que substituiu os Borgonha e revolucionou a língua literária, através dos escritos da "ínclita geração", os filhos de D. João I e D. Felipa de Lencastre. Seria interessante agregar temas de sintaxe às pesquisas de Cardeira (2005), somando-se aos de fonologia e de morfologia, por ela estudados.

As perspectivas assim abertas foram retomadas por ocasião do X Seminário do Projeto de História do Português Paulista, sob a coordenação do prof. Dr. Ivo Castro, da Universidade de Lisboa, realizado na Universidade de São Paulo, de 3 a 7 de agosto de 2009 (Castro, 2012).

Subtitulado *Vésperas Brasilianas*, o seminário foi dedicado à exploração do estado da língua na segunda metade do século XV e início do XVI, através do exame minucioso de textos da época. O objetivo maior era chamar a atenção dos pesquisadores brasileiros para o "português médio", assim denominado por se situar entre o português arcaico e o português clássico. O português médio foi trazido ao Brasil pelos primeiros colonizadores:

> Essa [o português médio] é a língua que, com os Descobrimentos, será transportada para fora da Europa, a começar pelas ilhas atlânticas e a terminar no Brasil [...]. (Raposo et al., 2013, v. 1: 12)

Ao final do seminário, decidiu-se constituir um grupo de trabalho no interior do Projeto Caipira, designação da equipe paulista do Projeto para a História do Português Brasileiro, para o exame de questões sintáticas do português médio, com fundamento em documentos escritos em Portugal, de 1450 a 1550, e no Brasil, de 1500 a 1550. Esse grupo foi coordenado pelas profas. dras. Verena Kewitz e Maria Clara da Paixão, ambas da USP. Juntamente com outros colegas, integrei esse grupo.

A manutenção de traços do PE400 no PBSP é uma hipótese tentadora, por mais de uma evidência:

i. A região de povoamento paulista sempre ficou à margem das inovações ocorridas na metrópole; o português aí falado se arcaizou. São Vicente foi fundada com o propósito de ser o ponto estratégico para se atingir as minas de ouro e prata do Paraguai e da Bolívia. Como isso não deu certo, a região foi deixada de lado pela metrópole. A saída foi voltar-se para o comércio interno e mesclar-se com os índios, por uma questão de sobrevivência.

ii. Em contraste com isso, as regiões de Salvador e do Recife foram povoadas com o intuito de se produzir açúcar, visando ao mercado externo. Tal decisão deu certo, o que garantiu o afluxo de gente nova, com o que o português aí falado sempre se atualizou, mantendo-se mais próximo do da metrópole.

iii. O português da região do Rio de Janeiro caracterizou-se pelas mesmas propriedades das de Salvador e de Recife. Ele deve ter sido o que mais inovações recebeu dentre todas as demais, pois a cidade foi fundada com o propósito de ser um ponto militar estratégico, com acentuada movimentação de pessoas. Essa tendência se aprofundou, mais tarde, com a chegada da corte portuguesa.

Para verificar a hipótese segundo a qual o PB guarda mais de uma relação com o PE400, concentrei minha atenção no fenômeno da duplicação sintática, fenômeno românico que deve ascender ao latim vulgar, e que analisei em Moraes de Castilho (2013).

Entendo por duplicação sintática a ocorrência de uma estrutura X seguida de uma estrutura Y, tal que X e Y sejam correferenciais. A correferência expressa-se ou por *anáfora cheia, lexicalizada*, ou por *anáfora vazia*.

A extensão e complexidade das estruturas X e Y é variável, pois a duplicação pode ocorrer no interior da sentença ou pode envolver mais de uma sentença, no caso bem conhecido das correlatas (Modolo, 2004). Na transcrição dos exemplos, o primeiro e o segundo termos da duplicação vêm sublinhados, selecionando-se apenas o núcleo da unidade sintática. Em meus exemplos, a anáfora vazia vem assinalada por [e]. Trechos irrelevantes são omitidos e marcados por [...].

Passo a examinar as seguintes duplicações intrassentenciais do PE400, em suas relações com o PB: (1) construções de tópico, (2) clíticos duplicados, sejam clíticos pessoais, sejam clíticos locativos, (3) pronome possessivo duplicado.

Construções de tópico

As construções de tópico (CTs) são constituintes movidos para a esquerda da sentença, sendo retomadas ou não em seu interior por alguma classe sintática ou por um zero. O movimento para a direita também ocorre, embora com frequência menor, dando origem à construção de antitópico.

As CTs são muito frequentes no PB, variedade em que foram exaustivamente examinadas por Braga (1986), Pontes (1987), entre outros autores. Estudos diacrônicos da CT aparecem em Decat (1989) e Seabra (1994). Tais construções podem funcionar como sujeito, objeto direto, objeto indireto, complemento oblíquo e adjunto. O PE também conhece as CTs, conforme Duarte (2013: 401-21).

Seguem-se alguns exemplos de CTs documentadas no PE400; para um tratamento mais extenso, ver Moraes de Castilho (2001).

CT SUJEITO

CT Sujeito com retomada

(1)   [CGE2 17: 15] *Mas o grãde **Hercolles** que foy o terceiro, o qual fez muitos e grandes e famosos feytos dos quais todo o mundo fallou, **este** foy muy grãde [...]*

(2)   [CGE2 123: 10] *E **Petreo**, que fora mais untador daquela batalha, **esse** estava ja mas manso.*

(3)   [VPA1] *E **Sam Pedro e Santiago e Sam Joam** depois que Jesu Cristo sobio aos Ceos, [...] non quiseron **eles** filhar pera si a honra do adeantamento [...]*

(4)   [CDP 208: 21] *E disse estonde **el-rrei dom Pedro** que porquanto este rrecebimento [...] que porém el, por desencarregar [...] que **el** dava de ssi fe e testimunho de verdade que assi se passara de feito como avia dito.*

Por vezes, a CT sujeito implica a retomada apenas do especificador, como em:

(5)   [LM 86: 5] *ca **todollos caães** que igualmente som grandes, **todos** som mais ardidos que os pequenos.*

(6)   [LM 14: 18] *ca **este joguo de justar**, se os homães darmas compre bem caualgar, **este** os faz ser bõos caualgantes.*

CT Sujeito sem retomada

(7)   [VS 16: 21] *E **ella** quando esto ouvio, [e] começou de chorar e cayolhe pees.*

(8)   [LM 78: 8] *ca sabudo he a todollos monteiros que **os sabuios** que uam soltos, que [e] nunca bem correm.*

CT OBJETO DIRETO

(9) [SG 48: 7] *E **a donzela** leixarom-**na**, ca a nom podemos levar, nem o condto nom fala mais dela.*

(10) [VS 28: 15] *e eu nom conheci a el porque os olhos d'el por a grande abstinencia eram muy ecovados e **todos seos ossos e as junturas deles** qualquer homem **as** podia ver.*

(11) [VPA1 25: 30] ***seu bispado delle** receba-**o** outrem.*

(12) [CDP 97: 3] *e rrogamos-vos que **essas joyas** que ella leixou que **as** mandees dar ao dito Joham Fernandes.*

CT OBJETO INDIRETO

Ao mover-se para a esquerda, as CTs de objeto indireto frequentemente elidem a preposição, fenômeno muito frequente no PB falado contemporâneo, como demonstrou Rocha (1996):

(13) [VPA1 30: 1] *E **eles** que diziam aquesto, levantou-se Sam Pedro que stava com os outros onze apostolos e alçou a voz e falou-**lhes** assi [...].*

(14) [CGE2 14: 23] *E **todallas terras** que pobrarom, poserom-**lhe** os nomes que elles avyã.*

CT COMPLEMENTO OBLÍQUO

(15) [VPA1 64: 15] *E **dos Libertĩons** dizem – segundo o que conta Beda u diz que os libertĩos som chamados os filhos dos forros e livres – **daque-les** que forom primeiros servos e forom depois livres.*

CT ADJUNTO NOMINAL E ADVERBIAL LOCATIVO

(16) [LM 97: 2] *e **{de}estes rastros** pera se poderem conhecer cada **[e]** de qual deles he, a mister que qualquer monteiro que queira saber apra-zar, que conheça as formas e os talhos destes rastros, ou seja, "cada um destes rastros".*

(17) [LM 32: 18] *mays esta vaidade, e este pecado esta em este joguo, como he em todallas outras obras, que os homẽes fazem, ca **em todallas obras** que os homẽes fazem, **em todas** podem encorrer em bem fazer, ou em pecado, ou em cousa que nom seia bem fazer, nem pcado.*

Redobramento sintático:
clíticos e possessivos duplicados

A categoria dos clíticos duplicados engloba os clíticos acusativos (*o/a/ os/as + ele/*SN ou *a ele/a* SN), os clíticos dativos (*me + a mim, te + a ti, se+ a si, lhe+ a ele/a* SN, *nos+ a nós, vos+ a vós, lhes + a eles/a* SN) e os clíticos locativos (*hi* + SP, *en* + SP). Essas estruturas podem ser contínuas ou descontínuas no PE400.

Vejamos alguns exemplos.

CLÍTICO ACUSATIVO

(18)   [SG 325: 8] *e entom aguilharom mais de X vezes a Paramedes e matarom-lhe o cavalo e chagarom-**no a el** de muitas chagas.*

(19)   [VPA1 46: 17] *Entom Anás e Caifás **os** partirom **o ũu do outro** e preguntarom-nos todos três [...].*

CLÍTICO DATIVO

(20)   [CGE2 156: 8] *e sobr'esto pensou de lhes dar algũa terra que se **lhe a ele** nõ tornasse ẽ dampno.*

(21)   [SG52: 30] *Mas o elmo era bõo e nom **lhe** fez mal **a Galaaz**.*

CLÍTICO LOCATIVO

(22)   [HGP 107: 22] *Et por que esto seja certo et nõ veña em dulta, rroguey et mandey ao notario sub escripto que fezesse **ende delo** esta carta de testamẽto [...].*

POSSESSIVO

(23)   [CGE2 130: 10] *E Roma, que soya seer vencedor de todallas gentes, fou vençuda dos Godos e metuda so o **seu** poder **deles**.*

Em resumo, pode-se verificar que várias construções vigentes no PB contemporâneo representam continuações da sintaxe do PE400, e não criações brasileiras do século XIX.

SÓCIO-HISTÓRIA DO PB PAULISTA: JUDEUS NA COLONIZAÇÃO DE SÃO PAULO

Por volta dos séculos XII-XIII, a Europa Ocidental entrou num período crucial de sua história, expandindo a agricultura, o artesanato e o comércio. Com o aumento dos campos cultivados, há excesso de alimentos, que passam a ser trocados entre os povoados, estabelecendo-se, assim, relações comerciais fortes; as cidades crescem. Alguns países definem suas fronteiras e dispõem de uma organização política centralizada e de uma burocracia. As fronteiras nacionais de Portugal são definidas nesse período, alinhando-se entre as mais antigas da Europa.

No século XIV houve escassez de chuvas, o que levou a Europa a um período de secas e a suas consequências: fome por falta de alimentos, camponeses explorados se revoltam contra seus senhores, guerras entre os nobres, e o pior: várias epidemias como a da peste negra, que matou quase a metade da população europeia. Os campos foram despovoados, forçando as pessoas a buscar ajuda nas vilas ou cidades. Para vencer essa estagnação, era preciso voltar-se para a agricultura novamente, ativar o comércio marítimo e buscar gente para ser explorada.

Portugal passou quase incólume por esse século tumultuado, pois (i) seu território já estava quase todo unificado e a administração do reino tinha se deslocado para Lisboa, a nova capital localizada no sul; (ii) a Monarquia, depois de alguns tropeços, estava consolidada, reinando D. João I, filho bastardo de Pedro I; (iii) sendo um país marítimo, ocupava-se de viagens marítimas há algum tempo; (iv) os portugueses comerciavam com os árabes do Mediterrâneo, passando a utilizar a moeda como meio de pagamento no comércio, eliminando o escambo; (v) as técnicas de marear foram renovadas, de que resultou um tipo especial de navio, a caravela, embarcação leve e veloz (Fausto, 1995).

O século XV foi uma época de grandes expansões, de uma mudança radical de ideias e do surgimento de um mundo novo: o Renascimento e o Humanismo. Antes, Portugal dispunha, como os outros países europeus, de uma hierarquia social rígida e imutável: no topo, o rei, em seguida, os clérigos, divididos em alto e baixo clero; mais abaixo, os nobres, divididos em nobres cortesãos e nobres rurais; por último, o povo, com três níveis: burgueses, artesãos e camponeses. A sociedade era desigual, segundo Caldeira (2006) e Wehling e Wehling (1994). Importante recordar que nesse século dava-se forma à língua portuguesa que seria trazida ao Brasil.

A nova dinastia portuguesa, a Casa de Avis, tem início com a subida ao trono de D. João I (1357-1433), que se casou com D. Felipa de Lencastre, responsável pela formação da chamada Ínclita Geração. Foram trazidos os melhores mestres da Europa para educar seus filhos e a elite. Portugal entrava, assim, na era moderna.

Com essas mudanças todas veio a alteração na estrutura do poder, que se tornou centralizado em torno de um rei, auxiliado por funcionários públicos civis e militares. "*Assim, nascem os quadros administrativos, os experts e a burocracia de Estado*", conforme Lopez e Mota (2008). O absolutismo teve sua estreia.

Ainda no século XV, Portugal e Castela entraram em conflito por causa das conquistas marítimas já então feitas e aquelas ainda por fazer. Para resolver o problema, o papa propôs o Tratado de Tordesilhas, que dividia a América do Sul em duas partes, precárias e flutuantes em sua delimitação.

Portugal contou desde longa data com uma expressiva população judia. No século XVI, de uma população de 1,200 bilhão de habitantes, 200 mil eram judeus. Essa população tinha sido aumentada a partir do final do século anterior, mais propriamente em 1492, quando chegaram cerca de 120 mil judeus castelhanos, falantes do ladino, ou judesmo, expulsos de Castela. Eles ocupavam altos cargos, eram ricos e mercantilistas. Tinham um cuidado acentuado em alfabetizar seus filhos. Muitos deles vieram para o Brasil já nos primeiros passos da colonização.

Focalizando agora a questão linguística, e recuando no tempo, Vainfas (2010: 26-27) diz o seguinte, aludindo à grande diáspora de 70 d.C., quando os judeus perderam definitivamente a terra de Israel:

> Essa grande diáspora deu origem, na Europa, aos dois grandes ramos do judaísmo: os ashkenazim, dispersos pelo norte e centro do continente europeu e falantes do iídiche, uma variante do alemão, e os sefaradim, concentrados na península ibérica, falantes do ladino ou judesmo, uma variante do castelhano. *Sefarad* era o vocábulo hebraico designativo da Hispânia.

Vê-se por esse autor que, ao dispersarem-se pelo mundo, os judeus perderam o domínio do hebraico, que desapareceu completamente do uso oral, substituído por uma variedade judaica da língua envolvente.

Além do iídiche, os judeus desenvolveram várias línguas de contato: os que estavam na Itália, a variedade do judeu-italiano, de acordo com Guimarães (1997); na França, o judeu-francês; na península ibérica, o judeu-catalão, o judeu-galego, o judeu-castelhano e o judeu-português, coletivamente designados como ladino. É preciso reconhecer que essa expressão se aplica igualmente a outras comunidades linguísticas não judaicas.

Na península ibérica, sabe-se que os judeus vinham desenvolvendo atividades importantes desde os tempos do Califado de Córdoba (929-1031), segundo Schama (2013: 292-303). Keyserling (2009) tratou da história dos judeus em Portugal, de 1140 a 1521. Segundo ele, os judeus habitavam desde tempos muito remotos uma pequena região litorânea da península ibérica, antecedendo mesmo a criação do Reino de Portugal, no século XI.

Em Portugal, "*assim como em todas as outras nações cristãs, os judeus viveram como um povo tributário, completamente isolados dos outros habitantes, dos quais se distinguiam pela religião e pelos costumes*" (Keyserling, 2009: 43).

Eles organizaram no Portugal medieval o sistema do rabinato, estabelecido por D. Afonso III, passando a exercer altos cargos no governo, integrando-se às mais altas classes do país (Keyserling, 2009: 51).

Segundo Novinsky, no prefácio que escreveu ao livro de Keyserling (2009: 17),

> os primeiros monarcas portugueses proporcionaram-lhes uma vida extremamente independente: podiam ter seus próprios juízes para ministrar entre eles a justiça civil e criminal, podiam seguir todas as suas tradições e costumes, ser proprietários de casas, quintas e terras.

Com a ascensão da dinastia de Avis as coisas mudaram de rumo, motivadas em grande parte pelas alterações da estrutura social. As velhas estruturas feudais foram sacudidas pela classe emergente dos negociantes, que se enriqueceram com os negócios de ultramar. Em meados do século XV, disposições legais reforçaram o isolamento dos judeus, que passaram a viver em judarias, "*isoladas e bem delimitadas em todas aquelas cidades e aldeias de Portugal em que vivessem mais de dez judeus*" (cf. Keyserling, 2009: 84). É quando se dá o episódio dos "batizados em pé", em 1497, por ordem de D. Manuel (cf. Vainfas, 2010: 41).

O rei D. Manuel I, o Venturoso, reinou de 1495 a 1521. Valendo-se de sua incomparável frota marítima, descobriu o caminho marítimo para as Índias e o Brasil. Ele resistiu ao pedido de sua esposa, filha do rei da Espanha, relativo à instalação da Inquisição em Portugal.

Para administrar o Império, os reis portugueses precisavam organizar um corpo administrativo, o que representava um problema, pois não havia gente preparada. Aqui entraram os judeus, inclusive no Brasil. Muitos deles viriam a tornar-se redatores dos inventários e testamentos, documentos de importância para a história do português brasileiro, de acordo com Guimarães (1997), Keyserling (2009), Salvador (1973, 1976, 1978), Vainfas (2010), Wiznitzer (1966); sobre a presença dos judeus em outras nações europeias, Campagnano (2011) e Cohen (2009).

Quando D. João III, o Piedoso, também conhecido como "o Colonizador", subiu ao trono em 1521, Portugal estava com as finanças abaladas. Como precisava de muito dinheiro para manter o Império, ele instaurou a Inquisição no país, visando apoderar-se do capital dos judeus. Essa atitude provocou o êxodo de judeus para a América do Sul, onde passaram a desenvolver atividades mercantilistas nas capitanias do norte (sobretudo Pernambuco) e nas capitanias do sul (São Paulo, Rio de Janeiro e Espírito Santo). De novo ameaçados pela Inquisição em Pernambuco, eles se deslocaram para a América do Norte, fundando Nova York.

Pesados tributos recaíam sobre os moradores, que frequentemente eram constrangidos a emprestar dinheiro aos nobres empobrecidos. Por pressão de Castela, criou-se o Tribunal do Santo Ofício da Inquisição, que afetou a mentalidade judaica, "*que* [a partir de então] *não foi judaica nem cristã, mas cristã nova*" (Novinsky, 2000: 24).

Elaborando esse ponto um pouco mais, constata-se que a experiência portuguesa da comunidade judaica cindiu-a em três grupos: os que aceitaram a religião imposta, desaparecendo da comunidade, os que se associavam aos hereges para reagir contra a Igreja de Portugal e os que permaneceram "*vivendo e pensando como cristãos novos*" (Novinsky, 2000: 25).

Segundo o historiador Jaime Pinsky (com. pessoal), os judeus da diáspora utilizavam duas variedades de uma mesma língua – a *vernacular* e a *veicular*.

A fala vernacular devia ser conservadora, pois era utilizada apenas no seio da família. Ela deveria dispor de um poder referencial menor, dado que seus usuários se conheciam e partilhavam um conjunto de conhecimentos, o que dispensava maiores explicitações por meio da linguagem. Por consequência, o investimento conversacional demandava pouca elaboração, a língua se tornava mais conservadora, fechando-se na rede familiar.

A fala veicular devia ser inovadora, pois estava aberta a outras redes sociais. Os judeus e cristãos novos organizaram círculos comerciais em constante expansão, agregando sempre novos parceiros. Esses círculos dependiam de uma língua com poder referencial maior, que demandava uma explicitação mais acurada dos temas conversacionais. Por consequência, o investimento conversacional era mais intenso. Sobre conversação e mudança linguística, ver Castilho (1999-2000).

A teoria das redes sociais, formulada por Lesley Milroy (apud Bortoni-Ricardo, 2013), permite entender a feição conservadora da fala vernacular e a feição inovadora da fala veicular.

Em suma, os judeus praticavam um tipo de "bilinguismo interno", expressão que tomo de empréstimo a Mary Kato. É esta parcela da comunidade que tem interesse sócio-histórico para este trabalho. Ela viveu numa dualidade – ser judeu na essência e ser cristão na aparência.

Révah (1959: 199-226) descreve minuciosamente a fala dos judeus nas peças de Gil Vicente. Ele localizou vários arcaísmos nas falas: a preferência pelo ditongo *oi* em lugar de *ou* (em *poypey* por *poupei*, *toiro* por *touro*), o uso de formas antigas, conservadas igualmente na fala rústica portuguesa (*fago, faga, fairei, figeste, trazer, oyvo, oyvamos, pujemos, quige, atá*).

Passo a focalizar os judeus no Brasil.

Em trabalho anterior, estudei a naturalidade dos autores de 353 Inventários e Testamentos (doravante, I&T) dos séculos XVI e XVII, escritos em São Paulo. Apurei que 29% desses textos foram preparados por portugueses, 30% por paulistas, 35% por autores de naturalidade não identificada e 6% por não paulistas (castelhanos, entre outros). Espalhados por essas quatro categorias, foi possível identificar que 24% dentre elas eram cristãos novos, ou seja, quase um quarto do total dos autores (Moraes de Castilho, 2009a, b; 2011).

Vários cristãos novos integraram a tripulação dos primeiros barcos chegados a São Vicente: Gaspar da Gama, Fernão de Noronha, posteriormente Loronha (cf. Wiznitzer, 1966: 2-7).

Segundo esse mesmo autor (1966: 35), *"em 1624, o Brasil tinha aproximadamente cinquenta mil habitantes brancos. Esse número, tão amplo como era, incluía uma alta porcentagem de marranos"*.

Fluentes em ladino, espanhol e português, os cristãos novos intermediavam ativamente negócios na Holanda (para onde os empurrara a Inquisição), na Espanha e em Portugal.

Esse papel se acentuou com a invasão holandesa da Bahia e de Pernambuco, graças às suas relações com os judeus de Amsterdã:

> Eles entravam com o capital trazido de Portugal e que continuavam recebendo por intermédio de parentes e amigos que, temporariamente impossibilitados de emigrar daquele país, desejavam investir uma parte de suas riquezas à segura distância da Inquisição e das garras da Coroa espanhola. (Wiznitzer, 1966: 37)

Migração expressiva se deu em 1630, quando seiscentos judeus portugueses saíram de Amsterdã, fundando no Recife uma comunidade apreciável (Keyserling, 2009: 341). Dez anos mais tarde, a colônia judaica de Recife e de Salvador chegava a cinco mil indivíduos (Keyserling, 2009: 343); ver também Wiznitzer (1966: cap. VI).

Desde então, um intensivo intercâmbio foi estabelecido entre os judeus de Amsterdã e os cristãos novos do Brasil. Com a derrota da Companhia das Índias Ocidentais, em 1654, grande parte deles retornou à Holanda, de onde alguns voltaram ao Novo Mundo, fundando comunidades no Caribe e na América do Norte.

No bojo da política de colonização do Império ultramarino, saiu em 1531 uma grande expedição, comandada por Martim Afonso de Sousa, de que participava também seu irmão Pero Lopes de Sousa. Mas os portugueses navegaram também para terras de que a Espanha, posteriormente, se assenhoraria.

A ocupação de São Vicente e de São Paulo deu-se por meio da divisão da região em três partes: (i) em São Vicente, fixaram-se João Ramalho, Antônio Rodrigues e Diogo de Braga, todos portugueses; (ii) em Cananeia, fixou-se o "bacharel de Cananeia", Gonçalo da Costa e Henrique Montes, Melchior Ramires, Aleixo Garcia, Francisco Pacheco; (iii) em Iguape, alguns castelhanos. Sobre a fundação de São Paulo e de São Vicente, ver Caldeira (2006), Castilho (1999-2000), Fausto (1994/1998), Lopez e Mota (2008), Madre de Deus (1975), Marcílio (2004), Mesgraves (2004), Neme (2003), Pereira de Souza (2004), Taunay (s/d, 1921, 1968), Toledo (2003) e Zequini (2004).

Antes da chegada da armada de Martim Afonso de Souza, já existia há algum tempo a vila de São Vicente, que recebeu essa designação por volta de 1501. Nessa mesma época havia várias casas, vivendo ali os portugueses João Ramalho, Antônio Rodrigues e Diogo de Braga, casados com índias, tendo filhos mamelucos. O objetivo principal da expedição de Martim Afonso foi a de procurar metais preciosos, sabendo que a região de São Vicente era um dos caminhos para se chegar à região das pratas, ao percorrer aquele caminho indígena chamado Peaberu (cf. Toledo, 2003). Mas ele veio também para iniciar o povoamento da região.

Com Martim Afonso, São Vicente recebeu elementos que faziam dela uma vila, ou seja, os homens ganharam terra para cultivar, oficiais foram nomeados, instalando-se a Justiça (cf. Toledo, 2003).

Nos primeiros tempos da colonização, os portugueses se indianizaram, incorporando técnicas de construção de malocas, hábitos alimentares e falando a língua geral. De 1580 a 1640, uniram-se as Coroas, resultando na América a União Ibérica. Portugueses e espanhóis desconheciam as fronteiras geográficas, promovendo-se amplas trocas de produtos no triângulo formado por São Paulo – Buenos Aires – Potosí.

A vila de São Paulo era um confuso conjunto de aldeias, habitualmente atacada por indígenas, alguns deles influenciados por europeus. Em 1587,

Jerônimo Leitão veio de São Vicente, organizou uma milícia, que neutralizou os ataques indígenas, construindo muros precários à volta do burgo. Em 1599, chegou a São Paulo o 7º governador-geral do Brasil, D. Francisco de Sousa, apelidado o "Francisco das Manhas", à busca de metais preciosos. Ele trouxe consigo vários secretários, reforçando o número de colonos alfabetizados.

No século XVII, São Paulo expandiu-se, constituindo-se uma burguesia bastante ativa, que tinha em Lourenço Castanho Taques, o Banqueiro do Sertão, sua figura máxima. Filho de um homem rico, esse Taques expandiu muito sua fortuna, trazendo prata de Potosí, da atual Bolívia (Caldeira, 2006).

CONTATOS LINGUÍSTICOS DURANTE A IMPLANTAÇÃO DO PORTUGUÊS EM SÃO PAULO: A GRAMÁTICA DE MANUEL DE SOVERAL

Passo agora a investigar a gramática de Manuel de Soveral, cristão novo. Usarei as seguintes siglas para identificar os indivíduos aqui nomeados: CN (cristão novo), Mm (mameluco), PT (português), SV (vicentino), SP (paulista). Um asterisco anteposto assinala a incerteza quanto à origem desses indivíduos. Para essa identificação, vali-me de Salvador (1973) e Neme (2003).

Nos primeiros séculos, São Paulo era um lugar multilíngue, falando-se o português, o judeu-português, o castelhano, a língua geral dos índios, além de línguas indígenas minoritárias.

São poucas as informações biográficas sobre Manuel de Soveral ou Soberal ou Sobral, suficientes, entretanto, para saber que se tratava de um cristão novo. Ele deixou sua terra ainda moço, trazendo em seu falar traços conservadores e inovadores, além de sua escrita, um luxo de que poucas pessoas dispunham.

Deve ter chegado à vila de São Vicente na segunda metade do século XVI. Segundo informações de Lênio Luiz Richa,[1] Soveral teria se casado com uma filha de Baltasar de Moraes de Antas, da qual não se sabe o nome, de quem teria tido vários filhos, talvez mamelucos: (i) Antônia de Soveral (*1575, São Vicente – †1616, São Paulo) [Mm], (ii) Manoel de Soveral (*1570) [Mm], (iii) André de Soveral (*1572, São Vicente – †1675, Cunhaú, Rio Grande do Norte), [Mm] sacerdote jesuíta que morreu em Cunhaú, na época da invasão holandesa, foi feito beato pela Igreja Católica, (iv) Antônio de Soveral [Mm], (v) Joana de Soveral (*1582) [Mm], (vi) Maria de Soveral (*1593) [Mm].

A família formada por Manuel de Soveral era, portanto, mestiça, seus filhos eram mamelucos e bilíngues. A família de sua esposa também era mestiça pelo lado materno e possivelmente cristã nova pelo lado paterno. As irmãs de sua sogra se casaram com portugueses cristãos novos. Sua filha, Antônia, casada com Martim do Prado, levou a mestiçagem para dentro da família Prado.

Soveral atuou na vila de São Paulo como escrivão dos cativos quando essa pequena vila sofreu uma reviravolta, com a chegada do D. Francisco de Sousa, o sétimo governador do Brasil, que trouxe uma grande equipe de auxiliares.

D. Francisco tinha tido conhecimento das primeiras descobertas de ouro na região, muito modestas. Ele se mudou com toda sua gente para essa região, para dar início às primeiras explorações. São Paulo começou a progredir com a vinda desse ilustre e dinâmico português, pois com ele teria tido início o ciclo das bandeiras. Em 1601, foi organizada a primeira bandeira sob o comando de André de Leão, sertanista carioca que saiu de São Paulo, chegou até perto das cabeceiras do rio São Francisco, tentando achar metais. Voltou depois de 80 dias sem encontrar nada.

Em 1602, D. Francisco organizou uma segunda bandeira, dirigida pelo capitão-mor Nicolau Barreto, bandeirante carioca que vivia em São Paulo já há muito tempo. Nicolau era irmão de Roque e Francisco Barreto, também grandes sertanistas. Manoel de Soveral foi designado escrivão da bandeira, que contava ainda com três capelães, padre João Álvares [Mm], padre Diogo Moreira [Mm] e padre Gaspar Sanches [*PT], além de cerca de 300 brancos, mamelucos e índios, livres e cativos. Essa expedição durou cerca de dois anos, e parece que seguiu quase que o mesmo caminho da de André de Leão, indo em direção aos rios das Velhas, do São Francisco e do Paracatu. Muitos não aceitam essa versão, achando que eles tinham entrado pelo rio Paraná, seguindo pelo Paraguai e entrando pela Bolívia e pelo Peru, teriam chegado a Potosí. De volta a São Paulo, trouxeram mais ou menos 3 mil índios temiminó, deixando pelo caminho muitos bandeirantes mortos.

Integravam essa bandeira vários homens conhecidos na vila de São Paulo (ver Anexo B). Soveral foi escolhido como escrivão dessa bandeira. Sua função era anotar todos os fatos que ocorriam na bandeira: fazia testamentos, quando havia homens feridos de morte, fazia inventário dos bens de um homem morto e, depois de pôr esses bens em leilão, vendia-os ali mesmo no arraial. O estilo desses inventários era bastante distenso, dadas as condições em que as declarações eram tomadas.

Quando a bandeira voltava à vila de São Paulo, todos esses papéis eram passados para o escrivão do lugar, que os juntava aos bens que o falecido possuía e, depois de serem pagas as contas, tudo era repartido entre a viúva e os herdeiros.

Soveral também redigia os conhecimentos e as quitações que ocorriam entre os homens na bandeira. Quando alguém precisava de um pouco de sal, pedia a quem tinha e anotava essa transação num pedaço de papel, declarando que o pagaria quando chegasse à vila. Esse documento era denominado "conhecimento". Outras vezes, um homem podia pagar um conhecimento, quitando a dívida, e Soveral anotava essa quitação.

Soveral participou também da bandeira de Mateus Luís Grou ao Guairá. Foi escrivão no arraial e junto com diversos avaliadores participou de vários inventários, como o de Pedro Nunes, nascido em São Paulo, e Aleixo Leme, nascido em São Vicente.

Em 1603, no sertão do Paracatu, escreveu o Testamento de Martim Rodrigues. Também em 1603, participou do Inventário de Manuel de Chaves, nascido em São Vicente, e no mesmo ano, participou do Inventário de Brás Gonçalves, o moço.

O material de estudo utilizado neste texto compreende:

1. Inventário de Manoel de Chaves, em 1603, publicado em I&T, v. 1: 460-477; nesse inventário, Soveral foi o escrivão e os avaliadores foram Pero Nunes e Aleixo Leme.
2. Inventário de Brás Gonçalves, o moço, em 1603, publicado em I&T, v. 10: 9-16.
3. Testamento de Martim Rodrigues Tenorio de Aguillar, em 1603, publicado em I&T, v. 2: 21-27.

Um tema bastante versado nos estudos diacrônicos do português brasileiro é o das alterações no quadro pronominal. Para ficar apenas nos títulos mais recentes, ver Lopes et al. (2018), Martins (2018). Nesta seção, tratarei dos seguintes tópicos, que suponho serem comuns na gramática dos cristãos novos:

i. Os pronomes: escassez dos pronomes redobrados, predominância de clíticos proclíticos, preferência pelo possessivo *dele*.
ii. Tratamento do sujeito: o sujeito nulo, o sujeito preenchido.
iii. As sentenças relativas: a relativa padrão, cortadora e copiadora.

Os pronomes

ESCASSEZ DE PRONOMES REDOBRADOS

O português arcaico apresentava uma grande riqueza de pronomes pessoais (e mesmo possessivos) redobrados. Eram frequentes estruturas tais como *lhe(s)... a ele(s), vos... a vós, mi... a mim.* Em Moraes de Castilho (2013: 235-280) observei que os pronomes acusativo e dativo tiveram um aumento das estruturas redobradas nos sécs. XII a XIV, observando-se seu decréscimo nos séculos XV a XVI, como se pode ver pela Tabela 1, aqui reproduzida:

Tabela 1 – Distribuição dos clíticos pessoais redobrados no português arcaico

Caso	Séculos XII-XIII	Século XIV	Séculos XV-XVI	Total
Acusativo	123/583 21%	307/583 53%	153/583 26%	583
Dativo	175/560 31%	179/560 32%	206/560 37%	560
Total	298/1.143 26%	486/1.143 43%	359/1.143 31%	1.143

A gramática de Soveral confirma o decréscimo dos pronomes redobrados, pois tanto o acusativo *nos* (exemplo 24) quanto o dativo *lhe* (exemplos 25-29) jamais aparecem redobrados:

(24)   [17,1 Soveral 1603 I&T 1: 467] *Foi arrematado a enxó a Pero Martins em dois cruzados por ser mor lance dos que **nos** lançou a pagar em dinheiro de contado na villa de São Paulo em paz e em salvo para os orfãos de nossa chegada [...].*

(25)   [17,1 Soveral 1603 I&T 10: 10] *[...] onde o dito capitão estava e logo pelo dito Braz Gonçalves **lhe** foi apresentado o testamento que adiante vae aqui acostado requerendo-lhe o mandasse sua mercê cumprir como se nelle continha que era de seu filho defunto Braz Gonçalves [...].*

(26)   [17,1 Soveral 1603 I&T 1: 470-471] *[...] appareceu Aleixo Leme morador na villa de São Paulo perante o capitão Nicolau Barreto e por elle **lhe** foi dito que elle como procurador que era do seu sogro Domingos Dias pae do defunto Manuel de Chaves que requeria a sua mercê que não mandasse vender em leilão a espada que neste inventario [...].*

(27)   [17,1 Soveral 1603 I&T 1: 472] *[...] 5$000 réis conforme o dito Duarte Machado os era a dever neste inventário em duas addições / as quaes uma dellas esta ás cinco folhas deste inventario na volta que diz serem de duas camisas de algodão que **lhe** foram arrematadas em 4$000 réis e a outra está ás nove folhas na volta e a calça em dez em que diz serem-lhe arrematados dois corpos de gibões e umas mangas em 1$000 réis que tudo faz somma 5$000 réis [...].*

(28)   [17,1 Soveral 1603 I&T 1: 473] *[...] que o sobredito é a dever neste inventário ás folhas cinco de umas armas de algodão acolchoadas que **lhe** foram arrematadas no dito preço desobrigando o capitão que no tal o abonara [...].*

(29)   [17,1 Soveral 1603 I&T 1: 474] *[...] e delle recebi a quantia de $650 réis que era a dever neste inventario ás folhas oito do meio ferragoulo de baeta que **lhe** foi arrematado no dito preço e o dou por quite e livre disso a elle e a seu fiador [...].*

PREDOMINÂNCIA DE CLÍTICOS PROCLÍTICOS

Estou assumindo aqui que a próclise caracterizou o português arcaico, traço mantido no PB. No PE contemporâneo, os clíticos se deslocaram para a posição pós-verbal, predominando a ênclise.

Nos exemplos a seguir são sublinhados apenas os clíticos proclíticos não determinados por elemento atrator. Nota-se que Soveral opta por essa colocação.

(30)   [17,1 Soveral 1603 I&T 1: 471] *o capitão mór deste arraial Nicolau Barreto houve por depositadas as tres peças forras que neste inventario estão lançadas Antonio e Rodrigo e Leonor em poder do curador e testamenteiro Domingos Dias para que elle **as** levasse a São Paulo e **as** entregasse a quem com direito pertencesse e que corressem risco de quem direito fosse e que por serem forras as não mandava vender em leilão e o dito Domingos Dias se houve por entregue do dito deposito das tres peças forras atrás declaradas com obrigação de **as** levar a São Paulo e **as** entregar como dito é e o assignou aqui com o dito capitão.*

(31)   [17,1 Soveral 1603 I&T 2: 24] *Declaro que eu tomei a Francisco de Espinosa morador na villa de [...] certa copia de mercadorias das quaes tenho vendido certa parte e disso **me** hão feito conhecimentos os devedores os quaes darão a Francisco de Espinosa que são de seu dinheiro de minha fazenda **lhe** pagarão até oitenta cruzados por alguma parte della que commigo gastei acho dever-lh'os. Declaro mais [...] onde relato a conta que tenho com Francisco de Espinosa digo que até oitenta cruzados só lhe farão bens da fazenda que lhe tomei para o que tenho parte apurado em conhecimentos que nesta viagem vendi disso.*

(32)   [17,1 Soveral 1603 I&T 2: 25] *Mando que sendo caso que Nosso Senhor Deus for servido levar-me desta vida presente neste sertão que as peças do gentio deste Brasil que forem achadas ser minhas assim captivas como serviço **as** não vendam e **as** entreguem a Balthazar Gonçalves para que **as** leve a São Paulo a meus herdeiros por conta e risco delles e **lhes** não pedirão nenhum aluguer nem estipendio do serviço dellas emquanto as levar e se o dito Balthazar Gonçalves pedir paga de seu trabalho de **as** levar **lhe** paguem o que for licito e alvedrado.*

(33) [17,1 Soveral 1603 I&T 2: 22-23] *[...] mando seja meu corpo enterrado no Convento de Nossa Senhora do Carmo na villa de São Paulo e **me** dirão no dia do meu enterramento uma missa cantada com officio de nove lições. **Me** mais tres missas resadas a Nossa Senhora do Carmo [...] e **me** dirão mais duas missas a Nossa Senhora da Conceição [...] e **me** dirão mais duas missas a Nossa Senhora do Rosario [...] e **me** dirão mais duas missas a Nossa Senhora de Montsarrate resadas e serão ditas em sua santa casa na villa de São Paulo.*

(34) [17,1 Soveral 1603 I&T 2: 22] *[...] e á Virgem Nossa Senhora sua bendita Madre rogo seja minha advogada e intercessora para que alcance de seu bento Filho perdão de meus peccados e **me** dê a gloria bem aventurança amen.*

(35) [17,1 Soveral 1603 I&T 1: 474] *Digo eu Domingos Dias curador e testamenteiro de meu irmão defunto e curador neste inventario que eu recebi e sou pago de 5$000 réis de Salvador Pires os quaes me pagou por Duarte Machado [...] o dou por quite e livre e **lhe** dei esta quitação feita por Manuel de Soveral escrivão mesmo hoje dez dias de março do anno de 604.*

(36) [17,1 Soveral 1603 I&T 2: 22] *E declaro que tenho mais uma filha bastarda a qual tenho casada com José Brante e se chama Joanna Rodrigues e **lhe** dei certa copia de fazenda no que lhe fizemos eu e minha mulher Suzanna Rodrigues escriptura á qual me reporto.*

(37) [17,1 Soveral 1603 I&T 2: 25] *Deixo declarado atrás que tenho dois meninos meus filhos bastardos tambem deixo por sua curadora a minha mulher Suzanna Rodrigues e sendo caso que ella não queira acceitar sel-o em tal caso rogo e peço a meu genro Clemente Álvares que o seja e o que o for **os** doutrinará [...] e como forem de idade **os** mandarão ensinar a ler e escrever e depois Clemente Álvares **os** ensine ao seu officio ou de sua mão **os** porá e mandará ensinar a alguns outros officios que lhe parecer bem.*

(38) [17,1 Soveral 1603 I&T 2: 26] *E disse elle testador que havia esta cedula de testamento por acabada e a mandou fazer por mim Manuel de Soveral escrivão deste arraial do descobrimento das minas de ouro e prata e mais metaes e que requeria ás justiças de Sua Magestade **lh'o** mandassem assim em todo cumprir e guardar como se nelle contem [...].*

(39) [17,1 Soveral 1603 I&T 2: 24] *Declaro que se alguem pedir que lhe devo alguma cousa mostrando assignado meu **se lhe** dará credito e depois deste fechado o que se achar eu declarar por um rol ou **me** deverem que for por mim assignado **se** dará credito e de outra maneira não [...].*

USO DO POSSESSIVO *DELE*

Em Moraes de Castilho (2013: 258-280), estudei o processo de redobramento dos possessivos no português arcaico, cujos resultados aparecem na Tabela 2, aqui reproduzida:

Tabela 2 – Preposição + pronome forte vs. preposição + SN no constituinte Y

Séculos / ocorrências	XII-XIII		XIV		XV		XVI		Total	
	oc.	%	oc.	%	oc.	%	oc.	%	oc.	%
Seu + de ele	38	33	66	45	39	63	3	60	146	44
Seu + de N	78	67	81	55	23	37	2	40	184	56
Total	116	100	147	100	62	100	5	100	330	100

Essa tabela mostra que nos três primeiros séculos da língua predominava um SN como complemento da preposição, que constitui o termo Y do redobramento. Esses valores praticamente se invertem nos séculos XV e XVI. O termo Y preenchido por pronome sofreu um acréscimo constante na frequência de seu uso, o que apontaria para a implementação de *dele* como um novo possessivo da terceira pessoa. A tabela mostra ainda a queda dramática das ocorrências da estrutura redobrada no século XVI, embora as ocorrências funcionem aqui apenas como indícios, pois são estatisticamente irrelevantes. E como os SNs integram a terceira pessoa, sua predominância, apurada na coluna do Total, aponta para a reanálise de *seu* como possessivo da segunda pessoa no PB.

A gramática de Soveral documenta a vitória do termo Y, consolidando-o como um possessivo da terceira pessoa, no lugar de *seu*:

(40) [17,1 Soveral 1603 I&T 2: 2] *Deixo por curadora e tutora de minhas filhas a minha mulher Suzanna Rodrigues enquanto se não casar e casando-se deixo por curador **dellas** a meu genro Clemente Álvares no qual encomendo [...] bem como delle confio.*

(41) [17,1 Soveral 1604 I&T 10: 11] *E logo pelo dito capitão Nicolau Barreto foi dado juramento dos Santos Evangelhos em um livro **delles** ao dito Braz Gonçalves que declarasse e désse a [...] aqui tudo o que havia ficado do dito seu filho deffunto assim o prometteu fazer logo e apresentou as cousas seguintes [...] termos das [...] o dito capitão mandou por em almoeda e em publico leilão a quem por ellas mais désse a pagar conforme as declarações dos ditos termos. E mandou o dito capitão se cumprisse o testamento do dito defunto e mandou fazer este auto de inventario como dito é e assignou aqui com o dito Braz Gonçalves que recebeu o dito juramento e sob o cargo **delle** o fazia curador conforme o dito testamento resava e que procurasse todo o bem dos orfãos o que assignou como atrás fica dito do que assim requereu [...].*

(42)   [17,1 Soveral 1603 I&T 2: 25] *[...] e as entreguem a Balthazar Gonçalves para que as leve a São Paulo a meus herdeiros por conta e risco* **delles** *e lhes não pedirão nenhum aluguer nem estipendio do serviço* **delas** *emquanto as levar e se o dito Balthazar Gonçalves pedir paga de seu trabalho de as levar lhe paguem o que for licito e alvedrado.*

Em (42), a expressão *por conta e risco delles* equivale a *por sua conta e risco.*

Tratamento do sujeito

SUJEITO NULO

O morfema verbal número-pessoal funciona como um pronome em função de sujeito. Quando a morfologia verbal é forte, essa propriedade favorece o uso do sujeito nulo (Ø).

É muito ampla a literatura sobre o sujeito nulo, fenômeno alterado no Brasil a partir do século XX, quando passa a predominar o sujeito pleno. Para a discussão desse ponto, remeto a Galves (1984, 1987), Kato (1993), Kato et al. (1996), Duarte (1993, 2018), Negrão e Müller (1996), entre outros.

Nos exemplos (43) a (46) de sujeito nulo, há verbos na primeira pessoa e na terceira pessoa (46):

(43)   [17,1 Soveral 1603 I&T 2: 24] *Ø Declaro que se alguem pedir que Ø lhe devo alguma cousa mostrando assignado meu se lhe dará crédito [...].*

(44)   [17,1 Soveral 1603 I&T 2: 22] *E Ø declaro que Ø tenho mais uma filha bastarda a qual Ø tenho casada com José Brante e Ø se chama Joanna Rodrigues e Ø lhe dei certa copia de fazenda no que lhe fizemos eu e minha mulher Suzanna Rodrigues escriptura á qual Ø me reporto.*

(45)   [17,1 Soveral 1603 I&T 2: 25] *Ø Deixo declarado atrás que Ø tenho dois meninos meus filhos bastardos também Ø deixo por sua curadora a minha mulher Suzanna Rodrigues e sendo caso que ella não queira acceitar sel-o em tal caso Ø rogo e Ø peço a meu genro Clemente Álvares que o seja [...].*

(46)   [17,1 Soveral 1603 I&T 2: 26] *E disse elle testador que havia esta cedula de testamento por acabada e Ø a mandou fazer por mim Manuel de Soveral escrivão deste arraial do descobrimento das minas de ouro e prata e mais metaes e que Ø requeria ás justiças de Sua Magestade lh'o mandassem assim em todo cumprir e guardar como se nelle contem [...].*

SUJEITO PREENCHIDO

Os dados mostram o preenchimento do sujeito com pronome pessoal de primeira pessoa, confirmando a observação de Kato et al. (1996):

(47) [17,1 Soveral 1603 I&T 1: 474] *Digo **eu** Domingos Dias curador e testamenteiro de meu irmão defunto e curador neste inventario que **eu** recebi e sou pago de 5$000 réis de Salvador Pires os quaes me pagou por Duarte Machado [...].*

(48) [17,1 Soveral 1603 I&T 2: 24] *Declaro que **eu** tomei a Francisco de Espinosa morador na villa de.... certa copia de mercadorias das quaes tenho vendido certa parte [...].*

As sentenças relativas

Pesquisas sobre as estratégias de relativização identificaram as seguintes estruturas no PB: a relativa padrão, quando o pronome relativo mantém sua propriedade de foricidade, e as relativas cortadoras e copiadoras, quando esse pronome perde essa propriedade. Nas copiadoras, a retomada do núcleo nominal se faz por meio de pronomes pessoais que acompanham o relativo.

PREDOMINÂNCIA DA RELATIVA PADRÃO

A predominância da relativa padrão aponta para o conservadorismo da gramática de Soveral:

(49) [17,1 Soveral 1603 I&T 2: 26] *Declaro mais [...] onde relato a conta **que tenho com Francisco de Espinosa** digo que até oitenta cruzados só lhe farão bons da fazenda **que lhe tomei para o que tenho parte apurado em conhecimentos que nesta viagem vendi disso.***

(50) [17,1 Soveral 1603 I&T 1: 470-471] *[...] porquanto era do dito seu sogro Domingos Dias **que a havia emprestado ao filho defunto** para levar nesta jornada e **que a houvesse por depositada na mão do curador e testamenteiro Domingos Dias** irmão do defunto para que a entregasse a seu pae cuja era [...].*

(51) [17,1 Soveral 1603 I&T 1: 470-471] *[...] e visto pelo dito capitão seu requerimento mandou se não vendesse a dita espada e **que a havia por depositada na mão do dito Domingos Dias** para que della désse conta com entrega **a quem pertencesse e do que dito** é o assignaram aqui com o dito capitão [...].*

Sócio-história do português paulista nos séculos XVI e XVII

(52)   [17,1 Soveral 1603 I&T 1: 476] *Um negro foi vendido e arrematado a João Gago em 8$000 reis **que nelle mais lançou** que todos o dito preço a pagar em dinheiro na villa de São Paulo em paz e em salvo para os herdeiros da chegada deste sertão do capitão mór Nicolau Barreto a um anno e com declaração **que o acceitava no foro em que sahisse** [...].*

(53)   [17,1 Soveral 1603 I&T 2: 22] *Declaro que tenho mais dois meninos **que os tenho por meus filhos** e por taes os tenho e são bastardos **que os houve no sertão e um delles tem nome Diogo** [...].*

(54)   [17,1 Soveral 1603 I&T 2: 24] *Declaro que eu tomei a Francisco de Espinosa morador na villa de.... certa copia de mercadorias **das quaes tenho vendido certa parte** e disso me hão feito conhecimentos os devedores **os quaes*** **darão a Francisco de Espinosa que*** **são de seu dinheiro de minha fazenda** lhe pagarão até oitenta cruzados por alguma parte della que commigo gastei acho dever-lh'os.*

(55)   [17,1 Soveral 1603 I&T 1: 470-471] *[...] porquanto era do dito seu sogro Domingos Dias **que a havia emprestado ao filho defunto** para levar nesta jornada e que a houvesse por depositada na mão do curador e testamenteiro Domingos Dias irmão do defunto para que a entregasse a seu pae **cuja era** [...].*

RELATIVAS COPIADORAS

Algumas relativas copiadoras já aparecem nos I&Ts escritos por Soveral. Temos, então, a presença de um traço inovador em sua gramática. Assim, em (56-59) o relativo *que nele* está por *em/a que*; em (60), *as quais ( ) delas* está por *das quais*; em (61), *que ( ) disso* está por *de que*:

(56)   [17,1 Soveral 1603 I&T 1: 468] *Foi arrematado a rede de dormir a Geraldo Correa em $700 reis por ser o mór lançador **que nelle lançou o dito preço** a pagar em dinheiro em paz e em salvo para os orfãos [...].*

(57)   [17,1 Soveral 1603 I&T 1: 469] *Foi arrematado a Duarte Machado os dois botões de gibão e suas mangas em 1$000 reis por ser o mór lançador **que nelles lançou o dito preço** a pagar em dinheiro de contado na villa de São Paulo em paz e em salvo [...].*

(58)   [17,1 Soveral 1603 I&T 1: 467] *Foi arrematado o cobertor azul a Andre de Escudeiro em 3$100 reis por ser o maior lançador **que nelle lançou o dito preço** a pagar em dinheiro na villa de São Paulo em paz e em salvo [...].*

147

(59)   [17,1 Soveral 1603 I&T 1: 474] *Um rapaz foi vendido e arrematado a João Bernal em 10$000 reis **que nelle mais que todos lançou a pagar** em dinheiro na villa de São Paulo da chegada do capitão mór Nicolau Barreto [...].*

(60)   [17,1 Soveral 1603 I&T 1: 472] *[...] 5$000 réis conforme o dito Duarte Machado os era a dever neste inventário em duas addições / **as quaes uma dellas esta ás cinco folhas deste inventario** na volta que diz serem de duas camisas de algodão que lhe foram arrematadas em 4$000 réis e a outra está ás nove folhas na volta e a calça em dez em que diz serem-lhe arrematados dois corpos de gibões e umas mangas em 1$000 réis que tudo faz somma 5$000 réis [...].*

(61)   [17,1 Soveral 1603 I&T 2: 26] *[...] onde relato a conta que tenho com Francisco de Espinosa digo que até oitenta cruzados só lhe farão bons da fazenda que lhe tomei para o que tenho parte apurado em conhecimentos **que nesta viagem vendi disso** e o que faltar [...].*

CONSIDERAÇÕES FINAIS

Mostrei neste capítulo:

1. Várias propriedades do PB ascendem ao PE4000, mantidas no PBSP do século XVI, e talvez também no do XVII, dado o caráter conservador da sociedade paulista em seus primeiros tempos.
2. A forte presença de cristãos novos nos dois primeiros séculos de São Paulo e São Vicente combinaram conservadorismo e inovadorisno no PBSP, em seus primeiros tempos.
3. A gramática de Soveral aponta para um choque entre duas gramáticas, uma conservadora e outra inovadora; o bilinguismo interno dos cristãos novos pode estar por trás disso.

Deixando de lado agora o distanciamento do estilo científico, permito-me ver aqui a projeção da experiência pessoal desse autor, que atravessou o oceano dividido entre sua nação e a necessidade de conviver com o outro.

Enquanto falante de uma variedade vernacular, Soveral se mostra conservador, mantendo o modo familiar. É o que se constata pela predominância dos clíticos proclíticos, pelo sujeito nulo e pela relativa padrão.

Enquanto falante da variedade veicular, ele se mostra inovador, colhendo por certo as novas formulações gramaticais da sociedade envolvente: é o que se vê pela escassez de pronomes redobrados, pelo uso do possessivo *dele*, pelo sujeito preenchido, e pela relativa copiadora.

Na continuação da pesquisa, pretendo (1) ampliar minha casuística, investigando também a concordância e o SN nu, incluindo dados da gramática de outros autores cristãos novos, como Antônio Rodrigues de Alvarenga e Belchior da Costa; (2) investigar numa forma comparativa autores portugueses, paulistas e mamelucos dos mesmos textos; (3) elaborar generalizações sobre os achados, verificando, entre outros tópicos, se há alguma harmonia entre o não preenchimento do especificador nominal, que configura um SN nu, e o não preenchimento do especificador verbal, que configura um sujeito nulo.

ANEXOS

A – Autores judeus de Inventários e Testamentos

ANTÔNIO VIEIRA DA MAIA
* Guimarães, PT - † 1674, Taubaté [CN]

BELCHIOR DA COSTA
* PT - † 1625, na vila de Santana de Parnaíba [CN]

DOMINGOS CORDEIRO
* Espinhel, Coimbra, PT - † 1643, no sertão [CN?]

DOMINGOS RODRIGUES VELHO
* Porto, PT - † SP [CN?]

FILIPE DE CAMPOS BANDERBORG
* Freguesia de Loreto, Lisboa, PT - † 1681, PT [CN]

FRANCISCO RODRIGUES VELHO
* por volta de 1573 no Porto, PT - † depois de 1643 [CN?]

FRUTUOSO DA COSTA
* PT - †? [CN]

GASPAR GOMES
* PT - †? [CN]

GERALDO CORREIA SARDINHA / GERALDO CORREIA
* Braga, PT - † em 1667 [CN?]

GERALDO DA SILVA
* São Miguel das Cabreiras, PT - † SP [CN]

JOÃO DE BRITO CASSÃO
* em Arcos de Val de Vez, PT - † 1640 [CN]

JOÃO DA COSTA SILVA
* PT - †? [CN?]

JOÃO MACIEL
* Minho, PT - † SP [CN?]

JOÃO RODRIGUES BRAGANÇA ou BARGANÇA
* PT - †? [CN?]

JOÃO DA SILVA COSTA
* PT - †? [CN?]

JORGE JOÃO
* PT - †? [CN?]

JOSÉ DA COSTA HOMEM
* natural das Ilhas, PT, †? [CN?]

JUSARTE LOPES
* PT - †? [CN?]

LUÍS DE ALBERNÁS
* PT - †? [CN]

MANUEL DE ALVARENGA
* Ilha da Madeira, PT - † 1639, SP [CN?]

MANUEL FRANCISCO PINTO
* Guimarães, PT - † 1638 [CN?]

MANUEL MORATO COELHO
* Lisboa, PT - † 1646, SP [CN]

MANUEL SOEIRO RAMIRES
* Lisboa, PT - †? [CN]

MANUEL DE SOVERAL
* PT - †? [CN?]

PEDRO TAQUES
* Setúbal, PT - † em 1644, em SP [CN]

SEBASTIÃO DE FREITAS
* Silves, Algarves, PT, por 1565 - † 1644, SP [CN]

SIMÃO DA COSTA
* Beja, PT - † 1611, SP [CN?]

SIMÃO DA MOTA REQUEIXO
* PT - †? 1650 [CN?]

SIMÃO RODRIGUES HENRIQUES
* PT - †? [CN?]

B – Participantes da Bandeira de Nicolau Barreto, 1602

Brás Gonçalves, o moço [Mm] e seu pai Brás Gonçalves, o velho [Mm]; Baltasar Gonçalves, o velho [Mm] e seu filho Baltasar Gonçalves, o moço [Mm]; Domingos Gonçalves [PT], Francisco Nunes Cubas [Mm][CN], Jorge João [*PT], Jorge Rodrigues, Antônio Lopes Pinto [*PT] [CN], Manoel Paes [Mm] [CN], João Bernal [*C] [CN], João Murzilho [*PT], Antônio de Andrade, Matias Gomes [*PT], Luís Eanes Grou, o velho [*SP][Mm], Antônio Luís Grou [*SP][Mm], Antônio Pedroso de Barros [*PT] [CN], Baltasar de Godói [*C] [CN], Simão Borges Cerqueira [*PT], Duarte Machado, Geraldo Correia Sardinha [*PT], Pascoal Leite Furtado [*PT], Paulo Grum, José Gaspar Sanches, Sebastião Peres Calheiro, Manoel Afonso de Gaia [*PT] [CN], Rafael de Proença? [*SP] [Mm], Fernando Nobre, Domingos Dias, o moço [*SV], Manoel de Chaves [*SV], Pero Nunes [Mm], Aleixo Leme [*SV], Mateus Neto [*SV][Mm], Antônio Bicudo Carneiro [*PT], Manoel Mendes Alemão, André de Escudeiro [*C], Francisco de Siqueira, Pero Martins, Domingos Fernandes [*SP][Mm][CN], Lourenço da Costa, Nicolau Machado [*PT], Antônio Pedro, Francisco Ribeiro, Lourenço Nunes [Mm], Manoel Rodrigues, Salvador Pires [*SP], Simão Leite, Diogo Peneda, João Dias, Henrique da Cunha Lobo, o velho [*SP], Estevão Ribeiro Baião, o moço [*PT], João Gago da Cunha [*SP], Ascenço Ribeiro [*SV], Pero Leme, o moço [*SV], Manoel Preto, o velho [*SP], Francisco de Alvarenga [*SP] [CN], Martim Rodrigues Tenorio de Aguillar [*C] [CN], Antonio Gonçalves Davide, Antônio Ferreira, Manoel Machado, Francisco Alves Correia, Diogo de Oliveira Gago, Miguel Gonçalves, Francisco Ramalho (Tamarutaca) [Mm], Simão Jorge, Belchior Carneiro [Mm], Antônio Rodrigues Velho, o araa, Afonso Sardinha, o moço [Mm], etc.

NOTA

[1] RICHA, Lênio Luiz. Genealogia brasileira. Estado de São Paulo - Os títulos perdidos. Disponível em: <http://www.genealogiabrasileira.com/cantagalo_ptindice.htm>. Acesso em 15 mar. 2013.

CONSTRUÇÕES-*SE* EM ANÚNCIOS DE REVISTAS PAULISTANAS: UM DIÁLOGO ENTRE A LINGUÍSTICA E O CONTEXTO SÓCIO-HISTÓRICO

Giovanna Ike Coan

SUMÁRIO

APRESENTAÇÃO 154

PESSOALIDADE E IMPESSOALIDADE
NA SOCIEDADE PAULISTANA 157

CONSTRUÇÕES-SE NA LITERATURA LINGUÍSTICA 159

CONSTRUÇÕES-SE NOS ANÚNCIOS DE REVISTAS 161

    Pessoalidade e impessoalidade
    em anúncios de prestação de serviços
    e comercialização de produtos 162

    A *impessoalidade* nos anúncios de produtos 174

CONSIDERAÇÕES FINAIS 179

APRESENTAÇÃO

Em meados do século XX, o gramático brasileiro Eduardo Carlos Pereira já admitia que "*largo debate teem provocado as funcções syntacticas do pronome se*" (Pereira, 1907: 281). Referindo-se às diversas nomenclaturas e funções propostas ao pronome (reflexivo, recíproco, passivo etc.), o autor representa uma voz dentre inúmeras outras que se manifestavam acerca do tema na passagem do século XIX ao XX. De fato, esse é um instante de grande efervescência no que diz respeito a dois tipos de construção com *se*: a que traz concordância entre o verbo e o argumento interno plural (*e.g.*, "Vendem-*se* móveis"), e aquela em que não há concordância (*e.g.*, "Vende-*se* móveis"). Se, no primeiro caso, há uma leitura de voz passiva, no segundo, estamos diante de uma interpretação de sujeito indeterminado.

No português brasileiro (doravante PB), a não concordância em construções-*se* ganhava dimensão nesse período, sendo vista como tendência e caracterizando o vernáculo. O filólogo Said Ali (1908) reconhecia ser muito comum o emprego dessas formas, não apenas no falar do povo, mas também pelos pintores de tabuletas e letreiros, i.e., pela publicidade urbana. Tal constatação pode ser evidenciada em um trecho de um conto do paulista António de Alcântara Machado (1901-1935).[1] No texto, um funcionário público toma o bonde no Largo de Santa Cecília, em direção ao escritório onde trabalha, e, além de reclamar de quase tudo a seu redor, faz comentários sobre a publicidade visualizada dentro do veículo; os detalhes gráficos que enfatizam o "problema" de concordância na sentença com *se* foram produzidos pelo próprio escritor:

(1) *[...] um a um percorre os anúncios do bonde. Ritmando a leitura com a cabeça. Aplicadamente. Raio de italiano para falar alto. Falta de educação é cousa que a gente percebe logo. Não tem que ver. O [anúncio] do [creme dental]* ODOL *já leu. Estava começando o da* CASA VENCEDO-RA. *Isto de preço de custo só engana os trouxas.*
– Oh estupidez! O senhor já reparou naquele anúncio ali? Bem em cima da mulher de chapéu verde. CONSERTA-SE MÁQUINAS DE ESCREVER. *Conser*TA-SE *máquinasss! Fan-tás-ti-co! Eu não pretendo por duzentos réis condução e ainda por cima trechos seletos de Camilo ou outro qualquer autor de peso, é verdade... Mas enfim...* (1988: 130; grifos do autor)

O homem conclui que, pelo baixo preço da passagem, não poderia encontrar trechos seletos de Camilo Castelo Branco ou de outro escritor de peso nas paredes do bonde, resignando-se, pois, com a leitura da publicidade. Embora caricato, esse exemplo da literatura faz entrever a presença desse tipo de construção nas ruas paulistanas. Além disso, indica que a personagem faz uma interpretação passiva da sentença e, por conseguinte, condena a falta de concordância entre o verbo, "conserta-se", e o sujeito, "máquinas de escrever".

Como é de se supor, os gramáticos de então prescreviam a concordância entre o verbo transitivo direto e o substantivo, pois, no seu entender, a conjugação é passiva e tem o mesmo sentido da estrutura analítica (cf. Ribeiro, 1889; Pereira, 1907; Gomes, 1915), como por exemplo: "Afinam-se pianos" (= "pianos são afinados").

Por seu turno, Said Ali (1908) indicava ser constante, nessas frases, a primeira posição da oração (posição canônica de sujeito) ser ocupada pelo verbo ligado ao *se*, em vez de o ser pelo substantivo. Uma vez que o substantivo teve sua posição fixada depois do verbo, fixou-se também a sua função de *objeto direto*, e, consequentemente, o *se*, que já designava *agente* indeterminado, ganhou estatuto de *sujeito*. A desnecessidade da concordância entre o verbo e o argumento interno com verbos transitivos seria uma consequência natural de tal leitura *ativa* (*e.g.*, "Aluga-*se* casas").

Já o escritor carioca João do Rio (1881-1921), contemporâneo aos demais autores acima, nos mostra, em uma crônica, outra possível intuição do falante da época com relação à concordância nas construções-*se*:

(2)   *E outro [pintor de tabuleta], encarregado de fazer as letras de uma casa de móveis, já pintara vendem-se móveis quando o negociante veio a ele:*
        – Você está maluco ou a mangar comigo!
        – Por quê?
        – Que plural é esse? Vendem-se, vendem-se... Quem vende sou eu e sem sócios, ouviu? Corte o m, ande!
        As letras custam dinheiro, custam aos pobres pintores... O rapaz ficou sem o m que fizera com tanta perícia. (2008: 101)[2]

Esse excerto evidencia que, no vernáculo, cabia a possibilidade de o verbo concordar com um item da periferia da sentença – neste caso, referindo-se a um empresário único ("quem vende sou eu e sem sócios"), o negociante da casa de móveis.

Comparando-se as representações de falantes brasileiros expostas por Alcântara Machado e João do Rio, enquanto a primeira personagem exige o "acréscimo do -*m*" ao verbo (como marca de terceira pessoa do plural) para que este concorde com o substantivo posposto, dando à sentença sentido passivo; a segunda exige o "corte do -*m*" no verbo para que este concorde com o elemento em posição de tópico, conferindo sentido ativo à sentença.

Os textos literários do início do século XX colocam-nos diante de duas leituras possíveis que, somadas à explicação de Said Ali, revelam não haver interpretação única, consensual, para a questão da concordância nas construções-*se*. É fato que existia uma convenção prescrevendo "Vendem-*se* móveis", passiva, mas, ao mesmo tempo, a intuição do falante poderia levar à produção ou de "Vende-*se* móveis" ou de "Vendem-*se* móveis", ambas de sentido não passivo.

Ao longo das últimas décadas, a literatura linguística tem se debruçado sobre as construções-*se* conhecidas como "passiva" e de "indeterminação do sujeito" no PB, em perspectivas sincrônica e diacrônica (cf. Nunes, 1990; Duarte, 2002; Cavalcante, 2006, entre outros). Porém, tais trabalhos não enfatizam a correlação entre os resultados obtidos e o contexto sócio-histórico de produção dos textos, nem salientam a relevância das "vozes da época" no entendimento do fenômeno. Dessa forma, sob o enfoque da História Social da Língua Portuguesa, um dos principais objetivos da presente pesquisa é buscar tal correlação e apresentar novas perspectivas de análise.[3]

O período a que nos voltamos neste trabalho, a virada do século XIX ao XX, é marcado por transformações políticas, socioeconômicas, demográficas e culturais no Brasil, sobretudo na cidade de São Paulo. Um exemplo disso é que a intensa urbanização e a transferência das elites das fazendas para as cidades provocaram mudanças no modo de vida das famílias dominantes, pois as antigas relações de sociabilidade pessoais e hierarquizadas começaram a dividir espaço com formas de relacionamento pautadas em princípios abstratos e impessoais (cf. Holanda, 1969; Frehse, 2005). Por sua vez, melhorias nos espaços públicos, como a presença dos bondes, fizeram com que esses membros das elites passassem a conviver com e a aproximar-se fisicamente das outras classes sociais. Emergiu, assim, um quadro caracterizado pela coexistência de *pessoalidade* e *impessoalidade*, verificável em diversas esferas, como nas ruas, no consumo, no lazer e nos esportes.

É de se inferir que, sendo estrutural, o jogo entre marcas *pessoais* e *impessoais* também contagiaria a língua. O estudo das construções-*se* em textos redigidos no momento provavelmente dará visibilidade a isso, já que o pronome *se* exprime a indeterminação de um agente humano – um artifício que, pelo menos na esfera linguística, parece apontar para a *impessoalidade*. Por isso, na presente pesquisa investigamos se e como tais aspectos sócio-históricos podem ser observados em construções-*se* coletadas em anúncios publicitários de periódicos paulistanos (almanaques e revistas ilustradas e de variedades) dos anos de 1890 a 1920, instante de *boom* dessa imprensa na cidade (Martins, 2008).

Escolhemos esse material porque, embora investigações linguísticas diacrônicas tenham utilizado *corpora* publicitários (cf. Duarte, 2002), nelas, os anúncios provêm de jornais e têm, em geral, características dos classificados. Buscamos verificar o fenômeno em anúncios de revistas porque, além de serem distintos por estarem publicados em veículos de comunicação mais modernos e elitizados, eles apresentam atributos dos chamados *anúncios de exibição*, nos quais, diferentemente dos classificados, a persuasão do público (por meio de recursos linguísticos e visuais) prevalece sobre a comunicação de uma oferta, seja ela um serviço ou um produto (Vestergaard e Schrøder, 2004). De fato, o início do século XX é o momento de grande desenvolvimento da publicidade no Brasil (Ramos, 1987).

Diante disso, as sentenças com construções-*se* não serão aqui estudadas como unidades visuais isoladas, mas tendo relações com os demais elementos do anúncio publicitário (verbais e não verbais, e.g. títulos, frases, ilustrações), isto é, considerando-as parte do *todo*, num exercício de leitura holística do texto (cf. Meneses, 2000).

Este capítulo está organizado nas seguintes partes: inicialmente, apresentamos as principais características da cidade de São Paulo na passagem do século XIX ao XX, enfocando o quadro social da *pessoalidade vs. impessoalidade*. Na segunda seção, damos um breve resumo de como as construções-*se* foram abordadas pela literatura linguística. Por fim, a terceira seção traz a descrição e a análise das construções-*se* nos anúncios das revistas, a partir da qual esboçamos as considerações finais.

PESSOALIDADE E IMPESSOALIDADE NA SOCIEDADE PAULISTANA

Desde a década de 1870, a capital paulista tornava-se palco privilegiado de mudanças socioeconômicas, urbanísticas e culturais. O crescente fluxo de imigrantes estrangeiros trouxe à cidade um vertiginoso aumento demográfico: a população passou de aproximadamente 26 mil habitantes, em 1872, para 64 mil, em 1890 e, depois, para 260 mil, em 1900; já em 1920, chegou a 581 mil habitantes (Santos, 1998).

Por outro lado, a prosperidade da lavoura no oeste do estado transformou a cidade de São Paulo no centro político, financeiro e mercantil do complexo agroexportador cafeeiro, dando-lhe o epíteto de Metrópole do Café. Com a transferência de sua moradia das fazendas para a cidade, a aristocracia passou a emular práticas e representações urbanas ditadas pelas nações tidas como social e tecnologicamente desenvolvidas (Homem, 1998); um exemplo é que, de Paris, vieram os primeiros modelos de palacetes, uma arquitetura que espelhava o êxito econômico do proprietário.

Como decorrência de melhorias na infraestrutura da cidade e do desenvolvimento do comércio e demais atividades econômicas, as ruas, espaço historicamente frequentado pelos grupos subalternos da sociedade (Frehse, 2005), pulsavam agora também com a presença das elites. Assim, formas de relacionamento hierarquizadas e cordiais, típicas do mundo patriarcal, dividiam espaço com formas pautadas na racionalidade do capital e, com o advento da República, na ordenação impessoal do Estado burocrático (Holanda, 1969). Essa convivência das elites com as demais classes fez emergir um sistema binário de classificação, tomando por base as formas de conceber o universo social e de nele interagir: de um lado, estavam as *pessoas*, representando uma moralidade em que reinava o tratamento diferencial e em que só *alguns* se submetiam às leis; de outro, encontravam-se os *indivíduos*, aqueles que eram a imagem de um mundo onde *qualquer um* é igual ao outro e perante as leis (Da Matta, 1997). A simultaneidade desses dois opostos poderia ser notada em diversos domínios da vida social.

Em São Paulo, as vias elegantes e movimentadas eram locais privilegiados para o jogo simbólico de pertencimento ao mundo das *pessoas*. Frequentar as refinadas confeitarias e casas comerciais da região do *Triângulo* (ruas 15 de Novembro, São Bento e Direita) e consumir produtos estrangeiros, tidos como os mais modernos e de "bom gosto", fazia as elites se sentirem mais próximas do cosmopolitismo europeu e, por conseguinte, distantes do resto da população. O comércio popular, frequentado pelos *indivíduos*, concentrava-se nas ruas Florêncio de Abreu, 25 de Março, do Carmo e na avenida Rangel Pestana, saindo em direção ao Brás (Deaecto, 2002).

Como opções de lazer e sociabilidade, os paulistanos das classes mais altas também visitavam espaços que espelhavam o requinte parisiense, como jardins, parques, teatros, cinemas e salões para saraus literários ou audições musicais (Rago, 2003), e praticavam esportes como natação, remo, canoagem, ciclismo, esgrima, tênis, turfe, corridas a pé e *matches* de futebol – modalidade até então restrita aos "grã-finos da sociedade".

Diante disso, os modernos serviços de infraestrutura passaram a ser consumidos pelos diversos grupos sociais de São Paulo, inclusive as elites, encurtando distâncias e conferindo mais agilidade aos trajetos. Como aponta Gilberto Freyre (apud Da Matta, 2010), o bonde é um instrumento de democratização, pois promove o encontro e a aproximação física, totalmente igualitária, entre *pessoas* e *indivíduos*, de modo que as primeiras, conscientes de seu posicionamento social, são obrigadas a sentar-se lado a lado com os *outros*. Porém, essa prática não passou incólume às queixas que "*senhoras distintíssimas*" e "*pessoas e famílias decentes*" publicavam diariamente nos jornais da capital, reclamando, indignadas, do "*péssimo estado*" das linhas, da "*vozeria*" no interior do veículo e nas ruas transitadas e da "*grosseria*" do condutor para com os passageiros (Frehse, 2005: 199-203).

Logo, a virada do século XIX ao XX no Brasil seria marcada pela *coexistência* de uma visão do mundo como foco de integração e *impessoalidade* e de uma visão do mundo como feito de categorias exclusivas, colocadas numa escala de respeitos e deferências (Da Matta, 1997). Essa última tinha raízes na diferenciação econômica e social existente entre *dominadores* e *dominados*, que, no âmbito das relações de trabalho, corresponde às categorias de *empregadores* e *empregados*.

Sérgio Buarque de Holanda (1969) aponta que, se, nas velhas corporações, os mestres e aprendizes trabalhavam como uma só família e as relações eram pessoais e diretas, no moderno sistema industrial, a separação cada vez maior entre as funções de cada membro do grupo suprimiu a atmosfera de intimidade e cordialidade. Mas também no modo de produção artesanal, que envolve menor número de homens, é possível notar a divisão entre as categorias do *artista* (que projeta) e do *operário* (que constrói). Enquanto uns teriam conhecimento e criatividade, outros usariam habilidade e técnica e, juntos, produziriam a peça. Assim, embora um objeto pudesse ser identificado como tendo origem em um determinado estabelecimento, ele era, na verdade, o resultado da ação de toda uma oficina e representava o trabalho fragmentado e anônimo de um grande número de artesãos (i.e., de *indivíduos*). Contudo, somente o empregador (um indivíduo *específico*, uma *pessoa*) costumava levar os créditos pela peça, e não o *coletivo* de empregados que contribuíram para a sua feitura (cf. Auslander, 1996). Era o *renome* se sobrepondo ao *anonimato*.

Portanto, entendemos que, no período entre séculos, o jogo de *pessoalidade vs. impessoalidade* não se restringia às elites paulistanas que conviviam, nas ruas, com *outros*, mas afetava todas as formas de relacionamento baseadas em princípios hierárquicos, em esfera internacional. Uma vez que examinaremos anúncios de casas de comércio e de prestação de serviços paulistanas, indagamos: será que a oposição de *renome vs. anonimato*, espelhando empregadores *vs.* empregados, pode transparecer nos textos publicitários? E, enfocando a região do Triângulo, será que, da mesma forma que *pessoas* compunham o quadro de consumidores, as categorias de produtores e distribuidores também eram marcadas pela presença de tais *indivíduos específicos*?

CONSTRUÇÕES-SE NA LITERATURA LINGUÍSTICA

Até meados do século XVI, a língua (português clássico) realizava, em verbos transitivos diretos, construções-*se* de sentido *passivo*, semelhantes à passiva perifrástica por terem o objeto subjacente como sujeito superficial, com o qual o verbo concorda, e por permitirem a ocorrência do sintagma agentivo (Naro, 1976), conforme ilustra o exemplo de Camões (apud Naro, 1976), de 1572:

(3) *Aqui **se** escreverão novas histórias, **por gentes estrangeiras**. (Lus.* VII 55)

O apagamento do sintagma agentivo suscitou a emergência da construção sem concordância e com interpretação *ativa*. Naro relaciona a motivação para essa mudança linguística à similaridade existente entre uma sentença ativa de ordem SVO (sujeito-verbo-objeto) e uma estrutura passiva com o *se* precedendo o verbo e o substantivo estando posposto a ele, como mostra o par de sentenças a seguir:

(4) a. *& porrem **o padre** lee este evangelho na festa da trindade.*
     b. *& porrem **se** lee este evangelho na festa da trindade.*

Segundo outros estudos, no século XIX e no início do XX, a ausência de concordância é recorrente no PB em *corpora* escritos de diversos gêneros, tendo frequência relativamente baixa em textos de maior formalidade, como cartas de leitores e de redatores, e artigos de jornais, mas chegando a ser majoritária em textos tidos como mais próximos do vernáculo, como cartas pessoais, diários e anúncios de jornais (cf. Nunes, 1990; Cavalcante, 1999; Duarte e Lopes, 2002; Duarte, 2002) – em anúncios de jornais paulistanos do XIX, Duarte (2002) encontra o alto índice de 61% de discordância.

A pressão normativa seria uma justificativa para o emprego da concordância formal nas variedades europeia e brasileira, uma vez que a Gramática Tradicional (GT) considera tais ocorrências *passivas sintéticas*. Porém, há outras explicações possíveis para o fenômeno, especialmente no âmbito da Gramática Gerativa.

A concordância entre verbo e sintagma nominal (SN) na construção-*se* é comumente analisada como sendo semelhante à que ocorre com a passiva perifrástica ou com os verbos inacusativos, nos quais há o movimento do argumento interno, que não recebe caso acusativo, para a posição de sujeito. O *se* surgiria como argumento externo e, depois, seria cliticizado à flexão.

Entretanto, enfocando o português europeu (PE), Raposo e Uriagereka (1996) consideram essa interpretação prematura e afirmam que as construções-*se* são, na verdade, estruturas *ativas*, independentemente de haver ou não a concordância e de o argumento interno estar anteposto ou posposto ao verbo.[4] Baseando-se na teoria de checagem de traços do Programa Minimalista, argumentam que, nesses casos, é o *se* que ocupa a posição de sujeito,[5] e não o SN. Mas, por conta da natureza defectiva do *se* (para pessoa e número), ele não é o responsável por desencadear a concordância verbal, processo acionado pelo argumento interno, movido para uma posição de tópico (à periferia esquerda da sentença) – sem passar pela posição de sujeito e, portanto, sem caracterizar a estrutura como passiva:

(5) *Salsichas $_i$ vendem-se ___ $_i$ no talho Sanzot.*

Seguindo a proposta de que as construções-*se* são ativas, A. M. Martins (2003, 2005, 2009) justifica a concordância tomando por base outro tipo de estrutura. A autora sugere que o *se* não é defectivo, mas tem natureza tal que lhe permite uma relação de "associação" com um substantivo, para, assim, possibilitar concordância do verbo com os traços desse "associado". Este poderia ser o argumento interno ou até mesmo outro elemento em posição de tópico, denominado por ela "duplo sujeito", como indicam os seguintes exemplos (itens em negrito):

(6)   a. *A **gente** via-**se** as baleias.*
      b. *Nunca **se vimos** este peixe.*
      c. ***A minha mãe e os outros** tiravam-**se** aquele punhadozinho de coalhada e depois iam espremendo aquilo...*

Tais estruturas, encontradas em dialetos do território português (*e.g.*, Madeira e Porto Santo), seriam realizáveis porque o SN compartilha com o *se* o valor semântico indefinido. Nesses casos, o sujeito expresso pelo *se* deve ser interpretado dentro do universo de referência delimitado pelo SN, seu "duplo", que, nos exemplos anteriores, relacionam-se à comunidade a que o falante pertence. Portanto, está bloqueada uma potencial interpretação genérica (arbitrária) do *se* (Martins, 2003, 2005, 2009).

Em comum, os trabalhos recentes têm colocado em xeque a *passiva sintética* e classificado as construções-*se* como estruturas ativas, nas gramáticas do PE e do PB.

Mas será que as justificativas para a concordância nas construções-*se* esgotam-se nos argumentos oferecidos pela literatura? Será que um exame diferente das sentenças com *se*, em relação ao seu contexto de produção e de uso (como, no nosso caso, a leitura holística e sócio-histórica dos anúncios), revelaria outros caminhos interpretativos? Por fim, será que a passiva com *se* não seria realizada em contexto algum, em se tratando do PB? E, se ela ocorrer, a motivação para seu emprego se daria somente por pressão normativa?

Instigados por essas perguntas, pretendemos analisar as construções-*se* dos anúncios de revistas paulistanas, procurando descrever propriedades características de cada uma e estabelecer um diálogo entre nossos dados e relatos produzidos por autores que viveram no período em questão (*e.g.*, gramáticos e literatos), com o intuito de evitar uma interpretação anacrônica dos resultados.

CONSTRUÇÕES-SE NOS ANÚNCIOS DE REVISTAS

Nesta seção, apresentamos uma análise *qualitativa* das construções-*se* nos anúncios de revistas, observando como suas partes constitutivas se relacionam entre si e influenciam a interpretação das sentenças com *se*.[6]

Tais publicidades divulgam prestação de serviços e comercialização de produtos e destacam, mediante recursos tipográficos variados: o nome do estabelecimento, o nome do executante do serviço ou do proprietário da casa comercial, qualidades e especialidades do profissional, do negócio ou do produto, além do endereço do estabelecimento.

Com o intuito de estudar o jogo *pessoalidade vs. impessoalidade* na interface sintaxe-semântica, em cada anúncio, examinamos se é possível identificar antecedentes referenciais em nomes próprios, os quais indicam *pessoas* (empregadores, empresários) e representam agentes/sujeitos *determinados*. Por outro lado, investigamos motivações contextuais (intra e extratextuais) que levam ao emprego do *se*, que exprime agente *indeterminado*. Uma hipótese é que ele estaria marcando a presença de (um grupo de) *indivíduos*, e não de *pessoas*, na condução das ações descritas pelos verbos. Logo, embora o enfoque desta pesquisa esteja nas construções-*se*, analisamos também sua "alteridade", i.e., as sentenças com agentes determinados, a fim de ponderarmos a contribuição semântica do *se* para a publicidade.

Por ser uma análise holística dos anúncios, atentamos para os efeitos da diagramação nas sentenças estudadas, isto é, vemos se elementos escritos no topo dos anúncios ocupam, na transposição sintática, posição de tópico em correferência com um sujeito na(s) sentença(s). Apesar de não estarem próximos "linearmente", já que há "pausa" entre tópico e sentença-comentário (i.e., espaço em branco ou preenchido com outro elemento verbal ou não verbal), os realces conferidos a esses elementos possibilitam que se faça uma "leitura contínua" e que se estabeleça conectividade "referencial" ou "semântica".[7]

Pessoalidade e impessoalidade em anúncios de prestação de serviços e comercialização de produtos

O anúncio a seguir não traz os nomes próprios dos negociantes por extenso, estando escrito somente um sobrenome, antecedido pela primeira letra do prenome e seguido da abreviação "*Comp.*", que aponta uma *sociedade comercial*. O nome da sociedade é realçado por negrito e fonte de tamanho maior, no alto da figura:

(7)

> **COMMISSARIOS**
> **R. LOPES & COMP.**
> Telephone N.º 272
>
> Recebem todo e qualquer genero á consignação,
> tanto nacional como estrangeiro. Importam directamente
> vinhos finos do Alto Douro, Porto, etc., etc.
> Variadissimo e completo sortimento de ferragens, tintas, ar-
> marinho, roupas feitas, fazendas, louça, kerozene,
> arroz, vellas, papel branco e de cores etc., etc. por atacado
> e a varejo livros em branco etc., etc.
> Mate superior do Paraná.
>
> Despacho de mercadorias para a Estação do Braz
> RUA DO BRAZ, 31 esquina da do Monsenhor Anacleto
> S PAULO
> AO BENDIGO' Casa Iberica

(Almanach do Estado de S. Paulo para 1890)

Commissarios
R. Lopes & Comp.
Telephone N.º 272
Recebem todo e qualquer gênero á consignação, | tanto nacional quanto estrangeiro. Importam directamente | vinhos finos do Alto Douro, Porto, etc., etc. Variadissimo e completo sortimento de ferragens, tintas, ar-|marinho, roupas feitas, fazendas, louça, kerozene, | arroz, vellas, papel branco e de cores etc., etc. por atacado | e a varejo livros em branco etc., etc. Mate superior do Paraná. Despacho de mercadorias para a Estação do Braz Rua do Braz, 31 esquina da do Monsenhor Anacleto S. Paulo

A leitura do anúncio como um todo aponta que, em *"Recebem todo e qualquer gênero a consignação, [...]. Importam directamente vinhos"*, não se pode pensar em terceira pessoa do plural indeterminada, pois há um elemento destacado no texto, qual seja, o nome da sociedade: *"Commissarios R. Lopes & Comp."*, e este é percebido visualmente antes de as sentenças serem lidas. Assim, o referente do agente/sujeito vem explicitado como sendo os *"Commissarios R. Lopes & Comp."*, indicando os proprietários do estabelecimento; esse SN ocuparia a periferia esquerda e exerceria a função de *tópico* das sentenças. Isso justifica, na representação que fazemos a seguir, a coindexação entre o tópico e as categorias vazias (*cv*) nas sentenças (i) e (ii):[8]

> *[Commissarios R. Lopes & Comp.]* $_i$
> (i) *cv* $_i$ *Recebem todo e qualquer gênero á consignação, tanto nacional quanto estrangeiro.*
> (ii) *cv* $_i$ *Importam directamente vinhos finos do Alto Douro, Porto, etc, etc.*

Tanto a abreviação *"Comp."* quanto o nome (atributo) *"Commissarios"* têm traço *plural* (traço semântico no primeiro e formal no segundo) e exigem que os verbos de (i) e (ii) flexionem na terceira pessoa do plural. Entendemos, assim, que os *"Comissarios R. Lopes & Comp."* são as *pessoas* garantidoras do serviço, i.e., os que se responsabilizam pela boa condução das atividades, como a venda de *"variadíssimo e completo sortimento"* de mercadorias, indo de ferragens a alimentos. Pode-se estimar que a singularidade da casa (para com suas concorrentes) é marcada pela longa enumeração de itens lá comercializados, que, de tão diversos, não cabem no anúncio – haja vista os repetidos usos da abreviação *"etc., etc."*.

De fato, o grupo dos comerciantes de São Paulo configurava um tipo de hierarquia social. Profissionais como os agentes, comissários e importadores formavam a elite dessa classe, visto que interagiam com o mercado externo, tinham a seu favor companhias de navegação e formavam amplas redes de circulação com o auxílio das estradas de ferro e com a proteção do governo (Deaecto, 2002); eram, portanto, *pessoas* importantes nas relações econômicas da cidade.

Esse anúncio destacou que uma sociedade de *pessoas* estava a cargo das atividades conduzidas no local divulgado. Por outro lado, os próximos anúncios se nos mostram mais *impessoais*, por conterem construções-*se*. Conforme veremos a seguir, a presença do *se* rompe o elo referencial entre a categoria vazia e um antecedente *pessoal* (como nomes de empresários) que estiver em posição de tópico, indicando simplesmente a existência de agente humano, não nomeado – tal como os *indivíduos* (Da Matta, 1997).[9]

Encabeçando o próximo anúncio e chamando a atenção do leitor, estão, além do nome da sociedade proprietária, *"Teixeira, Silva & Comp."*, os locativos *"Armazem Central"* e *"Casa da Rapoza"* – este, acompanhado de uma vinheta figurando o animal:

(8)

(*Almanach do Estado de S. Paulo para 1890*)

Armazem Central
Casa da Rapoza
Teixeira, Silva & Comp.
16 – Rua Direita – 16
Completo sortimento de papeis pintados, | nacionaes e estrangeiros, dou-rados, assetinados e | envernisados.
Vidros de todas as qualidades e côres, Mos-|seline, opacos e gelatinados.
Molduras pretas, douradas de todas as lar-|guras.
Espelhos ovaes e quadrados de Bisonté e | a fantasia com relevos.
Oleographias, gravuras e Lithographias.
Santos em bustos e estampas.
Vidros em caixas para o interior e por medida.
Remettem-se amostras
Tudo por preços resumidos
16 – Rua Direita – 16
S. Paulo

Em "*Remettem-se amostras*", a inserção do *se* indica que a ação não estaria exclusiva e intimamente ligada à figura do proprietário, como em (7). Dessa forma, é o SN "*Armazem Central Casa da Rapoza*" (destacado na página) que atua como tópico e se conecta discursivamente à sentença que o sucede:

[Armazem Central Casa da Rapoza] $_i$
[Teixeira, Silva & Comp.]
(i) **cv** $_i$ *Remettem-se amostras*

Nesse local, as atividades deveriam ser exercidas por quaisquer *indivíduos* que lá trabalhassem, o que é comprovado pelo uso do *se*. Este afasta a acessibilidade do sujeito nulo de (i) com o referente *pessoal*, "*Teixeira, Silva & Comp.*", e dá carga de arbitrariedade aos agentes.[10] Na leitura global do anúncio, o *se* deve ser interpretado dentro do universo de referência delimitado por "*Armazem Central Casa da Rapoza*"; assim, uma possível leitura genérica e arbitrária do *se* – remetendo a *quem quer que seja* – é bloqueada pelo contexto (Martins, 2003, 2005, 2009) e, no lugar, surge uma leitura existencial da sentença.[11]

E como explicar o emprego dos verbos na terceira pessoa do plural?

Seguimos as análises que consideram construções-*se* desse tipo como *ativas*. O sn que segue o verbo de (i) é o objeto direto do predicado ("*amostras*"), de modo que a interpretação que fazemos se alinha a Said Ali (1908). Porém, enquanto o filólogo assumia que o verbo deveria permanecer no singular porque o sujeito estava indeterminado pelo *se*, entendemos que a concordância verbal é, na verdade, realizada com o *tópico*, semanticamente de traço [+plural],[12] coindexado aos sujeitos nulos (tal como proposto em (5)). Apontando um estabelecimento comercial, o "*Armazem Central Casa da Rapoza*" implica a presença de um *conjunto de indivíduos* (de número indeterminado) atuando no local, numa instância da metonímia "lugar – pessoas que se acham no lugar" (Bechara, 2002: 398).

O próximo anúncio segue essa mesma linha interpretativa, com o adicional de que o nome da sociedade comercial se localiza na parte final do texto, em posição de antitópico:

(9)

(*Vida Paulista*, n. 9, 1903)

Casa Bevilacqua
Pianos e Musicas
Unicos representantes dos acreditados pianos Rönisch (Primeiro fabricante da Allemanha) Premiado nas Exposições a que tem concorrido
Pianos Pleyel, Colombo, Boisselot, Spaethe, etc., etc.
Musicas de todas as edições do mundo. A mais importante casa editora do Brazil.
Alugam-se pianos novos e usados
E. Bevilacqua & Comp.
Rua de S. Bento, 41A – S. Paulo

[Casa Bevilacqua] $_i$
(i) *cv* $_i$ *Alugam-se pianos novos e usados*
[E. Bevilacqua & Comp.]

Aqui, o nome da sociedade proprietária do estabelecimento aparece posposto à sentença, com o realce tipográfico conferido ao nome "*E. Bevilacqua & Comp.*" (caixa alta, negrito e tamanho maior), tornando-o um dos elementos de maior saliência no anúncio. Já o atributo "*Unicos representantes dos acreditados pianos Rönisch*", que ocupa uma das primeiras linhas do texto escrito e que também ganhou destaque com fonte grande, pode ser interpretado como um aposto, pois enfatiza a singularidade das *pessoas* donas da empresa.

Entretanto, localizando-se em uma zona secundária de visualização (cf. Silva, 1985), na parte baixa da publicidade, o antitópico "*E. Bevilacqua & Comp.*" é um pouco menos saliente para o leitor do que o tópico "*Casa Bevilacqua*", um SN cujo núcleo é o nome comum "casa". Logo, essa "casa", como local onde trabalha um grupo de *indivíduos*, adquiriu proeminência no anúncio. A proximidade do tópico "*Casa Bevilacqua*" à gravura que adorna o anúncio (de casais bailando provavelmente ao som dos pianos vendidos lá) torna o item ainda mais saliente. A inserção do *se* indica que a ação de alugar pianos novos e usados seria exercida por *indivíduos* não nomeados que trabalhassem na "*Casa Bevilacqua*", não estando mais intimamente ligada às figuras dos proprietários.

Nossa interpretação lembra, assim, as estruturas investigadas por Martins (2003, 2005, 2009), sobretudo no que concerne à ideia de que a concordância é desencadeada por um tópico (diferente do argumento interno movido), que remete a um universo referencial delimitado. A contribuição semântica do *se* é, portanto, a de *não especificar*, não singularizar quaisquer *pessoas*.

Na próxima publicidade, há apenas o sobrenome do empresário inscrito no nome do estabelecimento, "*Photographia Sarracino*", que encabeça a página:

(10)

(*Correio da Semana*, n. 199, 1914)

Photographia Sarracino
Um dos mais bem montados ateliers de S. Paulo, mantendo um corpo escolhido de reputados artistas.
Acceita qualquer classes de trabalhos a oleo, pastel, aquarella, crayon, etc. Especialidade em ampliações.
O maximo capricho na execução de retratos e de grupos, ao ar livre.
Attendem-se a chamados do interior.
Rua 15 de Novembro N. 50 – S. Paulo

[Photographia Sarracino] $_i$
(i) **cv** $_i$ *Acceita qualquer classes de trabalhos a oleo, pastel, aquarella, crayon, etc.*
(ii) **cv** $_i$ *Attendem-se a chamados do interior.*

A referência para a categoria vazia de (i) é "*Photographia Sarracino*". O anúncio informa que o ateliê aceita quaisquer tipos de trabalhos de pintura ou fotográficos; de fato, "quem" aceita tais serviços são os proprietários do ateliê, embora estes não estejam explicitados no texto, mas inferíveis em "*Sarracino*". Essas *pessoas* também estão a cargo da escolha de seus artistas, i.e., são os empregadores (cf. "*corpo **escolhido** de reputados artistas*"), sugerindo hierarquia. Não é à toa que a imagem contendo exemplos de obras realizadas por esses *indivíduos* "renomados" (porém não nomeados) ocupa enorme espaço na publicidade. Provavelmente, os variados trabalhos aceitos (a óleo, pastel, aquarela, crayon; retratos individuais e de grupos; fotografias em estúdio ou ao ar livre) seriam repassados aos artistas, de acordo com a especialidade de cada um.

Por sua vez, a sentença (ii) poderia ser um exemplo de hipercorreção por parte do redator ou tipógrafo, pois verbos transitivos indiretos ligados ao *se* não requerem concordância com o argumento interno. Todavia, podemos ampliar a interpretação além dos domínios da hipercorreção, levando em conta detalhes da diagramação.

Se (ii) fosse "*Attende a chamados do interior*", o verbo no singular (sem o *se*) teria propiciado a leitura *pessoal*, com referência de sujeito no SN "*Photographia Sarracino*" e condizente com (i); se, por outro lado, fosse "*Attende-se a chamados do interior*", a concordância seria feita formalmente com o SN "*Photografia Sarracino*" e o *se* marcaria a indeterminação do agente. Porém, o que temos no texto é um verbo na terceira pessoa do plural acompanhado do *se*.

O exame do anúncio como um todo revela que, em (ii), o verbo "atender" concorda em número com o *coletivo* dos empregados do local, os "reputados artistas" do ateliê. Recorrer ao *se* serve, pois, para não especificar quem executa a atividade de "atender a chamados do interior", indicando simplesmente que existem *indivíduos* realizando tal ação.

Esse anúncio é a chave para identificarmos que a concordância também poderia se dar com o coletivo implícito no tópico e não com traços formais desse elemento. Foi somente por meio de um exame que contemplasse observar a *relação* das sentenças umas com as outras (nos níveis sintático, semântico e tipográfico) que pudemos perceber tal associação.

Até aqui, vimos estudando publicidades que apresentaram o verbo no plural em aparente concordância com o argumento interno. A leitura holística, porém, fez entrever a existência de um referente (em posição de tópico) com o qual o verbo estabelece uma relação de concordância *semântica*, por meio de uma categoria nula na posição de sujeito. A seguir, veremos que essa relação também pode se estabelecer no nível *formal*.

O anúncio adiante inicia-se com o nome do estabelecimento, "*Casa Lopes & Parames*", contornado por uma fina moldura retangular. Enquanto os sobrenomes "*Lopes & Parames*", ligados à sociedade proprietária, localizam-se no centro do retângulo e estão realçados em fonte grande e negrito, o nome comum "Casa" sobrepõe-se à margem superior da moldura, interrompendo essa linha:

(11)

(*A Cigarra*, n. 67, 1917)

Casa Lopes & Parames
Loterias e Commissões
Acceita-se apostas de Corridas.
Rio e S. Paulo
Rua S. Bento, 57-A – S. Paulo
Matriz: Rua do Ouvidor, 151 - Rio

[Casa Lopes & Parames] $_i$
[Loterias e Commissões]
(i) **cv** $_i$ *Acceita-se apostas de Corridas.*

Seguindo a interpretação que vimos fazendo, há conectividade discursiva entre o tópico e a categoria vazia da sentença subsequente. Mas como explicar o emprego do verbo na terceira pessoa do singular?

Embora os nomes das *pessoas* estejam proeminentes no anúncio, há a concordância do verbo com o traço formal [-plural] do SN "*Casa Lopes & Parames*", que expressa um *locativo*. Abaixo dele, a informação "*Loterias e Commissões*" tem a função de aposto ao *singularizar* o local em termos de suas especialidades. Já o *se* marca a agentividade humana e a indeterminação de quem realiza os serviços, dentro do universo referencial da casa de loterias e comissões. Com efeito, os realces conferidos aos endereços do estabelecimento, na área inferior do retângulo, contribuem para salientar a importância da *casa* enquanto espaço físico, isto é, não mais como coletividade de *indivíduos*.

O próximo anúncio não é de "casa", mas sim de "fábrica", e também apresenta verbo no singular + *se*. A publicidade tem como título "*Grande Fabrica de Bilhares*", em negrito e fonte de tamanho grande, seguido do nome comercial "*Taco de Ouro*", em caixa alta e contornado por uma moldura fina horizontal, os quais lhe dão realce. No topo direito, encontra-se uma ilustração alusiva aos principais produtos executados no estabelecimento, os artigos para o jogo de bilhar:

(12)

(*A Cigarra*, n. 51, 1916)

Grande Fabrica de Bilhares
"Taco de Ouro"
Tornearia – Tapeçaria – Moveis
7 modelos diferentes!
Fabricados com Gosto, Capricho e Perfeição!
Os unicos preferidos que bateram o Record em todo o Brasil
Importação, Exportação e Deposito de Artigos para Bilhares e qualquer outro jogo. – Pinta-se pannos para todos os jogos. – Tornea-se bolas com toda a perfeição.

*As encommendas tanto da Capital como do Interior são executadas com a
maior brevidade, esmero e promptidão.
Januario Pirillo
Largo General Osorio, 29 – Teleph. 3799 – S. Paulo*

[Grande Fabrica de Bilhares "Taco de Ouro"] _i
[Tornearia – Tapeçaria – Moveis]
(i) cv _i Pinta-se pannos para todos os jogos.

(ii) cv _i Tornea-se bolas com toda a perfeição.
[Januario Pirillo]

As saliências conferidas a *"Grande Fabrica de Bilhares"*, ao nome *"Taco de Ouro"* e às especificações que informam que a casa é *"Tornearia – Tapeçaria – (Fábrica de) Moveis"* fazem com que o locativo seja o referente para os sujeitos de (i) e (ii), desencadeando a concordância formal, com a flexão do verbo na terceira pessoa do singular. O *se* evidencia a arbitrariedade dos agentes e seu traço semântico [+humano] permite que não seja mais necessário buscá-lo na ideia de *coletivo* de empregados ou em nomes de *pessoas*, como o do proprietário *"Januario Pirillo"*, que aparece em posição de antitópico.

Em ocorrências desse tipo, estabelece-se uma concordância formal, afastando a concordância semântica/metonímica com os *indivíduos*-trabalhadores inferidos pelo tópico "casa". Caminha-se, pois, para a *impessoalidade*, por conta da referência apenas ao locativo (de traço [-humano]). Assim como nos exemplos anteriores, a concordância prescrita pela GT, isto é, entre verbo e argumento interno plural, não foi realizada.

Na publicidade a seguir, os nomes do estabelecimento e do seu proprietário apresentam saliência tipográfica, no topo da página. No centro do anúncio, a lista de produtos (joias) vendidos no local, por atacado e a varejo, chama a atenção do leitor. Somente na parte inferior do texto é mencionado o serviço de *"ourivesaria"*, com a palavra destacada por caixa alta e vinhetas laterais. O anúncio termina mencionando o nome da cidade de "São Paulo", onde a casa era edificada à *"Rua 15 de Novembro, 27"*, e a especificidade de ter *"Casa em Paris"*, enfatizada com a indicação do endereço *"Rua Richer N. 34"*:

(13)

(*Almanach do Estado de S. Paulo para 1890*)

Grande deposito de joias
Unica Casa
JACOB LÉVY
27, Rua 15 de Novembro, 27
Completo sortimento de ouro, prata, brilhantes, perolas, rubis, saphiras, relógios e correntes
De todas as qualidades
Vendas por atacado e a varejo
Recebe-se por todos os paquetes as ultimas novidades
Concerto de Relogios garantindo o trabalho
Ourivesaria
S. Paulo
Casa em Paris | Rue Richer n. 34.

[Grande Deposito de Joias] $_i$
(i) *cv* $_i$ *Recebe-se por todos os paquetes as ultimas novidades*

Compreendemos que foi dada maior proeminência à *comercialização* do que à *produção* das joias porque, na São Paulo do início do século XX, esse ramo de negócio foi perdendo o caráter de *oficina*, isto é, de local de exercício da ourivesaria, para se firmar (apenas/ou sobretudo) como ponto de revenda, como *casa comercial* especializada em joias (Barbuy, 2006). A sentença (i) acentua essa leitura, pois informa que o estabelecimento faz importação de mercadorias ("*as últimas novidades*") da Europa – haja vista o fato de ele ter sucursal em Paris –, e essa característica lhes conferia ainda mais prestígio no mercado (cf. Deaecto, 2002).

O papel semântico de benefactivo, em "receber", poderia estar relacionado ao *locativo* "*Grande Deposito de Joias*" (propriedade) ou à *pessoa* de "*Jacob Levy*" (proprietário); essa ambiguidade é causada pelo fato de o verbo estar na terceira pessoa do singular, concordando em número com ambos os referentes. Todavia, a presença do *se* oblitera a vinculação com o nome do proprietário e aponta a indeterminação da entidade que se beneficia do evento. Dessa forma, a concordância se dá entre o verbo e o tópico de valor locativo.

É possível considerar que a construção-*se* demarca o limite entre o âmbito *pessoal* – ligado a "*Jacob Lévy*" e ao serviço artesanal da "*ourivesaria*" –, que favoreceria o emprego de sujeito nulo sem o *se* – e a esfera do *impessoal* – assinalada pela ênfase na casa comercial e pelo recebimento de artigos europeus prontos para a venda.

Em resumo, a análise de anúncios de prestação de serviços e de comercialização de produtos permitiu-nos identificar três funções para o *se*:

a. indicar que o agente é humano;
b. romper o elo referencial do sujeito com *pessoa(s)*;
c. propiciar concordância semântica (com *coletivos*).

Essas funções condizem com os principais traços semânticos do pronome, elencados pela literatura, a saber: [+humano], [-definido] e [+plural]. Logo, nas construções-*se* com concordância semântica entre verbo e SN (remetendo a um coletivo de *indivíduos*), as funções "a", "b" e "c" seriam acionadas, ao passo que, naquelas com concordância formal entre verbo e SN (designando um *locativo*), somente as funções "a" e "b" estariam em ação. Em comum, todos os anúncios apresentam construções-*se* ativas. No próximo item, verificaremos se as construções-*se* encontradas em anúncios de produtos serão semelhantes, posto que todo o foco da publicidade estará no objeto divulgado – um elemento em si mesmo *impessoal*.

A *impessoalidade* nos anúncios de produtos

A apreensão holística dos anúncios de exibição privilegia observar as relações entre todas as partes que os compõem, i.e., exórdios, textos escritos e ilustrações. Até aqui, vimos que a referência para o sujeito das sentenças com *se* estava em nomes próprios (de *pessoas, sociedades* comerciais ou estabelecimentos) destacados nos textos, os quais, na transposição sintática, situavam-se em posição de tópico marcado.

Uma vez que o enfoque dos anúncios não estará mais na execução nem na comercialização dos itens, mas nos *produtos* em si, neste item notaremos que a posição de tópico será ocupada pelo nome das mercadorias, pois este apresenta realce tipográfico na publicidade e, assim, chama mais a atenção dos leitores do que os nomes de distribuidores ou comerciantes. Nesses anúncios, chegaremos ao grau máximo da *impessoalidade* com a redução ou total ausência de destaque em *pessoas* ou *indivíduos* e, até mesmo, em casas comerciais, ficando apenas o produto e suas qualidades em foco.

A publicidade a seguir traz adornos florais nos cantos superiores, emoldurando o nome do produto, "*Vanadiol*". Este ainda é destacado tipograficamente com fonte maior e em negrito. Abaixo dele, são elencadas informações relacionadas à indicação do medicamento e à sua venda:

(14)

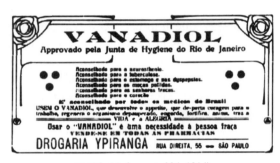

(*A Vida Moderna*, n. 234, 1914)

> *Vanadiol*
> *Approvado pela Junta de Hygiene do Rio de Janeiro*
> *Aconselhado para a neurasthenia.*
> *Aconselhado para a tuberculose.*
> *Aconselhado para o estomago e nas dyspepsias.*
> *Aconselhado para as moças pallidas.*
> *Aconselhado para as senhoras fracas.*
> *Aconselhado para o coração.*
> *É aconselhado por todos os medicos do Brazil*
> *Usem o Vanadiol, que desenvolve o appetite, que desperta coragem para o trabalho, regenera o organismo depauperado, engorda, fortifica, anima, traz a vida e a alegria*
> *Usar o "Vanadiol" é uma necessidade á pessoa fraca*
> *Vende-se em todas as pharmacias*
> *Drogaria Ypiranga*
> *Rua Direita, 55 – São Paulo*

Mesmo distante linearmente, o nome do produto, realçado no título do texto, serve de antecedente referencial para o sujeito nulo do verbo *vender*:

[VANADIOL] $_i$
(i) *cv* $_i$ *Vende-se t* $_i$ *em todas as pharmacias*

Ao longo deste capítulo, vimos que o tópico é a entidade com maior proeminência no evento, além de comportar-se como referência do sujeito da construção-*se* e ser o elemento que desencadeia a concordância verbal. Ao contrário dos demais casos examinados, em (12-i) o tópico também tem função semântica de *tema/paciente*. De modo distinto dos autores Raposo e Uriagereka (1996), entendemos que pode haver movimento do argumento interno da posição de objeto (deixando o vestígio *t*) para a de sujeito e, em seguida, para a de tópico, caracterizando essa construção-*se* como *passiva*.

Se pensarmos que a principal característica da passiva é a desfocalização do agente (Shibatani, 1985), que implica a codificação do *paciente* no papel de sujeito, é coerente analisarmos tais estruturas da mesma forma que examinamos as construções-*se ativas*. Tanto nestas quanto nas passivas, há tópicos-sujeitos determinados (*indivíduos*, locativos ou produtos), enquanto os agentes são indeterminados pelo *se*, e o verbo apresenta os mesmos traços de número do elemento nominal em posição de tópico.

Outra leitura possível para a sentença seria vê-la como um exemplo de *topicalização* do objeto direto, operação sintática que envolve o movimento do SN para a posição de tópico, deixando um vestígio na sua posição de origem.[13] Nessa interpretação, o SN movido não necessita passar pela posição de sujeito (como ocorre na passiva), e esta pode ser ocupada por outro elemento, por exemplo: [$_{TopP}$ Carne $_i$ [$_{IP}$ eu peço *t* $_i$ bem passada]]. Enfocando especificamente as construções-*se*, acreditamos que tal proposta é mais adequada para as análises que consideram o *se* sujeito, porque, assim, há uma justificativa plausível para a flexão do verbo na terceira pessoa do singular (flexão *default*). Porém, para os nossos anúncios, precisaríamos explicar a razão pela qual o verbo pode se conjugar na terceira pessoa do plural, buscando um tópico (referente) para o sujeito que tem traço [+plural], já que, em todos os casos vistos até agora, identificamos conectividade semântica entre os dois.[14]

O anúncio informa que o "*Vanadiol*" é vendido em "*todas as pharmacias*", de modo genérico, mas, ao mesmo tempo, oferece o nome de uma casa comercial específica (e provavelmente famosa) onde tal item poderia ser encontrado, a "*Drogaria Ypiranga*". A lista de doenças para as quais o medicamento é recomendado, e o fato de ele ser "*aprovado pela Junta de Higiene do Rio de Janeiro*" e "*aconselhado por todos os médicos do Brasil*" – instâncias de apelo à autoridade (cf. Carrascoza, 1999) – ressaltam as qualidades do produto e também lhe dão proeminência.

Construções-se em anúncios de revistas paulistanas

O próximo anúncio difere-se dos demais porque é impresso em duas cores, vermelha na moldura, e azul nos textos verbais e não verbais, que, de imediato, atraem a atenção do leitor. O título e os subtítulos objetivam convencê-lo da qualidade do produto ("*Um remedio de grande valor / O mais complexo dos depurativos da actualidade*"), apontando também o crédito de seu inventor ("*dr. Machado*"). Além disso, no centro da página, há a fotografia de um homem, o "*sr. Fernando Vianna*", ornamentada com vinhetas florais laterais e contendo a legenda que informa que ele foi curado da doença com três frascos do remédio:

(15)

(*A Cigarra*, n. 100, 1918)

Um remedio de grande valor
Antigal do dr. Machado
O mais complexo dos depurativos da actualidade
O Sr. Fernando Vianna, auxiliar do commercio da Bahia, curado com tres frascos.
É o melhor depurativo do sangue e o mais complexo, pois encerra os 3 grandes remedios anti-syphiliticos: Iodo, Arsenico Organico e Mercurio, em estado de perfeita tolerancia gastrica e integral absorpção. É o mais activo da actualidade.
Vende-se em todas as pharmacias e drogarias de S. Paulo e em todo o Brasil

[*Um remedio de grande valor*]
[*Antigal do dr. Machado*] $_i$
(i) cv_i *Vende-se* t_i *em todas as pharmacias e drogarias de S. Paulo e em todo o Brasil*

177

Os variados recursos persuasivos, aliados ao texto descritivo no final da página, dão proeminência ao "*Antigal do dr. Machado*" (com seus apostos), de modo que o interpretamos como o referente para o sujeito *tema/paciente* de (i), que também está coindexado com o vestígio na posição de objeto direto. A informação sobre a venda do produto aparece de modo semelhante a uma nota de rodapé, com letras pequenas e na parte inferior da página, e, diferentemente de (12), não há especificação do local onde se realizaria sua comercialização, cabendo só a menção a "*todas as pharmacias e drogarias de S. Paulo e em todo o Brasil*".

As *pessoas* presentes no anúncio não são as encarregadas da venda do medicamento, mas servem de registro de voz de autoridade (cf. Carrascoza, 1999; Palma, 2005) tanto por parte do fabricante, o "*dr. Machado*", quanto do consumidor, o "*Sr. Fernando Vianna*", que é testemunha da eficácia do produto.

Já a publicidade a seguir não traz menção alguma a *pessoas*, fixando-se por completo na divulgação do *produto*:

(16)

(*A Cigarra*, n. 28, 1915)

Agua Oxygenada Americana
Biogenio
Entre os preparados o "Biogenio" é de um valor indiscutivel, sendo a única Agua Oxygenada Americana, que não ataca o esmalte dos dentes nem as obturações a ouro. Cura cortes, chagas, queimaduras, inflammações da garganta. Sem rival na hygiene da bocca.
Nas assaduras e irritações da pelle
Usae o Talco Royal "Violeta"
Vende-se em todas as pharmacias e drogarias

[Agua Oxygenada Americana Biogenio] $_i$
(i) cv_i *Vende-se* t_i *em todas as pharmacias e drogarias*

A cena que ocupa o centro da publicidade é alusiva à situação concreta de uso do medicamento, com o que parece ser uma mãe fazendo curativo em sua filha. As personagens retratadas denotam *tipos*, isto é, *quaisquer indivíduos* que passam por tal circunstância e, portanto, são *não pessoas*.

Mais uma vez, a construção-*se* é *passiva* porque há proeminência no SN que está em posição de tópico, e este, sintaticamente, corresponde ao argumento interno do verbo *vender*, que, no movimento, também passou pela posição de sujeito.

A saliência no *produto* em si e a quase insignificância dos dados sobre a sua venda reduziram muito a relevância da *agentividade humana* nos anúncios. O sujeito, nesses casos, é *paciente* e a presença de *vender + se* já supõe a existência de um realizador humano da ação, por conta do traço formal [+humano] do pronome.[15]

CONSIDERAÇÕES FINAIS

O exame holístico dos anúncios nos fez atentar não só para as sentenças, mas para o seu entorno, como os realces tipográficos e as imagens, pois os efeitos de diagramação eram muito importantes na criação de textos eficientes no propósito de *persuadir* o público ao consumo de determinado serviço ou produto.

A leitura do anúncio como um *todo* permitiu a identificação de elementos que, mesmo distantes das sentenças, atuavam como antecedentes referenciais para os sujeitos sintáticos. O denominado *tópico-sujeito*, com o qual o verbo concordava, poderia se referir a *pessoas* (*renomados* proprietários do estabelecimento), nas construções sem o *se*, ou a um *coletivo de indivíduos* (trabalhadores *anônimos* do local), a um *locativo* (casa comercial) e, por último, a um *produto* (a mercadoria anunciada), nas construções com o *se*. De fato, foi a saliência conferida ao produto, elemento nominal com papel semântico *tema/paciente*, que nos possibilitou classificar uma das construções-*se* de *passiva*, embora a literatura aponte que o *se-passivo* é limitado ao português clássico. O *se* denotou, em todos os tipos de anúncios, a existência de agentes humanos *indeterminados* exercendo as ações veiculadas.

Nossos dados se aproximam, de certa forma, das estruturas investigadas por Martins (2003, 2005, 2009). Apesar de não adotarmos o conceito de "duplo sujeitos", apoiamos a ideia de que a concordância verbal, nas construções-*se ativas*, é desencadeada por um tópico que aponta para um universo referencial. Por sua vez, a intuição *sincrônica* da personagem de João do Rio, na crônica apresentada no início deste texto, corrobora a leitura que vimos fazendo.[16] Nossos resultados ainda mostraram que o argumento interno posposto tem função de objeto direto, tal como sugeria Said Ali (1908).

Ademais, vimos que a coexistência de *pessoalidade* e *impessoalidade*, característica estrutural do momento e da cidade de São Paulo, estava presente também nas esferas do comércio, da publicidade e, ainda, da língua. Se as *pessoas* das elites marcavam sua *distinção* ao comporem o quadro de consumidores do Triângulo, as casas de comércio e de serviço da região gozavam de semelhante *status*. Os anúncios aqui estudados, muitos deles referentes a endereços na região, revelaram diferenças na representação das categorias de *empregadores* e *empregados*, de modo que, enquanto os primeiros se nos mostraram mais *pessoais*, os últimos salientaram o domínio dos *indivíduos*. O realce conferido a nomes de *pessoas* específicas indica que, muito provavelmente, eram elas que levavam os créditos pelo prestígio do estabelecimento, a despeito do *coletivo de indivíduos*, anônimos, que estava por trás de tal sucesso. Por outro lado, estes eram os principais *agentes* das atividades realizadas nos locais – fato evidenciado, no nível linguístico, pelo uso das construções-*se*.

Isso aponta o quão apropriado é o uso dos termos oscilação e coexistência, e não ruptura, para tratar das formas de relacionamento vivenciadas no final do século XIX e início do XX, seja no âmbito da vida social das classes abastadas, seja no das relações de trabalho.

Enfim, o desenvolvimento deste tipo de análise foi possível devido ao tipo de leitura que nos dispusemos a fazer de tais anúncios de revistas. Como afirma Freyre (2010: 21), *"o anúncio, desde o seu aparecimento em jornal, começou a ser história social [...] da mais exata, da mais idônea, da mais confiável"*. E, podemos acrescentar, história social da cidade, do comércio, da publicidade e da língua.

NOTAS

[1] O conto intitula-se "O Revoltado Robespierre (Senhor Natanael Robespierre dos Anjos)" e foi publicado no livro *Laranja-da-China*, de 1928.

[2] Trecho da crônica "Tabuletas", do livro *A alma encantadora das ruas*. Essa obra é uma reunião de textos publicados por João do Rio na imprensa carioca, entre 1904 e 1907.

[3] Este texto apresenta parte dos resultados obtidos em Coan (2011).

[4] Nesta revisão, não citamos nomenclaturas usualmente aplicadas ao *se* (*e.g.*, *se*-passivo, *se*-indefinido, *se*-genérico, *se*-impessoal etc.) porque não as empregamos na análise dos dados. Independentemente da classificação, o *se* é caracterizado por ter os traços semânticos [+humano] [-definido] e a função de indeterminar o agente (cf. Naro, 1976; Raposo; Uriagereka, 1996; Martins, 2003, 2005).

[5] Segundo os autores, o *se* possui traço [D] forte e o checa em TP, seu alvo, e, por isso, move-se para a posição de sujeito [Spec, TP]. Uma vez que nosso objetivo não é o de realizar uma análise formal das construções com *se*, essa questão não será aprofundada aqui.

[6] Pautamo-nos em um exame qualitativo dos dados, pois, devido às singularidades de cada publicidade, seria difícil quantificar a apreensão da relação entre construção-*se* e seu entorno.

[7] Para tornar a leitura mais acessível, abaixo de cada anúncio, transcrevemos todo o texto verbal e enumeramos as construções a serem estudadas, ordenando-as por letras. O símbolo "|" indica quebra de linha; os efeitos gráficos originais não foram mantidos, pois podem ser visualizados na imagem. Os tópicos marcados estão entre colchetes e em maiúsculas; também estão entre colchetes outras informações realçadas tipograficamente. Para ser fiel aos textos publicitários, os anúncios estão transcritos em sua grafia original, e não seguindo reformas ortográficas posteriores.

[8] Neste texto, não objetivamos definir a natureza da *cv* nem que tipo de construção de tópico marcado ocorre nesses casos.

[9] Com efeito, para Said Ali (1908), é uma verdade incontestável que, em sentenças como "Compra-*se* o palácio" e "Morre-*se* de fome", o pronome *se* sugere, "na consciência de todo mundo", a ideia de alguém que compra, que morre, mas que não conhecemos ou não queremos nomear.

[10] Para os propósitos deste trabalho, não discutiremos se o pronome ocupa a posição de sujeito ou se é um clítico; apenas o consideraremos argumento externo do verbo.

[11] Existencial, no sentido de a cardinalidade do *se* ser delimitada por um universo contextual, ao contrário do que acontece com a leitura genérica.

[12] Na GT, esse seria um caso de *silepse de número*, quando o sujeito, sendo um *coletivo*, pode, pelo seu conteúdo semântico de pluralidade, levar o verbo ao plural (cf. Bechara, 2002).

[13] Essa é a explicação dada por Torres Morais (2002: 87) na análise de anúncios como: "PILULAS DE CONSTIPAÇÃO / Do Doutor Betoldi / Vende-se em caixinhas e em vidros grandes e pequenos aos preços de 1$000, 2$000... (SP, 1879)".

[14] Por exemplo, em: "[Pastilhas Valda Antisepticas] ₁ | *cv* ₁ Vendem-se *t* ₁ em todas as Pharmacias e Drogarias" (*A Cigarra*, n. 100, 1918).

[15] Com efeito, o desenvolvimento das estratégias publicitárias fará com que os anúncios de exibição suprimam a inferência de agente humano, recorrendo ao emprego da nominalização "SN (encontra-se, está) *à venda* em" (*e.g.*, "Xarope de Grindelia – *Á venda* em qualquer pharmacia e drogaria". In: *A Cigarra*, n. 67, 1917).

[16] O fato de o anúncio da crônica ser apenas um letreiro, uma tabuleta, colocado na frente do estabelecimento, poderia indicar que não havia menção ao nome do negociante, em nenhum lugar da fachada. Caso esse nome não existisse, o pronome *se* serviria para indicar a agentividade humana e o verbo no singular apontaria que o agente se referiria a apenas *um indivíduo*, anônimo.

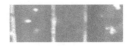

A ORDEM VERBO-SUJEITO NO MERCADO LINGUÍSTICO REPUBLICANO

Priscilla Barbosa Ribeiro

SUMÁRIO

APRESENTAÇÃO 184
A POSIÇÃO DO SUJEITO NO CONTEXTO DE FORMAÇÃO DO PB 186
    A posição do sujeito em espectro: o contexto de formação do PB 186
A ESCOLA NORMAL: UM SÍMBOLO PARA A REPÚBLICA 187
    O ensino público em São Paulo no século XIX 188
    A Escola Normal da Capital 189
        A Escola no espaço da cidade 189
        A Escola Normal entre rupturas e continuidades 190
        Os bacharéis na direção da EN 191
        A ADSP como fonte e perspectiva de docentes da EN 192
        Um alunado plural 193
        O currículo normalista 196
A ORDEM SOB A VISÃO DA ÉPOCA 196
ORDEM DE CONSTITUINTES NOS TEXTOS DA EN 198
UMA NORMA LINGUÍSTICA BACHARELESCA 199
CONSIDERAÇÕES FINAIS 201

APRESENTAÇÃO

"De fato, ele estava escrevendo ou mais particularmente: traduzia para o 'clássico' um grande artigo sobre 'Ferimentos por arma de fogo'. O seu último truc intelectual era este do clássico. Buscava nisto uma distinção, uma separação intelectual desses meninos por aí que escrevem contos e romances nos jornais. Ele, um sábio, e sobretudo, um doutor, não podia escrever da mesma forma que eles. A sua sabedoria superior e o seu título 'acadêmico' não podiam usar da mesma língua, dos mesmos modismos, da mesma sintaxe que esses poetastros e literatecos. Veio-lhe então a idéia do clássico. O processo era simples: escrevia do modo comum, com as palavras e o jeito de hoje, em seguida invertia as orações, picava o período com vírgulas e substituía incomodar por molestar, ao redor por derredor, isto por esto, quão grande ou tão grande por quamanho, sarapintava tudo de ao invés, em-pós, e assim obtinha o seu estilo clássico que começava a causar admiração aos seus pares e ao público em geral." (Lima Barreto, *Triste fim de Policarpo Quaresma*, 1915: 79) [1]

O texto de Lima Barreto sugere que o uso linguístico, por estar atrelado às dimensões social e cultural, define-se por relações e valores concernentes a esses âmbitos. Apesar de se tratar de prosa ficcional, depreende-se, dessa narrativa, forte referência à realidade da época, acompanhada de crítica a muitas de suas concepções e práticas.[2]

Este capítulo tem como objeto a ordem de constituintes sentenciais, particularmente a posição do sujeito, em textos produzidos por professores e diretores da Escola Normal da Capital São Paulo (doravante, EN) na última década do século XIX. Diante do entendimento de que tal objeto ultrapassa o espaço meramente linguístico, pois se associa a valores que lhe são atribuídos pela realidade social, onde ganha significação, salienta-se a necessidade de tomá-lo em sua natureza mais ampla. Assim, faz-se necessário explorar, além do uso linguístico, os elementos que o circundam e contextualizam, pela caracterização do espaço escolar em que foi produzido, seus corpos docente e discente, incluindo sua formação e origem; por meio da análise do currículo escolar; e pela recuperação de elementos que revelam um pouco do olhar da época a respeito das ordens com sujeito pré e pós-verbal.

Dessa relação, extrai-se o pressuposto de que a variação linguística é definida não só por forças propriamente linguísticas, mas também por aquelas originadas socialmente, como sugerido por Lima Barreto no trecho que abre o capítulo, as quais podem ser fundamentais para as escolhas realizadas. Destaca-se, assim, o caráter dual da língua, ao mesmo tempo individual, por ser a produção de um determinado sujeito fruto que ela é de sua formação e competência, e também social, visto que, nas relações humanas, conforme o *status* social, econômico, cultural de seus sujeitos, e de acordo com as relações entre tradição e inovação, atribui-se valor aos objetos culturais, inclusive a fatos sintáticos e gramaticais. Como propõe Bourdieu:

> O que circula no mercado linguístico não é a "língua", mas discursos estilisticamente caracterizados, ao mesmo tempo do lado da produção na medida em que cada locutor transforma a língua comum num idioleto, e do lado da recepção, na medida em que cada receptor contribui para produzir a mensagem que ele percebe e aprecia, *importando para ela tudo o que constitui sua experiência singular e coletiva.* (2008: 25, destaque nosso)

Produto da ação conjunta de forças de naturezas diversas, o uso da língua é uma experiência complexa que, pautada na conciliação dos âmbitos individual e social, remete à noção bourdieusiana de *habitus,*

> [...] sistema de disposições socialmente constituídas que, enquanto estruturas estruturadas e estruturantes, constituem o princípio gerador e unificador do conjunto das práticas e das ideologias características de um grupo de agentes. (Bourdieu, 2009: 191)

Trata-se dos condicionamentos que, sendo manifestações individuais, têm sua origem no convívio social, sendo a família e a escola os primeiros espaços a proporcionar sua assimilação. Neles, o indivíduo estabelece contato com elementos da cultura e seus valores de mercado. Assim, a partir de suas relações, cada pessoa desenvolve um sistema de disposições que atua na composição de seu gosto e nas escolhas que realiza, identificando-a a um grupo sociocultural específico e distinguindo-a de outros, particularizando as especificidades sociais pela homogeneização[3] de práticas.

A POSIÇÃO DO SUJEITO
NO CONTEXTO DE FORMAÇÃO DO PB

A posição do sujeito em espectro: o contexto de formação do PB

Ao longo do século passado, modificou-se a posição do sujeito sentencial no português do Brasil, inserida no conjunto de mudanças que o definiram como PB (Tarallo, 1993) e efetivada pela progressiva diminuição da ordem verbo-sujeito (VS) e pela predominância do uso de sujeito-verbo (SV). Estudos sobre o tema mostram a redução de ordem VS de 41% para 31% entre os séculos XVIII e XIX, em sentenças declarativas de cartas pessoais[4] (Berlinck, 1989), e de 24% para 9% em peças de teatro do século XIX[5] (Torres Morais, 1993), conforme mostra a Tabela 1. Variedades mais próximas do vernáculo, por seu estilo informal, esses usos destoam daquele encontrado na EN, com 48,05% de ocorrências de sujeito pós-verbal.

Tabela 1 – Porcentagem de sujeito posposto no português vernáculo (ano da amostra / %)

1845	24%
1850	31%
1882	9%

O afastamento da norma da EN em relação ao vernáculo é bastante compreensível, visto tratar-se de variedade culta, que tende a destoar da informal e popular. Porém, essa norma também não se afinava com a escrita de intelectuais paulistas, representantes do padrão culto. Em textos de polêmica publicada nos jornais em 1901, o bacharel Eduardo da Silva Prado e o médico Luís Pereira Barreto realizaram 32,7% e 35,4% de sujeito pós-verbal, respectivamente.[6] Escritores brasileiros já reconhecidos na época seguiam a mesma toada do vernáculo: em cartas pessoais de Machado de Assis (1862 a 1886) e Euclides da Cunha (1890 a 1894), os índices de sujeito posposto foram de 15% e 18%, respectivamente.

Diante da constatação de que a alta frequência da ordem VS identificada na EN não encontra ressonância em nenhuma das diversas modalidades linguísticas, torna-se ainda mais difícil interpretá-la. Abrindo, então, o espectro sintático para além das terras brasileiras, uma possível explicação seria a proximidade ao português europeu da época, por filiação à língua do colonizador. No entanto, o afastamento ocorre mais uma vez, com baixa frequência de sujeito pós-verbal em cartas de escritores portugueses: Camilo Castello Branco (1879 a 1882), com 19%, e Eça de Queiroz (1890 a 1894), com 11%.

A tentativa de caracterizar o uso da ordem na EN por comparação aos usos realizados por diferentes grupos socioculturais mostrou-se pouco esclarecedora, provavelmente porque, como sugerido pela narrativa de Lima Barreto que abre este capítulo, as relações entre língua e sociedade são bastante complexas. Desse modo, a dissonância do uso da ordem na EN em relação aos padrões vernáculo e culto brasileiros e português talvez não possa ser esclarecida com base, apenas, em um ponto de vista sociolinguístico, mas requeira, complementarmente, a análise da dimensão sócio-histórica que envolve o fenômeno.

A ESCOLA NORMAL:
UM SÍMBOLO PARA A REPÚBLICA

O momento sociopolítico abarcado nesta pesquisa concentra-se na transição do regime monarquista para o republicano, o qual, conforme aponta a historiografia mais recente, não contou com a adesão ou participação popular, nem mesmo ao passar de seus primeiros anos (Carvalho, 2007). Além disso, não possuía símbolos que incutissem o novo regime no imaginário popular como um sistema legítimo. Diante da necessidade de buscar a própria consolidação, a República levantou da história símbolos que a representassem, adaptando-os conforme suas necessidades.

As ideologias republicanas (liberalismo, jacobinismo e positivismo) eram pouco conhecidas da parcela da população que não tinha acesso à educação formal. Sendo de grande importância conseguir a adesão popular ao novo sistema para sua consolidação, fazia-se necessária a difusão dessas ideologias para além do restrito meio das elites educadas. Dado que, na época, grande parte da população possuía pouca ou nenhuma instrução, a assimilação da ideologia apresentada sob forma verbal tornava-se pouco eficiente. Tal processo deveria, portanto, ocorrer, preferencialmente, através do uso de símbolos (tais como o hino, a bandeira, a figura do herói) por serem estes mais acessíveis à população não letrada (Carvalho, 2007: 10).

Também a educação pública passou a ser percebida como uma arma pelos que a agenciavam e empregada como tal, em favor de sua proposta progressista, e como meio propagandístico do novo regime e da modernidade. Essa percepção traduz-se no resgate do lema de Loyola pelo médico positivista Luís Pereira Barreto, que muito se empenhou em defender os ideais republicanos, em particular, de viés positivista: "*Dáe-me as escolas e eu dominarei o mundo*".[7] A análise da trajetória da EN no fim do XIX parece evidenciar que tal concepção não corresponde à postura e à visão de um indivíduo, mas à de todo um grupo com o qual ele se identificava e apresentava afinidades culturais.

Assim a instrução pública e, em particular, a Escola Normal, ainda que inaugurada durante a Monarquia, é assumida pelos republicanos e, sob novas tintas, passa a ser um importante símbolo desse novo sistema. Sua atuação alcançava não somente o âmbito visual (por meio do suntuoso prédio da escola e de eventos escolares abertos à comunidade, ampliando seu quadro simbólico), mas também o verbal, dado que ali se divulgavam conhecimentos e concepções que eram, posteriormente, irradiados pelos lares e escolas.

O ensino público em São Paulo no século XIX

No processo de conquistar seu espaço junto à população, a República buscou construir para si uma imagem oposta à da Monarquia por meio do reforço de aspectos negativos ou negativamente caracterizados daquele governo, como a escravidão, o atraso, a não razão.

Paralelamente, o novo regime pretendeu mostrar-se associado ao moderno, ao racional e científico, a traços conferidos pela instrução, traduzida na metáfora da *luz*. Pautando-se na voga de valorização da ciência e da racionalidade (Costa e Schwarcz, 2007), pretendia-se promover o desenvolvimento[8] da sociedade brasileira fazendo-a equiparar-se a nações então prestigiadas, tais como França e Inglaterra, caminho cuja trilha seria aberta pela instrução, por meio da qual, segundo o presidente da província João Theodoro (apud Rodrigues, 1930: 79), "*se transformam as gerações, afugentam-se as sombras da ignorancia, clareiam-se os espiritos, e dominam as sciencias*".[9]

A precariedade do ensino público de então seria um ponto de partida para a empreitada republicana. Em sua primeira fase, a falta de estrutura da Escola Normal causa espanto e indignação ao inspetor geral da Instrução Pública, Diogo M. Pinto, reação expressa em relatório por ele endereçado ao presidente da província de São Paulo:

> Esta será tudo quanto se quiser, mais [sic] de Escola Normal só tem o nome [...]. A escola é de necessidade tão indeclinável que escusado é demonstrar; mas na atualidade não canso de repetir: não se pode contar com ela para nada, é *antes nociva*. (apud Monarcha, 1999: 47-48; grifo nosso)

De fato, a ausência de professores, as más condições do edifício, o baixo número de formandos, entre outros fatores, não se restringiam aos meados do século XIX, mas avançavam para o XX, tendo consequências sobre todo o ensino público, e não apenas sobre a EN – visto ser esta a base daquele.

A Escola Normal da Capital

Na virada do século XX, a Escola Normal da Capital[10] foi um importante centro da educação paulista. Criada ainda em meados do século XIX, teve suas duas primeiras edições, nos anos de 1846 a 1867, e de 1875 a 1878. Foram, contudo, pouco eficientes, com uma estrutura bastante falha em termos materiais, humanos e pedagógicos.

Com poucos professores e alunos e com um currículo abreviado, a 3ª Escola Normal, lócus de nosso estudo, viria a se reestruturar a partir do movimento da reforma educacional republicana. Esse momento foi o início de uma longa trajetória em que se procurou criar infraestrutura física adequada ao ensino regular e pensamento pedagógico autônomo, desvinculado de outras áreas do conhecimento (como o Direito ou a Medicina), bem como apresentar novas condições de ensino-aprendizagem (apoiadas na Escola Modelo, anexa à Escola Normal), o que se construiria a longo prazo.

A ESCOLA NO ESPAÇO DA CIDADE

À época da terceira inauguração da Escola Normal (1880), São Paulo crescia e ganhava contornos mais nítidos de urbanidade – que, paradoxalmente, entre rupturas e continuidades, emergiam ao lado de práticas de natureza colonial e escravista (Frehse, 2005).

Com o enriquecimento da província, o qual foi decorrente da comercialização do café e do intenso fluxo de imigrantes nacionais e estrangeiros, a população se avolumava e as relações socioculturais e econômicas se redefiniam. Dessa maneira, a distribuição dos espaços na cidade carregaria consigo os valores de mercado das famílias que ali moravam. Selecionada por moradores pelo que representava socialmente, cada nova moradia fixada viria a reforçar o valor entre espaço físico e social ali relacionado.

A região que inicialmente acomodou os barões do café vindos do interior da província foi o conhecido triângulo formado pelas ruas Direita, São Bento e 15 de Novembro (Pires, 2006; Homem, 1998). Com a excessiva movimentação gerada pelo comércio local, essa área passou a ser preterida em favor dos bairros de Campos Elíseos e Higienópolis, preferidos pelas gerações jovens, descendentes da elite cafeeira, como novos núcleos residenciais, cujo *status* corresponderia ao *status* privilegiado da população que nele passava a se alocar. Esses novos bairros e a região do Triângulo seriam, então, aproximados em 1892, com a inauguração do Viaduto do Chá. Entre tais áreas prestigiadas, situava-se o espaço hoje nomeado Praça da República, que viria a abrigar o novo edifício da Escola Normal e anexas.

Por oposição às instalações precárias da antiga EN, a mudança para o novo prédio adquiriu grande significação dada a sua representatividade como infra-estrutura para o ensino e, do ponto de vista visual, como símbolo do novo regime em pleno centro da cidade. Majestoso e belo, o edifício emergia embutido de conotações, como a valorização da ciência e da razão, em oposição a valores que a República procurou caracterizar negativamente e associar à Monarquia.[11]

Dessa maneira, o novo edifício da escola ajudaria a compor o perfil da cidade que se transformava, sendo um importante elemento de modernização e, mais do que isso, peça fundamental para o *pretendido* desenvolvimento da sociedade, dado que, segundo o referencial socioevolucionista da época, a cultura intelectual era via necessária para o desenvolvimento do Brasil e para sua equiparação às nações ditas "civilizadas".

A ESCOLA NORMAL ENTRE RUPTURAS E CONTINUIDADES

A reforma empreendida pela República, iniciada em 1890, foi elaborada por Rangel Pestana, político, jornalista e professor no Mackenzie College – instituição com experiência na área da educação e na formação de normalistas e que prestaria auxílio na fase inicial de reestruturação do ensino público.[12] A presença de escola protestante nessa iniciativa contribui para dissociar a imagem da República – e a Reforma – do antigo regime, estereotipado como católico e ultrapassado.

De modo controverso, um vínculo importante – e ainda mais significativo – da EN era com a Academia de Direito de São Paulo, instituição ligada às oligarquias e, segundo a literatura, de cunho altamente conservador (Adorno, 1988; Cândido, 2004). O trânsito de sujeitos entre essas duas instituições – particularmente bacharéis que se tornavam professores e diretores – proporcionou, à estrutura da EN (organizacional, administrativa, pedagógica) e a gerações de normalistas contato bastante próximo com a cultura do Direito, muitas vezes incorporada em suas concepções e práticas:

> Nós – Congregação – como tribunal julgador, estamos adstrictos á lei que define a falta, a classifica como mais ou menos grave, estabelece as penas correspondentes e o modo ou processo de sua imposição. (*Atas da Congregação*, 19 de novembro de 1895. Acervo da Escola Caetano de Campos)

O trecho anterior, extraído de ata da congregação da EN, revela a transposição da perspectiva jurídica para o ambiente escolar. Assim, entre rupturas e continuidades, instituía-se a – nem tão "nova" – Escola Normal da Capital.

A ordem verbo-sujeito no mercado linguístico republicano

OS BACHARÉIS NA DIREÇÃO DA EN

Em suas duas primeiras fases, inauguradas em 1846 e 1874, a EN teve, como diretores, homens formados pela Academia de Direito de São Paulo (ADSP), elementos-chave de um ciclo que parece ter se estendido ainda por muitos anos. Do mesmo modo, a 3ª EN teve, entre 1880 e 1889, uma série de diretores bacharéis, à exceção do religioso Cônego Manoel Vicente da Silva (1887-1889), nomeado para acalmar os ânimos diante de tensões internas que vinham ocorrendo entre professores e direção. Ainda no período monárquico, foram intensos os conflitos entre a vertente mais conservadora da escola e os professores positivistas, ocasionando mudanças no quadro de professores e na direção, em um momento em que o Estado – e, portanto, o ensino público – era religioso, mas estava às margens de uma mudança.

Um dos pivôs desses conflitos, o Dr. José Estácio Corrêa de Sá e Benevides, formado pela ADSP, de origem oligárquica, era uma figura expressiva presente nas fases pré e pós-republicanas da EN, atuando inclusive como diretor e, por vezes, como diretor interino. Um relato de época revelava que a incompatibilidade do caráter novo que se buscou imprimir à Escola e as raízes tradicionais de Sá e Benevides gerou estranhamento a um estudante da Escola Normal, que acreditava, após a assunção da República, não haver mais espaço para esse sujeito no âmbito da Escola – que se pretendia laica e inovadora:

> – Então, sempre é certo que o Dr. Benevides não volta? – perguntava um recém chegado, mal terminava o preâmbulo dos cumprimentos.
>
> – Simples boato: vi-o ainda hontem na Secretaria, e foi elle quem recebeu o meu requerimento. Estava lá tambem o novo Director; por sinal que os dois conversam com bastante cordialidade.
>
> – Mas o Dr. Benevides já requereu trez meses de licença e consta que não voltará. *Dedicado como foi sempre á monarchia, sua posição de lente de historia patria nada tem de facil.* (Rodrigues, 1930: 203; destaque nosso)

O episódio ocorreu na chegada do novo diretor à instituição, o Dr. Caetano de Campos, em 1890. Mais do que um monarquista em uma escola que se republicanizava, a presença desse professor indiciava continuidade política e cultural. A despeito da mudança de regime, Sá e Benevides manteria um papel atuante como diretor interino, vice-diretor, secretário da congregação e professor.

O novo diretor da Escola, Dr. Caetano de Campos, divergia do grupo até ali estabelecido, por seu título se dever à formação em Medicina (no Rio de Janeiro), e não em Direito. Responsável por dar impulso a importantes iniciativas da reforma da EN, mesmo tendo falecido no ano seguinte ao início de sua função

191

como diretor, Caetano de Campos teve o nome consagrado junto à instituição normalista e à instrução pública paulista.

Após seu falecimento, em 1891, o posto de diretor da EN foi atribuído interinamente a Sá e Benevides, sendo, apenas em 1893, assumido pelo major Gabriel Prestes, que a dirigiu até 1898. Este foi seguido do bacharel Dr. João Alberto Salles, diretor até 1901, quando Oscar Thompson, normalista titulado com mérito pela própria EN, assume a direção da escola e fica à sua frente até 1920.

Vê-se, portanto, uma longa cronologia de bacharéis inicialmente alterada com a presença de um médico e de um militar, mas que, apenas no século XX, teria um profissional normalista, marco de uma nova fase na história da instituição e do magistério. Na corrente das mudanças no ensino pedagógico paulista, o perfil da direção da EN se remodelava rumo a uma maior solidez, profissionalização e independência da Escola e da cultura normalista em relação à Academia de Direito.

A ADSP COMO FONTE E PERSPECTIVA DE DOCENTES DA EN

Apesar de o processo de reforma do ensino apresentar uma aparência de ruptura em relação ao período monárquico, imagem construída pelos próprios reformadores, percebe-se um fluxo entre esses dois momentos. Talvez a grande reforma do ensino normal na capital paulista deva-se à reestruturação do currículo e à ampliação das cadeiras do curso. Em consequência dessa mudança, a disciplina Português passa a ter duas cadeiras.

A primeira delas foi atribuída ao Dr. Carlos Reis, um dos fundadores do Instituto Histórico e Geográfico de São Paulo (IHGSP), bacharel pela ADSP e normalista formado pela EN em 1876, com distinção em todo o curso. Em 1887, deixou o cargo de vereador em São Paulo para assumir a primeira cadeira na EN – por nomeação, devido à ausência de candidatos para concurso. Exonerou-se do cargo de professor em 1907, para atuar na Secretaria do Interior.

A segunda cadeira foi criada em 1890 e então assumida por João Vieira de Almeida, ex-professor do Colégio Culto à Ciência, de Campinas, e apontado por Júlio Ribeiro como um dos *"cultores mais competentes do idioma pátrio"* (apud Rodrigues, 1930: 203). O docente também se dedicou ao estudo de poetas latinos e clássicos quinhentistas, foi colaborador na revista do IHGSP (Rocco, 1946: 97). Vieira de Almeida permaneceu na EN até 1894, quando foi então aberto concurso para sua vaga. Inscreveram-se o gramático Eduardo Carlos Pereira e Carlos Lentz de Araújo, ambos protestantes, sendo este último aprovado em primeiro lugar.

Assim como os diretores da EN tinham tradicionalmente formação pela ADSP, muitos de seus professores também eram bacharéis. Outros, como Júlio Ribeiro, sendo aprovados em concurso para lecionar na ADSP, deixavam a EN,

A ordem verbo-sujeito no mercado linguístico republicano

estabelecendo uma via de mão dupla entre essas instituições. Tal conexão parece contraditória, visto que a terceira Escola Normal, especialmente depois de assumida pelos republicanos, pretendeu instituir-se nova e inovadora, no que concerne a suas concepções, práticas e objetivos sociais e políticos.

Nesse sentido, a presença de sujeitos de cultura bacharelesca pode ser um fator de frustração dessas metas renovadoras, por ser o bacharel o intelectual da tradição, caracterizado por manifestar *"atração pelo saber ornamental, culto à erudição linguística, e cultivo do intelectualismo"* (Adorno, 1988: 158), o que o distanciava, na prática, dos objetivos da reforma republicana na educação. Isso significa dizer que a presença de bacharéis na direção e docência da EN tinha por efeito afastar a possibilidade de se executar uma verdadeira reforma no ensino, quando considerado o objetivo maior das propostas reformistas, que era o de proporcionar luz e razão à sociedade para "civilizá-la", ideia que vinha ganhando espaço na sociedade, segundo a qual as escolas seriam o brado de salvação da sociedade moderna.

O bacharel, ligado às oligarquias tradicionais e aos *"processos de exploração econômica e de dominação política"* (Adorno, 1988: 158), tenderia, portanto, a reproduzir o *status* macro da sociedade, com suas hierarquias e relações de poder, no ambiente micro das instituições em que atuava, assegurando uma situação de estabilidade estrutural, apesar de alterações na conjuntura.

Não é de se estranhar que as expectativas com relação ao potencial transformador da Escola Normal tenham sido bastante frustradas. Operando como a mais importante instituição de formação de professores da época e da região, a EN ainda não atendia, efetivamente, as necessidades do ensino público. Em 1898, o secretário de Estado Interino dos Negócios do Interior registrava que a Escola não havia preparado professores nem fornecido mestres, *"não obstante os esforços das hábeis direções"* que vinha tendo a instituição (Oliveira, 1898, apud Tanuri 1979: 79), o que era um possível efeito da forte relação da EN com a ADSP, cujos diplomados se encaminhavam a postos de comando na política e na burocracia (Schwarcz, 1993). Similarmente ao que ocorria entre os bacharéis, os normalistas dirigiam-se principalmente aos cargos administrativos, ou ao magistério em nível superior, e não primário, não suprindo, desse modo, as necessidades das escolas básicas, portanto, não efetivando uma reforma educacional.

UM ALUNADO PLURAL

Ao fim do século XIX, a parcela da população atendida na EN, conforme mostram registros internos (livros de matrícula e diplomados), era socioeconomicamente privilegiada, mas não era formada de membros da elite cafeeira.[13] Por vezes, eram professores em exercício, mas sem formação adequada, em

193

busca de melhor preparo ou de adaptarem-se às exigências do governo para alimentar os nascentes grupos escolares.

Era comum a matrícula de membros de uma mesma família, como irmãos e prováveis primos, identificados pelo sobrenome e cidade de origem. Cerca de metade do alunado da Escola tinha nascido na capital paulista; os outros, vindos de diversas regiões do país, como o oeste paulista (Campinas, Pirassununga, Rio Claro); o leste, ou região do Vale do Paraíba (Guaratinguetá, Pindamonhangaba, Taubaté etc.); e cidades do Rio de Janeiro e de Minas Gerais. Havia também alunos estrangeiros e descendentes de estrangeiros, que passavam a frequentar em maior número, principalmente a partir de 1898, exemplificados pelos sobrenomes Guilice, Bellegarde, Grassí, Purgassi, Snell, Aldred, Coque, Roca, Lintz, Tolomony, Mallet, Lang, Berlinck, Salmann, Mc. Intyre, Backmann, entre outros.

É possível que esse indicativo se deva a um ganho de credibilidade da EN junto à comunidade estrangeira de mais posses, fruto da reforma e da propaganda empreendidas pelos republicanos. De modo geral, o volume de formandos elevou-se nos anos finais do século XIX, em reação a uma decadência significativa na fase republicana, como indica o Gráfico 1.

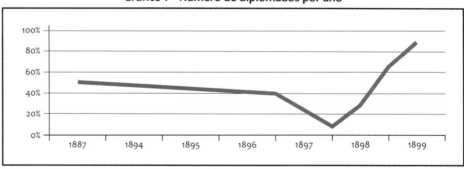

Gráfico 1 – Número de diplomados por ano

Considerando que o curso tinha duração de três anos, e que a transferência para o novo prédio se deu em 1894, o número de diplomados deveria tender a aumentar a partir de 1897, o que de fato ocorreu, como mostra o gráfico. A elevação foi ainda maior em 1898, ano em que se formariam os alunos ingressantes em 1896, e continuaria a crescer desse momento em diante. Nesse período, revelou-se particularmente interessante a diferença de procura do curso Normal por homens e mulheres, conforme mostra a Tabela 2.

Tabela 2 – Número de diplomados nas seções feminina e masculina

Ano	Homens	Mulheres	Total
1887	36	14	50
1894	19	21	40
1895	8	15	23
1896	4	5	9
1897	7	22	29
1898	12	52	64
1899	16	72	88

O ano de 1894 marca o início da inversão de um caráter majoritariamente masculino do alunado para outro, essencialmente feminino. Essa mudança parece fruto de discurso da época, que evocava uma imagem da mulher como mãe, associando-a também ao trabalho da mulher como professora, principalmente de crianças, por analogia à maternidade, como atesta o discurso do Sr. José Feliciano, professor da Escola Normal (apud Rodrigues, 1930: 355):

> Depois que a dignidade feminil foi esboçada pela antiguidade polytheica, depois que foi completada pelo catholicismo medievo, e foi por fim definitivamente systematizada pela philosophia, pela politica positiva, – não ha mais duvidar que á Mulher cabe a instrucção primaria das crianças, não ha mais discutir que das Mães pende a formação em geral dos cidadãos futuros. Systema social em que tal missão fôr menosprezada, é impossivel subsistir, demanda prompta e total Regeneração.

A partir desse momento, os homens passaram a privilegiar a formação em outras áreas e abriu-se, para as mulheres, a oportunidade da formação como normalistas – fosse ela para o trabalho ou para o matrimônio. No entanto, destaque-se que, apesar de as mulheres terem encontrado espaço na educação, a direção do sistema educacional continuava em mãos masculinas, visto que as cadeiras da Escola Normal, os cargos de inspetoria da Instrução Pública e cargos políticos ligados à educação e cultura eram assumidos por homens. Em suma, a educação e as instituições surgidas na virada do século encaminharam mulheres e homens para formações distintas, porém similares às que já ocupavam: às mulheres, o cuidado das crianças, e, aos homens, a vida pública.

O CURRÍCULO NORMALISTA

Em meio a tantos discursos sobre a reforma republicana na educação paulista, verifica-se que, de fato, algumas importantes mudanças se efetuaram. Seguindo a tendência de especialização de áreas que incidiam sobre o mundo ocidental, a EN passou de 3 a 4 cadeiras, oferecidas em 1877 (variando conforme o semestre do curso), para 10 cadeiras em 1890.[14] As disciplinas seguiam a mesma tendência, com aprofundamento no estudo de ciências, de línguas estrangeiras e de língua portuguesa. No programa de Português e nos concursos, destacava-se a constante presença da obra *Os Lusíadas,* de Luiz de Camões, herança que revelava apreço pela obra e por seu estilo linguístico, bem como pelo valor cultural a eles atribuído.

No que tange aos programas das alas feminina e masculina, pode-se dizer que praticamente não havia distinção. Tendo a maior parte das disciplinas em comum, eles divergiam em um aspecto relevante: a oferta de cursos de formação era específica para homens (exercícios militares, escrituração mercantil e economia política) e para mulheres (trabalhos manuais e economia doméstica). Apesar das mudanças em curso, percebe-se a manutenção da estrutura em nível mais profundo, conferindo, aos diferentes sexos, diferentes formações, oportunidades e, consequentemente, diferentes espaço e função na sociedade.

A ORDEM SOB A VISÃO DA ÉPOCA

A rigidez da ordem social na São Paulo da Primeira República encontrava ressonância na ordem dos constituintes sentenciais, a despeito das mudanças em curso no português do Brasil no século XIX, que privilegiava a ordem com sujeito antes do verbo. Mesmo sendo característica inovadora do vernáculo, não se tratava de fato linguístico socialmente desprestigiado. Porém, em muitos contextos, era preferida a ordem não vernacular, também denominada *indireta* ou *invertida*, carregada que estava de significação sociocultural, cujo valor se associava também ao sujeito que a produzia.

Assim, ao contrário do que ocorria com outros usos linguísticos, estigmatizados, os gramáticos da época não condenavam o sujeito pré-verbal, mas, sim, apontavam a tônica estilística da estrutura com inversão. O sujeito pós-verbal era então definido como ordem *figurada,* por "*obedece[r] mais ao movimento precipitado das paixões ou ás combinações estheticas dos sentimentos*" (Pereira, 1907: 236), fugindo à "*ordem lógica das idéas*" e, assim, apresentando "*maior energia de expressão*" (J. Ribeiro, 1914 [1881]: 325).

Contudo, a ordem invertida, entendida como filiação ao português quinhentista, era por vezes considerada imprópria, como propõe o autor José Veríssimo, em discussão a respeito da escrita de Carneiro Ribeiro e Ruy Barbosa:

> Como todo purista que se preza, tem o Dr. Rui Barbosa o gôsto, que a mim me parece literàriamente mau, e até malsão, de rebuscar nos autores clássicos, pouco lidos, e nos velhos vocabulários da língua, têrmos obsoletos, expressões arcaicas, palavras inteiramente desusadas ou escassamente usadas, para darem à sua linguagem aparências e feições de clássica. Como, apesar de qualquer esforço, é impossível a um escritor de hoje escrever em tudo e por tudo conforme um quinhentista, o que é o mais seguro e decisivo argumento a favor da evolução da língua, e por outro lado, é relativamente fácil afetar classicismo empregando aquêles vocábulos e um ou outro fraseado obsoleto, a êsse meio recorrem os puristas, ou que o pretendem ser, para nos darem a ilusão de que são dignos de emparelhar com os clássicos. Um conheço eu que usa desta simples receita: *pôr sempre o verbo, ou o seu adjunto, no princípio da frase:* Lícito não é. Forçoso me fora. Gostara muitíssimo: outros catam nos dicionários os termos que levam adiante a notação ant. (antiquado) fazem dele listas, a que recorrem para salpicar seu estilo de vocábulos raros, sem verem o disparate resultante do enxêrto numa frase moderna pelo seu boleio e até pela idéia que exprime de um termo antiquado. (Veríssimo, 1969 [1902]: 116; destaque nosso)

A aparente crítica ao estilo clássico é esclarecida com a afirmação de que *"Os que de fato lêem e estudam os clássicos são raríssimos, e mais raros ainda os que dêles aproveitam com discernimento, bom gosto e bem logrado proveito"* (Veríssimo, 1969 [1902]: 413).

Veríssimo classifica o *"bom autor"* como aquele que não tem *"gôsto mau"* ou *"malsão"*, com capacidade para *"aproveitar com discernimento"* os clássicos. Ao fazê-lo, demonstra a relação tácita, socialmente criada e cultivada entre o valor da produção de um sujeito e o valor desse mesmo sujeito entre seus pares. Ainda que se trate de aspecto estilístico e, portanto, não categorizado como *certo* ou *errado*, é a ele atribuído um determinado valor, o qual é gerado, reconhecido e legitimado socialmente.

A escola, organismo reprodutor de cultura e hierarquias sociais, operava também sobre os aspectos linguísticos no que se refere a preparar os alunos para um uso distinto da língua. O programa da Escola Modelo Caetano de Campos, anexa à EN, e onde os normalistas cursavam práticas de ensino, registra que havia, nas aulas de Linguagem, preocupação com o preparo dos alunos quanto à assimilação de uma escrita elaborada por meio de uma série de exercícios, dentre os quais a prática da inversão, como atestado no Relatório da Escola Normal, apresentado por Gabriel Prestes:

Especificação dos exercícios: Leitura e interpretação de um pequeno trecho para servir de thema aos exercicios escriptos. Dictado; Synonymia. Transformação do trecho lido pela substituição das palavras indicadas pelo professor. *Transformação de estylo modificando-se as sentenças* quanto á significação, *quanto á ordem dos seus elementos* ou quanto á voz do verbo. 1º oralmente. 2º por escripto. Transformação do verso para prosa. Composição livre. (Prestes, 1896: 151; destaque nosso)

Constante nos programas de 4º e 5º anos da Escola Modelo, a atividade proposta era para alunos já um pouco adiantados no percurso escolar, e devia ser realizada primeiro, oralmente, e depois, por escrito – provavelmente pela importância da retórica no período e mais ainda nessa Escola, que a tinha intensificada por um caráter fortemente bacharelesco.

A presença da *ordem dos elementos* da sentença no conteúdo programático reforça o papel da escola como instrumento de conservação cultural ao exercitar seus alunos na prática de uma modalidade linguística culta que é a recuperação de uma variedade em desuso. Ao mesmo tempo, evidencia o fato de ordens diferentes apresentarem valores diferentes, e reforça o caráter distintivo das ordens menos naturais, cuja produção é motivada por instrução do professor.

ORDEM DE CONSTITUINTES NOS TEXTOS DA EN

A preocupação com o estilo na composição da sentença refletia-se na escrita daqueles que estavam à frente da Escola e do ensino normal: seus professores e diretores. Em momento em que se privilegiava o sujeito pré-verbal no vernáculo (Berlinck, 1989; Torres Morais, 1993), a norma na EN se afastava dele e dos referenciais cultos da época,[15] conforme dados apresentados na Tabela 3.

Tabela 3 – Variação da posição do sujeito em textos da Escola Normal

Sujeito Pré-verbal	159	51,95%
Sujeito Pós-verbal	147	48,05%
Total	306	100%

Os resultados evidenciam alta frequência de sujeito pós-verbal nos textos da EN em relação a modalidades de escrita associadas a diferentes espaços culturais. As ocorrências apresentam-se com diversos tipos verbais, apesar da característica que o PB desenvolve de associar a inversão a um baixo número de argumentos realizados (Berlinck, 1989). De fato, há maior ocorrência com verbos monoargumentais (69,7%), em relação aos biargumentais (46,10%), exemplificados em (1) e (2) a seguir, respectivamente. No entanto, 36,62% desses últimos têm ao menos dois argumentos realizados na forma de SN, configurando estrutura biargumental:

A ordem verbo-sujeito no mercado linguístico republicano

(1)   *De facto exercem o primeiro desde a referida dacta o cargo de porteiro – deixando de prestar serviços como servente, e **servio o segundo** tambem desde então.* (C, 12/9/1894)
(2)   *Em officio de n° 55 de 2 de Julho de 1894 **enviou esta Directoria** contas das despezas effectuadas na Escola-Modelo na importancia de Rs:210.100.* (C, 17/7/1894)

Do ponto de vista semântico, evidencia-se a tendência a que os conteúdos ligados ao cotidiano escolar sejam apresentados com verbo antes do sujeito (exemplos 3 a 5):

(3)   *Declarado assim o motivo da reunião **pôz** o cidadão Director em discussão o assumpto.* (A, 11/3/1895)
(4)   *Levo ao vosso conhecimento para o devido effeito, que, n'esta data **reassumio** o exercicio do cargo de directora da Escola Modelo Miss Marcia P.Browne.* (C, 12/6/1894)
(5)   ***Pedio** por sua vez a palavra o Dr. J. Benevides.* (A, 19/11/1895)

De modo geral, as amostras apontam a tendência à posposição do sujeito ao verbo em diferentes contextos sintáticos, mesmo naqueles que seriam menos propícios à inversão, como orações com sujeito e objeto realizados. Tal comportamento linguístico faz-se notável, sobretudo, pela comparação com a ordem sentencial em produções de diferentes naturezas.

UMA NORMA LINGUÍSTICA BACHARELESCA

Apresentando tais peculiaridades em sua realização, o uso de sujeito pós-verbal identificado para a EN não se enquadrava no vernáculo do período nem no uso de indivíduos considerados cultos. A interpretação alternativa de proximidade ao padrão linguístico europeu moderno como símbolo de distinção e autoridade cultural do grupo que a adotava (Pagotto, 1998: 55) foi também descartada, tendo em vista a baixa frequência de sujeito pós-verbal entre escritores portugueses.

A esse respeito, já no início do século XX, João Ribeiro alertava para o problema de a filiação ao português europeu (PE) expressar dependência linguística e cultural, o que seria marca de atraso da sociedade brasileira:

> Parece todavia incrível que a nossa Independência ainda conserve essa algema nos pulsos, e que a personalidade de americanos pague tributo à submissão das palavras. [...] A verdade, entretanto, é que normalmente dois seres não realizam a sua própria evolução, agarrados como xifópagos, um às carnes do outro. Em qualquer caso, livre-nos Deus dessa teratologia. (J. Ribeiro, 1979 [1921]: 51, 57)

199

O autor fundava sua crítica no uso de estruturas linguísticas caracteristicamente europeias, que não diziam respeito à identidade nacional que então se formava. Contudo, aponta que não era "*a linguagem contemporânea dos lisboetas*" (J. Ribeiro, 1979 [1921]: 182) o referencial adotado, mas este se encontrava nas raízes de nossa colonização, de modo que

> nós outros, porém, *cultivamos a língua clássica*, versamos com maior frequência os quinhentistas e seiscentistas, e nestes (que representam a flor da literatura), achamos o aroma da vernaculidade e da pureza do idioma. (J. Ribeiro 1979 [1921]: 182; grifo nosso)

Havia, portanto, no uso culto da língua, a tendência de buscar os padrões linguísticos do português clássico. Essa "*tendência arcaizante*" da língua (J. Ribeiro, 1979 [1921]: 184), no contexto da Escola Normal da Capital, era reforçada por seu forte caráter bacharelesco, manifestado por meio dos sujeitos que ali transitavam e que, como professores e diretores, representavam os níveis hierarquicamente mais elevados de cultura no interior da instituição.

Além de serem educados sob discurso de exaltação do clássico, particularmente da literatura desse período – o que, conforme demonstramos, era próprio da época –, os bacharelandos da ADSP tinham, como material de formação, obras quinhentistas e seiscentistas, referencial jurídico da época, visto que o Brasil ainda não tinha produção própria expressiva na área jurídica.[16] Esse input, somado ao estudo da literatura clássica e ao valor cultural atribuído à ordem invertida, levou ao uso exacerbado dessa estrutura, consonante ao caráter conservador da Academia e da EN e à representação social aspirada pelos que a produziam.

Mais do que uma mera influência, o espaço da Academia produzia um efeito conformador de cultura e costumes, que propiciava a circulação e, desta forma, a produção, a reprodução e a constante recriação de *habitus* entre os que dela participavam:

> Quem lê os volumes de Almeida Nogueira sobre a Faculdade de Direito de São Paulo, a "Academia", como era chamada, tem por vezes a impressão de que ela era uma espécie de grêmio. *Para ser admitido era preciso adotar certos hábitos, escolher uns tantos padrões de convivência, optar por duas ou três modalidades políticas permitidas.* No fim, por cima das diferenças e das divergências, todos saíam com o sentimento de que a terra lhes pertencia de certo modo, e eles eram a sua melhor pitada de sal. O recrutamento não era de todo exclusivo, porque não abrangia apenas os filhos de fazendeiros, comerciantes, políticos ou bacharéis, embora a maioria correspondesse a este requisito. Mas havia um pressuposto tácito: quem entrava, fosse qual fosse a origem, devia conformar-se aos traços essenciais das classes dominantes e sair como se, *em princípio, fizesse parte delas ou estivesse adaptado a elas.* A Academia de Almeida Nogueira parece uma poderosa máquina de fabricar, manter e, se necessário, transformar elites. (Candido, 2004: 251-252; destaque nosso)

CONSIDERAÇÕES FINAIS

As culturas e costumes propagados e assimilados pelos membros da Academia de Direito conferiam-lhes unicidade, de maneira que poderiam ser identificados por seus modos, discursos e outros traços, carregados que estavam de valor simbólico.

A presença de um *habitus* linguístico conservador associado ao português clássico na escrita culta da EN, o qual é reconhecido e valorizado no interior desse coletivo e em outros afins, tem suas raízes na relação da Escola com a Academia de Direito e suas tradições. Não gratuito, mas gerado em um sistema em que a língua participa das relações sociais e as medeia, o estilo linguístico privilegiado no grupo social em estudo atribui a este uma distinção representativa de superioridade intelectual, a qual somente é possível pela forte relação entre língua e sociedade, e que se faz notar na preferência pela ordem invertida, com sujeito pós-verbal, nas produções escritas da Escola Normal da Capital.

NOTAS

[1] Nesta citação e nas demais citações deste artigo, mantivemos a grafia constante do texto original, sem usar a expressão "sic", que seria excessiva, considerando-se o número de fontes documentais apresentadas.

[2] Capítulo baseado na dissertação de mestrado intitulada *A ordem de constituintes sentenciais no português paulista* (FFLCH/USP, 2011), desenvolvida sob orientação da prof.ª dr.ª Marilza de Oliveira e com apoio financeiro da Fapesp (processo 2008/55985-3).

[3] Isso não significa ausência de variação, mas, sim, que esta ocorre dentro de um conjunto limitado de opções.

[4] Amostras de 1750 e 1850.

[5] Amostras de 1845 e 1882.

[6] Cf. Oliveira et al., 2013.

[7] Citado pelo médico Luiz Pereira Barreto, que muito se empenhou em defender os ideais republicanos, no artigo "O séc. XX e o dr. Eduardo Prado", publicado em *O Estado de São Paulo,* em 23/05/1901.

[8] Não tratamos, aqui, do nosso ponto de vista, mas da perspectiva da época. A noção de *desenvolvimento da sociedade* aqui reportada deriva da conjugação de teorias científicas do século XIX, que, associando o darwinismo social à perspectiva evolucionista, licenciavam o êxito de uma nação mestiça (Costa e Schwarcz, 2007: 65). Em uma época em que o status de uma nação se pautava na biologia, o Brasil, país miscigenado e com grande população negra e indígena, estaria em baixo nível no ranking internacional das nações. Para ascender, entendia-se que deveria oferecer instrução à sociedade.

[9] Discurso do presidente da província Sr. João Theodoro, na ocasião da reinauguração da 2ª Escola Normal (apud Rodrigues, 1930: 79).

[10] A escola foi posteriormente nomeada "Caetano de Campos".

[11] Sobre as estratégias para a construção simbólica da República junto à população, cf. Carvalho (2007).

[12] Parte dessa colaboração se deu pela atuação das professoras Márcia Prescila Browne e Maria Guilhermina Loureiro de Andrade, ambas preparadas para o magistério nos Estados Unidos. Foram recomendadas pelo então diretor no Mackenzie College, Horácio Lane, para a direção da recém-criada Escola Modelo, e para a implantação do método intuitivo, modelo pedagógico atual no período.

[13] Conforme os sobrenomes familiares e a hierarquia social da época, indicados em Pires (2006) e Homem (1998).

[14] Além das aulas de caligrafia e desenho; ginástica e exercícios militares; música, solfejo e canto coral; trabalhos manuais e prendas domésticas.

[15] O *corpus* da pesquisa foi formado a partir da Correspondência Oficial (1894) e das Atas da Congregação (1895), referidas como C e A, respectivamente, nos exemplos de (1) a (5).

[16] Estudavam as Ordenações Afonsinas (1446), Manuelinas (1521) e Filipinas (1603).

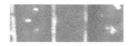

A ELITE PAULISTANA E O SUJEITO PLENO: OS MESQUITA

Hélcius Batista Pereira
Maria Alice Rosa Ribeiro

SUMÁRIO

APRESENTAÇÃO 204

OS PRESSUPOSTOS TEÓRICOS E METODOLÓGICOS 206

ANÁLISE LINGUÍSTICA:
O DIALETO DA ELITE X O DIALETO CAIPIRA 208

    A realização do sujeito no dialeto da elite 208

    O pioneirismo da massificação
    do sujeito pleno no dialeto caipira 210

ANÁLISE SÓCIO-HISTÓRICA
DO FENÔMENO LINGUÍSTICO 211

    Formação do *habitus* da elite paulista: os Mesquita 211

        Campinas e as primeiras letras: 1862-1878 212

        A Academia de Direito:
        de Campinas à cidade de São Paulo, 1878-1882 215

        O regresso definitivo à cidade de São Paulo –
        o jornal *O Estado de S. Paulo* 219

        A segunda geração dos Mesquita –
        Júlio de Mesquita Filho e Marina Mesquita 221

    O *habitus* da elite paulistana e o estrangeiro 224

    O *habitus* da elite paulistana e o caipira 226

CONSIDERAÇÕES FINAIS 228

APRESENTAÇÃO

Dois importantes trabalhos diacrônicos sobre a realização do sujeito pronominal no português brasileiro (doravante PB) sugerem que a intensificação do uso dos sujeitos expressos (plenos) ganhou força a partir do final do século XIX e primeiras décadas do XX. Tarallo (1985), que estudou o tema com base em *corpora* constituídos por cartas, peças e diários escritos por autores nascidos no Brasil a partir do século XVIII, encontrou os seguintes resultados: o preenchimento do sujeito respondia por 23% dos casos em 1725, atingiu 27% em 1775, reduziu-se a 16% em 1825, tornou a ganhar produtividade em 1880, quando atingiu 32,7%. O contraste destes resultados com o encontrado em entrevistas realizadas em 1981, em que os sujeitos plenos respondiam por 79% do uso total, evidencia o processo de intensificação do preenchimento do sujeito pelo brasileiro. Já Duarte (1995),[1] que trabalhou com peças teatrais brasileiras, encontrou os seguintes percentuais de usos do sujeito nulo: 70%, em textos de 1918; 50%, nos materiais datados de 1937; 30%, em 1975; e, finalmente, 25%, nos dados de 1992.

Diversos estudos mostram que o PB atual faz uso preponderante de pronomes plenos na posição de sujeito, em detrimento da categoria vazia. Esse fenômeno pode ser observado, em maior ou menor grau, tanto na oralidade como em diversos gêneros da escrita. Duarte (1995) analisou o tema com base no material gravado do Projeto Nurc/RJ,[2] na década de 1980, e constatou uma produtividade do sujeito pronominal pleno de referência definida em torno de 71%. Berlinck, Duarte e Oliveira (2009), com base no material de fala recolhido nos *corpora* do projeto Nurc em cinco capitais brasileiras, constataram que a massificação do sujeito expresso é, de fato, um fenômeno adotado pelos brasileiros cultos em diversas regiões, como atesta a produtividade dessa forma linguística em várias capitais: 67%, em Recife; 74%, em Salvador; 77%, em Porto Alegre; 79%, em São Paulo; e 87%, no Rio de Janeiro. Duarte (2003a) constatou que o fenômeno é bastante frequente na fala carioca sem a formação universitária, encontrando, nos dados recolhidos pelo Peul/RJ,[3] um índice de utilização do sujeito expresso em torno de 80%. Paredes da Silva (1988) analisou cartas pessoais emitidas por pessoas nascidas no Rio de Janeiro, com idade de 17 a 38 anos, e mostrou que os usos feitos com 2ª pessoa do discurso apresentavam um percentual de 70% de sujeito expresso. Barbosa, Kato e Duarte (2005) analisaram o fenômeno em jornais e revistas brasileiros e portugueses e identificaram um percentual de sujeito nulo de 78% no português europeu (PE) e de 44%, no

PB. Trabalhando com esse mesmo tipo de material, Duarte (2003b) mostrou que, para referência arbitrária ou indeterminada, os textos publicados no Brasil optam pelo preenchimento com "você" e "a gente" – que, juntos, respondem por 62% dos casos –, apagando o pronome em 33% das sentenças. Por fim, Duarte (2007) encontrou, em textos de opinião e de notícias publicados pela imprensa brasileira, um percentual de sujeitos nulos de 49%, que muito se distancia dos 93% encontrados nos textos de mesmo gênero publicados em Portugal.

Partindo do diagnóstico de que o quadro atual, marcado pelo emprego intenso de sujeito pleno, foi construído desde o fim do século XIX, o presente trabalho procura questionar o percurso do fenômeno na cidade de São Paulo, nas primeiras décadas do XX, focando no uso feito por sua elite e pelas populações chamadas de "caipiras". Como a historiografia mostra, nesse período, a cidade atravessava um processo intenso de urbanização e de grande crescimento econômico. Em função disso, ela passava a ser moradia de inúmeras famílias de fazendeiros advindas do interior, enriquecidas principalmente em função dos negócios direta ou indiretamente relacionados à economia agroexportadora (principalmente de café). Também nesse período, a cidade passou a receber vultoso número de população imigrante, que se fixou na capital, muitas vezes após um período inicial no trabalho como mão de obra das lavouras cafeeiras. Só para se ter uma ideia, de 1908 a 1936, aportaram, em Santos, mais de 1,2 milhão de imigrantes (Klein, 1989), principalmente de origem italiana, portuguesa e espanhola, ou seja, falantes de língua materna que, reconhecidamente, fazem ainda hoje amplo uso do sujeito nulo.

Procuraremos discutir, neste capítulo, os impactos de tais fatos no percurso da realização do sujeito pela elite paulista. Em especial, duas questões nos interessam:

i. Em que medida o uso linguístico da elite paulista se afastou ou se aproximou do dialeto "caipira", principalmente considerando que muitos de seus membros tinham origem rural ou mantinham ligação com o interior, em função dos negócios ligados às atividades agrícolas?

ii. Supondo-se que os estrangeiros que passaram a residir na cidade eram usuários de línguas de sujeito nulo – faziam um uso da forma expressa apenas em casos especiais –, qual teria sido o impacto do contato com tais falantes na norma linguística da elite?

OS PRESSUPOSTOS TEÓRICOS E METODOLÓGICOS

Para realizar o presente capítulo, buscamos uma perspectiva teórica adequada aos objetivos de um programa de pesquisa na área de História Social da Língua. Nossa proposta para isso "*é interpretar os dados linguísticos à luz dos dados históricos e da teoria de Pierre Bourdieu*" (2003). Nesse pensador, encontramos a possibilidade de não somente incorporar o dado social para a interpretação linguística, mas também encontrar um modelo explicativo de como o social é interiorizado no indivíduo, podendo implicar a linguagem por este produzida.

Nesse arcabouço, é central o conceito de *habitus*. Construído historicamente, o *habitus* linguístico é um sistema de disposições, produto das condições sociais, adquirido através da própria prática, desde os primeiros contatos sociais, ainda no ambiente familiar, e que contém a matriz de apreciação de valores que censuram ou que prestigiam os discursos. É responsável, pois, pela "*produção de discurso ajustado a uma 'situação' ou, antes, ajustado a um mercado ou a um campo*" (Bourdieu, 2003: 128). O *habitus* linguístico, nessa perspectiva, torna-se uma estrutura interna adquirida no nível do indivíduo (por participarmos de um dado grupo social, situado historicamente), guardando, portanto, as regras e os comportamentos sociais a que este está sujeito. Nele está prescrito (ou recomendado) o que poderá ser dito e o que deverá ser silenciado. Está carregado, pois, de um esquema de sanções e de prestígios, definido pelo código social a que pertence. Através dele, o seu falar se posicionará em função dos outros falares possíveis. Após a interiorização do *habitus*, o sujeito estará dotado de determinado capital linguístico, o que lhe dará maior ou menor poder para impor suas ideias e suas formas linguísticas, em uma dada situação de oferta, ou, nos termos de Bourdieu, em um "mercado".

Para análise linguística, constituímos dois *corpora*. O *corpus* que representa o uso da elite paulistana foi formado por cartas de duas gerações de uma mesma família, os Mesquita proprietários, redatores e editorialistas responsáveis do jornal *O Estado de S. Paulo*. Escolhemos essa família, em função da importância que sua empresa tinha na divulgação de padrões linguísticos e ideológicos, e da facilidade do recolhimento dos textos.[4]

Assim, no Arquivo Público do Estado de São Paulo, no acervo Washington Luís, recolhemos nove cartas escritas por Júlio Mesquita (1862-1927) no período de 1907 a 1923, destinadas ao político paulista que depois se tornaria presidente do Brasil. As cartas, embora sempre de cunho político – e, por isso, não isentas de formalidade –, mostraram-se adequadas para o trabalho aqui proposto. Esse material resultou em 75 ocorrências, que nos forneceram indícios da realização do sujeito pela geração que nasceu no interior do Estado e transferiu-se, já adulta, para a capital. Para diagnosticar o uso da segunda geração dessa mesma elite, recolhemos 23 cartas escritas por Júlio Mesquita Filho, e outras 23, de autoria de sua esposa, Marina Mesquita, a partir de publicação recente, em 2006, levada a cabo por seu neto, Ruy Mesquita Filho.[5] Essas epístolas resultam da troca de correspondência entre marido e esposa, no período em que o primeiro esteve no *front* da Revolução Constitucionalista, e, posteriormente, quando foi preso e exilado para Portugal. Esse material, bem mais rico que o da primeira geração, forneceu-nos 555 dados de sujeito pronominal.

Para contraponto ao dialeto da elite, constituímos também um *corpus* do dialeto caipira, formado pelos contos publicados por Valdomiro Silveira, no ano de 1906, no jornal *O Estado de S. Paulo*. A escolha desse material se deu para driblar as dificuldades de se obter qualquer registro da fala caipira paulista no período recortado para nosso estudo, em função da inexistência de grava-ções e de materiais escritos, em uma camada social marcada pelo analfabetis-mo. Os textos de Valdomiro nos forneceram um total de 270 ocorrências de sujeitos pronominais (vazios e expressos).[6]

Nascido em Bom Jesus da Cachoeirinha, na parte paulista do Vale do Paraíba, em 1873, Valdomiro Silveira viveu parte da infância na capital, e, em seguida, mudou-se para Casa Branca, pequena cidade do interior. Com 17 anos, mudou-se novamente para a capital, estudando no Seminário Episcopal, no Curso Anexo à Faculdade de Direito, formando-se em Ciências Jurídicas e Sociais. Morou no interior e na capital, o que certamente colaborou para apurar a sua percepção sobre os diferentes dialetos paulistas.

Os textos de Silveira buscaram um mergulho no universo rural e caipira, mediante o uso de uma linguagem que procurava representar o dialeto caipira, por meio da fala de seus personagens, como em "As Fruitas", e/ou por meio da narrativa/fala do próprio narrador, como em "Mau Costume".

Assim,

> pela estrutura, pelo ritmo, pelo tipo de construção frasal, pelas palavras, expressões, espírito e estilo são elaborados e construídos com observância cuidadosa da estrutura de pensamento e de cultura do homem regional-rural, ou seja, do caipira. (Élis, 1974: xv)

Sua obra *"deixa entrever uma forte identificação e solidariedade com relação ao caipira, abordado como um igual sem, entretanto, desconsiderarem-se as particularidades que o caracterizam"* (Leite, 1992: 279).

A produção de Silveira deve ser entendida em um contexto em que a intelectualidade paulista procurava buscar para si uma representação nacional, voltada para sua própria história, forjando uma interpretação do passado paulista que valorizava o bandeirante e, como sua extensão, o caipira. São Paulo ganhava, no âmbito da representação simbólica e histórica nacional, um peso que correspondia à importância econômica que assumiria a partir da segunda metade do século XIX (Silveira, 2008: 55).

Sua ambição realista e de registro da fala caipira fez com que os textos de Valdomiro Silveira fossem boa alternativa para avaliação do dialeto caipira no início do século XX.

ANÁLISE LINGUÍSTICA:
O DIALETO DA ELITE X O DIALETO CAIPIRA

A realização do sujeito no dialeto da elite

O contraste dos usos feitos pelas duas gerações da família Mesquita, aqui tomada para representar o uso feito pela elite nacional paulistana nos primeiros anos do século XX, mostra-nos que ambas preferiam realizar os sujeitos pronominais de forma predominante com o uso da forma vazia. Assim, se, na 1ª geração, 80% das sentenças foram produzidas com sujeito vazio, a geração mais jovem reduziu sua produtividade para 70%, fazendo um uso maior da forma expressa. Esse resultado não é surpreendente, já que o predomínio da forma expressa só se tornou uma realidade entre as décadas de 1930 e de 1950 (Duarte, 1996: 112). Entretanto, podemos afirmar que, de uma geração à outra, houve incremento no uso dos sujeitos expressos, o que indica o início do processo que massificou o uso desta última variante.

Essa tendência ao maior uso dos expressos de uma geração à outra é percebida quando observamos como a distribuição de vazios e expressos se deu em cada pessoa do discurso. Os textos de Júlio de Mesquita, o pai, mostram que, para a 1ª geração da elite, a forma vazia era sempre a predominante, atingindo 85% das ocorrências na 1ª pessoa, 75% na 2ª, e 71% na 3ª. Já a 2ª geração mantém o sujeito nulo em 85% dos casos com 1ª pessoa, reduz o uso dessa forma para 23% na segunda pessoa e "oculta" o pronome em 54% nas sentenças de 3ª pessoa.

O elevado índice de produtividade do sujeito vazio na 1ª pessoa pelas duas gerações – o que, aparentemente, contradiria Duarte (1995) – coincide com o resultado encontrado por Paredes da Silva (1988), que, de forma similar ao nosso estudo, trabalhou com *corpus* constituído por cartas produzidas na década de 1980. Assim, atribuímos esse apagamento intenso do sujeito de primeira pessoa à natureza do gênero textual que constituiu nosso *corpus* da elite.

Já o aumento da produtividade de sujeitos plenos de uma geração para outra, na 2ª e na 3ª pessoas, mostra que o processo de preenchimento de sujeitos estava em pleno andamento no dialeto da elite.

Agora passemos à análise de outra questão: a do impacto do traço semântico do referente. Cyrino, Duarte, Kato (2000) mostraram a importância da hierarquia de referencialidade na trajetória da distribuição de vazios e expressos no português brasileiro. Para as autoras, o preenchimento do sujeito foi favorecido pelos contextos em que os referentes do pronome utilizado eram marcados pelo traço [+humano]. Nossos dados confirmam esta importância, principalmente se excluirmos os casos de 1ª pessoa – que, como mencionamos, favorecem o sujeito nulo no gênero cartas. Realizada esta exclusão, os dados mostram que a 2ª geração faz dos sujeitos plenos a regra – e não a exceção –, uma vez que estes aparecem em 59% dos sujeitos pronominais nos contextos de referentes com traço semântico [+humano]. Esse uso contrasta com o prioritário do sujeito nulo neste mesmo contexto – em 76% das ocorrências – na 1ª geração dos Mesquita.

Outro ponto que interfere na distribuição entre sujeitos vazios e expressos é a possibilidade (ou não) do pronome acessar "com facilidade" o seu referente, como mostram os estudos de Duarte (2003a) e Barbosa, Duarte e Kato (2005). Segundo esses trabalhos, a facilidade de acesso favorece a ocorrência do sujeito vazio, enquanto a interferência de elementos entre o pronome e o seu antecedente favorece o sujeito pleno. Nossos dados da primeira geração não são estatisticamente robustos, entretanto, chama-nos a atenção o fato de que, enquanto Júlio Mesquita não se mostrou sensível à configuração desse contexto, usando os pronomes vazios em todas as retomadas endofóricas, a geração que o sucedeu respeitou aquele critério. Nos casos de antecedente acessível, 74% dos sujeitos são vazios, mas, quando essa acessibilidade é dificultada, seja porque o antecedente não tinha função de sujeito ou ainda porque havia uma sentença intermediando o pronome e seu antecedente, 60% das ocorrências têm um pronome expresso.

Por último, nos materiais das duas gerações, sempre que o verbo está no pretérito perfeito, a produtividade do sujeito vazio é bastante elevada, atingindo cerca de 85% das ocorrências, o que confirma a importância desse contexto para a resistência do sujeito vazio em relação à sua concorrente, conforme Duarte (1995) já havia apontado.

O pioneirismo da massificação do sujeito pleno no dialeto caipira

No *corpus* que formamos com os textos de Valdomiro Silveira, os quais mimetizam as falas do dialeto caipira, recolhemos 270 ocorrências, das quais 61% são de sujeito pronominal expresso. A diferença desse material para aquele que tomamos como o registro da elite é, portanto, significativa: o processo de intensificação do uso de sujeitos expressos aqui já estaria bem adiantado.

O incremento de sujeitos expressos que mapeamos nesse *corpus* mostra um comportamento similar ao mapeado por Duarte (1995) e Negrão e Müller (1996), quanto ao impacto das pessoas do discurso. Os sujeitos vazios resistem ainda à mudança na 3ª pessoa, contexto em que são 61% dos casos. Na 1ª e na 2ª pessoa, os preenchimentos da posição de sujeito já teriam conquistado ampla "hegemonia", ocorrendo em 68% e 82% dos casos respectivamente.

O mapeamento das ocorrências em função do traço semântico do referente, para checar os efeitos da hipótese da hierarquia referencial (Cyrino, Duarte e Kato, 2000), mostra-nos que a maior parte dos dados, 260 ocorrências, deu-se em contexto cujo referente tem traço semântico /+humano/. E, nesse contexto, os sujeitos expressos encontram produtividade de 62%. Encontramos dez ocorrências de sentenças em que o referente tem traço semântico /-humano/. Destas, sete são realizadas com sujeito vazio. Portanto, o material confirma que os sujeitos plenos iniciaram seu avanço nos contextos marcados pelo /+humano/, havendo certa resistência nos contextos em que o referente tinha traço /-humano/.

A questão da acessibilidade do pronome ao seu antecedente também se mostrou relevante aqui, nas 94 sentenças que encontramos com sujeitos pronominais de 3ª pessoa endofóricos. Das 25 ocorrências com antecedente acessível, 76% foram realizadas com sujeito nulo. A produtividade dessa variante se reduziu a 57% das 69 sentenças com antecedente não acessível. Essa redução de produtividade confirma que *"a facilidade de acessar seu antecedente é variável relevante para a resistência dos vazios"* e que, ao contrário, *"o uso do sujeito pleno se amplia em estruturas em que este acesso está dificultado"*, como mostraram Barbosa, Duarte e Kato (2005).

Por fim, as sentenças com verbo no pretérito perfeito se mostraram mais resistentes à implementação da massificação do sujeito pleno no dialeto caipira. Assim, das 56 sentenças com este tempo verbal, 52% foram realizadas com sujeito vazio. Nas 214 sentenças com outros tempos verbais, o uso do sujeito expresso se fez valer em 64% dos casos, garantindo sua preponderância.

ANÁLISE SÓCIO-HISTÓRICA DO FENÔMENO LINGUÍSTICO

Para explicar os dados linguísticos a partir dos fatos sócio-históricos, vamos, em primeiro lugar, buscar compreender melhor quem foram os missivistas que produziram os materiais aqui analisados. Depois, procuraremos reconstituir os elementos que constituíam o *habitus* do grupo social ao qual esses missivistas pertenciam. Com base nesses elementos, vamos propor aqui explicações às questões que lançamos no início deste capítulo.

Formação do *habitus* da elite paulista: os Mesquita

Três são os personagens produtores das cartas que servem de suporte para a análise das mudanças ocorridas no padrão linguístico do português brasileiro, que o fazem distanciar-se do português europeu. Percorrer a história e a formação de dois dos três personagens é o que se pretende fazer nesta parte do texto. Duas gerações são acompanhadas: o pai, Júlio César Ferreira de Mesquita, e o filho homônimo. O percurso analisado por meio desses dois representantes de gerações distintas dos Mesquita corresponde ao da formação educacional e ao desenvolvimento de atividades ligadas ao principal jornal diário em circulação no estado, do qual eram proprietários. Com isso, o período analisado estende-se das três últimas décadas do século XIX até os anos finais de 1930, quando a oposição e a luta contra a ditadura do Estado Novo determinaram o segundo exílio de Júlio de Mesquita Filho e a série de cartas a Marina, sua esposa. Na narrativa que segue, procura-se destacar a educação formal, a formação intelectual, o ambiente de circulação de ideias no qual os personagens se inseriram: a rede familiar, de amigos, de colegas, de colaboradores, de opositores; os acordos e conflitos políticos etc.

CAMPINAS E AS PRIMEIRAS LETRAS: 1862-1878

Júlio César Ferreira de Mesquita nasceu em Campinas em 1862. Seu pai, Francisco Ferreira de Mesquita, era negociante na cidade. Possuía uma sociedade mercantil com Antonio Joaquim Ribeiro e José Correa dos Santos, a qual era formada por duas lojas de comércio de fazendas, secos e molhados. A loja matriz era gerenciada por seu sócio, Antonio Joaquim Ribeiro, com quem Francisco teve um conflito que acabou em protesto junto ao Juízo de Comércio de Campinas, sob a jurisdição do Juiz Francisco Gonçalves da Silva, em 1871. Diz Francisco Mesquita no seu protesto:

(1) *Acontece que Ribeiro contra todas as normas adoptadas nesta praça e contra todos os precedentes da mesma caza sob a sua gerência, deu ordem aos caixeiros para que mais não fiar a qualquer comprador de 21 de janeiro de 1871 em diante e só fizessem vendas na dita caza matriz a dinheiro* (Processo 04227, Of. 1º, 1871: 1-2).

A questão envolvia regras quanto às formas de pagamento aplicadas pela loja. Seu sócio determinou, sem suas ordens, que as vendas de mercadorias somente se efetuariam à vista, cessando, assim, o fornecimento de crédito aos fregueses. Diante do episódio e em repúdio a atitude de seu sócio, Francisco Mesquita apelou ao juiz do Comércio de Campinas, alegando que tal medida acarretaria a perda de fregueses, pois a maioria era composta por sitiantes e por lavradores que só podiam comprar fiado, por não disporem regularmente de dinheiro para o pagamento à vista. Somente esporadicamente, os fregueses dispunham de dinheiro, fruto da venda de algum gênero alimentício cultivado e/ou criado. Prevendo os prejuízos incalculáveis à firma, Francisco, na ação de protesto, pediu ao juiz que ordenasse a responsabilidade de Ribeiro pelas perdas e danos à sociedade mercantil (Proc. 04227, 1871: 3-4).

Há muitos processos jurídicos no Fórum da Comarca de Campinas envolvendo disputas comerciais: execução de dívidas, penhoras, arrestos etc., refletindo, ao mesmo tempo, a existência de uma vida comercial intensa na cidade e a falta de dinheiro que dificultava o cumprimento dos contratos.[7] Assim, recorrer à justiça tornou-se corriqueiro, para se obter o cumprimento de obrigações. Uma vez lavradas as escrituras de dívidas e obrigações hipotecárias, a cobrança jurídica seguia-se naturalmente. Como garantias dos empréstimos, eram hipotecados os bens mais valiosos dos devedores, tais como: escravos, terras, instrumentos de trabalho, carroças, semoventes etc.

Na infância de Júlio, os imbróglios jurídicos e comerciais, penhoras, sequestros de bens etc. que envolviam os negócios do seu pai, faziam parte da vida familiar. Anos mais tarde, em 1898, Júlio viu seu pai, já velho, perder todo seu patrimônio em decorrência de um negócio desastroso na casa comissária de Santos, a qual mantinha em sociedade com a família Cerqueira César (Góes, 2007: 89).

Os tempos de infância e adolescência foram passados em Campinas. Na época, a cidade tinha o comércio e a atividade manufatureira influenciados pela expansão da lavoura de café, então, a maior empregadora de escravos e de terras e grande geradora de renda. A cafeicultura veio substituir os engenhos, que, até os anos 1850, dominavam a região. A partir de 1872, a praça comercial de Campinas recebeu um estímulo para se desenvolver – a chegada da ferrovia e a inauguração da estação da Cia. Paulista de Estradas de Ferro. A chegada da ferrovia revolucionou o transporte do café, das mercadorias em geral e das pessoas, além de abrir possibilidades de expansão da cultura do café para além dos 200 quilômetros da última estação ferroviária (Jundiaí), em operação desde 1867.[8] De Campinas, as plantações alastraram-se para as terras do chamado oeste paulista, chegando a Ribeirão Preto, Franca, Jaboticabal etc.

Assim, nos anos 1870 e 1880, Campinas ganhou um novo impulso econômico e cultural. Instalou-se a sede de uma nova companhia ferroviária e teve início a construção da estrada de ferro Mogiana, que seguia com seus trilhos em direção a Mogi Mirim, Amparo, Casa Branca, até Ribeirão Preto; instalaram-se a Cia. Campineira de Iluminação a Gás e um banco agrícola. A cidade passou a receber, com entusiasmo, clubes de lazer e de dança, escolas e centros de difusão cultural. A vida urbana enchia-se de atrativos e de formas de socialização e de convívio, principalmente entre os membros da elite.

No campo cultural e de formação educacional, destacou-se a fundação da Associação Culto à Ciência em 1869.[9] A assembleia geral da associação, realizada em 15 de abril de 1873, registrava a presença das famílias campineiras mais poderosas, econômica e politicamente. Na ata da assembleia figuravam, entre os 116 sócios,[10] políticos e profissionais liberais: Manuel Ferraz de Campos Salles, Francisco Glicério Cerqueira Leite, Francisco Quirino dos Santos, Américo de Campos, Bernardino de Campos, Américo Brasiliense D'Almeida Mello, Jorge de Miranda etc. Os membros das famílias mais ricas da região assinaram a ata: o comendador Francisco Teixeira Vilella, Ataliba Nogueira, os Souza Aranha, os camargo Andrade, os Pompeo de Camargo, os Camargo Penteado, Pacheco e Silva, Leite de Barros, Leite Penteado,

Teixeira Nogueira etc. Podem-se identificar, também, alguns comerciantes e industriais: Guilherme P. Ralston, Francisco de Mesquita, Jorge Krug, Sampaio Peixoto etc. A primeira diretoria foi composta pelo presidente e secretário, respectivamente comendador Joaquim Bonifácio do Amaral e dr. Joaquim José Vieira de Carvalho. Ocupava o cargo de tesoureiro o dr. Jorge Krug, e os demais membros eram Antonio Pompeo de Camargo e Américo Brasiliense d´Almeida Mello (Moraes, 1981: 24, 30, 31, 350-3).

O principal objetivo da Associação Culto à Ciência era instalar um colégio destinado ao ensino primário e secundário para alunos do sexo masculino "regularmente montado para aperfeiçoamento moral e intelectual dos alunos". Desde a Lei n. 54, de 1868, o governo imperial extinguira o ensino secundário oficial, passando o encargo à iniciativa particular que passou a gozar de liberdades para instituí-lo (Moraes, 1981: 56).

A iniciativa de construir o colégio foi custeada pela venda de ações e pelas contribuições de fazendeiros, industriais, comerciantes e "homens graduados nas ciências". Em 1874, o colégio foi inaugurado e, em nome da associação, o Dr. Campos Salles discursou, enfatizando o papel da Sociedade Culto à Ciência na realização do esforço comum para solucionar um problema social – a instrução – "instrumento do progresso", "da razão e do espírito de uma sociedade" (Moraes, 1981: 17-22). No esforço comum de fundar o colégio, destinado a instruir os filhos da elite, uniram-se, independentemente de credo político, conservadores, liberais, republicanos, abolicionistas etc. Enfim, a elite econômica, cultural, de diversos matizes políticos: desde apoiadores da Monarquia a partidários da República. Muitos eram ligados à maçonaria e alguns eram positivistas. Na direção do Culto à Ciência, havia a presença marcante dos republicanos históricos, mas também de fazendeiros, proprietários de terras e de escravos, com títulos de nobreza, como o próprio presidente, o comendador Joaquim Bonifácio do Amaral, mais tarde, visconde de Indaiatuba, e o barão de Três Rios, Joaquim Egydio Souza Aranha, mais tarde marquês de Três Rios.

Duas coincidências envolveram as famílias Mesquita e a Vieira de Carvalho. Francisco Mesquita, pai de Júlio César de Mesquita, e Joaquim José Vieira de Carvalho, pai de Arnaldo Vieira de Carvalho, foram fundadores do Colégio Culto à Ciência e, mais tarde, seus netos iriam se unir por meio de casamentos de três dos seus filhos.

Embora não fosse filho de fazendeiro, proprietário de terras e de escravos, mas de comerciante de origem simples e portuguesa, Júlio frequentou o Colégio Culto à Ciência, para concluir os seus estudos secundários. Em 1876

A elite paulistana e o sujeito pleno

e 1877, seu nome consta da lista de alunos do colégio aprovados nos exames preparatórios para ingresso na Faculdade de Direito, em São Paulo (Moraes, 1981: 358, cit. *Gazeta de Campinas* de 31 nov. 1876 e 06 dez. 1877). Conforme Lapa (1996: 174-5), o Colégio Culto à Ciência compunha o

> mais completo ideário burguês, abolicionista e republicano, produzido especialmente para os filhos da vanguarda cafeeira do país, espaço privilegiado para a formação da elite, num programa que procurava ser pragmático e eficiente, dando uma visão do mundo, treinando para o exercício do poder e o trato da economia e sociedade do país.

Da educação formal de Júlio, constaram mais dois colégios particulares, bastante conceituados na época, e frequentados por filhos de pessoas com recursos e bem posicionadas na sociedade campineira. O curso primário foi realizado na escola do professor Malaquias Ghirlanda, que, segundo seu diretor e proprietário, oferecia conhecimento suficiente para que o aluno não tivesse que ingressar nas academias. De fato, o programa de ensino envolvia até mesmo cálculos de conversão de moedas e variações cambiais, além das disciplinas convencionais. Outra escola frequentada por Júlio foi o Colégio Internacional, que se tornou, com o Culto à Ciência, referência de ensino para a elite da região.[11] O colégio foi inaugurado no ano de 1870-1871 por dois reverendos da igreja presbiteriana: dr. George Nash Morton e dr. Edward E. Lane, que implantaram padrões de ensino inspirados em escolas norte-americanas (Lapa, 1996: 172). Diferentemente de outras escolas secundárias, esta admitia meninas e ministrava o ensino seriado de estudos primário e secundário.[12] Francisco Rangel Pestana integrava seu quadro de professores.[13] Em 1875, Rangel Pestana mudou-se para a capital, abandonou "*a cadeira de mestre pela banca de jornalista*" (Moraes, 1981: 87, cit. na *Gazeta de Campinas*, 1º jul. 1876) e assumiu a chefia do órgão de imprensa do Partido Republicano, o jornal *A Província de São Paulo*, então recém-inaugurado.

A ACADEMIA DE DIREITO:
DE CAMPINAS À CIDADE DE SÃO PAULO, 1878-1882

Poucos desfrutavam do privilégio de continuar os estudos nas academias do Império. Destes, somente membros da elite, e desta, apenas uma pequena fração, disposta a dedicar-se a cinco anos de estudos e a aturar mestres muitas vezes rabugentos, pernósticos e presunçosos.

Júlio, filho primogênito, foi o único dos seus sete irmãos a estudar na Faculdade de Direito do Largo São Francisco. A academia fazia parte do

215

universo escolar e intelectual até então percorrido por Júlio. Uma parte significativa de seus professores, das lideranças políticas e da imprensa campineira havia se formado em Direito, embora muitos não exercessem a advocacia. Continuar os estudos na academia era quase uma condição natural de um projeto de ascensão social, mais ainda para um filho de comerciante de origem portuguesa simples. Diz Adorno (1988: 162) que era "*condição sine qua non para pertencer ao mandarinato imperial*". Nos anos finais do século XIX, era o pré-requisito para postular cargos na burocracia estatal, não somente imperial, mas, talvez, na eventualidade de mudança de regime, na organização do estado republicano. Ao mesmo tempo, ingressar na academia atendia aos anseios de participar dos debates dos temas mais candentes da época – trabalho escravo, abolicionismo, monarquia, república. Prosseguir os estudos permitia inteirar-se, também, das ideias filosóficas que penetravam o mundo acadêmico – positivismo, darwinismo, evolucionismo etc. – e cultivar, por fim, o gosto literário dominado pela literatura e história francesas. Mais do que orientada no sentido de se obter uma qualificação profissional, a academia era, essencialmente, um espaço cultural, de exercício da política e de inserção na elite dominante do país.

A fundação da Academia de Direito no Brasil foi, segundo Adorno (1988), um desdobramento da independência. Era preciso organizar o Estado nacional. E era preciso formar a elite, para compor os quadros da burocracia estatal. Não fazia mais sentido, uma vez rompida a relação colonial, que a formação dos filhos da elite continuasse dependente das universidades europeias e, muito menos, da de Coimbra, um resquício colonial (Adorno, 1988: 81). Em 1823, a emergência da construção do Estado nacional e da preparação de cidadãos para ocupar seus quadros levou à Assembleia Constituinte o debate sobre a criação da universidade e o local de sua instalação. Sobre a necessidade da criação da universidade não pairavam dúvidas, entretanto, o mesmo não se deu com respeito ao lugar de sua instalação. A discussão concentrou-se na escolha ou de uma das províncias, ou da própria corte. A cidade de São Paulo era uma possibilidade defendida por vários constituintes e contestada por outros. Um dos argumentos contrários a São Paulo e a favor da corte, levantado por José da Silva Lisboa, mais tarde visconde de Cairu, era a defesa da manutenção da pureza de língua de Camões, livre das corrupções praticadas pelos paulistas. Dizia o futuro visconde de Cairu:

A elite paulistana e o sujeito pleno

Uma razão mui poderosa me ocorre de mais para a preferência da universidade nesta corte, e é para que se conserve a pureza e a pronúncia da língua portuguesa que, segundo Camões, com pouca corrupção, crê que é latina.

Sempre, em todas as nações, se falou melhor o idioma nacional nas cortes. Nas províncias há dialetos, com os seus particulares defeitos; o Brasil os tem em cada uma, que é quase impossível subjugar, ainda pelos mais doutos do país.

É reconhecido que o dialeto de São Paulo é o mais notável. A mocidade do Brasil, fazendo aí os seus estudos, contrairia pronúncia mui desagradável. (Lisboa, 1823: s/l., apud Adorno, 1988: 85)

De pouco adiantou o debate, pois o projeto da universidade foi abandonado por falta de recursos para o empreendimento e de tempo para se planejar uma estrutura educacional que requeria uma concepção mais completa da instrução pública, ausente entre os constituintes. Por fim, o debate foi encerrado por ato do imperador D. Pedro I, que fechou a Assembleia Constituinte, para, no ano seguinte, outorgar à sociedade brasileira uma Constituição. Somente em 1827, com o retorno da Assembleia Geral Legislativa, foi aprovada a criação de dois cursos jurídicos, localizados em pontos geográficos extremos, para equilibrar os interesses provinciais e regionais: um, em Olinda, para atender o Nordeste e o Norte; outro, em São Paulo, para atender o Sul, o Centro-Oeste e o Sudeste.

Em 1878, quando Júlio ingressou no curso de Direito, a academia estava em funcionamento há mais de 50 anos. Ela, de fato, cumpriu seu papel de forjar a elite para ocupar os quadros do Estado nacional: ministérios, conselhos, parlamento, assembleias, câmaras, justiça, polícia etc. O bacharel em Direito imiscuiu-se por todos os cantos e recantos e revelou-se o mais importante personagem da vida pública brasileira durante o regime monárquico. Em *Os aprendizes do poder*, Adorno (1988) defende que a formação dos bacharéis não se restringiu, ou tampouco se deveu, ao processo de ensino-aprendizagem, à sala de aula e à relação professor-aluno. O que realmente afetou a formação do bacharel em Direito foram as condições sociais, intelectuais e culturais, ou seja, o ambiente extracurricular.[14] O aprendizado extramuros foi pautado por dois vigorosos instrumentos de militância intelectual e política – os clubes acadêmicos e a imprensa acadêmica, criados pelos estudantes do Largo do São Francisco (Adorno, 1988: 26).

Sobre a passagem de Júlio na São Francisco, pouco há na bibliografia, ou mesmo na literatura, mas uma coisa é certa: sua trajetória cumpriu aquele ritual e foi marcada por sua atuação justamente nos clubes acadêmicos, literários e políticos, e na imprensa estudantil.

217

Em 1882, a *Gazeta de Campinas* reproduziu, sob o título "Festa Acadêmica", a sessão magna do Clube Acadêmico Político e Literário, quando teve lugar a transferência de cargos para a nova diretoria. O antigo presidente do clube, Álvares Lobo, empossou Urbano Pompeo do Amaral como presidente, e o cargo de orador oficial do clube foi transferido de Ignácio de Queiroz Lacerda para Antonio Candido de Camargo. Para prestar homenagens aos formandos que deixavam a academia e o clube, foi escolhido, como orador, segundo a *Gazeta* (1882), o *"talentoso acadêmico"* Júlio de Mesquita, que *"magistralmente brindou aos três quintanistas"*: João Alberto Salles (irmão de Campos Salles), Ignácio de Queiroz Lacerda e Henrique Chaves. Ao final do discurso, foram levantados brindes aos heróis de 1789, a George Washington, a Leão Gambetta, à memória de Garibaldi, de Tiradentes e do visconde de Rio Branco. Em seguida, um novo brinde foi levantado à causa republicana e aos seus defensores: Quintino Bocaiúva, Saldanha Marinho, Américo Brasiliense, Rangel Pestana, Campos Salles, Piza e Almeida, Prudente de Moraes, Martinho Prado Jr., Pinheiro Machado, Francisco Glicério, Assis Brasil, Urbano do Amaral, Alberto Salles e muitos outros. A cerimônia foi precedida por um banquete descrito em um cardápio especial, obviamente em francês, no qual cada prato era dedicado a um participante do clube. Encerrou-se com uma saudação fervorosa às províncias de São Paulo e do Rio Grande do Sul; e aos Partidos Republicanos de Campinas, de São Paulo, do Rio Grande do Sul, os do Brasil e os de Portugal (Moraes (1981: 141-2, cit. na *Gazeta de Campinas*, 23 ago. 1882).

Não é preciso dizer que os participantes do clube acadêmico eram de famílias da região de Campinas e do oeste paulista,[15] o que confirma que os estudantes das arcadas formavam verdadeiros territórios de origem geográfica, de identificação social e de militância política, conforme apontou Adorno (1988: 28).

Na imprensa acadêmica, Júlio marcou seu aprendizado nas questões sociais e políticas do seu tempo – República e abolição. Foi redator do jornal *A República*, órgão do Clube Republicano Acadêmico, que nascera em 1875. A direção do jornal coube, nos anos 1880, a João Alberto Salles, Aristides Maia, Pedro Lessa e, finalmente, a Júlio de Mesquita Moraes (1981: 147).

Sob as arcadas, circulavam ideias conservadoras, liberais, republicanas, positivistas etc., mas o debate, naqueles anos, concentrava-se na transição do trabalho escravo para o livre e na forma de regime, de Monarquia para República.

Formado em fins de 1882, Júlio retornou a Campinas e iniciou sua profissionalização no escritório de Francisco Quirino dos Santos, redator-chefe proprietário da *Gazeta de Campinas*. Já casado com Lucila Cerqueira César,[16]

218

Júlio começou a colaborar como redator no jornal *A Província de São Paulo* e a distribuir as atividades profissionais e de militância política entre Campinas e São Paulo.

Somente em 1886, o primeiro Clube Republicano foi fundado em Campinas, demonstrando que a propaganda e a doutrinação não constituíam prioridades das lideranças republicanas campineiras, que já consideravam a causa ganha na cidade. Campinas era republicana. De fato, a capital e o jornal *A Província de São Paulo* eram o centro da propaganda. De qualquer modo, o clube promoveu uma série de palestras e cursos regulares de Ciência Política sobre os princípios da política republicana e sobre as doutrinas democráticas. No programa, Júlio de Mesquita aparecia como responsável pelo curso de História Política Contemporânea, cujo conteúdo era *"a grande agitação revolucionária de 1789 com o fim de caracterizar, de um modo decisivo, as tendências democráticas do nosso século"*, segundo o redator da *Gazeta de Campinas*. O interesse pela história francesa denotava a eleição da França como inspiradora da luta contra a Monarquia e como berço da civilização e da cultura burguesas. Alberto Salles era encarregado do curso que abordava os *"princípios da organização do governo republicano"* e Antonio Alves da Costa Carvalho ministrava curso sobre *"a índole e as funções da organização municipal no regime democrático puro"*. Nesses cursos, a inspiração dos princípios federativos, que consagravam a autonomia estadual, vinha dos Estados Unidos. Além dos cursos regulares, uma série de conferências foi programada com: Campos Salles, Francisco Glicério, Rangel Pestana, Martinho Prado Jr., Luiz Piza, Antenor Guimarães, Bernardino de Campos, Gabriel Piza, Adolpho Gordo, Prudente de Moraes, Manoel Moraes, Cezario Motta Jr., Pádua Salles. A *Gazeta de Campinas* divulgava a programação do clube, preparando e acalentando seus leitores para uma possível mudança de regime.

O REGRESSO DEFINITIVO À CIDADE DE SÃO PAULO – O JORNAL *O ESTADO DE S. PAULO*

O surgimento do jornal *A Província de São Paulo* foi uma iniciativa do Partido Republicano, que o concebeu como instrumento de propaganda e doutrinação da República. Seu financiamento dependeu de uma campanha de arrecadação e subscrições de capital. Entre os que subscreveram, apareceram diversos nomes de fazendeiros do oeste paulista e muitos sócios do Culto à Ciência. Houve, na verdade, uma sobreposição de nomes da elite.[17] Em 1875, com a falência da Casa Bancária Mauá e a Mauá & Cia, uma parte do fundo arrecadado foi perdida e Rangel Pestana cobriu-a com seus próprios recursos, conseguindo

219

restabelecer as finanças da empresa e tornando-se o primeiro diretor e o principal proprietário.[18] Nos fins de 1879, a empresa voltou a recorrer aos primeiros comanditários, pedindo-lhes um reforço de capital, mas a solicitação foi negada. Em socorro da empresa, veio Luiz Pereira Barreto, médico e fazendeiro em Ribeirão Preto, que a reorganizou e aumentou seu capital. Entretanto, as dificuldades financeiras do jornal eram recorrentes e, em 1884, uma nova falta de capital trouxe a colaboração de João Alberto Salles, que forneceu os recursos para equilibrar a empresa e, assim, ingressou como sócio de Rangel Pestana. Dois anos depois, Rangel desfazia a sociedade, comprando a participação de João Alberto e convidando Júlio de Mesquita para se tornar redator político. Segundo informações de José Maria dos Santos (1942: 194), o jovem bacharel era um *"ardente soldado de Antonio Bento na campanha dos caifazes e um republicano de orientação solidamente democrática"* (Moraes, 1981: 138). Em 1888, Júlio ocupava o cargo de redator-gerente (Marcovitch, 2006: 225).

Ao longo de sua trajetória, Júlio adquiriu os atributos indispensáveis para ingressar na empreitada – frequentou colégios da elite, formou-se bacharel no Largo do São Francisco e participou dos clubes acadêmicos. Dispunha de talento e experiência na imprensa acadêmica e na *Gazeta de Campinas* (1882), e colaborou na propaganda republicana, por meio dos cursos organizados pelo Clube Republicano de Campinas.

Após a Proclamação da República, com o afastamento de Rangel Pestana para assumir cadeira de senador e elaborar a Constituinte de 1891, Júlio passou à direção política do jornal. Alterou-se o nome do jornal, que passou a adotar, ao invés de Província, do tempo imperial, o título republicano de *Estado de São Paulo*. Em 1903, ao comprar a participação de Rangel Pestana, que desistiu de prosseguir com o jornal, Júlio tornou-se o único proprietário. Provavelmente, este salto foi financiado por seu sogro, José Alves Cerqueira César, que já participara da primeira subscrição de capitais em 1874.[19]

Na direção, e como proprietário, Júlio imprimiu ao jornal um caráter independente do Partido Republicano Paulista (PRP), mesmo porque já haviam ocorrido as primeiras divergências entre alguns republicanos históricos,[20] os dirigentes do partido, e os membros do governo. A partir de 1899, houve o rompimento com Campos Salles, presidente da República, e com Rodrigues Alves, governador de São Paulo, por terem posto em prática a política de diplomar apenas os deputados apoiados pelos governadores, a chamada "política dos governadores". Instituíram-se as "comissões eleitorais da degola", práticas verdadeiramente antidemocráticas. Em 1901, foi formalmente definida a dissidência dentro do PRP. O jornal fez aberta campanha a favor de Rui

A elite paulistana e o sujeito pleno

Barbosa em 1909-1910, contra o marechal Hermes da Fonseca, candidato apoiado pelo PRP, e, com Olavo Bilac, em 1915-1916 (Mesquita e Mesquita, 2006: 11-21), apoiou a campanha civilista, a campanha antimilitarista, embora defendesse o serviço militar obrigatório.

Em 1926, Júlio rompeu em definitivo com o PRP e com o presidente Washington Luís e colaborou na fundação do Partido Democrático, com Antonio Prado e Paulo Prado. Seu último artigo no jornal saudava o Partido Democrático que ajudou a fundar (Marcovitch, 2006: 240).

A SEGUNDA GERAÇÃO DOS MESQUITA –
JÚLIO DE MESQUITA FILHO E MARINA MESQUITA

Júlio César Ferreira de Mesquita Filho nasceu em São Paulo em 1892. Era o quarto filho do casal Júlio e Lucila, mas o primeiro homem, e, daí, ter recebido o nome do pai.[21]

Diferente do pai, que viveu a infância e a adolescência em Campinas, Júlio de Mesquita Filho viveu numa cidade que crescia aos saltos. Transformava-se, da noite para o dia, em um dinâmico centro comercial e financeiro, tributário de uma vasta região de base agrícola, composta por uma rede de pequenas e médias cidades. Para São Paulo, convergia o sistema de transporte ferroviário vindo de direções dispersas, com destino ao único porto de relevância econômica, instalado na cidade de Santos. O porto de Santos era base de exportação de café, de importação de mercadorias e, também, de entrada de imigrantes para abastecer o mercado de trabalho agrícola e urbano. O crescimento demográfico de São Paulo caminhou passo a passo com o fluxo de imigrantes: 47.697 habitantes, em 1886; 64.934, em 1890; 240.000, em 1900; 580.000, em 1920, e 887.810, em 1930 (Singer, 1968: 138). Em 1920, 15,8% do total da população do estado residiam na capital, contra 4,6 %, em 1886 (Ribeiro, 1993: 71). Já não havia mais escravos e levas de imigrantes, principalmente italianos, chegavam para os serviços urbanos e agrícolas. A indústria absorvia contingentes de italianos, portugueses, espanhóis, alemães.

Já não havia mais Monarquia, a República era o regime de governo dos cidadãos. A Faculdade de Direito, reduto do abolicionismo e da República, perdia seus motes de rebeldia e contestação e mergulhava em um vazio ideológico, pelo menos até a Revolução Constitucionalista de 1932.

Quando Júlio nasceu, seu avô materno, Cerqueira César, era presidente do estado de São Paulo (1891-1892). Além de republicano histórico, Cerqueira César era fazendeiro e comerciante de café. Em 1893, participava, com o genro Júlio de Mesquita, da casa comissária, com sede em Santos: "Cerqueira César

221

& Mesquita", com capital de 200:000$000 (duzentos contos de réis), assim distribuído: 100:000$000 (cem contos de réis) do sócio José Alves de Cerqueira César; 50:000$000 (cinquenta contos de réis) de Júlio César Ferreira de Mesquita; o restante, 50:000$000 (cinquenta mil réis), de Augusto Mesquita.[22] Essa firma faliu em 1898, e, possivelmente, Júlio de Mesquita já não participava como sócio: apenas seu irmão, seu pai e seu sogro.

A convivência com o avô foi marcante, pois os seus pais e a crescente prole moravam na casa dos avós, no Largo da Liberdade. Mais de trinta anos depois do falecimento do avô, em 1942, em uma das cartas do exílio para Marina, Júlio traz à memória Cerqueira César, Júlio de Mesquita e o dr. Arnaldo Vieira de Carvalho, como exemplos e motivo de orgulho de bisavô e de avós para seus filhos (Mesquita e Mesquita, 2006: 340).

Em relação à formação educacional de Júlio, o curso primário foi feito na Escola Modelo Caetano de Campos, criada em 1894, que introduziu um método de ensino baseado em práticas norte-americanas. Segundo Marcílio (2005: 166-168), a proposta educacional seguia as diretrizes do Partido Republicano Paulista. Entretanto, uma grande parte da educação formal de Júlio foi feita no exterior: primeiro, em Portugal, na Escola Acadêmica de Lisboa e, em seguida, no Colégio de La Chateleine, de Lausanne, Suíça. Em 1904, Júlio, com 12 anos, seguiu para Lisboa, para realizar estudos secundários em sistema de internato, permanecendo na escola menos de dois anos. Sua mãe, surpreendida com o método de ensino baseado na repressão física,[23] retirou-o e encaminhou-o para o colégio em Lausanne, reputado pelo ensino moderno – *"ensina a pensar"* (Góes, 2007: 91). Sua formação educacional desenvolveu-se por mais de quatro anos na escola suíça, o que tornou o francês sua segunda língua: segundo seu filho, Ruy Mesquita, ele falava tão bem quanto um francês.

Júlio retornou para São Paulo em 1911[24] e ingressou, seguindo os passos do pai, na Faculdade de Direito. Nessa época, a escola do Largo São Francisco já não mantinha mais a aura que ostentara no século XIX, não somente porque novas instituições de ensino superior surgiram, como a Escola Politécnica (1893) e a Faculdade de Medicina (1912),[25] mas também porque as bandeiras de luta – abolição e República – não mais mobilizavam os estudantes.

Ainda estudante, passou a ser repórter e articulista do jornal de propriedade de seu pai, mas, somente com a morte deste, em 1927, assumiu efetivamente a direção jornalística. A década de 1920 trouxe conturbações políticas, econômicas e culturais. Os governos republicanos que se sucediam caracterizavam-se por uma incapacidade crônica em cumprir minimamente os ideais liberais do movimento republicano dos fins do século XIX, provocando rupturas e dissensões que se espalhavam por toda a sociedade. Na economia, as crises cafeeiras – motivadas pelo desequilíbrio entre oferta e demanda e pelo declínio dos preços – eram atenuadas, de forma paliativa apenas, por meio de políticas econômicas intervencionistas, sem arranhar o verdadeiro problema da superprodução. Enquanto isso, a indústria paulista avançava e superava a concorrente do Rio de Janeiro, e diversificava-se, completando a estrutura produtiva com a inserção de novos setores, não exclusivamente de bens de consumo de assalariados. No plano cultural, a Semana de Arte Moderna de 1922 captou os movimentos de transformação da sociedade e lançou um novo olhar literário-artístico-histórico sobre a nacionalidade e a brasilidade. Com a crise internacional, a ebulição dos anos 1920 acabou por explodir, e o que era passível de ser parcialmente acomodado tornou-se inviável.

Um zigue-zague foi o traçado mais próximo das posições políticas adotadas por Júlio de Mesquita Filho, a partir de 1930. Apoiou Vargas em 1930, rompeu em 1931, coordenou a Revolução Constitucionalista de 1932 e, derrotado, foi para o exílio em 1932-1933. Retornou a São Paulo, quando Armando Salles de Oliveira, seu cunhado, foi escolhido por Vargas como novo interventor federal para o estado de São Paulo. Um breve tempo de acomodações e de concessões teve início na vigência constitucional que antecedeu ao golpe do Estado Novo.[26] Para aproveitar o momento, a ideia de fundar a Universidade em São Paulo concretizou-se, tendo Júlio como um dos seus promotores e idealizadores. Concebida nos moldes franceses de ensino superior, a universidade tinha, na Faculdade de Filosofia, Ciências e Letras, a base da formação humanista e científica, que se refletiu na contratação dos professores franceses, "A Missão Francesa", bem como alemães, italianos etc. A Faculdade de Filosofia, núcleo da universidade, tinha por objetivo preparar uma elite intelectual capaz de conduzir o povo pelo "saber". De acordo com Antonio Candido (2006: 357-358), "[...] *cultura e educação concebidas, segundo o espírito ilustrado, como bens que preparam o homem para a sua liberdade, interior e exterior*". Para o liberalismo ilustrado, a elite intelectual seria o instrumento adequado e decisivo a "*orientar o povo*", "*preparando-o para a democracia mais ampla possível*". Esse foi um dos componentes do liberalismo da elite intelectual brasileira, definido pelo próprio Candido, que, no seu limite, esbarrava com a dificuldade de encarar o problema maior – o da igualdade.

Sobre Marina Mesquita, não encontramos muitas páginas biográficas. Os fragmentos que recolhemos sobre sua vida nos foram fornecidos por Ruy Mesquita Filho, organizador do livro *Cartas do exílio*. Marina Vieira de Carvalho Mesquita era filha do dr. Arnaldo Vieira de Carvalho, fundador da Faculdade de Medicina. Sua formação escolar[27] se deu fora da escola formal, ou seja, em casa, com professores particulares. Por esse meio, aprendeu a escrever e a ler, tornando-se uma leitora voraz. Graças a esses estudos, dominava o francês, além do espanhol, aprendido no exílio. Tinha, também, alguns conhecimentos de inglês.

Ela se casou com Júlio de Mesquita Filho em 1922, e sua vida foi dedicada ao marido e aos três filhos, Júlio César Ferreira de Mesquita Neto, Ruy de Mesquita e Luiz Carlos de Mesquita. Atuou também em obras de caridade, sendo presidente da Associação Santa Terezinha, que cuidava dos filhos de hansenianos. No primeiro exílio do marido, foi com os filhos encontrar-se com ele na Europa, morando em Lisboa por um ano. Durante o segundo exílio, entre 1937 e 1943, permaneceu com os filhos em São Paulo, indo passar temporadas com Júlio em Buenos Aires. Faleceu em fevereiro de 1975.

O *habitus* da elite paulistana e o estrangeiro

As concepções culturais e a tradição ilustrada dominantes na elite brasileira manifestaram-se nos dois personagens-autores das cartas analisadas, conformando o seu *habitus*. Chama a atenção, nas trajetórias expostas com base na formação educacional, cultural, e na rede de relacionamentos familiares, políticos e de amizade a construção de um modelo de cultura e de civilização influenciado por outros países, que não a antiga metrópole portuguesa. França e Estados Unidos, cujos padrões educacionais e culturais serviram para se contrapor ao domínio da antiga metrópole, foram os países eleitos. Com esse propósito, a luta pela República e a consequente derrubada da Monarquia, regime que carregava vestígios dos colonizadores, contribuiu ainda mais para reforçar a escolha do padrão educacional e cultural independente e republicano. Não seria de estranhar que isso se refletisse no parâmetro linguístico do sujeito. Nesse sentido, o aumento do uso do sujeito pleno/expresso no português era "validado" pelo francês e pelo inglês, justamente as línguas de países valorizados pelo *habitus* da elite paulistana do período. No português desenvolvido no Brasil, a nova forma insinuava-se, progressivamente, de geração a geração.

Na realidade, como se sabe, os imigrantes portugueses, italianos e espanhóis que engrossaram a população paulistana da época, fossem ricos ou pobres, enfrentaram, por parte da elite paulistana, grandes restrições e, até mesmo, discriminações. Basta lembrar o que Dean afirma:

> Até 1918, por exemplo, não era permitido o ingresso de certos imigrantes nos clubes sociais de maior prestígio: o Jockey, o Automóvel e o São Paulo, e ainda hoje na década de 1970 não se encontram muito amiúde nomes de imigrantes em suas diretorias. (Dean, 1971: 85)[28]

Pascal (2005) mostra que as famílias portuguesas que acumulavam riquezas foram rejeitadas pela aristocracia paulistana, e a isso reagiam buscando "[...] *notoriedade junto à* [sua própria] *colônia* [...]" (2005: 101).

A não aceitação desses imigrantes pela elite nacional, ainda que conseguissem a esta se equivaler ou superar, em termos de riqueza, foi relatada por Jorge Americano (1962) em *São Paulo nesse tempo: 1915-1935*. No conto "Xenofobia", o memorialista que cresceu nos Campos Elíseos, o bairro da elite nos primeiros anos do século XX, colocou, na boca de um personagem, a aversão ao imigrante estrangeiro, o que deveria ser comum entre os membros da elite paulistana "nacional":

(2) – *Isto aqui está ficando um acampamento de aventureiros. Não há mais lugar para os paulistas dos velhos troncos. Você sai a rua e só ouve falar estrangeiro.* (Americano, 1962: 279)

Esse mesmo preconceito com o imigrante que para cá se transferiu, encontramos em personagem de conto escrito por Antônio de Alcântara Machado, outro membro de uma família tradicional da cidade. No conto "Sociedade", que consta de *Brás, Bexiga e Barra Funda*, publicado pela primeira vez em 1928, a esposa do conselheiro José Bonifácio de Matos e Arruda anunciava, ao principiar a narrativa, que sua filha não se casaria com filho de "carcamano" (Alcântara Machado, 1971: 25). Ela resiste em aceitar o matrimônio de sua filha com o filho da "nova elite" "estrangeira", que, enriquecida, procurava reconhecimento social – e ela suplicava a aprovação e o apoio do marido. No desenrolar do conto, a família acaba por aceitar o fato, em função de necessidades financeiras, depois de o conselheiro ter se tornado sócio do imigrante. O "carcamano" se converte em "capital", conforme mostra ironicamente o narrador:

(3) *O capital acendeu o charuto. O conselheiro coçou os joelhos disfarçando a emoção. [...] O capital levantou-se. Deu dois passos. Parou.* (Alcântara Machado, 1971: 27)

O conto de Alcântara Machado confirma, pois, a dificuldade que o imigrante – ainda que bem-sucedido financeiramente – encontrava para ser aceito na alta sociedade. Mostra ainda a necessidade que os membros da elite paulistana (que forjava ser ou de fato era) "quatrocentona" tinham por se diferenciar desses novos afortunados, evitando, até onde fosse possível, a associação social e econômica. A resistência ao casamento da filha com o filho do imigrante remete à estratégia de "endogamia social", que remonta ao tradicional comportamento da elite rural paulista do século XIX de promover casamentos entre si, costume analisado por Bacellar (1997).

Portanto, o comportamento linguístico da elite paulistana que aqui mapeamos é explicado por um *habitus* que valorizava a civilização, a cultura e a língua francesa e a inglesa (línguas de sujeito pleno) e, ao mesmo tempo, impunha sanções aos italianos, portugueses e espanhóis – ricos e pobres – aqui fixados, estes últimos usuários de línguas maternas marcadas pelo sujeito vazio.

O *habitus* da elite paulistana e o caipira

Outro aspecto do *habitus* da elite nacional paulistana, no período aqui analisado, diz respeito ao tratamento dispensado ao "caipira". Este recebia, por parte da elite, na virada do XIX para o século XX, um tratamento ambíguo. Essa ambiguidade encontra explicação na relação que esta mesma elite estabelecia com o rural, ainda que residisse na cidade e buscasse o moderno e o urbano. É preciso lembrar que boa parte de seus integrantes havia nascido e vivido na zona rural durante a infância e/ou parte da juventude, nas grandes fazendas de café e de cana-de-açúcar. Além disso, as famílias proprietárias de terra, durante boa parte do ano, mantinham duas residências: uma, na capital, e outra, na zona produtora. A própria fixação da principal residência na cidade de São Paulo, inicialmente, apenas transplantou para a "zona urbana" o lar "rural", já que era comum morar em chácaras que permeavam a área citadina. Ainda que, posteriormente, o morar tenha se dado em chalés ou ainda em palacetes, o fato de os negócios girarem em torno do "capital cafeeiro" fazia com que houvesse a necessidade de sintonia não somente com o exterior (com a Europa e outros mercados), mas também com a fazenda, no interior do estado, onde a produção se dava. Portanto, até os anos iniciais do século XX, a elite paulistana ainda se encontrava entre o rural e o urbano, ou, ainda, a meio caminho entre o arcaico e o moderno.

A ambiguidade diante do caipira foi identificada por Ferreira (2002), por exemplo, nas páginas do *Almanach Litterario de São Paulo*, publicado nas décadas de 1870 e 1880, por José Maria Lisboa. Nessa publicação, encontramos textos que colocam o caipira como homem ingênuo, supersticioso, crédulo, de aparência bruta, e, portanto, o oposto à modernidade, ao culto e ao científico. Paradoxalmente, essa imagem negativa convive com a convicção de que o caipira era a "fonte da sabedoria popular".

Oliveira e Kewitz (2009) chegaram a essa mesma constatação em análise que fizeram a partir de cartas de leitor publicadas na imprensa de São Paulo no século XIX. Os textos publicados estabelecem uma correlação entre o homem da zona rural e o caipira, associando a este o caráter de incivilizado e inculto. Nas

A elite paulistana e o sujeito pleno

cartas, muitas vezes o autor se autodenomina um caipira, explicitando um certo orgulho em se autodenominar dessa forma.

Esta mesma ambiguidade do paulistano da elite frente ao caipira explica, em parte, o destaque e a frequência com que os textos de Valdomiro Silveira – que tanto se prestavam à valorização do caipira – tinham no jornal *O Estado de S. Paulo*, ainda em 1906.

Mesmo quando, no campo imagético, a elite valorizou o caipira, isso não implicou em uma maior proximidade social entre a elite dominante e a camada popular rural. A elite agiu sempre visando manter "[...] *a discriminação estamental que desde a fundação do Brasil separava cavaleiros e peões, os que eram carregados e os que carregavam, os calçados e os descalços*" (Martins, 2004: 158).

Aos poucos, o caipira foi perdendo, no imaginário da elite republicana, os atributos positivos, deixando de assumir o papel de "símbolo regional" por excelência. Na nova imagem difundida pelos republicanos paulistas, entusiasmados com a modernização da cidade, afastavam-se, cada vez mais, da idealização do caipira como inculto e puro. Quando a intelectualidade republicana falava no paulista *tout court*, normalmente tinha em mente a elite regional, e não os setores populares (Ferretti, 2004: 163).

Em *Urupês*, publicado em 1918, Monteiro Lobato, antigo fazendeiro do Vale do Paraíba, incluiu dois artigos que mostram bem sua visão, a qual se tornaria cada vez mais comum entre a elite paulistana. Em "Velha Praga", a destruição da Serra da Mantiqueira é colocada na conta dos caipiras, em uma visão elitizada dos fatos que nem sequer mencionava a destruição das matas promovidas pelo avanço do café nas terras paulistas.

O mesmo se dá no artigo "Urupês", que dá nome ao livro. Neste, Monteiro Lobato ataca as visões romanceadas do caipira, afirmando: "*Pobre Jéca Tatu! Como és bonito no romance e feio na realidade!*" (Lobato, 1976: 148). Ao caipira, o autor atribui a característica de estar sempre alheio aos fatos históricos, diante dos quais, estaria "*sempre de cócoras*", e que somente ajeitado sobre os seus calcanhares é que ele conseguiria "*destravar*" sua língua e sua inteligência. Também atribui ao caipira o caráter preguiçoso, que explicaria, por exemplo, a rudeza da habitação em que mora e a qual faria "[...] *sorrir aos bichos que moram em tocas e gargalhar ao joão-de-barro*" (Lobato, 1976: 148).

A despeito dessa visão se ampliar no seio da elite, à medida que a cidade se urbanizava, é a ambiguidade frente à cultura caipira – que, afinal, expõe a própria origem rural da elite – que nos permite justificar a existência, em

227

seu padrão linguístico, de elementos também presentes no dialeto caipira, e, simultaneamente, uma recusa de diversos fatos linguísticos associados a este mesmo modo de falar. Assim, como comprovamos anteriormente, o sujeito pronominal expresso, principal estratégia para a realização do sujeito sentencial no dialeto caipira, ganhava produtividade no dialeto da elite. Outros fenômenos associados à fala do caipira foram recusados pela elite como formas "legítimas", na terminologia sugerida por Bourdieu (2003), permanecendo estigmatizados, como, por exemplo, o uso de "mim" como sujeito sentencial ("*para mim fazer*") e o paradigma de concordância sujeito-verbo ("*Eles vai...*").

CONSIDERAÇÕES FINAIS

Como vimos, a análise que fizemos dos *corpora* linguísticos nos levou à conclusão de que a elite paulistana não se deixou contaminar pelo contato com falantes imigrantes cujas línguas maternas eram línguas de sujeito nulo. Ao contrário, a elite paulistana, nas primeiras décadas do século XX, também implementou a mudança em seu padrão linguístico, que já era uma realidade no dialeto caipira, como nos mostrou a análise desse dialeto.

Em nossa interpretação, esse comportamento linguístico da elite é explicado pelos elementos que constituíam o seu *habitus* e seu *habitus linguístico*. Assim, a origem rural da elite paulistana e sua relação ambígua com a cultura caipira explicam por que determinados fenômenos, encontrados na fala do interior, estão presentes em sua norma. Ainda que estigmatize em muitos aspectos o dialeto caipira, a elite "opta" pelo aumento do uso de sujeito expresso, não o sancionando, inclusive em gêneros escritos, como a carta.

O elevado uso do sujeito expresso na fala do caipira podia ser entendido como um sinal de independência, de contraposição à dominação e à repressão metropolitanas. Esses traços de autonomia, provavelmente sinais da pouca atenção que São Paulo recebeu da metrópole, foram tomados e valorizados pela elite cultural como componentes da formação de um tipo nacional baseado no rural, caipira, mas, sobretudo, brasileiro.

Mas, no mercado linguístico, os membros da elite também se viam diante de outro agente concorrente: os imigrantes, cuja língua materna favorecia o sujeito vazio. Não somente repeliram a grande massa estrangeira que veio engrossar a camada popular e trabalhadora brasileira, mas também evitaram aqueles que eram possuidores de fortunas equivalentes ou superiores à sua. E a língua era, nessa guerra pela manutenção do "poder simbólico", um instrumento crucial de distinção. Detentora de uma maior quantidade de "capital social", a elite paulistana impôs as suas normas, a despeito de estar cercada por falantes de línguas parametrizadas com o sujeito vazio. Com isso, estavam criadas as condições históricas e sociais para que o fenômeno da expansão do sujeito expresso pudesse se desenvolver no português paulista da classe dominante, com reflexos na chamada norma culta, no final do século XX, como mostraram Berlinck, Duarte e Oliveira (2009).

Agregado a isso, a elite paulistana, como vimos anteriormente, tinha uma educação formal e formação cultural que valorizavam as culturas inglesas e francesas e, por consequência, privilegiavam duas línguas parametrizadas com o sujeito pleno.

O conjunto desses fatores deve, então, ter favorecido para que o fenômeno do preenchimento do sujeito pudesse ganhar, aos poucos, o *status* de forma "legítima", no sentido empregado por Bourdieu (2003), ou seja, a que passou a ser aceita por todos os segmentos como a forma mais adequada para a realização do sujeito sentencial. Isso ocorre de tal maneira que os imigrantes vão silenciando o sujeito vazio, a forma parametrizada em sua língua materna. Seus descendentes acompanharão o processo, até porque deixarão de ter evidências de que o sujeito vazio deveria ser sempre utilizado, restringindo sua ocorrência para casos especiais.

Evidentemente, essa opção, no nível do indivíduo, não era consciente. São escolhas inconscientes ou quase conscientes, baseadas em um *habitus* linguístico formado pelo acúmulo de experiências sociais e históricas, como previsto na teoria bourdieuniana, que procuramos explicitar e recuperar no presente capítulo.

NOTAS

[1] Estudo publicado pela primeira vez em 1993.

[2] O Projeto Nurc (Norma Urbana Culta) vem registrando e estudando, desde seu início em 1969, a norma usada pela camada culta de S. Paulo, Rio de Janeiro, Recife, Porto Alegre e Salvador.

[3] O Peul (Projeto de Estudo sobre o Uso da Língua) é outro importante projeto de registro e estudo da fala brasileira, tendo sido iniciado em 1979.

[4] Na seção "Formação do *habitus* da elite paulista: os Mesquita", detalharemos a biografia dos Mesquita, em análise que nos ajudará a compreender o uso linguístico encontrado em suas cartas.

[5] Esses textos sofreram apenas atualização ortográfica, não tendo passado por qualquer outra reformulação, segundo informação que obtivemos por e-mail do organizador da coletânea.

[6] O presente trabalho mapeará a realização do sujeito no dialeto caipira, não para discutir as motivações históricas sociais de sua configuração, mas para contrapô-lo ao dialeto da elite.

[7] No Centro de Memória da Unicamp (CMU), foram encontrados oito (8) processos envolvendo Francisco Ferreira de Mesquita em disputas comerciais, para os anos de 1871(4), 1872, 1874, 1878 e 1890. Há mais um processo das firmas Negreiros & Mesquita (1892) e Cerqueira César & Mesquita (1893), que mencionaremos mais adiante.

História do Português Brasileiro

8 Na época, calculava-se que, para além daqueles quilômetros, os custos de transportes, manutenção e/ou contrato de tropas de muares, escravos e trabalhadores livres para a condução do café ao porto de Santos absorveriam quase integralmente o lucro da atividade.

9 Existiu, em 1859, um clube acadêmico na Faculdade de Direito do Largo do São Francisco com o mesmo nome – talvez a inspiração tenha sido daí derivada (Adorno, 1988: 175).

10 Na *Gazeta de Campinas* de 23 de janeiro de 1876, Campos Salles indica, como número de sócios, 126, que subscreveram a soma de 73:197$260 réis. O empreiteiro do prédio do colégio foi Guilherme Krug. Aquela importância estimada, infelizmente, não chegou a ser arrecadada, obtendo-se tão somente 38 contos de réis. Francisco Quirino dos Santos, redator-chefe da *Gazeta de Campinas*, em editorial de 27 de novembro de 1873, lastimava o pouco apreço da cidade, ou melhor, da sua elite, para com a educação e elogiava a atitude do com. Joaquim Bonifácio do Amaral por ter integralizado aquela importância com 32 contos de réis sem juros. (Moraes, 1981: 30-32).

11 Lapa (1996: 170-172) diz que a geração de Ramos de Azevedo, Barão de Ataliba Nogueira, Campos Salles, Francisco Glicério e Leão Cerqueira (irmão de Jorge de Miranda) estudou na escola particular do prof. Quirino do Amaral Campos. Já Júlio César Ferreira de Mesquita frequentou os colégios Internacional e o Culto à Ciência. Afirma Lapa que o Colégio Internacional foi o primeiro colégio protestante no Brasil. Moraes comenta que Carlos Gomes, também, foi aluno do Internacional (1981: 87).

12 O romancista Júlio Ribeiro foi professor do Colégio Internacional.

13 Rangel Pestana era bacharel, formado na São Francisco. Ele estudou na turma de Francisco Quirino dos Santos, dono e redator-chefe da *Gazeta de Campinas*. Casou-se com Damiana Quirino, irmã de Francisco Quirino dos Santos. Colaborou, como redator, na *Gazeta de Campinas*.

14 Adorno retoma a tese de que "nunca houve ensino jurídico no Império" e de que foi o ambiente extracur-ricular o responsável pela profissionalização do bacharel em Direito. A análise de Adorno restringe-se ao período monárquico. Segundo Venâncio Filho, citado por Adorno (1988: 162) "ser estudante de Di-reito era, pois, sobretudo, dedicar-se ao jornalismo, fazer literatura, especialmente a poesia, consagrar-se ao teatro, ser bom orador, participar dos grêmios literários e políticos, das sociedades secretas e das lojas maçônicas".

15 A *Gazeta de Campinas* publicava as reuniões organizadas pelo Clube Acadêmico Político e Literário, o que demonstra o interesse em acompanhar e prestigiar os jovens campineiros que estudavam na Faculdade de Direito.

16 Lucila era filha de José Alves Cerqueira César, bacharel em Direito, formado na turma de 1856-1860. Era também sobrinha de Campos Salles, filha de uma irmã do futuro presidente da República (1898-1902), Maria do Carmo Salles Cerqueira César, Nhã Lica (Góes, 2007: 71).

17 Capitão Bento Augusto de Almeida Bicudo, Antonio Pompeo de Camargo, dr. Américo Brasiliense de Almeida Mello, dr. José Francisco de Paula e Souza, João Manoel de Almeida Barbosa, dr. Manoel Ferraz de Campos Salles, dr. Raphael Paes de Barros, Major Diogo de Barros, dr. João Tobias de Aguiar, Manoel Elpidio Pereira de Queiroz, João Tibiriça Piratininga, J. Vasconcelos de Almeida Prado, José Pedroso de Moraes Salles, Antonio Carlos de Salles, Francisco de Salles, dr. Martinho da Silva Prado, dr. José Alves de Cerqueira Cesar, Candido Valle, Francisco Glicério de Cerqueira Leite, Francisco Rangel Pestana, dr. Américo de Campos e José Maria Lisboa, O total subscrito após campanha foi de 50:000$000 (cinquenta contos de réis) (Moraes, 1981: 134, apud Santos, 1942: 161-162).

18 Diz José Maria dos Santos (1942) que o capital perdido foi 29:636$000 (vinte e nove contos e seiscentos e trinta seis mil réis), e que Rangel Pestana cobriu, desse valor, 23:000$000 (vinte e três contos de réis) (apud Moraes, 1981: 137).

19 José Alves de Cerqueira César nasceu em Guarulhos, em 1835, e morreu em São Paulo, em 1911. Foi o primeiro vice-presidente do estado de São Paulo, entre 1891 e 1892, sendo presidente interino por ocasião da renúncia de Américo Brasiliense. Durante seu mandato, enfrentou epidemias de febre amarela e empreendeu as primeiras tentativas de saneamento de Santos (Ribeiro, 1993).

20 Adolfo Gordo, Paula Sousa, Bueno de Andrada, Miranda de Azevedo, Cincinato Braga, Prudente de Moraes, Cerqueira César.

230

[21] Júlio e Lucila casaram-se em 1884 e tiveram uma prole numerosa: 12 filhos, mas três morreram: José, em 1902, com 1 ano e meio; Suzana, em 1905, aos 3 anos e Ruth, em 1906, aos 17 anos. Ruth morreu de tuberculose, na Ilha da Madeira, onde foi com a mãe se recuperar. As outras crianças também morreram de doenças facilmente tratáveis com os avanços da medicina no pós-Segunda Grande Guerra (Góes, 2007: 69).

[22] Informações extraídas do processo judiciário nº 05565, Ofício 3, 1894, em custódia no CMU. Há, no processo, referências às firmas Negreiros & Mesquita (1892) e Cerqueira César & Mesquita (1893).

[23] Lucila deve ter ficado surpresa mesmo, pois, na Caetano de Campos, a palmatória fora substituída pela persuasão e emulação, uma nova pedagogia que eliminava os castigos físicos (Marcílio, 2005: 183).

[24] Neste ano, seu avô faleceu. Sua irmã Raquel casou-se com Armando Salles de Oliveira, futuro interventor do estado de São Paulo, entre 1935-1937, e candidato à presidência da República nas eleições de 1938, abortadas pelo golpe do Estado Novo, impetrado por Vargas. Em 1912, seu pai, Júlio de Mesquita, sofreu problemas de saúde, hemoptise, e embarcou, com toda a família, para Paris, onde se recuperou, permanecendo ali por uma temporada de seis meses. Na volta, Júlio Mesquita comprou o primeiro imóvel próprio da família: a Fazenda Nossa Senhora da Conceição do Barreiro, em Louveira, onde Júlio Mesquita Filho passaria, por imposição da ditadura do Estado Novo, seu exílio de 1943 a 1945.

[25] A Faculdade de Medicina foi inaugurada em 1912. O dr. Arnaldo Vieira de Carvalho, futuro sogro de Júlio, foi encarregado por Rodrigues Alves, governador de São Paulo, de implantar a Faculdade.

[26] As autoras Capelato e Prado (1980: 55-67) traçam o roteiro de concessões feitas a Vargas pelo jornal e por seu diretor-redator, para sustentar a candidatura de Armando Salles de Oliveira, nas eleições de 3 de outubro de 1938, que acabaram canceladas pelo golpe de 1937.

[27] As informações da formação escolar de Marina Mesquita nos foram repassadas, via e-mail, por Ruy Mesquita Filho, seu neto e organizador do livro que contém suas cartas.

[28] Dean (1971) procura sustentar que, apesar dessa recusa, a fusão das elites que chama de "emergentes", ou seja, do fazendeiro de origem nacional com o imigrante, ligada às atividades comerciais, de importação e de exportação, foi realizada sem maiores problemas, minimizando os conflitos entre os dois grupos. Como veremos adiante, o quadro era mais complexo, e o fim da resistência da elite para com o rico de origem estrangeira só veio pela imposição econômica, principalmente após a crise de 1929, que levou muitas famílias tradicionais paulistanas à bancarrota.

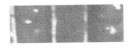

ÊNCLISE PRONOMINAL NA FATURA LINGUÍSTICA DO IMPÉRIO E DA REPÚBLICA

Marilza de Oliveira

SUMÁRIO

APRESENTAÇÃO 234
A MIRAGEM DO PORTUGUÊS EUROPEU (PE) COMO MODELO 238
    A persistência da ênclise nas vozes brasileiras 238
AS PAISAGENS DA COLOCAÇÃO PRONOMINAL:
CONSTRUINDO MOSAICOS 241
    Servindo-se da ênclise:
    "Almocei monarquista e jantei republicano" 245
PARLAMENTO E ACADEMIA:
LÓCUS DE FORJA DA NORMA CULTA BRASILEIRA 247
    Movimentos de resistência na pia batismal 247
    Flora vernacular:
    importação de semente para o cultivo 250
    A vincada da norma culta 252
CONSIDERAÇÕES FINAIS 253

APRESENTAÇÃO

Na manhã do dia 15 de novembro[1] o conselheiro Aires subiu ao terraço de onde via e ouvia bater e recuar as ondas do mar. Saiu para um passeio e assimilou com indiferença palavras que remetiam ao evento do dia, como *Deodoro*, *batalhões*, *ministério*. Não deu crédito ao que ouviu: *"Reduziu tudo a um movimento que ia acabar com a simples mudança de pessoal"*. E foi com a ideia de que tudo não passava de mera troca de gabinete que atendeu o sr. Custódio, dono da Confeitaria do Império, que solicitava os seus préstimos quanto à alteração do nome que trazia na tabuleta da fachada de sua casa comercial. Sua excelência sugeriu o rótulo "Confeitaria da República", ao que Custódio retrucou que em um ou dois meses poderia ter uma reviravolta. Lançou então a designação "Confeitaria do Governo", alegando que serviria a ambos os regimes, mas, como todo governo tem oposição, Custódio tinha medo de perder seus clientes oposicionistas. Em evocação ao nome da rua, propôs "Confeitaria do Catete", mas a existência de outra confeitaria na mesma rua poderia levar a confusões referenciais. Como última saída, atirou um "Confeitaria do Custódio" – afinal era assim mesmo que a casa comercial era conhecida – e, além disso, o nome do proprietário *"não tinha significação política ou figuração histórica"*. Essas passagens do romance machadiano *Esaú e Jacó*, publicado em 1904, colocam às claras a recepção bestializada (Carvalho, 1987) da mudança de regime de governo que não foi precedida de grandes eventos históricos e que, ao que tudo indicava, apesar de impor determinadas rupturas, daria continuidade às mesmas práticas. Não à toa, o título do romance remete à cena bíblica em que Jacó, que nasceu segurando o calcanhar de Esaú, em momento de vulnerabilidade do irmão, negociou o direito de progenitura e, apelando para a simulação, subtraiu-lhe a bênção do pai (Gênesis, 25.21-33). Nascida no ventre materno, a rivalidade entre os irmãos (*"No seu ventre há duas nações; você dará à luz dois povos inimigos"* – Gênesis, 25.23) é a tópica adotada para dar conta, no romance, da oposição política entre os gêmeos Pedro e Paulo, outra alegoria bíblica que remetia então ao desentendimento dos apóstolos sobre a obediência à lei judaica (a circuncisão) entre aquele que falava aos judeus e aquele que se voltava aos gentios, respectivamente (Carta de Paulo aos Gálatas, no Novo Testamento). Além de fazer uso das referências bíblicas, o narrador pavimentava o conflito entre monarquistas e republicanos a partir da escolha profissional e de suas respostas sobre a data do nascimento dos gêmeos. Como um bom republicano, Paulo, formado em Direito em São Paulo, dizia que havia nascido no aniversário da saída do trono de Pedro I; já Pedro, formado em Medicina na corte, dava como referência temporal o aniversário da subida ao trono de sua majestade, d. Pedro II. Filhos de Agostinho de Santos, agraciado pelo título de barão de Santos, ambos tiveram assento no Parlamento como membros de partidos políticos em oposição.

Justamente no período de maior popularidade da Monarquia, tributária, em parte, à abolição dos escravos que abria a possibilidade de um mundo mais igualitário e retirava "a pecha de atraso" da nação (Costa, 2008: 12), ocorreu a mudança de regime de governo. Por mais que o sistema republicano tenha se instituído sem a participação da população, que interpretou o movimento de generais e batalhões como uma mera parada militar, a rivalidade entre monarquistas e republicanos não pode ser vista como um evento desprezível, mormente quando se leva em conta que os setores mais pobres da população, em particular os negros, não aderiram ao novo regime (Carvalho, 1987).

Uma outra alegoria usada por Machado de Assis em *Esaú e Jacó* serve de pista para recuperar a caixa de ressonância do espírito da época: trata-se da amada dos gêmeos – Flora Batista – que não se decidiu por nenhum deles (tal qual a falta de adesão da população à República) e encontrou na morte o seu destino. Flora era filha de ex-presidente de província, cuja vida política foi interrompida por exoneração. Esse triângulo (des)amoroso entre os irmãos Paulo e Pedro (o povo,[2] na leitura da época) e nossa "flora" nacional – a população sem participação política – deixaria suas pegadas na expressão linguística no que dizia respeito à fixação de uma norma culta. Com efeito, a formalidade das práticas linguísticas seguia na contramão do processo de individuação do vernáculo brasileiro que começava a se configurar no final do século XIX (Tarallo, 1983), ou seja, a norma linguística privilegiava a ênclise (Pagotto, 1998; entre outros) enquanto o vernáculo se encaminhava para o uso da próclise generalizada (Cyrino, 1993, entre outros).

Da comparação do texto constitucional do Império com o da República, Pagotto (1998) observou maior presença da ênclise neste e interpretou esse fenômeno dentro do quadro civilizatório do período: as elites[3] brasileiras teriam se voltado para o português europeu (PE) para se afastarem da barbárie do vernáculo,[4] De fato, assiste-se a um emprego cada vez maior de ênclise nos textos vazados em uma variedade culta da língua nos estertores do século, mas daí não se segue que essa colocação pronominal se plasmasse pelo português europeu.

Com efeito, como nenhum olhar é livre,[5] mais do que um objeto linguístico possível em uma variedade linguística, temos tomado a ênclise como representação exclusiva do PE, esquecendo-nos de que *"muitos termos descritivos referem-se ao efeito que o quadro produz em nós e não ao quadro como objeto físico*" (Baxandall, 2006: 44). A leitura adesista à matriz portuguesa advém do efeito provocado pelo contraste estabelecido entre o vernáculo e a norma brasileiros, de um lado, e entre o vernáculo brasileiro e português, de outro. Presos que estamos a essa tradição interpretativa, não enxergamos o emprego da colocação enclítica como um traço natural de uma das normas cultas brasileiras (aliás, não enxergamos nem mesmo mais de uma norma culta!). A nosso ver, a preferência pela colocação enclítica na norma culta brasileira na virada do século XIX deve ser explicada por outra chave: "o quadro como objeto físico" dentro de sua moldura – a relação entre língua, sociedade e cultura – com foco na persistência do processo civilizador (Elias, 1993).

Acolhemos a ideia de que a posição enclítica dos pronomes átonos ganhava foros de domínio da linguagem culta em um período em que a próclise se assentava como índice do vernáculo, tal como tem sugerido Pagotto (1998, 1999, entre outros). Contudo, se assumirmos que "*os mesmos fenômenos podem se desenvolver por uma multiplicidade de caminhos*" (Boas, 2010 [1896]: 30), podemos avançar a ideia de que não se tratava da ênclise do português europeu moderno, mas de uma solução brasileira, uma vez que suas leis não eram idênticas às da suposta fonte (Oliveira, 2011). Essa solução brasileira faz parte do processo de invenção ou de tradições definidoras de uma nação nova (Hobsbawn e Ranger, 1984) ou de conjunturas históricas de proeminência, como a autonomia política, a formação do Império e a proclamação da República. Assim como em outras esferas do saber, acreditamos que, por meio de um processo de "*supressão, modificação, recriação*" (Alonso, 2002: 33), a norma culta da língua de fins do século XIX apropriou-se, de maneira seletiva, de uma tradição local. Para recuperar o desenho linguístico, é preciso, pois, mapear a colocação pronominal procurando detectar a operação de seleção e modificação a partir da análise não somente dos fatores condicionantes (Labov, 1972), mas também das condições sociopolíticas que moldaram esse processo seletivo.

Nesse sentido, é possível correlacionar a ênclise com o processo civilizatório, tal como propõe Pagotto (1998, 1999); entretanto, defendemos que essa correlação é promovida pelas elites nas décadas subsequentes à abertura dos portos por D. João VI e absorvida no período da constituição de uma Monarquia imperial em solo americano, em paralelo ao movimento que impulsionou a invasão do país por produtos, hábitos, regras de etiqueta e de linguagem europeus. Tal interpretação advém do fato de que a instalação da sociedade de corte, enredada em seus rituais por meio de sua exposição constante, se esteia em um sistema de etiqueta que gera e consolida deletéria e indelevelmente posições hierárquicas, tornando-se, ainda que de forma invisível, parte integrante do Estado (Elias, 2001).

Na sociedade brasileira fortemente hierarquizada do século XIX, a colocação pronominal emerge como a contraparte linguística das regras de etiqueta cujo uso instaura e sustenta, na surdina, determinadas relações que são postas e dadas a ver aos escolhidos. Mais especificamente, a colocação enclítica (na ordem verbo + pronome clítico) ganha o estatuto de hábito linguístico civilizado, traduzido como distintivo de uma elite sociopolítica. Entretanto, nem todos os contextos linguísticos permitem observar essa correlação, daí termos recortado, como objeto de investigação linguística, a ordenação dos complementos verbais na forma de pronomes átonos, doravante *clíticos pronominais*, tomando como contexto sintático as construções infinitivas preposicionadas:

(1)   *Fica logo muito aflito, **a mexer-se** na cadeira.*
(2)   *Se quisesse ter a bondade **de ouvir-me** por alguns instantes com atenção...*
(3)   *O que tens **a dizer-me**, homem?*[6]

A escolha de um contexto sintático específico segue a proposta do paradigma indiciário, em que se busca isolar um objeto e analisá-lo com uma lupa, procurando observar-lhe as dimensões, seus traçados e tonalidades (Ginzburg, 1989). Nessa operação, foram excluídos os dados contidos em infinitivas flexionadas, em infinitivas nucleadas com o verbo *haver*, devido à sua alta frequência no *corpus*, na presença de possíveis atratores do clítico (*não, já, sempre*) e em grupos verbais. Ou seja, o contexto de análise se restringe à infinitiva preposicionada, com verbo simples e sem presença de atratores. Como fatores linguísticos, foram observados: o tipo de preposição que encabeça o sintagma preposicionado, o tipo de pronome clítico e a categoria de palavra que rege a preposição. Como apenas o tipo de preposição se mostrou representativo, toda a discussão sobre a norma culta brasileira se prenderá a esse fio da trama.

Os resultados apontaram que a primeira metade do século é fulcral para a fixação da ênclise na escrita padrão do Brasil, cujos índices só tenderão a aumentar nas décadas seguintes. Com efeito, dando prosseguimento à agenda civilizatória, os republicanos vão tonificar a ênclise pronominal como distintivo linguístico, o que, como se verá mais adiante, não deve ser interpretado como adesão à gramática do português europeu, mas como uma prática linguística brasileira modificada pelo contexto sociopolítico no qual ela se constituiu. Tal qual as designações propostas pelo conselheiro Aires para a tabuleta da confeitaria no romance machadiano, no final dos oitocentos, emergem diferentes possibilidades de colocação pronominal, mas, como a ênclise tinha "capital simbólico" (Bourdieu, 2011), os novos "estabelecidos" (Elias e Scotson, 2000), que tinham "significação política e figuração histórica", optaram pela continuidade de práticas linguísticas que há muito estavam em desalinho com os usos vernaculares.

A MIRAGEM DO PORTUGUÊS EUROPEU (PE) COMO MODELO

A persistência da ênclise nas vozes brasileiras

Alvo de constantes críticas ao longo do século XIX (Pinto, 1978) que oscilavam entre a condenação à ênclise nas sentenças subordinadas da norma culta e à próclise em início de sentença matriz, característica do vernáculo brasileiro, a colocação pronominal foi o caso mais emblemático da crise das práticas linguísticas brasileiras. A vigilância sobre a colocação pronominal avançou nos primórdios do século XX. Em atitude purista, Coelho Neto (1958) correlacionava o pronome a uma pedra angular que, quando mal colocada, altera a estrutura do edifício. Por sua vez, Carlos Laet, satirizando essas policialescas atitudes gramaticais, atribuía o atraso da formulação do Código Civil Brasileiro à canalização dos esforços em torno desse objeto linguístico: "*é por causa da colocação pronominal dos pronomes átonos que ainda não temos Código Civil*"[7] (Laet, 1983: 227, apud M. Silva, 2013: 148).

A vigilância da colocação pronominal tinha endereço certo. Apesar do crescimento da próclise ao verbo não flexionado na formação do português brasileiro (Cyrino, 1993; Pagotto, 1993) – em presença ou não de preposição –, o estigma parece ter recaído na colocação pronominal em contexto de verbos flexionados, seja no início absoluto da sentença (*Me dá uma mão*), seja em sentenças encaixadas, como se observa na seguinte passagem extraída da comédia *O genro de muitas sogras* de Artur Azevedo,[8] na qual o conselheiro Guedes, um inveterado protetor da pureza linguística, corrige, na cena VII, o seu senhorio Augusto de Almeida:

(4) *Augusto – Mas olhe que peço-lhe a esse respeito toda a discrição.*
    Conselheiro – Serei discreto, mas faça-me o favor de passar esse pronome para a direita.
    Augusto – Que pronome?
    Conselheiro – Não diga "que peço-lhe", diga "que lhe peço".
    Augusto – Bom; está feita a errata.

Ao reverso do que ocorreu com o verbo na primeira posição e com a presença de elementos atratores (negação, advérbios focalizadores e sentenças encaixadas, como a correção feita pelo conselheiro Guedes), as sentenças infinitivas estiveram fora da mira da artilharia gramatical.

A análise da colocação pronominal com formas verbais não flexionadas em peças teatrais brasileiras mostrou que o emprego da ênclise deu seus primeiros sinais de enfraquecimento na segunda metade do século XIX (86%), caindo vertiginosamente para 56% na primeira metade do XX, chegando a zero na segunda metade do XX. No contexto de grupos verbais, a próclise ao verbo não flexionado (*vou te falar*), uma construção tipicamente brasileira, também fez seu exórdio nas peças teatrais oitocentistas (Cyrino, 1993). As cartas e documentos oficiais se mostraram mais resistentes ao uso da próclise nas infinitivas, pois as primeiras ocorrências nas formas verbais simples e nos grupos verbais remetem à primeira metade e à segunda metade do século XX, respectivamente (Pagotto, 1993).

O contexto das infinitivas preposicionadas (*depois de X-falar-X, começou a X-falar-X*, onde X é um pronome clítico) se revelou mais vulnerável à mudança na direção da próclise (Pagotto, 1992). Entretanto, em amostra de cartas enviadas a Rui Barbosa, Cavalcante, Duarte e Pagotto (2011) identificaram 64% de ênclise nas infinitivas preposicionadas, índice que os autores consideraram elevado e interpretaram como uma "*opção pela forma do português europeu*"[9] (2011: 214-215).

Esses resultados não deixam dúvida: há uma gramática de colocação pronominal que privilegia a próclise nas sentenças não finitas (além das finitas) se formando no Brasil na virada do século XIX.[10] Não obstante, a diferença de gêneros textuais aponta para uma resistência dos textos oficiais em acompanhar as mudanças do vernáculo, sinalizando o abismo que se criava entre a norma linguística e o vernáculo.

Tal abismo é posto à vista pela análise de cartas pessoais de Cristiano Ottoni,[11] senador do Império e da República, e as de sua esposa Bárbara aos netos, em fins do século XIX, análise que trouxe à luz o peso do gênero. Bárbara fazia uso de uma sintaxe peculiar ao vernáculo contemporâneo, como próclise em início (absoluto ou não) de sentença, próclise ao último verbo de grupos verbais e próclise em sentenças infinitivas preposicionadas (2/2).[12] Por sua vez, o senador adotava a ênclise para os mesmos contextos, inclusive nas infinitivas preposicionadas (89%): *Continua a aplicar-te para nos dar gostos*. A gramática do senador foi interpretada como uma opção pela norma linguística mais lusitana (Pagotto e Duarte, 2009).

Entretanto, ao iluminarmos o contorno das infinitivas preposicionadas em textos portugueses e brasileiros, o que se percebe é que o perfil linguístico destes rejeita o português europeu como modelo. É o que mostram os índices percentuais de ênclise obtidos da análise das cartas do Senador Ottoni (89%), que se revelam simetricamente opostos àqueles alcançados nas cartas do imperador D. Pedro I do Brasil à Marquesa de Santos (25%) (Oliveira, 2017), conforme Gráfico 1 a seguir.

Gráfico 1 – Ênclise: senador x imperador

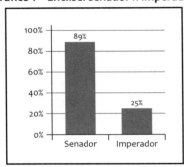

Mais do que desmentir a ideia do português europeu moderno como modelo para as elites brasileiras, esses índices percentuais surpreendentemente revelam que a gramática do imperador D. Pedro I, natural de Portugal, é marcadamente proclítica no contexto de infinitivas preposicionadas, ao passo que a gramática do senador brasileiro é acentuadamente enclítica. Esse achado desvela uma norma culta brasileira que se opunha à lusitana, apesar das poucas décadas de nossa autonomia política:

> Paradoxalmente, muitas análises apagam o elemento efetivamente singular: a tradição político-intelectual brasileira. Porque ex-colônias, os países americanos teriam herdado o repertório europeu. Isto é só parcialmente verdade. As nações novas se empenham em inventar – ou reelaborar – tradições que as definam e as distingam (Hobsbawn e Ranger, 1984).

"*O fato de ser inventada não torna esta tradição menos ativa*" (Alonso, 2002: 33).

Com efeito, o olhar culturalmente turvado pelo paradigma evolucionista vigente no período tendia a ver como barbarismos as opções brasileiras e impedia a identificação de uma norma culta (e de outros comportamentos tidos como civilizados) nos trópicos. Por reflexo, a adoção da ênclise vinha interpretada automaticamente como economia simbólica europeizante de fundo lusitano. Essa leitura, quase consensual até hoje em dia entre os gramáticos e alguns linguistas, é abalada pelos resultados da colocação pronominal nos textos dos dois missivistas, citados anteriormente, "erro coletivo"[13] (Bloch, 2018) de uma miragem que se explica não somente pelo fato de que a cultura informa o olhar sobre o objeto, mas também pela tendência de dar aos mesmos fenômenos a mesma interpretação, ignorando a multiplicidade de caminhos que podem levar a eles (Boas, 2010 [1896]).

Para identificar os traços definidores da norma culta brasileira do final do século XIX é preciso, pois, afastar o português europeu como opositor. Não se trata de negligenciar o PE, mas de descartar perspectivas etnocêntricas e abandonar as visões dualísticas que opõem os vencedores aos vencidos e investir em "paisagens misturadas" (Gruzinski, 2003), procurando fazer emergir o entreolhar resultante dos cruzamentos entre as diferenças e as continuidades. Para isso, é necessário elaborar desenhos vários, incluindo os dados do português europeu, de forma a compor um mosaico linguístico mais preciso do período.

AS PAISAGENS DA COLOCAÇÃO PRONOMINAL: CONSTRUINDO MOSAICOS

Ao isolar as infinitivas preposicionadas e ao precisar a preposição como fator linguístico, Oliveira (2011) observou que o português europeu (PE), primeiro plano para a análise da colocação pronominal, traz a particularidade de ser um sistema dual: emprego categórico da ênclise em presença da preposição "a" e preferência quase absoluta pela próclise diante das demais preposições. Esse sistema dual da colocação pronominal caracteriza de forma quase homogênea os usos linguísticos de escritores portugueses ao longo do século XIX, em suas cartas pessoais.[14]

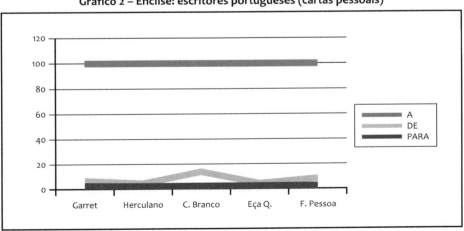

Gráfico 2 – Ênclise: escritores portugueses (cartas pessoais)

Fonte: adaptado de Oliveira, 2011.

O sistema dual[15] na colocação pronominal em sentenças infinitivas preposicionadas encontrado nas cartas dos escritores portugueses também se manifesta, obviamente, nos textos missivistas do imperador português D. Pedro I à Marquesa de Santos, já referidos. Entretanto, talvez por razões de intimidade com a interlocutora brasileira, o imperador que usa categoricamente a ênclise diante da preposição "a", começa a tenuamente estender o seu emprego ao contexto das demais preposições – "de" (29%) e "para" (10%).

O comportamento especular da colocação pronominal por tipo de preposição encontrado entre os portugueses não é, entretanto, observado nas cartas pessoais dos escritores brasileiros. Com efeito, os resultados obtidos na análise das cartas pessoais dos literatos brasileiros mostram a preferência pela ênclise na primeira metade do século XIX, em que o tipo de preposição (bem como o tipo de pronome) não apresenta grande incidência na determinação da posição do clítico. Já as cartas da virada do século exibem o padrão de colocação pronominal oposto, a próclise, que ocorre independentemente do tipo de preposição regente. A oposição entre o sistema dual do PE e os usos generalizantes do PB (ênclise no século XIX e próclise no século XX) em presença de qualquer tipo de preposição já havia sido observada por Schei (2002).

A projeção estatística evidencia que a especificidade da preposição "a" não é acolhida pelos escritores brasileiros, o que mostra que as leis que regem a ênclise usada no Brasil não são as mesmas que regem a ênclise do PE. Ora, se a elite brasileira tomou emprestada a ênclise como "opção estilística" por reflexo da frequência de uso do português europeu, como assinalam Cavalcante, Duarte e Pagotto (2011), mas em contextos em que o português não privilegiava a ênclise (como na presença das preposições "de" e "para"), não se pode defender a ideia de que a elite brasileira tivesse aderido à norma portuguesa.

Além da diferença em relação ao PE, a projeção estatística do Gráfico 3, adiante, aparentemente aponta uma mudança linguística em curso no Brasil ao longo do século XIX. Os escritores românticos adotavam a ênclise, enquanto o modernista, no polo oposto, preferia a próclise, independentemente do tipo de preposição (e de pronome). Se é certo que os escritores, a partir da segunda metade do século XIX, acompanham a tendência da escolha da próclise generalizada que se implementará no século seguinte no vernáculo brasileiro (Cyrino, 1993; Pagotto, 1993, entre outros), não é pacífico propor que o Gráfico 3 mostre o desenho de uma mudança linguística, uma vez que os escritores José de Alencar e Álvares de Azevedo pertenciam a altos estratos da sociedade brasileira, com participação política institucional, ao passo que os escritores das décadas seguintes não tinham acesso a esse quinhão.

Gráfico 3 – Ênclise: literatos brasileiros (cartas)

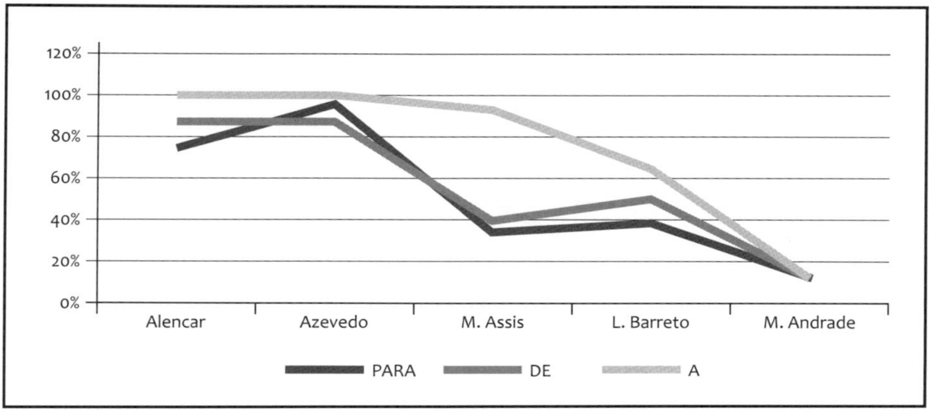

Fonte: adaptado de Oliveira, 2011.

Os índices percentuais de ênclise nos textos dos românticos ficam em paralelo àqueles dos textos do senador imperial e republicano Ottoni: 100% na presença de "a", 89% na presença de "para" e 80% na presença de "de".[16] Essa aproximação entre os escritores românticos e o senador, representante dos estratos sociopolíticos, sugere que o emprego da ênclise fazia parte de um projeto de fixação de uma norma culta da língua que a adotava como marcador distintivo. Assim, além dos símbolos europeus que legitimavam a tradição imperial como a espada, o cetro, o manto, a coroa e, em particular, o *"globo imperial, insígnia indispensável nas sagrações de imperadores"*, com representação do sistema estelar brasileiro (Schwarcz, 1998), a ênclise, como um sopro de "ilustração", fazia parte da "paisagem sonora" (Schaffer, 2001), que representava a etiqueta da voz modulada dos atos cerimoniais evocando significados identificadores de categorias culturais, fundadoras de sentido (Zumthor, 1993; 2005). Tal leitura é reforçada pela análise da colocação pronominal em correspondências de circulação pública, assinadas por militares e eclesiásticos paulistas no Brasil setecentista[17] e por membros da elite sociopolítica de meados e final do século XIX,[18] como mostra o Gráfico 4 (Oliveira, 2013) a seguir.

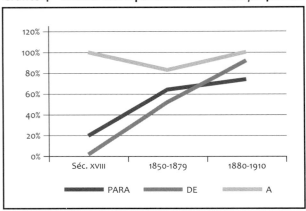

Gráfico 4 – Ênclise: correspondências de circulação pública

Fonte: adaptado de Oliveira, 2013.

Da comparação entre os Gráficos 3 e 4 extrai-se a leitura de uma clivagem linguística entre uma elite sociopolítica (como os escritores românticos oriundos dos estamentos senhoriais dominantes) e uma elite representada aqui pelos escritores que pertenciam ao grupo social marginalizado da participação política institucional, a qual se dedicava exclusivamente à produção intelectual e ganhava corpo a partir do movimento intelectual da geração de 1870 (Alonso, 2002).

Os espaços de interação, i.e., as redes sociais (Milroy, 1980), justificam os diferentes graus de conservação linguística: redes com variados contextos sociais permitem maior difusão dialetal, favorecendo maior inovação linguística;[19] e diferentes normas linguísticas. A formação de um grupo intelectual descolado da elite sociopolítica ia paulatinamente desenhando uma norma culta alternativa em que se desvelava o vernáculo brasileiro, tendente à próclise generalizada (Gráfico 3). Em princípio, poderíamos aventar a hipótese de uma mudança linguística condicionada pela mudança geracional e, por tabela, pelas novas classes sociais que tiveram acesso a instituições educacionais. Entretanto, a pressão pelo reconhecimento dessa nova norma culta não afastou o peso simbólico da ênclise, haja vista que havia uma elite sociopolítica que mantinha firme o uso da ênclise, pelo menos nas práticas de formalidade. De fato, o Gráfico 4 projeta a disposição das elites sociopolíticas em manter na agenda a colocação enclítica como sua marca distintiva.

Enfim, dentro da perspectiva de "paisagens misturadas", o contexto das infinitivas preposicionadas sugere que a ênclise não é exclusiva do repertório lusitano (não é nem mesmo a regra geral nessa variedade!) e o seu emprego exacerbado pelo senador Ottoni, em comparação com aquele do imperador de origem portuguesa, não é necessariamente resultado de transposição artificial da colocação portuguesa e nem mesmo de um processo de hipercorreção, de aprendizagem irregular ou de cópia malfeita dessa variedade linguística. Em outras palavras, a ênclise encontrada nos textos da classe política não era uma sombra distorcida da ênclise lusitana; o que ocorria é que, apesar de "entaipada" (Gruzinski, 2003), era manejada como um código cultural que orientava ações e comportamentos tidos por civilizados, mas era também recepcionada, à ótica daqueles que não a tinham como prática cultural, como desenraizada do solo americano.

Servindo-se da ênclise: "Almocei monarquista e jantei republicano"[20]

A ênclise fazia parte do português do Brasil como elemento essencial da fatura linguística do grupo que ocupava as tribunas. Se, a partir de 1870, há uma clivagem entre políticos e intelectuais, também a classe política não pode ser considerada homogênea. A decupagem do grupo político permite identificar o despontar de dois agrupamentos – os novos liberais e os liberais republicanos – cujas atuações forçavam a porta de entrada no mundo político reservado aos saquaremas.[21] A demanda de reformas que alterassem a representação política estava na agenda dos novos liberais, cujos membros, ainda que pertencentes às famílias tradicionais do Império, eram marcados pela decadência econômica e pela marginalização política. Por sua vez, provenientes de províncias marginalizadas, os republicanos não tinham vínculos com famílias tradicionais do Império. Combatiam o regime monárquico e a centralização política e lutavam pela ampliação da representação política. A sua radicalização levou à criação do Clube Republicano em 1870, alimentado pelos cafeicultores paulistas que, alheios à sociedade de corte e alijados da política, se organizaram por meio de redes de sociabilidade que incluíam a criação de associações e clubes científicos, além da formação em Direito pelos bancos da faculdade paulista do Largo de São Francisco.

A análise de textos discursivos de conservadores, liberais[22] (Oliveira, 2017) e republicanos (Santos Silva, 2012) revela que, de um modo geral, as produções linguísticas do grupo político potencializam a ênclise.

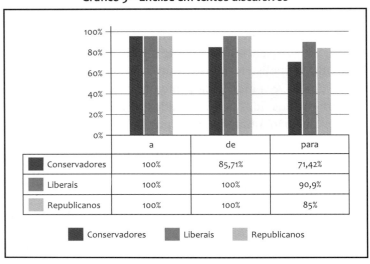

Fonte: adaptado de Santos Silva, 2012 e Oliveira, 2017.

Entretanto, é possível identificar uma diferença linguística entre os conservadores e os seus oponentes. Paradoxalmente, ao invés de adotarem a próclise que vinha se sedimentando na escrita dos intelectuais que não tinham participação política institucional, os grupos que reclamavam uma maior representação política deram maior musculatura à ênclise pronominal, como uma ferramenta deliberadamente selecionada e compartilhada para ser usada como repertório que os identificava. As redes de socialização a que pertenciam esses grupos políticos naturalizavam o uso da ênclise, que, por sua vez, se tornava o elemento linguístico que fortalecia a coesão grupal, prática da qual estavam alijados os intelectuais que não faziam parte dessas redes.

Além de ter fortalecido a coesão do grupo, a potencialização da ênclise pode ser tomada como um sinalizador e legitimador dos setores que anelavam a participação política institucional. Servida no almoço monarquista, a ênclise era o prato de jantar republicano.[23] Assim, ao invés de assinalar oposição aos conservadores, o fortalecimento da ênclise os aproximava linguística e culturalmente, autorizando os *outsiders* (Elias e Scotson, 2000) com poder econômico a terem representação política, por dominarem a etiqueta que abonava a estabilidade de posições, chave do segredo de acesso à *"forma simbólica da política"* (Geertz, 1980).

Dentro da "estrutura da conjuntura" (Sahlins, 1990), isto é, como ressonância da realização prática das categorias culturais em um determinado contexto histórico, a ênclise conservava sua significância histórica no esquema cultural que sustentava a troca de rótulos de regime de governo. Como dizia o conselheiro Aires a respeito do evento republicano: "*Nada se mudaria; o regime, sim, mas também se muda de roupa sem trocar de pele*" (Machado de Assis, 2010: 117). Afinal, monarquistas e republicanos compartilhavam o mesmo código, acediam bem a gostinho de santos – como já anunciava simbolicamente o nome do pai dos gêmeos –, animando a conformidade, apesar da rivalidade: "*Mamãe só nos pediu concórdia pessoal. Na tribuna, sim, ninguém nos levará a atacar um ao outro; no debate e no voto podemos e devemos dissentir*" (Assis, 2010: 191). E, desse modo, os dois parlamentares que já se declaravam a favor da emancipação dos escravos,[24] Pedro, entendendo como um caso de justiça, e Paulo, como o início da derrocada da Monarquia, ascendiam à Constelação de Gêmeos, formada pelos heróis mitológicos Castor e Pólux, como símbolo da amizade. Não se batiam mais. Traíam os eleitores, separando-se definitivamente da flora vernacular.

PARLAMENTO E ACADEMIA: LÓCUS DE FORJA DA NORMA CULTA BRASILEIRA

Movimentos de resistência na pia batismal

As mudanças socioeconômicas ocorridas na Europa, no século XIX, respingaram na pacata vida brasileira, que teve seu ritmo alterado pelas companhias de navegação inglesas, que exigiam precisão na marcação das horas graças à criação de um referencial único,[25] a partir do qual "*o tempo imperial entra em sincronia com o tempo da modernidade europeia*" (Alencastro, 1997: 38). Repetindo o evento ocorrido no período medieval com a invenção do relógio, o tempo passava a ser racionalizado e laicizado, deixando de ser seguido pelos sinos que anunciavam os ofícios religiosos para ser medido pelos relógios (Le Goff, 2013). Junto com os relógios de algibeira, que ganharam boa parte da sociedade brasileira e vinham civilizá-la por meio do viés temporal, a lista de importações vinha prenhe de joias, pianos e cavalos, tanto os ingleses, quanto os de raça árabe, entre outros hábitos de consumo. Na pauta cultural, entravam em cena concertos operísticos, bailes e viagens, forjando novo padrão de comportamento moldado pelas inovações europeias.[26] Essa atmosfera invadia a América portuguesa com a abertura dos portos promovida por D. João VI, quando, motivadas pela ameaça napoleônica a Portugal, a família real e as cortes se transferiram em peso para o Rio de Janeiro em 1808:

> Foi ainda nos tempos de D. João VI que a colônia americana tomou um "banho de civilização" e conheceu suas primeiras instituições culturais: o Museu Real, a Imprensa Régia, o Real Horto, a Biblioteca Nacional. Mas o monarca português traria mais. Transplantaria para o país todo o ritual da Casa dos Bragança, que incluía uma agenda de festas, cortejos, uniformes e titulações. (Schwarcz, 2001: 34)

Estima-se a vinda de cerca de 2 mil funcionários régios, ou que exercessem alguma atividade relacionada com a Coroa: conselheiros de Estado, assessores militares, juízes, 700 padres, 500 advogados, 200 "praticantes" de medicina, acompanhados de suas famílias, quadro emoldurado pela presença de 4 ou 5 mil militares portugueses (Alencastro, 1997). Engrossando a nata ilustre da sociedade lisboeta composta de pelo menos 15 mil portugueses, adicione-se a vinda de administradores e colonos de Angola e Moçambique. Essa grande quantidade de membros da elite imperial e o novo aparato administrativo que transformou a cidade – de mero entreposto comercial em capital do Império – certamente alargaram a exposição dos brasileiros à norma linguística lusitana. O prestígio social dos recém-chegados poderia ser considerado forte argumento em favor do acolhimento dessa variedade linguística como modelo, não fossem as atitudes expropriatórias dos portugueses.

Para resolver a questão da escassez de moradias no momento da chegada repentina da sociedade lisboeta, confiscaram-se casas particulares, provocando o despejo em massa dos brasileiros, o que criou ressentimentos em relação aos portugueses: "*Foi um ato seminal, uma espécie de recolonização, um confisco informal da propriedade em nome de um ideal metropolitano, enquanto novas levas de colonos substituíam as antigas*" (Wilcken, 2005: 113).

Nem bem a elevação do Brasil a Reino Unido tinha de certa forma "saldado" os confiscos, as elites brasileiras foram de novo logradas. Aprontando-se para a volta a Portugal (1821), as autoridades que ocupavam as casas confiscadas se apropriavam delituosamente das portas, janelas e venezianas, para a construção de caixotes, nos quais armazenariam seus pertences.

Na sequência, manobras portuguesas tentavam reverter o estatuto de Reino Unido alcançado no período joanino. A alienação dos deputados brasileiros enviados a Portugal era sinal de que a parceria de união do reino não fora acatada por Portugal, e de que o Brasil, após anos de relativa autonomia, corria o risco de voltar a ser mera colônia portuguesa. Diante da pressão local, o regente, D. Pedro I, rompeu politicamente com Portugal, intitulando-se imperador do Brasil. Entretanto, se indispôs com as correntes liberais, outorgou uma Constituição sem legitimá-la pela votação dos constituintes, se engajou em uma guerra impopular para manter a Colônia do Sacramento no rio da Prata e, para completar, se envolveu também na luta dinástica portuguesa, o que denunciava que seus olhos estavam voltados para o outro lado do Atlântico.

À época, não faltaram levantes contra a comunidade lusa em inúmeras províncias, pelo fato de os portugueses ocuparem posições-chave na administração civil e militar, e por dominarem o comércio. Filhos e genros de portugueses ocuparam ministérios, gerando mais dissabores para os brasileiros (Carvalho, 2012).

Nessa atmosfera de incertezas e inseguranças, e passado o momento de euforia e delírio causado pelo impacto da materialização de figuras e eventos míticos na colônia – a presença da família real (1808), a elevação do Brasil à categoria de reino na parceria transatlântica (1815), a cerimônia de coroação de D. João VI (1818) e a independência política (1822) –, iniciou-se um *"movimento lusófobo e nativista de troca de nomes de batismo"* (Alencastro, 1997: 53). É que, para afastar retrocessos, fazia-se necessário fortalecer o *ethos* brasileiro.

Quase a marcar diferença nos padrões de higienização cultural, no período da regência, sobressaíam topônimos indígenas, e os brasileiros de famílias patrióticas iam se banhando nas águas tupi-guarani para substituir a onomástica portuguesa. Assim, mesclando mito e história, os Sousas, os Pereiras, os Almeidas e os Oliveiras davam lugar aos Caramuru, Acaiaba, Tibiriçá, Periassu, entre outros (Schwarcz, 1998: 155). O referencial simbólico do indianismo, *"ponto cardeal de uma nação imaginada"* (Alonso, 2002: 57), visando a legitimar a aristocracia de um grupo social vinculando-o à nobreza da terra, alcançava o paroxismo na concessão de titularidades em língua guarani, como rabiscava a pena crítica de Ina von Binzer, preceptora alemã das elites carioca e paulista, que franqueava a *"sarcástica malícia do imperial fabricante de títulos"*: visconde de Muritiba, barão de Cambati, marquês de Itanhaém, visconde de Uruguai, que significavam, respectivamente, "lugar onde há moscas", "macaco preto", "pilão de pedra" e "rio de rabo de galo" (Binzer, 1994: 107). Afora esses apodos, as elites agraciadas com títulos indígenas por D. Pedro II personificavam o paradoxo existente entre a busca de uma expressão própria pela recente nação e a fixação da Casa de Bragança na sua regência.

Com a queda da Monarquia (1889), a matriz lusitana sofria novo revés com a adoção pelas elites brasileiras de nomes romanos (Caio, Plínio, Lavínia, Cordélia e Clélia[27] etc.) como estratégia de implantação de uma simbologia republicana. Escorada no fórum e no senado romanos, a representação simbólica da República procurava dar ao novo regime uma suposta historicidade/

ancianidade, mas tal estratégia não ganhou aderência no imaginário popular (Carvalho, 1990), ainda que a Escola Normal de São Paulo contivesse em seu programa de língua nacional trechos selecionados de obras traduzidas como *Eneida* e *Ilíada* (Ribeiro, 2010):

> Se durante a independência esta mesma ansiedade expressava-se, culturalmente, pela atração e busca de raízes nativistas e pelo "desejo de ser brasileiros" – na expressão de Antônio Cândido –, neste momento manifesta-se, paradoxalmente, quase que um "desejo de ser estrangeiros". (Saliba, 2002: 68)

É nesse quadro, nativista primeiro e classicizante ou estrangeiro depois, mas sempre deslusitanizante, que ia se esgarçando o modelo português; uma norma culta brasileira se dilatava e sorrateiramente se infiltrava nas fissuras da administração pública, opondo-se ainda ao vernáculo em formação cujos contornos ficavam fora de foco.

Flora vernacular: importação de semente para o cultivo

Se as elites sociopolíticas imperiais adotaram nomes ou receberam títulos nativistas, e aquelas republicanas recorreram à Roma clássica para a construção do *ethos* brasileiro, a população dava continuidade à onomástica portuguesa que se adotou desde os tempos em que os portugueses colocaram os pés no solo americano. Essa tradição não se interrompeu nem mesmo com a febre nativista oitocentista, atingindo todos os setores sociais. Aliás, os topônimos também, por via do processo de modernização, sofriam mudanças e as novas designações, de autoria popular, se firmavam em nomes portugueses:[28] *Feijão Cru* > *Leopoldina* (1854); *Samambaia* > *Andradas* (1860); *Brejo do Amparo* > *Januária* (1884) (Ramos e Venâncio, 2002).

Ocorre que o Brasil acolheu, ao lado de letrados, setores menos favorecidos da população portuguesa. O projeto formal de imigração de suíços para a colônia de Nova Friburgo, colocado em prática nos primeiros decênios dos oitocentos, acabou por despejar, no Rio de Janeiro, milhares de portugueses que fugiam da pobreza de Portugal, os quais acabaram sendo absorvidos pela cidade.

Os navios continuavam a despejar imigrantes portugueses no Brasil independente, como enuncia Luís, uma personagem da comédia *O namorador* ou *A noite de S. João*, ambientada no Rio de Janeiro em 1844:

(5)   *Luís – Desde o dia que principiaram a chegar a esta terra carregamen-*
tos de colonos, como antigamente chegavam carregamentos de cebo-
las, ainda cá não apareceu uma ilhoazinha com esses olhos matadores,
com esses beicinhos rosados. (*O namorador* ou *A noite de S. João*, cena
XVII, Martins Pena, 1956[29])

Ao comparar a chegada dos colonos com o carregamento de cebolas,
Martins Pena faz uma crítica ao número, às condições, à falta de seleção e ao
desconhecimento da fonte dessas levas de portugueses que, indubitavelmente,
não pertenciam à "nata da sociedade lisboeta" e continuamente aportavam no
Rio de Janeiro.

Curiosamente, a única próclise em contexto da preposição "a", nas peças
de Martins Pena (1956), é proferida por um português, ou melhor, por um ilhéu
(Manuel), contradizendo a regra usada pela "boa" sociedade portuguesa:

(6)   *Manuel – Pensas que eu não sei porque queres ficar?*
Maria – Ai, que me impacientas!
Manuel – Bem vejo o senhor ***a te fazer*** *roda como um peru.*
Maria – Esta besta! O senhor a fazer-me roda, tão velho como é? Ai,
que me rio desta!
(*O namorador* ou *A noite de S. João*, cena VI)

Até meados da centúria, as leis portuguesas de emigração dificultavam
a saída de mulheres como forma de promover a dispersão familiar e,
consequentemente, garantir o envio de economias para fazer frente à escassez
de divisas. Assim, o movimento imigratório após a independência privilegiou
o contingente masculino, em geral analfabeto, que se concentrava nos centros
urbanos e garantia a remessa de divisas para Portugal. Com o início da
imigração subsidiada e em massa, ocorrida após a abolição da escravatura em
1888, crescia a presença feminina, o que sugere a entrada de grupos familiares
das aldeias setentrionais de Portugal e das ilhas da Madeira e dos Açores (Nizza
da Silva, 1992: 124). Esses indivíduos, sem "significação política ou figuração
histórica", que chegaram em ondas migratórias em diferentes períodos (Ribeiro,
1998), se emaranhavam na massa populacional urbana e rural, em parelha aos
escravos, e deixavam suas marcas linguísticas.

Já em meados do século, os jornais publicavam anúncios de oferta de amas
de leite em que a colocação pronominal espelhava a diferença entre os préstimos das mucamas de aluguel – presentes na construção passiva ("Aluga-se uma
mulher") – e aqueles oferecidos pelas açorianas, os quais pontuavam a atitude

reflexiva representada pela próclise em início de sentença: *"Se aluga uma senhora branca com abundância de leite, moça, sadia, robusta e carinhosa para criança"*[30] (Alencastro, 1997: 64).

A nos fiarmos nos anúncios de oferta de amas de leite, as práticas proclíticas deveriam grassar nas colônias portuguesas originárias de aldeias distantes do centro político-cultural lisboeta e, como sementes linguísticas, alimentavam o solo americano, firmando raízes, e construíam uma nova paisagem, misturando-se com elementos da flora local e colaborando, assim, para a formação do vernáculo brasileiro. Já o alimento da norma culta provinha de outras fontes.

A vincada da norma culta

Visando ao vínculo de dependência de Portugal, vetou-se, no período colonial, a instalação de cursos superiores nas colônias, obrigando a elite brasileira a se deslocar para Coimbra. Com a vinda de D. João VI em 1808, surgiram as primeiras escolas de ensino superior no Brasil, entretanto, aquelas dedicadas à formação da elite política tiveram de aguardar a independência.

Os cursos de Direito em Olinda (depois Recife) e em São Paulo, iniciados apenas em 1828, deram continuidade à política colonial de centralização e homogeneização da formação, na medida em que a criação de uma escola no norte e outra no sul do país diluía as forças provinciais. Estudantes originários da região Norte (88,12%) se voltavam para o curso de Olinda, e os provenientes do sul do país (93,18%) escolhiam o curso de São Paulo, o que deflagrava a concentração regional como estratégia de centralizar e unificar as elites, em continuidade ao que se verificava no período em que Coimbra era o polo de atração desses estamentos sociais.

No Brasil imperial, período em que as taxas de indivíduos alfabetizados não alcançavam 25% da população,[31] a educação superior era o passaporte para as ocupações ministeriais e senatoriais, em torno de 90% e 80%, respectivamente. A deputação era alcançada pelo mesmo canal: os percentuais de deputados com nível superior chegavam a 70% e 90% nas legislaturas de 1826 e 1889, respectivamente. A seletividade educacional se fixava como norma para os cargos políticos, ocupados essencialmente pelos magistrados até meados do século XIX e, em seguida, pelos bacharéis em Direito.

As faculdades de Direito foram responsáveis pela formação de 105 dos 200 intelectuais brasileiros com educação formal no período compreendido entre 1870 e 1930 (Machado Neto, 1973), em que os bacharéis se tornaram a figura de proa do Parlamento e se *"fidelizaram"* às academias a reboque do processo de especialização do saber jurídico, o que forçou o descolamento dos bacharéis da vida literária.

Essa clivagem entre saberes se refletia na gramática. O grupo que promoveu o movimento intelectual da geração de 1870 e passou a integrar a elite política e econômica com o novo regime de governo era constituído principalmente de bacharéis formados pelas Arcadas, *"celeiro de parcela expressiva da inteligência brasileira e dos principais dirigentes políticos dessa sociedade"* (Adorno, 1988: 134-135). Na academia e no Parlamento, ocorria a homogeneização do português culto, que dava à ênclise um valor simbólico de marcador social. No recorte aqui adotado, o valor simbólico da ênclise reforçava a oposição da norma culta ao vernáculo (que desenvolvia o uso da próclise), do qual se aproximavam os literatos que já não tinham passagem pelas Arcadas.[32]

CONSIDERAÇÕES FINAIS

Dentro do viés do paradigma indiciário (Ginzburg, 1989), que propõe o exame de pormenores normalmente negligenciados, a análise em pequena escala dos clíticos em contexto das infinitivas preposicionadas permitiu afastar o efeito (Baxandall, 2006) da ênclise generalizada, provocado pelo olho da tradição (Boas, 2010 [1896]), qual seja como hipercorreção ou como cópia malfeita da colocação pronominal portuguesa.

No processo de restauração do quadro da colocação pronominal em infinitivas preposicionadas da fase imperial e dos primeiros anos republicanos, vieram à luz diferentes tons de ênclise cuja análise conjuntural permitiu separar o tique nervoso – hipercorreção linguística – da piscadela[33] (Geertz, 2011) enclítica, sinalizadora do capital sociocultural das elites brasileiras. O processo de homogeneização das elites (Carvalho, 2012) teve, por efeito linguístico, a generalização da ênclise na sintaxe culta, dentro do "processo deslusitanizante e de nativismo" (Alencastro, 1997) do período imperial, em repulsa à próclise, que vinha se impondo nas práticas linguísticas dos estratos sociais mais baixos. Valorou-se positivamente a ênclise, tal como ocorria na "boa" sociedade portuguesa, mas passou-se a usá-la em contextos diferenciados, suprimindo algumas regras e modificando outras.

Desse modo, ao invés da atitude adesista ao português europeu, a mirada era outra: a opção pela ênclise criava uma marcação distintiva interna – abrindo um fosso entre as elites e os demais estratos sociais, como bem demonstrou Pagotto (1998, entre outros) – e uma marcação distintiva externa, selando a separação linguística de Portugal. Paradoxalmente, a busca pela homogeneização das elites, estimulada pela política imperial centralista de herança portuguesa, permitiu que uma identidade linguística brasileira, marcada pela ênclise, "saísse pelo ladrão".

Instalado o regime republicano, as práticas sociais e os símbolos monárquicos engatavam o adágio do aristocrata Tancredi, no romance *O leopardo*, de Lampedusa, em resposta à deposição dos Bourbon na Sicília e à unificação da Itália: *"Tudo deve mudar para que tudo fique no lugar"*. Nas palavras do conselheiro Aires, narrador de *Esaú e Jacó*, mudava-se a roupa, mas a pele permanecia. E, assim como ocorria com a bandeira que manteve elementos da tradição imperial (Carvalho, 1990: 110), a colocação pronominal enclítica entabulava sua representação simbólica, ratificando uma norma linguística local.

NOTAS

[1] Em 15 de novembro de 1889, deu-se a troca do regime de governo monárquico para o republicano.

[2] À época, o termo "povo" era usado com o significado de cidadãos economicamente ativos (apoiado na ideia de *popolo florentino*) ou de homens honestos, trabalhadores e responsáveis. Opunha-se, portanto, à massa populacional (cf. Mattos, 1987).

[3] O termo "elite" é bastante impreciso. O poder econômico não é suficiente para defini-lo. Outros traços, como linhagem tradicional e cabedal político, caracterizam diferentes setores desse grupo de proeminência na sociedade, como informa Carlos de Almeida Prado Bacellar, em comunicação pessoal.

[4] Ressalte-se que o período era dominado pelas teorias do darwinismo social que atribuíam à miscigenação – quadro da sociedade brasileira – a responsabilidade pela desordem social.

[5] Boas (1896) afirma que *"o olho que vê é o órgão da tradição"*, ou seja, nosso olhar está condicionado, aprisionado, pelo peso da cultura.

[6] Exemplos extraídos de *A noite de S. João*, Martins Pena.

[7] Trata-se da polêmica ao texto do projeto do primeiro Código Civil brasileiro elaborado por Clóvis Bevilacqua, que, embora tivesse sido revisto pelo gramático Carneiro Ribeiro, foi alvo de críticas por Rui Barbosa.

[8] Essa peça só foi publicada em 1956. Ver Azevedo (1995; 2008).

[9] Galves, Torres Moraes e Ribeiro (2005) mostram que o português clássico apresentava variação nas sentenças infinitivas preposicionadas e nas sentenças com verbo na segunda posição (V2).

[10] A literatura tem mostrado o avanço da próclise também em sentenças finitas. Entretanto, este estudo estreita o foco para as sentenças não finitas, para precisar o aspecto sociopolítico da ênclise nesse contexto específico.

[11] As cartas do senador Ottoni foram publicadas em Lopes (2005).

[12] As duas ocorrências de próclise repetem a exortação *"Continue para nos dar muitos gostos"*, também usada pelo senador.

[13] Em *Os reis taumaturgos*, Marc Bloch mostra que um "erro coletivo" – a crença popular no milagre da cura promovida pelo rei – esteia a adesão à realeza.

[14] Martins (2016) observa esse sistema dual no PE contemporâneo.

[15] Esta assimetria se mantém até os dias atuais. Magro (2005), analisando dados de variedades não *standard* do português extraídos do *Corpus dialectal com anotação sintática* (Cordial–Sin, Maetins, 2000), encontrou os seguintes índices percentuais de ênclise: 95% diante de "a"; 9,8% diante de "de" e 7.2% diante de "para". Como "a", a preposição "em" também se mostrou favorecedora da ênclise: 75%.

[16] Para isso foram analisadas as cartas contidas em Lopes (2005).

[17] Amostra formada de correspondências dos diretores de aldeamentos paulistas (Simões e Kewitz, 2005/2006) e de militares e de eclesiásticos que tratam dos problemas da capitania de São Paulo ao tempo de Morgado de Mateus, 1765-1775 (Monte, 2013).

[18] Essa amostra é constituída de cartas de diferentes regiões brasileiras, escritas entre 1820 e 1910. Foram analisadas apenas as cartas assinadas e datadas, editadas por Carneiro, Oliveira e Almeida (2011).

[19] Martins (2011) adota a hipótese da coexistência de duas gramáticas que deram origem a duas opções de colocação pronominal, desmistificando o percurso evolutivo ênclise-próclise-ênclise usado para explicar o estágio atual do PE. A coexistência de duas gramáticas quinhentistas também foi proposta por Oliveira (2001) para justificar duas saídas para a queda do /d/ intervocálico nas formas verbais de segunda pessoa do plural: uma craseada (*credês*) e outra ditongada (*credeis*). A primeira forma, não gramaticizada, estaria na base do enfraquecimento da morfologia verbal do português brasileiro.

[20] Frase repetida por Militão Augusto de Azevedo em suas missivas a Luiz Jablonshi (6/11/1889) e a J. P. de Castro (dezembro de 1889) (Araújo, 2010: 135 e 141, respectivamente).

[21] O termo remete aos conservadores fluminenses que deram forma e expressão à força que imprimiu o tom do Estado imperial. Surgiu em meados da década de 1840 quando o padre José de Cea e Almeida, subdelegado de polícia na vila de Saquarema, expediu ordem para assassinar o eleitor que rejeitasse as listas do governo (Mattos, 1987).

[22] Os discursos foram digitalizados e disponibilizados pela Biblioteca Brasiliana. Acesso em 03 de março de 2017.

[23] Da perspectiva de Tristão de Ataíde (1924), o espírito republicano já estava até mesmo embutido no regime anterior.

[24] A partir de 1871, ou seja, com o fim da Guerra do Paraguai, aumentava o número de adesistas à emancipação total dos escravos (Costa, 2008).

[25] Trata-se a criação do fuso horário pela Grã-Bretanha, o qual se tornou internacional a partir de 1878.

[26] No romance *Senhora,* de José de Alencar (entre outros), há várias passagens mostrando a inserção na sociedade brasileira dos hábitos de consumo europeus.

[27] Esses foram os nomes dos filhos do republicano Martinho da Silva Prado.

[28] Com efeito, desde meados do século XVIII menos de 10% das localidades mineiras adotaram nomes indígenas (Ex. *Meia Pataca > Cataguases*, 1875; *Cemitério > Guarani*, 1881).

[29] O manuscrito data de 13/10/1844.

[30] *Jornal do Comércio*, 11 de agosto de 1851 (apud Alencastro, 1997).

[31] Em 1872, apenas 23,43% dos homens e 13,43% das mulheres eram alfabetizados. Em 1890, esses índices caíram para 19,14% e 10,35%, respectivamente.

[32] A Faculdade de Direito de São Paulo é conhecida como Arcadas.

[33] Para Geertz (2011), a cultura é tecida por uma teia de significados, razão por que é necessário distinguir a contração involuntária da pálpebra do piscar malicioso.

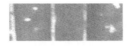

(IM)PRENSA
E MUDANÇA LINGUÍSTICA:
PERIÓDICOS DE OURO PRETO
(1850-1900)

Elaine Chaves

SUMÁRIO

APRESENTAÇÃO 258
DIFERENCIANDO GRAMÁTICAS 259
    Metodologia 259
    Análise dos resultados 260
A IMPRENSA PERIÓDICA
E A PERIODIZAÇÃO LINGUÍSTICA 263
    O caso do português brasileiro 263
        A imprensa periódica no Brasil 263
        A periodização linguística do português brasileiro 264
    O caso do português europeu 266
        A imprensa periódica em Portugal 266
        A periodização linguística do português europeu 267
JORNAIS OURO-PRETANOS E JORNAIS LISBOETAS:
O RETRATO DA INSERÇÃO DE NOVOS AGENTES
NA IMPRENSA 269
    Os jornais ouro-pretanos 269
    Os jornais lisboetas 272
RETORNO AOS PRIMÓRDIOS DA IMPRENSA 274
    Comparando datações 276
CONSIDERAÇÕES FINAIS 277

APRESENTAÇÃO

Por que trabalhos como os de Tarallo (1983, 1985), Berlinck (1989), Ramos (1992), Duarte (1989), dentre vários outros, identificam o final do século XIX como o momento em que emerge a gramática do português brasileiro? Por que nesse momento, e não em outro? Por que neste local, e não em outro? Estas questões nortearão a discussão que será apresentada a seguir.

Estudos sobre o português brasileiro (doravante PB), realizados desde a década de 1980, vêm sendo revisitados e ampliados,[1] apresentando, sob várias perspectivas teóricas, sincrônica ou diacronicamente, um imenso número de descrições de fenômenos linguísticos que detectam mudanças no português falado e escrito no Brasil. Esses estudos linguísticos contribuem para a compreensão do que, genericamente, vem sendo chamado de gramática do português brasileiro.[2]

Tarallo (1993: 99) oferece uma explicação extralinguística para a emergência da gramática do PB ao final do século XIX:

> Certamente, estes novos traços gramaticais entraram na língua no final dos anos 1800 porque circunstâncias sociais especiais aconteciam naquele momento da história externa. [...] Nosso argumento é que as circunstâncias sociais antes da virada do século podem não ter sido suficientemente satisfatórias para que a pena brasileira começasse a escorrer sua própria tinta. E neste sentido fica comprovado quão importante é o exame de dados linguísticos à luz de evidências sociais. Sem vias de dúvidas, entretanto, pode ser afirmado que o cidadão brasileiro já estava de posse, ao final do século XIX, de sua própria língua/gramática.

Tendo como aporte a História Social da Linguagem e a Teoria da Variação e Mudança, as três questões colocadas anteriormente serão respondidas, mostrando que as "circunstâncias sociais", das quais fala Tarallo, propiciaram a inserção de um novo e diversificado conjunto de atores em um espaço que, até o final do século XIX, era muito restrito, a escrita.

Como identificar e localizar, então, esses novos agentes e relacioná-los a este grupo de fenômenos sintáticos que propiciaram, no final do século XIX, a emergência do PB? Essa será a principal questão respondida aqui.

Toda a discussão histórico-social será costurada pela observação do uso das preposições [a] e [para] em complementos verbais cliticizáveis, como nos exemplos a seguir:

(1)   *[...] por estar Com muitas dores de CabeSa naõ esCrevo **para** a Senhora Dona Paula e **para** a Senhora Dona Anna.* (Cartas Pessoais, 2ª XVIII)

(2)   *[...] eu naõ pedi **ao** Senhor. Joaquim Correia. para que'elle[ ] hontem fora da terra, alem vm.^ce dizia ce ter muito. Prizado* (Cartas Pessoais, 1ª xix)

(3)   *[...] elle mandou 21 170 reis. **para** meu Irmão satisfazer o dinheiro. que tinha pedido emprestado.* (Cartas Pessoais, 2ª xix)

Esse fenômeno apresenta o mesmo perfil de mudança manifestado nos trabalhos selecionados por Tarallo (1993). Ramos (1992) observa, diacronicamente, o perfil da mudança na presença/ausência da preposição em complementos verbais acusativos e encontra, como resultado, a diminuição do uso da variante [+a], no último quartel do século xix. A autora ainda relaciona a queda dos clíticos no PB ao aumento do uso do [para] em dativos e a diminuição do uso do [a]. Este é o mesmo perfil observado para o enrijecimento da ordem svo (Berlinck, 1988, 1989), para a ampliação do uso de objeto nulo (Berlinck, 1989), para a perda de clítico de 3ª pessoa (Duarte, 1989), entre outros fenômenos sintáticos.

DIFERENCIANDO GRAMÁTICAS

A observação do uso das variantes [a] e [para] em complementos verbais cliticizáveis teve por objetivo mostrar que as mudanças implementadas no final do século xix podem ser interpretadas como a manifestação de uma gramática distinta, tida como a gramática do PB, em um espaço que, até esse período, era interpretado como espaço de atuação do português europeu (doravante PE) no Brasil, a escrita formal.

Foram adotadas três frentes de análises: a diferenciação das duas gramáticas; o comportamento do fenômeno em textos de níveis distintos de formalidade; e a comparação dos resultados destes textos do PB com os resultados do PE.

Metodologia

Utilizaram-se três *corpora* de textos escritos para cada uma das variedades da língua portuguesa. Cada uma delas contou com um montante de 23 mil palavras divididas em: cartas pessoais (7.500 palavras), cartas de leitores (8 mil palavras) e notícias (8 mil palavras). As cartas pessoais perfazem o período que vai da segunda metade do século xviii à segunda metade do século xix, e as cartas de leitores e notícias perfazem o período que vai da primeira metade do século xix à primeira metade do século xx.

Por serem os dados retirados de três corpora de gêneros distintos, em períodos distintos de tempo, delimitou-se, com base em Castilho da Costa (2008) e Silva

(1988), um conjunto de características comum a cada um dos gêneros, nos três períodos observados, para o PB e para o PE. Essa estratégia permitiu a constituição de amostras mais homogêneas.

A utilização de manuscritos e de impressos requer cuidados especiais por serem tipos diferentes de documentos, principalmente quando não é possível identificar os seus escreventes, como ocorre com alguns textos jornalísticos. Seguindo os critérios adotados na Sociolinguística, no *corpus* de cartas pessoais, foram selecionados apenas textos que tivessem seus remetentes identificados. Nos *corpora* de cartas de leitores e de notícias, a identificação de autores não foi possível para todos os casos. Tornou-se necessária a utilização das cartas pessoais como textos prototípicos, e os textos jornalísticos foram considerados em seu distanciamento ou aproximação da curva apresentada em tais cartas.[3]

Análise dos resultados

Segundo Oliveira (2007), a perda da preposição [a], hodiernamente, apresenta duas tendências de mudança: a substituição por outras preposições, como *para* e *em*, e o seu apagamento. Segundo Farias (2006), a substituição da preposição [a] pelas preposições [para] e [em] ocorre com verbos de movimento e localização, e os verbos dativos propiciam o uso da preposição [para];[4] e o apagamento da preposição [a] sofre redução no eixo diacrônico nos complementos acusativos preposicionados.[5]

Para que a mudança observada pelos trabalhos citados possa ser compreendida, observando o eixo diacrônico, é necessário ter em vista não apenas as normas e os usos de hoje, mas também a norma atuante nos períodos investigados.

No caso do PE, no século XVIII e XIX, segundo Lobato (1770) e Oliveira (1862), e no caso do PB, no século XIX, segundo Albuquerque (1874), basicamente, foram encontradas as mesmas prescrições: i) usa-se a preposição [a] para a expressão de tempo e lugar temporário; ii) usa-se a preposição [para] para lugar permanente; iii) usa-se a preposição [a] para complemento objetivo e para complemento terminativo.

Ao considerar o fator *tempo* será traçado o perfil diacrônico da mudança nas duas variedades da língua portuguesa, localizando-se, assim, o momento da mudança, como no Gráfico 1.

Gráfico 1 – Uso da preposição [a], no PB e no PE, nos séculos XVIII e XIX, em cartas pessoais

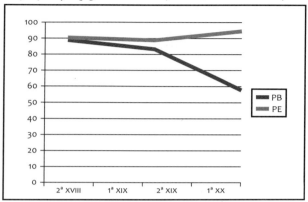

Fonte: Chaves, 2013: 114.

No Gráfico 1, chama a atenção a semelhança de perfil entre PE e PB até o final do século XVIII (89% para o PB e 90% para o PE) e depois uma alteração bastante visível, em direções opostas, no final do século XIX (58% para o PB e 94% para o PE). Tal resultado é exatamente aquele esperado, considerando a emergência do PB como uma nova gramática.

Esse resultado, que aqui será tomado como prototípico para a observação dos resultados encontrados nas cartas de leitores e nas notícias, permite-nos afirmar a existência de gramáticas distintas e permite-nos afirmar ainda que é a partir da segunda metade do século XVIII que as gramáticas começam a se diferenciar.

No Gráfico 2, vê-se a comparação do perfil do uso da preposição [a] nos três gêneros textuais, para o PB.

Gráfico 2 – Preposição [a] em cartas pessoais, cartas de leitores e notícias, em contexto cliticizável, no PB

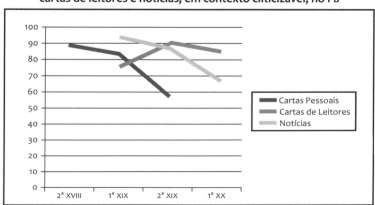

Fonte: Chaves, 2013: 114.

No PB, tem-se a manifestação de queda do uso da preposição [a] com aceleração muito próxima para as cartas pessoais (de 89% a 58%) e as notícias (de 94% a 67%), no entanto, verifica-se um aumento do uso da preposição [a] nas cartas de leitores (76%, 90% e 85%), entre a primeira e a segunda metades do século XIX.

Considerando a atuação da norma nos gêneros utilizados, as notícias deveriam apresentar perfil distinto das cartas pessoais. No entanto, foi encontrado um perfil muito semelhante entre os dois gêneros. O perfil distinto apareceu nas cartas de leitores.[6] Embora tenha sido testada a interferência de escreventes do PE e não tenha sido verificada aparente discrepância, acredita-se haver manifestação de escreventes da gramática do PE. Talvez seja necessário reavaliar o uso das cartas de leitores como amostra.

No Gráfico 3, procedeu-se à mesma comparação efetuada no Gráfico 2, porém para o PE.

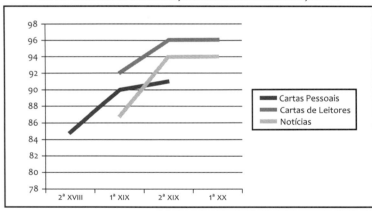

Gráfico 3 – Preposição [a] em cartas pessoais, cartas de leitores e notícias, em contexto cliticizável, no PE

Fonte: Chaves, 2013: 116.

No PE, tem-se o aumento do uso da preposição [a] de forma mais acelerada nas cartas de leitores (de 92% a 96%) e nas notícias (de 87% a 94%), quando comparadas às cartas pessoais (de 85% a 91%), entre a primeira e a segunda metades do século XIX. Vemos que, no PE, o uso da preposição [a] nas cartas de leitores e nas notícias suplanta o valor apresentado para as cartas pessoais, em direção a uma aplicação mais forte da norma nos textos mais formais.

Feita essa confirmação, passemos adiante, de modo a detalhar as amostras utilizadas, inserindo-as agora dentro de um contexto sócio-histórico, permitindo-nos observar a manifestação da nova gramática em textos de modalidade escrita.

A IMPRENSA PERIÓDICA
E A PERIODIZAÇÃO LINGUÍSTICA

A descrição do fenômeno feita anteriormente leva a duas questões. A primeira é que, estando diante de gramáticas distintas, é possível serem os efeitos da imprensa periódica um fenômeno sócio-histórico capaz de atuar nas duas gramáticas? Se for, como comprová-lo?

Tanto a periodização linguística quanto o surgimento da prensa e da imprensa periódica possuem cronologias distintas embora esbocem correspondências. Tal fato permite relacionar, temporalmente, o momento em que há ampliação no número de agentes da escrita e o momento em que as gramáticas se diferenciam.

O caso do português brasileiro

A IMPRENSA PERIÓDICA NO BRASIL

A imprensa periódica brasileira implementou-se tardiamente, em 1808, com objetivos muito específicos de servir como suporte à Coroa portuguesa que aqui se encontrava por razões políticas.[7] Apenas a partir da década de 1820, houve ampliação no número de tipografias para além da então capital, Rio de Janeiro.

É possível afirmar que, a partir da década de 1830, o Brasil deixou de ser, majoritariamente, consumidor de publicações feitas em outros países, fossem elas livros[8] ou jornais. Também deixou de ser um país de tímida impressão própria, para tornar-se consumidor de um produto brasileiro, possibilitando um maior trânsito dos periódicos entre a capital e o interior. É por essa razão que afirmamos que a produção escrita no Brasil deixou de ser basicamente literária e passou a atingir outros gêneros, provocando, assim, a sua disseminação.

Essa ampliação da publicação de jornais propiciou o aparecimento de espaços destinados à participação dos leitores; notadamente os anúncios, os comunicados, a publicação de crônicas e textos literários, as cartas aos redatores, as reclamações relativas à política e à administração pública, entre outros, que se estenderam por todo o século XIX.

Com isso, a imprensa periódica brasileira deixou de ser uma reprodução dos moldes europeus, tornando-se um jornalismo mais autônomo, com um corpo renovado, não mais formado, basicamente, por portugueses, por brasileiros que estudaram na Universidade de Coimbra ou em escolas jesuítas, e por membros da Igreja. Esse novo corpo foi influenciado pela implantação de cursos superiores no Brasil, como, principalmente, a Academia de Direito do Largo de São Francisco e a Faculdade de Direito, ambas em São Paulo, que fizeram as primeiras publicações de cunho humorístico do país e tornaram esse espaço apto à manifestação política. Os ideais republicanos assumiram papel principal nas notícias, dando força à imprensa partidária. Ao mesmo tempo, os ideais abolicionistas passaram a figurar nas notícias de inúmeros periódicos. Para Barbosa (2007), esse foi o momento em que houve ampliação das discussões políticas e em que o jornal tornou-se opinativo.

Ao lado desse novo jornal, as alterações tecnológicas ocorridas a partir da década de 1850, como o uso do trem e de paquetes, atenderam ao transporte de jornais impressos e promoveram, assim, a expansão da imprensa para localidades situadas no interior do país. Também nesse período, o telégrafo[9] foi incorporado ao jornal. O uso do telégrafo na veiculação da notícia propiciou a plena inserção do jornal na era industrial.

A imprensa tornou-se mais profissionalizada. Os literatos profissionalizaram-se por meio do jornalismo. Foram criadas tabelas de salários, foi instituída a noção de mercado jornalístico e foram estabelecidas hierarquias de trabalhos e pagamentos.[10]

E é neste contexto de profissionalização e de distinção de novos espaços ocupados por novos profissionais que vislumbramos os novos agentes da escrita.

A PERIODIZAÇÃO LINGUÍSTICA DO PORTUGUÊS BRASILEIRO

Há várias periodizações linguísticas para o PB[11] e, a cada uma delas, como propõe Maia (1995: 10), cumpre

> atender a uma necessidade teórica, possuir utilidade prática, e deve indicar qual o verdadeiro significado dos limites entre as diferentes fases históricas da língua e quais os fatores socioculturais que incidiam sobre a mudança da língua e nela se repercutiam.

A questão, neste momento, era como escolher uma periodização que fosse capaz de evidenciar a entrada de novos agentes na escrita.[12]

Uma resposta seria escolher uma cronologia que se dedicasse a tratar a periodização da língua escrita, utilizando, como elementos sócio-históricos e culturais, fatos relacionados ao desenvolvimento da língua escrita no Brasil. No entanto, cronologias como as de Silva Neto ([1950] 1986), Teyssier (1990), Pessoa (1997) e Lobo (2001) entendem a língua escrita como fonte de dados para a observação das mudanças da língua ao longo do tempo.

264

A proposta de Ramos e Venâncio (2006) apresenta os textos escritos como base de seus critérios, mais especificamente os textos impressos. Forjada a partir da concepção de Competição de Gramáticas e Mudança Paramétrica, essa proposta assume a indissociabilidade entre história interna e história externa da língua, e considera os textos escritos manifestação de novas gramáticas, tendo, como marco, o advento da imprensa, que altera o modo de produção textual, principalmente a partir da imprensa periódica, permitindo o surgimento de um novo produto e de um novo produtor.

Destacam, assim, o modo de produção (manuscritos ou impressos) e a formação educacional de quem produziu os textos. Ao delimitar as franjas, observando esses dois aspectos, a produção escrita até 1825 estaria marcada pelo manuscrito e pelo domínio do ensino do cânone europeu. Com a descentralização da produção do periódico impresso ocorrida na década de 1820, houve ampliação da produção de textos impressos, que, juntamente com a criação dos primeiros cursos superiores e a ampliação do número de escolas, fortificaram a produção periódica nacional.

No Diagrama 1, apresentamos a projeção do surgimento da imprensa periódica, da ampliação do número de escreventes e da periodização proposta por Ramos e Venâncio (2006).

Diagrama 1 – Periodização PB x Imprensa periódica

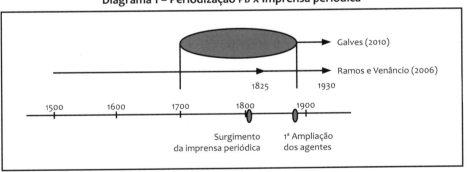

Nesse diagrama, fica evidente que o surgimento da imprensa periódica e a ampliação dos agentes da escrita estão contidos no período de competição de gramáticas apresentado por Ramos e Venâncio (2006) e por Galves (2010). É importante ressaltar qual a linha – que corresponde a uma periodização com base em Galves (2010) – foi aqui incluída, para se ter parâmetro de comparação entre o PB e o PE, uma vez que este último será retratado com base em Galves (2010) e que não há, em Ramos e Venâncio (2006), uma proposta de periodização para o PE.

No entanto, a projeção que apresentamos não se encontra efetivamente proposta em Galves (2010). Há apenas a delimitação cronológica da diferenciação das duas gramáticas, iniciando no século XVIII, permitindo a inferência de que, do século XVIII até o último quartel do século XIX, tenha sido o momento da competição dessas gramáticas.

O caso do português europeu

A IMPRENSA PERIÓDICA EM PORTUGAL

A imprensa periódica portuguesa teve a sua primeira manifestação na *Gazeta da Restauração*. Embora tenha surgido no final do século XVII, foi apenas no início do século XVIII, com a *Gazeta de Lisboa*, que a imprensa periódica portuguesa ganhou regularidade e força. Esse período foi marcado por uma ligeira proliferação de outros tipos de jornais que não o oficial, *Gazeta de Lisboa*. Houve também os "mercúrios"[13] e o aparecimento de periódicos científicos, médicos, históricos e enciclopédicos. Porém essa proliferação não rompeu com o modelo de redação do início do século XVIII.

No início do século XIX, Portugal sofreu três invasões dos franceses. Esse fato político, ao mesmo tempo que funcionou como agente repressor, também possibilitou certo desenvolvimento da imprensa: na medida em que destruíram muitas das tipografias portuguesas e saquearam seus armazéns, atingindo a produção e a distribuição de livros e periódicos, os franceses propiciaram também o seu desenvolvimento, a partir do aparecimento de uma imprensa antinapoleônica.

Essa nova imprensa abriu caminhos para a alteração da vinculação da notícia. Os jornais noticiosos passaram a enfocar o cotidiano, em que os atos heroicos tornaram-se espaços para debates, aumentando consideravelmente a presença do posicionamento crítico, social, histórico e literário nas notícias.

A imprensa periódica passou a refletir as alterações sociopolíticas sofridas pelo país e pelas colônias portuguesas. Ao jornal português, até então mais voltado para as notícias do mundo, incorporou-se a reflexão sobre o próprio país. Com isso, o jornal passou a atuar como instrumento político e social.

De meados para o final do século XIX, a situação político-econômica de Portugal e a consciência industrial e empresarial da época propiciaram um processo de proliferação dos jornais noticiosos, neutrais, voltados para a massa, com linguagem clara, com grandes tiragens e preços mais baixos (passaram a ser sustentados pela publicidade), como já se via em outros países da Europa. O seu principal representante foi o *Diário de Notícias*, de 1864 (Sousa, 2010a).

No jornalismo industrial, a redação ampliou seu número de componentes, dando-lhe uma maior agilidade no tratamento da notícia, criou-se uma diferenciação entre o articulista político e a categoria recém-criada de *repórter*. O ato de noticiar tornou-se mais factual, mais objetivo, focado mais no objeto que no sujeito, e apresentando, cada vez mais, a opinião separadamente da informação.

De acordo com Sousa (2010a), todas essas inovações trouxeram algumas consequências: (i) deu-se uma maior ênfase para o fato informativo, numa tentativa de conquistar o público leitor; (ii) deu-se início ao jornalismo investigativo; (iii) ao propiciar um aumento no número de jornalistas, criou-se também certo preconceito com esta profissão propriamente dita; (iv) houve uma hierarquização profissional expressa pela Lei de Liberdade de Imprensa; (v) criou-se um vocabulário técnico da profissão; (vi) propiciou-se a distinção entre o *"estilo literário, erudito ou persuasivo"* e o *"estilo jornalístico"* (Souza, 2010a: 18); (vii) propiciou-se o surgimento embrionário de um movimento sindicalista jornalístico; e (viii) permitiu-se a atuação dos jornalistas nos órgãos de comunicação social.

Não se teve mais, no século XIX, um jornal feito por um redator que estabelecesse uma rede de informação com outros redatores de periódicos impressos e manuscritos e, com isso, ficou estabelecido, também, o público-alvo e o interesse de circulação de periódicos, como ocorria no século XVIII. Tinha-se, então, um novo público, um novo interesse e um novo modo de circulação.

A PERIODIZAÇÃO LINGUÍSTICA DO PORTUGUÊS EUROPEU

A periodização da língua portuguesa apresentou, em suas várias representações, divergências no que tangia à nomenclatura e à delimitação das fases.[14] Galves (2010) discorre sobre os diferentes critérios utilizados para a denominação das fases que se apoiavam, tanto em questões literárias como em questões geográficas e políticas, e em questões da antiguidade da língua. Em contrapartida, propõe uma nova possibilidade de interpretação das fases, na medida em que não interpreta o século XVI como o momento em que se iniciava uma nova fase, mas como o momento em que ela se encerrava.

A autora retoma uma proposta de periodização feita por Galves, Namiuti e Paixão de Souza (2006) para igualmente apresentar uma periodização que enfoca o fim da competição de gramáticas, dando um caráter mais linguístico ao entendimento das fases que a compõem. Assim, delimita o momento em que a gramática do português hispânico se impôs, ao final de 1500. O domínio dessa gramática vai até 1600. O mesmo processo é previsto para o português europeu moderno, em que a competição deu-se do início de 1700 ao início de 1800.

Ao observarmos a datação apresentada pela autora, identificamos dois momentos: um no qual percebemos a correspondência do momento em que a imprensa europeia encontra-se plenamente estabelecida, e em que as línguas nacionais assumem papel principal na comunicação escrita, e outro no qual a imprensa periódica está plenamente estabelecida, e os falantes que adquiriram essa gramática vencedora da competição podem atuar nessa imprensa periódica.

Nesse ponto, sugerimos a consulta ao Diagrama 2 que apresentamos, parecido com o sugerido por Galves (2010), no qual foi incluída a ação da imprensa, para verificarmos os resultados.

Diagrama 2 – Periodização PE x Imprensa periódica

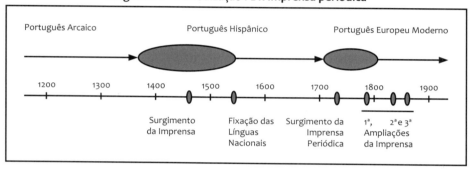

Esse diagrama é composto por duas linhas, sendo que, na primeira, reproduzimos a proposta de periodização encontrada em Galves (2010). Nessa linha, são encontrados dois círculos hachurados que marcam, respectivamente, o primeiro período de competição de gramáticas e o segundo período de competição de gramáticas no PE. A segunda linha é uma linha temporal, na qual os círculos hachurados identificam o período de ampliação da imprensa periódica. Logo após o início dessa competição surgiu, efetivamente, a imprensa periódica em Portugal, tendo seu início real[15] em 1715.

É possível perceber que existem outros momentos equivalentes aos hachurados no gráfico, que registram a entrada de novos agentes na escrita formal portuguesa. Esses outros momentos são observados apenas por marcarem essa inserção, mas as condições sociais que os cercam não são suficientes para indicarem mudança linguística. O momento crucial é o da 1ª ampliação no número de agentes, que, por corresponder ao período que verificamos – de aproximadamente 70 anos –, também corresponde ao período relativo à fixação das línguas nacionais.

Ainda que pese a diferença de concepções sobre a periodização do português no Brasil e em Portugal, há evidências de que o aumento do número de agentes da escrita é o fator externo que atua na emergência de novas gramáticas, e de que o fato de termos momentos diferentes de emergência de mudanças na escrita, nas duas localidades, relaciona-se à inserção de novos agentes na escrita, em momentos distintos, que foram condicionados por ações sociais e políticas.

JORNAIS OURO-PRETANOS E JORNAIS LISBOETAS: O RETRATO DA INSERÇÃO DE NOVOS AGENTES NA IMPRENSA

O contexto republicano vivido pela imprensa brasileira também encontrou espaço de atuação na imprensa mineira. Buscando uma interpretação para o que significou a imprensa periódica para Minas Gerais, encontramos, na cidade de Ouro Preto, o reduto em que esta imprensa política mais amplamente se manifestou nesse estado.

Por ser Ouro Preto a capital da província, por ter sido nesta localidade que surgiu a imprensa mineira, e por ela apresentar grande representatividade neste setor ao longo do século XIX, apresentar-se-á o perfil da imprensa mineira por meio da imprensa ouro-pretana e passar-se-á a observá-la em comparação à imprensa nacional.

Serão utilizados dois índices neste estudo de caso, a saber: o número de títulos que circularam ao longo do século XIX e a estrutura interna do jornal. Esses índices serão considerados para o PB e para o PE. No caso do PE, serão utilizados jornais lisboetas como representantes desta variedade linguística. Primeiramente, apresentaremos o estudo de caso dos jornais brasileiros.

Os jornais ouro-pretanos

Para a comprovação de que a emergência da gramática do PB na língua escrita se dá no mesmo momento em que há a inserção de novos agentes linguísticos na imprensa periódica, é necessária a ampliação do número de títulos e igualmente a ampliação e a especialização do conteúdo dos jornais.

O Gráfico 4 apresenta, em intervalos de cinco anos, a data da primeira edição de todos os jornais de Ouro Preto, considerando o seu período de circulação.

Gráfico 4 – Número de títulos publicados em Ouro Preto ao longo do século XIX

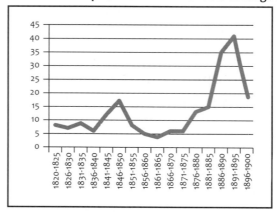

Fonte: Chaves, 2013: 135, Gráfico 4.1.

Chama a atenção o fato de haver um aumento acelerado da quantidade de jornais a partir de 1885, estendendo-se até 1895. Este é justamente o momento em que o republicanismo se encontrava mais atuante.

Durante o período que vai de 1820 a 1875, temos um perfil de poucas oscilações no número de jornais que surgiram. Abre-se exceção para o período de 1841 a 1850, em que houve um pico ascendente, que atingiu o número de 17 jornais, entre os anos de 1846 e 1850. A razão para a apresentação dos picos está relacionada à manifestação republicana[16] nacionalmente considerada em tópico anterior. A imprensa mineira é descrita por Veiga (1897, 1898), Drummond (2008) e Mendes (2012) como uma imprensa voltada para a discussão política, desde o seu surgimento. Este é o principal traço ressaltado por Veiga (1898) e por Costa Filho (1955) sobre os periódicos *O Compilador Mineiro*, o *Abelha do Itacolomy* e *O Universal*.

A estrutura interna do jornal foi observada por meio da ampliação no número de seções e pela ampliação no número de assinantes dessas seções. Serão observados dois jornais ouro-pretanos, *O Universal* e *A Actualidade*: o primeiro, publicado na primeira metade do século XIX, e o segundo, na segunda metade do século XIX.[17]

Na observação dos jornais, ficou evidente que as grandes diferenças se manifestam muito mais no âmbito do conteúdo do que no âmbito das questões físicas. É fato que os jornais do final do século XIX são maiores que os do início do século, sobretudo mais no tamanho da folha e na disposição das colunas do que no número de páginas. Essa diferença do tamanho possibilitou tanto a inserção de novos temas e seções – como crônicas, textos literários e a ampliação da seção de anúncios – como aumentou a necessidade da contratação de outros agentes que se dedicassem a esses novos temas. Tal fato pode ser comprovado ao se observar a quantidade de anúncios e cartas de leitores existentes nos dois jornais, quantos deles são assinados e o fato de haver ou não repetições.

No que tange aos anúncios, notamos que eles são compostos de textos que divulgavam prestação de serviço, que declaravam serviços prestados, além de fazerem propagandas de serviços e produtos. O maior índice de textos assinados está nas declarações de serviços prestados, seguido das propagandas de serviço. Os anúncios de prestação de serviço constituem casos particulares por, na maioria das vezes, parecerem redigidos pelos redatores a pedido dos anunciantes. Em alguns casos, o nome do anunciante é citado, em outros, não.

Foram observados os anúncios assinados e os anúncios não assinados d'*O Universal*, nos anos 1825, 1832 e 1842 e do *A Actualidade,* nos anos 1878, 1879 e 1881. Puderam-se vislumbrar dois resultados: houve um aumento considerável da publicação de anúncios n'*O Universal* (31 anúncios) e no *A Actualidade* (251 anúncios), e houve um aumento no número de anúncios assinados, tanto dentro do próprio jornal quanto na comparação dos dois jornais.

O número cada vez maior de pessoas identificáveis que se manifestavam por meio da escrita, nesses jornais, só seria relevante para os nossos objetivos se os anúncios não fossem exatamente os mesmos em todos os exemplares analisados. Por essa razão, foram excluídos os anúncios assinados que se repetiram em diferentes edições, nos dois jornais.

O Universal apresentou apenas uma repetição de anúncios assinados, em 1832. Já o *A Actualidade* apresentou um índice maior: foram 54 repetições em um montante de 171 anúncios. Ainda que se possa encontrar um número maior de anúncios que se repetiram do que dos não repetidos, no final do século XIX, a quantidade de anúncios com assinaturas distintas também é grande: 63 anúncios (13 em 1878, 15 em 1879 e 35 em 1881), maior do que n'*O Universal*: 9 anúncios (1 em 1825, 5 em 1832, 3 em 1842).

O aumento da replicação dos anúncios nos jornais do final do século XIX parece estar associado ao fato de, nesse período, já se fazerem sentir traços do jornalismo industrial, no qual o jornal passa a ser interpretado também como espaço de divulgação, mais do que ao fato de serem as mesmas pessoas atuando recorrentemente nos mesmos espaços.

Na observação da seção "Cartas escritas por leitores" tem-se, também, um perfil ascendente. No início do século, o número de cartas de leitores assinadas d'*O Universal* já se mostrava presente (1 carta em 1825, 7 cartas em 1832, e 2 cartas em 1842), mas houve 1 repetição de escreventes e um alto índice de assinaturas por pseudônimo (28 ocorrências: 9 em 1825, 9 em 1832, e 7 em 1842).

No final do século, o *A Actualidade* apresentava 21 cartas assinadas (5 em 1878, 14 em 1879, e 2 em 1881) e um número bem menor de pseudônimos: 13 ocorrências, sendo 3 em 1878, 5 em 1879, e 2 em 1881.

A ampliação de cartas de leitores assinadas garante identificar pessoas distintas contribuindo para o conteúdo do jornal. Temos que considerar também, para esse caso, o fato de haver um mesmo correspondente contribuindo em várias edições. Notamos que a recorrência é maior nos textos assinados por pseudônimos. No caso dos textos em que o autor da correspondência pode ser identificado, o número de repetições não chega a 2% e não ocorrem no último período de tempo (1881). Por essa razão, não apresentamos um gráfico com esse detalhamento.

É preciso considerar que houve uma aparente diminuição do número de correspondências publicadas nos jornais, justamente na década final de cada período. Essas décadas deveriam mostrar aumento no número de correspondências. No caso do jornal *O Universal*, é possível notar que houve uma diminuição no número de correspondências em 1842. Nesse período, houve a ampliação das outras seções do jornal, devido à Revolução Liberal ocorrida em São Paulo e em Minas Gerais. Por ser *O Universal* um jornal de inclinação liberal, as seções passaram a ser mais dedicadas às publicações oficiais sobre a Revolução, reduzindo o espaço no jornal destinado às correspondências e publicando preferencialmente cartas que versassem sobre esse assunto.

No caso do *A Actualidade*, notou-se que, no início do ano de 1881, o jornal passou a dedicar-se mais às publicações oficiais. Tais publicações, que, nos outros períodos observados, ocupavam a primeira página do jornal, ocupavam, no início de 1881, as três primeiras páginas.

Ainda que as diminuições sejam justificadas, poderiam ser consideradas um problema para a nossa análise, se a quantidade de cartas assinadas no primeiro período fosse maior que a quantidade de cartas assinadas no segundo período, pois não conseguiríamos, assim, comprovar a inserção dos novos agentes da escrita. Ao compararmos os dois periódicos, chegamos a um número muito maior de cartas assinadas no jornal *A Actualidade* do que no jornal *O Universal*.

Esse resultado constitui uma evidência de que houve inserção de novos agentes.

Os jornais lisboetas

Como procedemos para o PB, buscaremos mostrar essa ampliação dentro da estrutura da imprensa periódica portuguesa. Por estarmos tratando apenas da primeira ampliação dos agentes da escrita, dedicar-nos-emos a apresentá-los apenas no século XVIII.

272

Dedicar-nos-emos, pois, a evidenciar esses novos agentes por meio da ampliação do número de títulos e da alteração no conteúdo dos jornais deste período. Para o tratamento da ampliação do número de títulos, utilizaremos a cronologia apresentada por Sousa (2010b), na qual o autor indica a data de surgimento dos periódicos da época. Embora não tenhamos conseguido depreender se a cronologia apresentada pelo autor é exaustiva, consideramos que as informações trazidas por ele são tão relevantes que não podem ser desconsideradas. Para o tratamento da ampliação no conteúdo dos periódicos, utilizaremos o jornal *Encyclopedico* e a *Gazeta de Lisboa* como objetos do nosso estudo de caso.

De acordo com Sousa (2010b), até o início do período pombalino, em 1760, apenas a *Gazeta de Lisboa* possuía licença para impressão. Desse período até 1808, surgiram 15 novos periódicos. Três deles eram noticiosos, apresentando estrutura e conteúdo próximos ao da *Gazeta de Lisboa*, a saber: *Hebdomário Lisbonense*, *Lisboa* e *Gazeta Extraordinária de Londres* (traduzida). Os outros 12 títulos dedicavam-se às informações culturais, científicas e à divulgação de ideias. São seus principais representantes a *Gazeta Literária*, o *Encyclopédico* e o *Correio Mercantil*.

Não nos foi possível identificar a data em que surgiram os 15 títulos apontados por Sousa (2010b), no entanto, dentre eles, podemos localizar temporalmente seis títulos, além da própria *Gazeta de Lisboa*: *Gazeta Literária* (1761), *Hebdomário Lisbonense* (1763), *Lisboa* (1777), *Gazeta Extraordinária de Londres* (traduzida) (1777), *O Encyclopédico* (1779, cf. Tengarrinha, 1989) e *Correio Mercantil* (1790). Só esses casos citados, comprovadamente surgidos a partir de meados do século XVIII, já nos permitem falar em ampliação do número de títulos.

Notamos aqui que o mesmo perfil delineado para a imprensa brasileira no século XIX pode ser percebido para a imprensa portuguesa no século XVIII. Essa é mais uma evidência de que, mesmo que o surgimento da imprensa e, consequentemente, dos seus reflexos manifestem-se em períodos e localidades distintos, coincidem com o momento em que findam competições de gramáticas.

Além de a ampliação do número de títulos exigir um volume maior de agentes da escrita, temos essa necessidade manifestada também quando o conteúdo do jornal é observado. A partir da segunda metade do século XVIII, há títulos dedicados a outros conteúdos, como o literário, o científico, o cultural etc. Tal ampliação demandou diversificação dos agentes que se dedicavam a essa gama de conteúdos mais ampla.

Partindo de um estudo de caso com as seções do jornal *O Encyclopédico* e da *Gazeta de Lisboa*, poderemos comprovar essa ampliação. Avaliando três meses de publicação do *Encyclopédico* nos anos 1789, 1790, 1791, observamos se as suas seções são assinadas por indivíduos distintos.[18] Para a *Gazeta de Lisboa* adotamos estratégia distinta. Como os dois periódicos possuem periodicidade diferente, não foi possível estabelecer o mesmo critério de delimitação do estudo de caso. Por essa razão, contamos quantos textos havia no recorte usado para o *Encyclopédico* e separamos a mesma quantidade de textos na *Gazeta de Lisboa*: metade dos textos no ano de 1715, e a outra metade, no ano de 1720.[19]

Como resultado, obtivemos, em um total de 84 textos publicados em cada um dos periódicos avaliados, números distintos de textos assinados por outras pessoas que não os redatores dos respectivos jornais. Para avaliarmos o real número de textos, tivemos que controlar a quantidade de registros traduzidos no caso do *Encyclopedico*, pois as traduções eram feitas pelos redatores do jornal, assim como os textos não assinados, que também podem ser atribuídos a eles. Encontramos, na amostra da *Gazeta de Lisboa*, três textos assinados por outros indivíduos e quatro cartas que não parecem escritas pelo redator, mas cuja autoria não foi possível identificar. Consideraremos apenas os três textos assinados.

Na amostra do *Encyclopedico*, encontramos 23 textos assinados: 41 eram assinados por estrangeiros (textos traduzidos) e 16 sem assinatura eram atribuídos ao redator. Computando apenas os textos que são escritos por outros agentes não estrangeiros, textos escritos por estrangeiros e textos escritos por redatores, temos um aumento de 33,3% de textos assinados por novos agentes no *Encyclopedico*, em relação ao *Gazeta de Lisboa*. E houve uma redução de 17,39% de textos escritos por redatores. Estes números evidenciam a ampliação de novos agentes do final do século XVIII.

RETORNO AOS PRIMÓRDIOS DA IMPRENSA

A produção de papel pelos europeus foi um dos fatores que tornou viável o advento da imprensa, de acordo com Febvre e Martin (2000). Sem o papel, a imprensa de Gutenberg não se efetivaria no século XV, pois, para os autores, a história da produção do papel e da tipografia não podem ser separadas. Encontra-se, na produção do papel na Europa, parte da condição ideal para o desenvolvimento da imprensa.

Para Febvre e Martin (2000), o surgimento da imprensa não representou uma alteração sociocultural imediata. Porém, mesmo que a imprensa no período do seu surgimento tenha sido usada para os fins que os autores colocam, representou uma "revolução" tecnológica, no sentido proposto por Chartier (2002b). No entanto, como em todo fenômeno social abrupto, os reflexos dessa revolução só foram sentidos posteriormente. A invenção da imprensa não

(Im)prensa e mudança linguística

alterou apenas a aquisição e transmissão culturais, alterou também o modo de circulação da escrita.

A imprensa surgiu em um período em que conviviam, na escrita, textos em línguas vulgares e outros escritos em línguas clássicas. Desde o século XII, começaram a surgir textos escritos em línguas vulgares. A escrita, tanto em línguas clássicas quanto em línguas vulgares, eram conhecimentos profundamente restritos a uma elite formadora da estrutura feudal do período. Com o surgimento da burguesia, a procura por obras escritas em línguas vulgares aumentou justamente após a inserção dos burgueses como uma nova classe.

Febvre e Martin (2000) afirmam que a primeira metade do século XVI foi marcada pelo aprimoramento dos leitores na Europa, por meio da leitura de obras impressas em latim, grego e hebraico. Porém, o público limitado que dominava essas línguas era mais restrito do que o que dominava as línguas vulgares. De acordo com os autores, visando à ampliação de possíveis compradores, já a partir de 1520, os impressores começaram a se dedicar à impressão de traduções. Essas traduções atuaram também na renovação da cultura antiga e o público leitor, pouco familiarizado com a língua latina, pôde inserir-se na cultura gráfica. Para Burke (2010), o século XVI foi marcado pela "descoberta da língua" (2010: 26), que se deu de maneira gradual, caracterizando um processo. Foi o momento no qual a diversidade linguística passou a ser considerada. O interesse pela história da língua tornou-se evidente, relegando o uso do latim aos contextos eclesiásticos e jurídicos. É nesse contexto que se dá o que Febvre e Martin (2000) chamaram de *fixação das línguas nacionais*.

Ainda que seja comprovado o rearranjo na cultura linguística, o crescimento do uso das línguas nacionais e a criação da língua literária nacional atingiram, apenas no século XVII, o ápice do seu desenvolvimento. A partir daí, as línguas nacionais são entendidas como a língua falada e escrita por seus países. Porém, é importante ressaltar que

> até o início do século XVI, as línguas nacionais, que, em épocas distintas, se tinham imposto na Europa Ocidental como línguas escritas e servido de línguas comuns, continuaram a evoluir, seguindo de perto a língua falada. No século XVII, as línguas nacionais parecem cristalizadas em quase toda parte. Ao mesmo tempo, algumas línguas escritas na Idade Média deixam de o ser ou são-no cada vez mais excepcionalmente. (Febvre e Martin, 2000: 406)

A prensa, porém, não foi o único fator que contribuiu para a fixação das línguas nacionais, pois esse movimento vinha se delineando desde o século XII. Antes, funcionou como gatilho para que a fixação ocorresse. A necessidade de generalizar usos já era uma questão nas chancelarias muito tempo antes. Muitos desses usos configuraram as línguas nacionais. Esse fato ganhou ainda mais força a partir do fortalecimento das *monarquias nacionais centralizadoras*, no século XVI, as quais estimularam a unificação linguística em seus territórios.

Dialogando com as visões expressas por Meillet (1906) e Brunot (1905), Febvre e Martin (2000) enxergam, na imprensa, papel mais efetivo na fixação das línguas vulgares, pois coube à tipografia a função de "*eliminar as fantasias ortográficas e as expressões dialetais que corriam o risco de tornar o livro menos acessível a um público vasto*" (2000: 406).

Comparando datações

Buscou-se depreender, na publicação de livros em línguas vulgares, uma correlação semelhante àquela que se testemunhou, no Brasil e em Portugal, no tocante à manifestação de competição de gramáticas em textos escritos. Mostramos que, de um lado, um fator econômico – o acesso mais facilitado ao papel, devido à sua fabricação na Europa –, e, de outro, um fator de natureza tecnológica – a prensa mecânica, criada por Gutenberg –, ambos levaram à manifestação na escrita de gramáticas das línguas vulgares. Considerando como ponto inicial a invenção de Gutemberg, podemos traçar um percurso indicando-se as datas de publicação da primeira tradução de livro em língua – que não o latim – em vários países europeus. Tem-se, assim, a seguinte sequência: 1440 > 1461 (alemão) > 1474 (inglês) > 1476 (francês) > ápice da publicação de traduções no século XVI (Febvre e Martin, 2000).

Temos consciência de que muitas línguas europeias foram reconhecidas como tais, posteriormente às ocorrências do recorte aqui analisado. Isso significa dizer que só é possível observar o impacto do surgimento da imprensa para línguas vulgares já estabelecidas neste período. Por outro lado também, devemos considerar que a publicação de um livro em língua vulgar não estava condicionada à existência de prensa na localidade onde certa língua era usada: dependia da vontade/necessidade do tipógrafo de publicar determinada obra. Nesse sentido, não foi considerada apenas a existência da prensa nos países observados: foi considerado, também, o primeiro texto que foi escrito na língua vulgar que lhe serve de língua nacional.

A cronologia apresentada por Burke (2010) é fundamental para a obtenção desse tipo de informações. Foram selecionadas as datas de publicação do primeiro livro nas seguintes línguas da Europa Ocidental: alemão, inglês, francês, espanhol, português, grego, sueco e dinamarquês. Considerou-se, como ponto de partida, o surgimento da imprensa em 1440[20] e a década de 1520, esta identificada por Febvre e Martin (2000) como o momento em que a publicação em línguas vulgares havia se espraiado por redutos da escrita antes só ocupados pelo latim, por meio das traduções, como no uso de textos literários e religiosos, promovendo a fixação das línguas nacionais.

Considerando esse intervalo, as línguas vulgares da Europa Ocidental têm suas primeiras obras publicadas ao longo desse período, o que nos permite afirmar que, partindo do surgimento da imprensa e indo até a fixação das línguas nacionais, temos um período de, aproximadamente, 80 anos.

Ao comparar-se esse perfil àqueles obtidos entre o início da imprensa periódica no Brasil e em Portugal, quando apresentamos os diagramas que relacionavam a periodização linguística e a cronologia da imprensa periódica, poderemos capturar uma generalização.

A partir do ano da criação da imprensa, calculamos quantos anos foram necessários para que surgissem publicações em língua portuguesa em Portugal e no Brasil. Considerou-se, para essas localidades, o último quartel dos séculos XVIII e XIX, respectivamente, como o momento em que várias mudanças se implementaram. Notou-se que as mudanças linguísticas abruptas se deram, aproximadamente, 60 anos após a implantação da imprensa periódica em Portugal e, aproximadamente, 67 anos depois do surgimento da imprensa periódica no Brasil. Período próximo ao encontrado para a fixação das línguas nacionais em relação ao surgimento da prensa.

Esses dados permitem-nos relacionar definitivamente a manifestação de mudanças linguísticas em língua escrita às inovações tecnológicas.

CONSIDERAÇÕES FINAIS

As relações manifestadas pelo surgimento e desenvolvimento da prensa e da imprensa periódica realçam o movimento do corpo social envolvido em todo esse processo. O aparecimento de novos agentes na estrutura social e política da Europa requer que não sejam interpretados apenas como agentes sociais; antes, devem ser interpretados, também, como agentes linguísticos. Conforme aponta Chartier (2002a), as mudanças sociais e políticas são intrínsecas ao comportamento social e todas as mudanças ocorridas neste âmbito estão imbricadas.

Conforme se vê, a história da imprensa e da imprensa periódica pode ser entendida como um contínuo, em que se manifesta o mesmo processo de surgimento de novos suportes ocorridos ao longo da história da escrita. A história da imprensa periódica também conta a história da escrita. O retorno ao próprio surgimento da imprensa gráfica na Europa permite estabelecer correlações com os fatos relacionados à manifestação de novas gramáticas em textos escritos.

Nesse sentido, o surgimento e a implantação da imprensa, no geral, e o de sua faceta periódica, particularmente, podem ser entendidos como agentes delimitadores de fases da periodização da língua portuguesa no Brasil e em Portugal. A ampliação do número de títulos e seções dos jornais, bem como a necessidade de um número maior de agentes da escrita atuando nestes espaços, nos mesmos momentos em que emergem novas gramáticas, corrobora para essa interpretação.

Ao considerar-se o avanço da imprensa periódica como um efeito da criação de uma tecnologia, pode-se supor, em relação à escrita, que o surgimento de novas tecnologias faz com que novos agentes surjam no cenário. O impacto da implementação de uma nova tecnologia não é imediato. Existem inúmeros fatores que interferem nesse processo.

Ao surgir, uma nova tecnologia precisa ser aprimorada, aceita e utilizada por um corpo social, além de criar uma estrutura especializada de funcionamento que envolve mão de obra também especializada. Esses processos não são rápidos. Ao serem observados processos linguísticos enfocando a emergência de mudanças que caracterizam gramáticas distintas, pode-se calcular o período de tempo entre a introdução de uma tecnologia relevante e manifestações de novas gramáticas em textos escritos. A investigação sobre mudanças gramaticais no PE e no PB, juntamente com a fixação das línguas nacionais, apontou um intervalo de 60 a 80 anos.

NOTAS

[1] Para mais informações sobre esse movimento, ver Castro (1996), Kato, Duarte, Cyrino e Berlinck (2006) e Kato (2006).

[2] Aqui, gramática do português brasileiro será entendida como o conjunto de construções comuns às gramáticas individuais dos falantes da variedade portuguesa utilizada no Brasil. Em Chaves (2013), há uma discussão mais ampla sobre a gramática do PB.

[3] Para mais detalhes sobre a identificação dos remetentes, ver Chaves (2013).

[4] Ramos (1989, 1992); Berlinck (1997, 1999, 2000a); Gomes (1998); Guedes e Berlinck (2003); Torres Morais (2001), Duarte e Gonçalves (2001); Nascentes (1953); Scher (1996).

[5] Ramos (1989, 1992); Duarte e Gonçalves (2001); Nascentes (1953); Scher (1996); Gomes (1998).

[6] Sobre a maior formalidade das notícias, ver Castilho da Costa (2008).

[7] Sobre a vinda da corte e a implementação da imprensa no Brasil, ver Sodré (1966), Melo (2003) e Pessoa (2005).

[8] De acordo com Martins (2008a), a imprensa de livros no Brasil não se desenvolveu satisfatoriamente, como ocorreu com a imprensa periódica.

[9] Sobre a importância do telégrafo para a imprensa periódica, ver Pessoa (2002).

[10] Os maiores salários eram dos secretários ou redatores-chefes, depois vinham os redatores, repórteres e colaboradores avulsos (cf. Martins e De Luca, 2006).

[11] Para citar as principais: Silva Neto (1950), Teyssier (1990), Pessoa (1997), Lobo (2001) e Ramos e Venâncio (2006).

[12] Não é de nosso interesse propor uma nova periodização linguística para o PB, mas sim buscar, nas periodizações existentes, argumentos para evidenciar os novos agentes da escrita.

[13] Segundo Tengarrinha (1989), os mercúrios eram livros noticiosos com extensas listas de notícias soltas. Já Sousa (2008) afirma serem os mercúrios, ao menos quando surgem, publicações muito próximas às gazetas, que não são fáceis de serem distinguidas apenas pelas suas denominações. O primeiro mercúrio que surge em Portugal é o *Mercúrio Português* (1663-1667), que relatava sobre a guerra entre Portugal e Castela e tinha "cunho político e propagandístico" (Sousa, 2008: 3). Inspirava-se em um mercúrio francês, que circulou em 1643, *Le Mercure Portugais ou Relations Politiques de la Fameise Revolution d'État Arrivée en Portugal depuis la Mort de D. Sébastien jusque au Couronnement de D. Jean IV* (Tengarrinha, 1989: 42). A partir do século XVIII, os mercúrios ganham contornos filosóficos e literários. A exemplo desse fato Tengarrinha (1989) cita os seguintes mercúrios: *Mercúrio Filosófico* (1752), *Mercúrio Gramatical* (1753), *Mercúrio Histórico, Político e Literário de Lisboa* (1794).

[14] Vários foram os trabalhos que buscaram suplantar essas questões, como, por exemplo: Serafim da Silva Neto (1953), Pilar V. Cuesta e Maria Albertina Mendes Luz (1971), Lindley Cintra (1971), Ivo Castro et al. (1991), Galves, Namiuti e Paixão de Souza (2006), Charlotte Galves (2010), Rosa Virgínia Mattos e Silva (1994, 2006), entre outros.

[15] Estamos considerando 1715 como o início efetivo, pois é nesse momento que realmente se implanta a imprensa periódica em Portugal, com o surgimento da *Gazeta de Lisboa*. Embora o primeiro periódico português, a *Gazeta da Restauração*, date do terceiro quartel do XVII, sua existência foi efêmera e houve um longo período entre o fim da *Gazeta da Restauração* e o início da *Gazeta de Lisboa*.

[16] A relação entre contexto histórico, político e econômico parece dar-se muito mais com o poder político proeminente de Ouro Preto, por ser sede administrativa da província mineira e, por essa razão, ainda possuir uma elite escrevente atuante, do que por suas glórias trazidas pelo ouro. Em Almeida (2010), fica evidente esse novo perfil dos homens ricos de Ouro Preto, agora mais talhados a assumirem a posição de homens públicos do que de donos de minas.

[17] Não pudemos observar o mesmo título nos dois períodos de tempo, por não haver nenhum jornal em Ouro Preto que perfizesse todo o recorte.

[18] Não nos dedicamos a observar duas seções específicas, como fizemos para os jornais brasileiros, por não haver equivalência total nas seções observadas. Os jornais portugueses do século XVIII se diferem muito dos jornais brasileiros do século XIX, na organização e explicitação do conteúdo.

[19] A quantidade de textos selecionados para o estudo de caso foi calculada de acordo com a quantidade de exemplares de cada periódico a que pudemos ter acesso.

[20] Uma outra datação também está disponível em: <http://www.britannica.com/blogs/2007/03/earliest-printed-books-in-selected-languages-part-1-800-1500-ad//>. Acesso em: 30/05/2013. No entanto, adotamos a apresentada por Burke (2010) por ter este autor estabelecido como critério considerar o primeiro livro da língua publicado em seu país de origem.

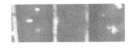

A RELAÇÃO ENTRE DIALETOLOGIA E HISTÓRIA: REFLEXÕES TEÓRICO-METODOLÓGICAS PARA O ESTUDO DO PORTUGUÊS USADO EM MINAS GERAIS

Ana Paula Antunes Rocha
Francisco Eduardo de Andrade

SUMÁRIO

APRESENTAÇÃO 282

DESCRIÇÃO ESPACIAL DA REALIDADE
LINGUÍSTICA DE MINAS GERAIS 283

A NOÇÃO DE ESPAÇO E SUAS REPERCUSSÕES
NOS TRABALHOS DIALETOLÓGICOS 291

POSSÍVEIS INTERPRETAÇÕES HISTÓRICAS
DA DIVISÃO ESPACIAL DA LÍNGUA EM MINAS GERAIS 292

A PROBLEMÁTICA DO ESPAÇO EM MINAS GERAIS 293

    A visão naturalista e determinista do espaço mineiro 293

    Visões situacionistas do espaço mineiro 295

CONSIDERAÇÕES FINAIS 299

APRESENTAÇÃO

Este capítulo[1] apresenta uma síntese dos trabalhos dialetológicos já realizados sobre Minas Gerais. A descrição do português usado no estado aponta a delimitação de três ou quatro áreas dialetais básicas, divisão que aparentemente pode ser explicada por fatores históricos.

Um instrumento imprescindível aos estudos dialetológicos é a confecção de cartas, que são mapas cartográficos sobre os quais se apresentam os dados obtidos nas pesquisas de campo. Também a interdisciplinaridade é uma das características básicas desses estudos, como se vê nas palavras de Cardoso (2010), que define a Dialetologia[2] como

> um ramo dos estudos linguísticos que tem por tarefa identificar, descrever e situar os diferentes usos em que uma língua se diversifica, conforme a sua distribuição espacial, sociocultural e cronológica. (2010: 15)

Ainda segundo a autora,

> o espaço geográfico evidencia a particularidade de cada terra, exibindo a variedade que a língua assume de uma região para outra, como forma de responder à diversidade cultural, à natureza da formação demográfica da área, à própria base linguística preexistente e à interferência de outras línguas que se tenham feito presentes naquele espaço no curso de sua história. (Cardoso, 2010: 15)

O objetivo do texto é discutir os problemas decorrentes da tentativa de se explicar a divisão dialetal do estado à luz da cartografia e da historicidade convencionais, as quais nem sempre levam em conta o dinamismo do tempo e do espaço. E, assim, propor uma reflexão a respeito das formas possíveis de, por meio da cartografia, expor a relação existente entre uma dada configuração dialetológica e o contexto extralinguístico no qual ela se encontra e a partir do qual ela se organiza, entendido não apenas como um conjunto de fatores referentes aos informantes, tais como faixa etária, sexo, escolaridade, mas como um contexto tão dinâmico quanto a história e as diversas relações sociais que se dão entre os falantes.

Embora se objetive fazer uma reflexão de caráter geral, que valha aos estudos dialetológicos de forma ampla, o foco, neste texto, será o estado de Minas Gerais, ou seja, tem-se por meta refletir sobre como se pode interpretar a realidade dialetológica de Minas – que já foi mapeada por Nascentes (1953), por J. Ribeiro et al. (1977), por Zágari (1998) e, atualmente, está sendo mapeada pela equipe do Projeto ALiB (Projeto Atlas Linguístico do

Brasil) – à luz de estudos de outras áreas diferentes da Linguística que tratam desse mesmo recorte espacial.

Para tanto, nas seções seguintes deste capítulo, discorrer-se-á sobre os estudos dialetológicos de Minas Gerais mencionados no parágrafo anterior e sobre os estudos que já buscaram interpretar o espaço mineiro à luz de alguma das muitas possibilidades interdisciplinares apontadas por Cardoso nas citações anteriores.

DESCRIÇÃO ESPACIAL DA REALIDADE LINGUÍSTICA DE MINAS GERAIS

O EALMG (*Esboço de um atlas linguístico de Minas Gerais*) faz parte de um conjunto de atlas regionais surgidos no país, desde a década de 1960, para atender ao Decreto no. 30.643/52,[3] que previa, entre outros pontos, a elaboração de um atlas linguístico do Brasil, o qual somente na década de 1990 começou a ser produzido.

Os atlas regionais do território brasileiro cujos autores ou colaboradores *elaboram* atualmente o *Atlas linguístico do Brasil* (doravante ALiB) são estaduais, apesar de se saber que os limites dialetológicos não coincidem necessariamente com os limites geopolíticos. Devido à impossibilidade de se realizar um atlas nacional no momento de publicação do Decreto mencionado – em função da extensão do país e da falta de uma equipe técnica já suficientemente preparada –, foram realizados atlas regionais (mais precisamente, estaduais). Trata-se de um procedimento operacional necessário e viável. São cinco os atlas estaduais feitos com o propósito de descrição regional e de preparação do atlas nacional: (i) *Atlas prévio dos falares baianos* (Rossi, 1963), conhecido como APFB; (ii) *Atlas linguístico de Sergipe*, conhecido como ALS e publicado por Ferreira et al. (1987), com originais que já estavam prontos desde 1973; (iii) *Esboço de um atlas linguístico de Minas Gerais* (Ribeiro et al., 1977), conhecido como EALMG ou ALEMIG; (iv) *Atlas linguístico da Paraíba* (Aragão e Menezes, 1984), conhecido como ALP; (v) *Atlas linguístico do Paraná* (Aguilera, 1994), conhecido como ALPR.

A fim de ter uma ideia inicial da distribuição espacial dos dialetos ou falares brasileiros, para assim nortear o trabalho empírico que mais tarde seria feito por meio da coleta de dados em pesquisas de campo, Nascentes (1953) formalizou as pistas para se realizar essa descrição e propôs a existência de algumas grandes áreas dialetais no Brasil, conforme se vê no Mapa 1.

283

Mapa 1 – Grandes áreas dialetais no Brasil, segundo Nascentes

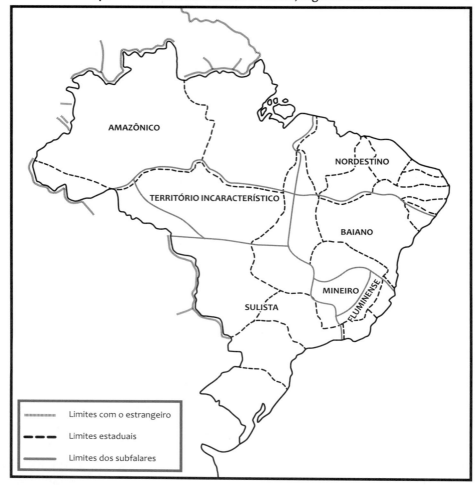

Fonte: Nascentes, 1953.

A publicação do EALMG, em 1977, confirma parcialmente a proposta de Nascentes. O atlas mineiro apresenta cartas que levam a uma tripartição da fala mineira, a qual, mais tarde, foi formalizada por Zágari (1998), que propõe a seguinte divisão dialetal para o estado: falar[4] baiano – caracterizado pelo abaixamento de vogais pretônicas –, falar paulista – caracterizado pela presença do "r" retroflexo – e falar mineiro – caracterizado pela ausência dos traços anteriores –, conforme Mapa 2.

Como se afirmou, Zágari chegou a essa proposta por meio das isófonas presentes no EALMG; as isoléxicas confirmam essa tripartição apenas parcialmente, conforme destacam Rocha e Ramos (2010). A proposta de Zágari diferencia-se da de Nascentes (1953), segundo a qual haveria em Minas Gerais quatro, e não três falares, incluindo-se, entre eles, o fluminense (cf. Mapa 1).

Mapa 2 – Divisão dialetal para MG, segundo Zágari

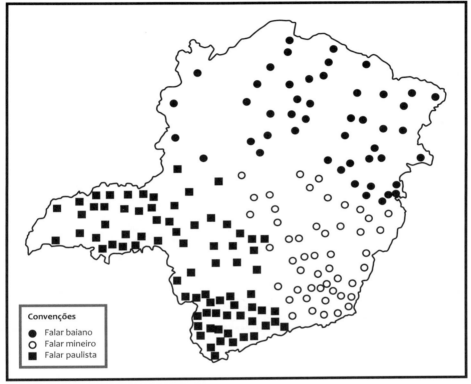

Fonte: Zágari, 1998.

Em linhas gerais, os atlas linguísticos regionais já publicados no Brasil adotaram a seguinte metodologia: escolheram-se os pontos (as localidades) a serem investigados; neles, selecionaram-se alguns informantes que foram submetidos a um inquérito contemplando questões fonéticas ou lexicais, ou morfossintáticas (ou dos três tipos ao mesmo tempo); as respostas foram postas em cartas, que são mapas do estado estudado, nas quais se encontram ou a transcrição das formas recolhidas (cf., por exemplo, o Mapa 3), ou, no caso das cartas sintéticas, as formas semelhantes documentadas, organizadas em zonas demarcadas, que constituem, na carta, isoglossas, que podem ser isoléxicas, como a que se vê no Mapa 4, ou isófonas, como as que se encontram nos Mapas 5 e 6.[5] A detecção de áreas dialetais depende da identificação de isoglossas, linhas demarcatórias dos fenômenos característicos de cada área.

História do Português Brasileiro

Mapa 3 – Esboço de um Atlas linguístico de MG, carta 1

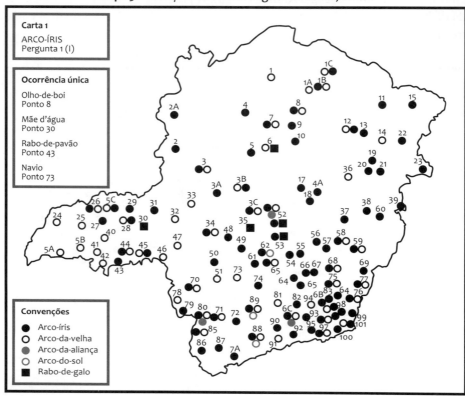

Fonte: Ribeiro et al., 1977.

Mapa 4 – Esboço de um Atlas linguístico de MG, carta 55

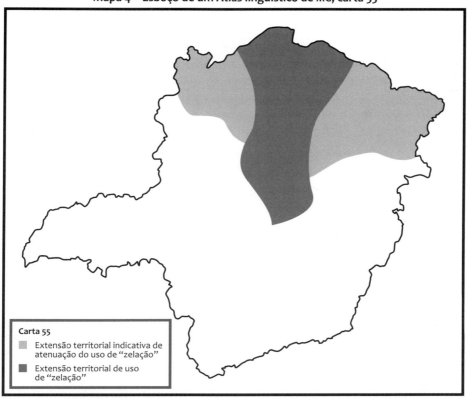

Fonte: Ribeiro et al., 1977.

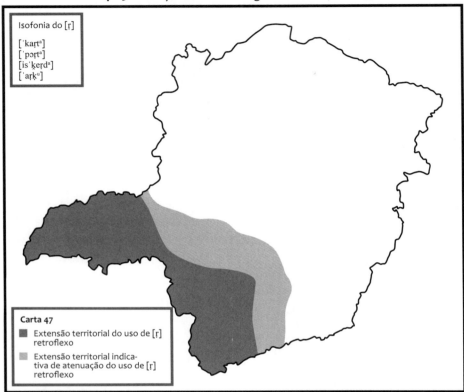

Mapa 5 – Esboço de um Atlas linguístico de MG, carta 47

Fonte: Ribeiro et al., 1977.

Mapa 6 – Esboço de um Atlas linguístico de MG, carta 46

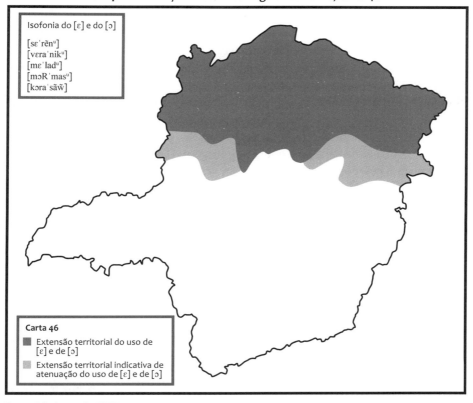

Fonte: Ribeiro et al., 1977.

Tanto a proposta de Zágari – feita a partir de isoglossas encontradas nas cartas do EALMG – quanto a hipótese de Nascentes – feita de forma mais impressionista, embora muito acertada, conforme se vem comprovando nas últimas décadas – vêm sendo tomadas como ponto de partida para a realização de outros trabalhos que, investigando aspectos diversos da realidade linguística de Minas Gerais, também contribuem para a detecção de áreas dialetais, como é o caso do Projeto Mineirês, coordenado pela professora Jânia Ramos na Universidade Federal de Minas Gerais.

Além das propostas de Nascentes e de Zágari acerca da divisão dialetal encontrada em Minas Gerais, outra obra que muito contribuirá para a depreensão de áreas dialetais no estado será o ALiB, fruto de um projeto interinstitucional que vem sendo executado em todo o território brasileiro, desde a década de 1990, com o objetivo de publicar, como o nome já diz, um atlas que descreva a realidade linguística brasileira em diversos aspectos: fonético, morfossintático e lexical.

A publicação dos dados das cidades do interior poderá trazer um novo mapeamento das áreas dialetais brasileiras, incluindo as mineiras, que aqui interessa de forma direta. As diferenças que existem entre as propostas de Nascentes e de Zágari, bem como eventuais diferenças que o ALiB venha a apontar, não significam a refutação de um trabalho pelo outro. Cada trabalho baseia-se em coletas feitas numa determinada época, com a aplicação de questionários diferentes. Em Minas Gerais, o Projeto ALiB engloba 23 localidades, enquanto o EALMG englobou 116 nas pesquisas *in loco*. Todos os atlas estaduais citados anteriormente tiveram uma rede de pontos em seu estado correspondente maior do que a do Projeto ALiB. Se a equipe do Projeto ALiB teve enorme dificuldade para realizar a coleta de dados até nos pontos selecionados por ela, seria inviável investigar todas as localidades presentes nos atlas estaduais. A seleção dos pontos é norteada pela observação de determinadas características linguísticas ou por critérios extralinguísticos, como o povoamento, a caracterização cultural, a atividade econômica de uma localidade, a localização do ponto em torno de um acidente geográfico, entre outros critérios possíveis.

Feitas as observações anteriores sobre a realidade linguística de Minas Gerais, pode-se dizer, de forma resumida, que, por ora, têm-se as seguintes informações básicas sobre a distribuição espacial do português em Minas Gerais:

i. Nascentes (1953) entende haver no estado quatro dos "subfalares brasileiros": o baiano, o mineiro, o sulista e o fluminense, conforme ficou explícito no Mapa 1.

ii. Zágari (1998), à luz do EALMG, identifica, por sua vez, apenas três áreas no estado, valendo-se de critérios sobretudo fonéticos e deixando a área do "falar mineiro" propriamente dito como uma área caracterizada pela ausência dos traços marcantes das outras duas áreas, os quais são o "r" retroflexo no falar paulista e o abaixamento das pretônicas no falar baiano, conforme Mapas 2, 5 e 6.

iii. Estudos recentes, como o de Ramos (2012) sobre interjeições, corroboram a proposta de Nascentes, sem refutar a de Zágari.

iv. Há outros que corroboram diretamente a proposta de Zágari, como o de Rocha e Antunes (2014), segundo o qual dados do Projeto ALiB coletados em pontos do interior de Minas mostram que o norte do estado mantém a tendência ao abaixamento das pretônicas, enquanto pontos do sul e sudoeste de Minas mantêm a tendência ao uso do "r" retroflexo.

v. Há alguns estudiosos, como Barros (2014), investigando a Zona da Mata, principalmente na divisa com o estado do Rio de Janeiro, área conflitante, em princípio, nas propostas de Nascentes e de Zágari; contudo, ainda não há publicações mais conclusivas sobre o assunto.

vi. Alguns trabalhos apontam, numa determinada localidade, características inesperadas, tanto pela proposta de Nascentes quanto pela de Zágari, como o de Antunes e Rangel (2001), segundo o qual não se encontrou, em Ipatinga, o abaixamento das pretônicas esperado pelo fato de a localidade, por ser da região do Vale do Rio Doce, pertencer à área dialetal apontada pelos autores citados como sendo a do falar nordestino.

vii. Seabra (2008), a partir da toponímia do estado, corrobora parcialmente a proposta de Zágari, sugerindo, porém, uma área típica no Triângulo Mineiro.

viii. O termo "mineirês", tão usado pelo falante brasileiro para designar, de forma abrangente, os falares de Minas Gerais, não costuma aparecer na bibliografia técnica e acadêmica que trata do assunto, mas é empregado, por exemplo, no trabalho de Ribeiro P. et al. (2013) e, nesse caso, parece referir-se ao dialeto mineiro do centro do estado, contraposto ao paulista e ao baiano, apontados por Zágari.

Sob pena de incorrer em vários erros de ordem epistemológica e metodológica e de tomar, como seguras, informações históricas duvidosas, o linguista, mais precisamente, o dialetólogo, precisa do apoio de profissionais de outras áreas do conhecimento na tentativa de explicar como os falares e os dialetos se distribuem pelo espaço. Por isso, nas próximas seções, serão discutidas a problemática e algumas tentativas de explicar a regionalização do estado de Minas Gerais.

A NOÇÃO DE ESPAÇO E SUAS REPERCUSSÕES NOS TRABALHOS DIALETOLÓGICOS

Nos estudos dialetológicos, as cartas têm fundamental importância como instrumento metodológico de descrição. Oferecem uma ampla observação horizontal e plana de uma dada região com base em determinados fatores linguísticos. Analisá-las, porém, exige um nível de detalhamento maior do que a superfície de um mapa pode oferecer e coloca o pesquisador diante de questões que devem ser consideradas, sob pena de se reduzir a sua análise a um trabalho superficial e/ou mesmo equivocado.

Conforme já se afirmou, o resultado mais imediato do trabalho dialetológico são as cartas, ferramentas nas quais os resultados obtidos nas pesquisas de campo são expostos e oferecem, entre outras possibilidades, a de se encontrarem isoglossas, com as quais se torna possível a detecção de áreas dialetais. Apesar das mudanças sofridas pela Dialetologia, tanto em termos conceituais quanto em termos metodológicos (neste último ponto, graças principalmente aos avanços tecnológicos), as cartas continuam sendo seu instrumento de descrição mais importante e conhecido.

Com isso, a palavra *espaço* torna-se inevitável nos estudos dialetológicos. Tanto quanto acontece em outras áreas, é provável que o espaço possa, em geral, ser tomado de forma excessivamente simplificada, como algo já constituído, e não como algo dinâmico, em relação direta com as realizações humanas que a ele se integram. Se se apreende o espaço descrito numa pesquisa dialetológica, fazendo-se tábula rasa da complexidade que esse conceito traz em si, corre-se o risco de se ter que arcar com consequências indesejáveis e imprevistas. A mais óbvia e simples repousa sobre o fato de uma pesquisa dialetológica demandar, para sua realização, um tempo compreendido entre o início da pesquisa e seu término, o que gera um intervalo no qual vários eventos podem interferir no resultado final dessa pesquisa, principalmente em virtude de as características de determinadas localidades se alterarem entre o início e o término do trabalho.

Como também já se afirmou, é necessário observar que delimitações dialetais não coincidem com limites, divisas e fronteiras territoriais administrativas. Por mais óbvio que isso possa parecer, o dialetólogo, ao definir uma rede de pontos para coleta de dados por meio de pesquisa de campo, não dá conta do emaranhado de questões sociais, históricas e culturais que caracteriza seja uma localidade isolada, seja uma microrregião. E, se essas questões se colocam previamente à seleção de uma rede de pontos, tornam-se também alvo de investigação posteriormente à coleta, à descrição e à análise dos dados. Afinal, se a história interfere na configuração dialetológica do espaço, esta também, por sua vez, pode interferir na história ou, pelo menos, levar a questionamentos sobre o que se sabe da história de um dado lugar.

POSSÍVEIS INTERPRETAÇÕES HISTÓRICAS DA DIVISÃO ESPACIAL DA LÍNGUA EM MINAS GERAIS

Neste capítulo, interessam particularmente as propostas de dialetação para Minas Gerais feitas por Nascentes e por Zágari, sem que se pretenda, porém, discutir qual das duas é correta ou, pelo menos, é mais correta do que a outra. Acredita-se que ambos os pesquisadores, em momentos diferentes, com enfoques e metodologias diferentes, tenham, na verdade, o mesmo fundamento epistemológico e valem-se dos instrumentos cartográficos da mesma forma. Além disso, essas são as únicas propostas dialetais para o estado.

A pergunta que se propõe neste texto (à qual não se pretende responder de forma conclusiva, mas por meio de uma reflexão mais aprofundada do que a que em geral se encontra na bibliografia da área) é: que interpretações históricas seriam viáveis para as grandes áreas dialetais mineiras?

Zágari, depois de propor formalmente, em 1998, a tripartição dos dialetos mineiros, chegou a sugerir, em algumas comunicações orais, que os três falares se explicariam historicamente da seguinte maneira: o falar baiano teria se desenvolvido em Minas Gerais graças às atividades em torno do rio São Francisco, as quais teriam garantido a convergência linguística de falantes do norte do estado e do sul da Bahia; o falar paulista estaria ligado às entradas e bandeiras; o falar mineiro teria se constituído em torno da mineração.

A proposta de Nascentes (1953) aponta a existência de um falar fluminense em Minas Gerais que poderia ser explicado pela atividade cafeeira na Zona da Mata mineira, o que colocou essa região em contato direto com o Rio de Janeiro.

Essas explicações podem ser averiguadas, mas é necessário, antes de tudo, admitir-se que elas se assentam sobre algumas crenças que, se não declaradas, são, pelo menos, pressupostas, como: (i) o estado divide-se em grandes regiões; (ii) para a existência de cada uma dessas grandes regiões, há uma explicação histórica genérica; (iii) língua e história são espelhares e podem ambas ser refletidas na superfície de um mapa.

Para tratar melhor essas e outras questões, as próximas seções serão dedicadas a expor como os historiadores costumam interpretar o espaço mineiro e como ele costuma ser representado segundo as diversas tendências cartográficas, que vão do século XVIII até o presente. Para tanto, serão apresentadas e discutidas noções relativas a mapas situacionistas, mapas baseados em mosaico, micro-história, entre outras.

A PROBLEMÁTICA DO ESPAÇO EM MINAS GERAIS

A visão naturalista e determinista do espaço mineiro

Desde o século XIX, as explicações sobre a gênese territorial dos povos dependeram da articulação proposta entre a história e o espaço geográfico, ou, em sentido antropológico, entre cultura e natureza. Numa acepção tradicional, tratava-se de conceber a "região natural", definida por sua descrição física – relevo, clima, vegetação, hidrografia – encerrada na "região geográfica", que se expressa por meio das ações humanas. Configuraram-se duas vertentes: as **análises deterministas**, submetendo a história das sociedades às forças da natureza; ou as **explicações possibilistas**, que apreendiam a transformação cultural do meio (como habitat). Apesar de este texto não poder dar conta da complexa discussão sobre a chamada Geografia tradicional (ou científica), que atualmente ocupa a pesquisa acadêmica, registra-se que, de qualquer modo, mantinha-se a clivagem significativa entre *objeto da natureza* e *sujeito cultural*, sendo aquele um referente básico do processo histórico. A delimitação regional sustentou-se numa geografia do espaço.

Esses moldes regionais ainda são utilizados para desenhar as pesquisas históricas relacionadas ao universo cultural e linguístico de Minas Gerais. Ele é, com efeito, demasiadamente vigoroso em termos de memória histórica. Já o botânico francês Saint-Hilaire, no início do século XIX, seguindo a racionalidade iluminista que juntava poder político, economia e região natural, observava a necessidade de se obedecer à divisão naturalista das comarcas da província de Minas:

> Desse modo, teríamos geralmente, na comarca do Rio das Mortes [no sul] pastagens descobertas, e uma população agrícola e pastoril; na comarca de Vila Rica [sudeste], uma região florestal e aurífera; na do Serro do Frio [nordeste], florestas ainda e uma população menos composta de mineradores do que de homens dedicados à cultura das terras. A comarca de Sabará [norte] ofereceria, geralmente, pastagens semeadas de árvores pouco desenvolvidas, uma população ocupada com o pastoreio, mas que não sabe ter com o gado cuidados tão racionalizados como os lavradores do Rio das Mortes. A comarca de Paracatu [noroeste] [...] acha-se compreendida em limites perfeitamente naturais; constitui uma zona cuja população é bastante análoga àquela com que se limita pelo lado do oriente [...]. (Saint-Hilaire, 1975: 47)

As observações naturalistas viraram modelo entre os descritores da geografia mineira, ainda no século XX. O território fora urdido por seu conjunto orográfico, fundado na cadeia Mantiqueira-Espinhaço, onde se situavam as minas de ouro. A cadeia montanhosa seria a espinha dorsal, no sentido sul-norte, da sua unidade geofísica, dividida, porém, por suas quatro bacias hidrográficas – rio Doce, rio São Francisco, rio Grande, rio Jequitinhonha –, constituindo as supostas regiões naturais ou paisagens das antigas comarcas da capitania de Minas Gerais (Saint-Hilaire, 1975).

Com efeito, as distinções regionais ou naturais não impediram que se privilegiasse a unidade do meio geográfico (natural, econômico, social), a fim de se entender a *"formação do espírito mineiro"* (Torres, 2011). A cultura de Minas seria a síntese resultante das camadas sociais e culturais distintas que, sobrepondo-se e integrando-se no curso da história, forjaram um modo de vida singular. Torres, em ensaio de viés determinista, nos anos 1940, chega a cunhar a expressão do fenômeno de uma história social submetida às injunções da geografia física: *"cultura em conserva"*, duradoura. Em Minas Gerais, principalmente, haveria verdadeiras *"ilhas culturais"*, que ficam à margem das transformações pelas quais passa a história do país. São lugares onde podemos estudar a vida passada *in vivo*, sem documentos, mas olhando as pessoas que vivem aquela situação, em outras partes já superada. (Torres, 2011: 58)

A identidade do mineiro, portanto, balizada pelo espaço unificado e pela história das origens comuns – baseada no tripé setecentista: mineração, imaginário barroco, política liberal ou libertária –, resistiu ao jogo dos ritmos temporais e à diversidade social dos lugares. Mesmo quando se previam as diferenças locais (da paróquia ou do município) e/ou regionais, uma personalidade mineira ou "das Minas" mantinha-se, como nas conhecidas palavras de Guimarães Rosa: "Minas é muitas".

Nas interpretações convencionais que articularam a dimensão geográfica à linhagem temporal, o espaço torna-se a realidade física, visível, que se quer delimitar ou distinguir por sua natureza. Trata-se, assim, de território que se domina com o olhar, determinado pela cartografia. O relevo surge como o "guardião" da fronteira naturalizada:

> Ao atravessar indiferentemente os territórios, lá se destaca o relevo, já "divisor" de águas, delimitando universos. A natureza, assim, adquire o significado que os olhos pretendem lhe fornecer. O conjunto geomorfológico adquire o significado de limite, indiferente à sua própria topografia e ao sentido tomado pelas águas. As cartografias, contudo, fornecendo-lhes o significado de divisor. (Hissa, 2006: 31)

A visão de Torres, como se pode notar, é a mesma que se encontra nas concepções acríticas das pesquisas que se firmaram por longa data. Nela, mantém-se a delimitação estática (ou geofísica) do espaço, em detrimento das relações socioculturais dinâmicas que determinam qualquer experiência de lugar, o que não impediu que surgisse a noção de **mosaico**, bem mais reveladora do que as limitações do polígono.

Visões situacionistas do espaço mineiro

Saindo da perspectiva naturalista, Cunha et al. (2008), partindo da perspectiva da história econômica, propõem, para a capitania de Minas Gerais no século XVIII, a seguinte divisão: "Minas", "Curraleira", "Sertão [oriental/leste]", "Sertão [ocidental/oeste]", "Campos Sul", conforme Mapa 7.

Mapa 7 – Capitania das Minas Gerais, séc. XVIII

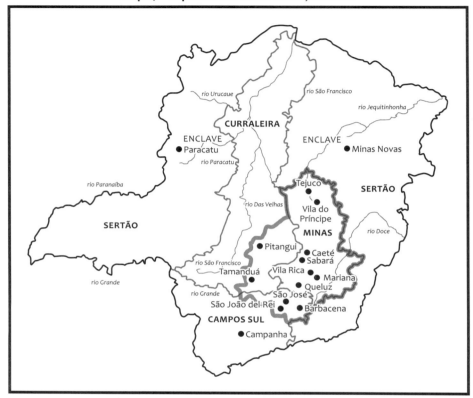

Fonte: Cunha et al., 2008.

Note-se que os autores usam, como referência, o contorno do atual mapa geopolítico de Minas Gerais e nele inserem as regiões que, de forma mais próxima no espaço físico, circundavam o centro econômico da capitania, a saber: a região que eles chamam de "Minas" e que, economicamente, caracteriza-se pela mineração, tendo seu centro em Vila Rica. Do ponto de vista econômico, somente na passagem do século XVIII para o XIX, as demais regiões, além dessa central, começariam a se destacar.

Para o século XIX, Paiva e Godoy (2002) propõem vários mapas diferentes com a regionalização do estado, conforme critérios diversos. Os Mapas 8 e 9 são mapas que mostram as regiões mais desenvolvidas do estado segundo, respectivamente, o comércio inter-regional e interprovincial que ocorria no estado, no século XIX, de acordo com informações dos viajantes da época. As regiões constantes nesses dois mapas vêm, segundo os mesmos autores, de um mapa proposto no século XIX, cuja origem se encontra explicada no Mapa 9. Esse mapa propõe para o estado as seguintes regiões: Extremo Noroeste, Vale do Alto-Médio Rio São Francisco, Sertão, Minas Novas, Triângulo, Araxá, Paracatu, Sertão do Alto Rio São Francisco, Sertão do Rio Doce, Diamantina, Vale do Médio-Baixo Rio das Velhas, Intermediária de Pitangui-Tamanduá, Mineradora Central Oeste, Mineradora Central Leste, Mata, Sudeste, Sul Central e Sudoeste. Tanto no Mapa 8 quanto no Mapa 9, vê-se que as regiões de baixo, médio e alto desenvolvimento coincidem, e que cada uma delas em particular tem sua especificidade e serve, de uma determinada maneira, às rotas comerciais. O trabalho de Paiva e Godoy traz outros mapas de regionalização de Minas Gerais elaborados sob outros critérios que não só o comercial, e todos têm, assim como os dos Mapas 8 e 9, divisões com regiões bem menores do que as grandes regiões de Nascentes e de Zágari.

Mapa 8 – Regionalização de Minas Gerais, segundo Paiva e Godoy; mapa 13

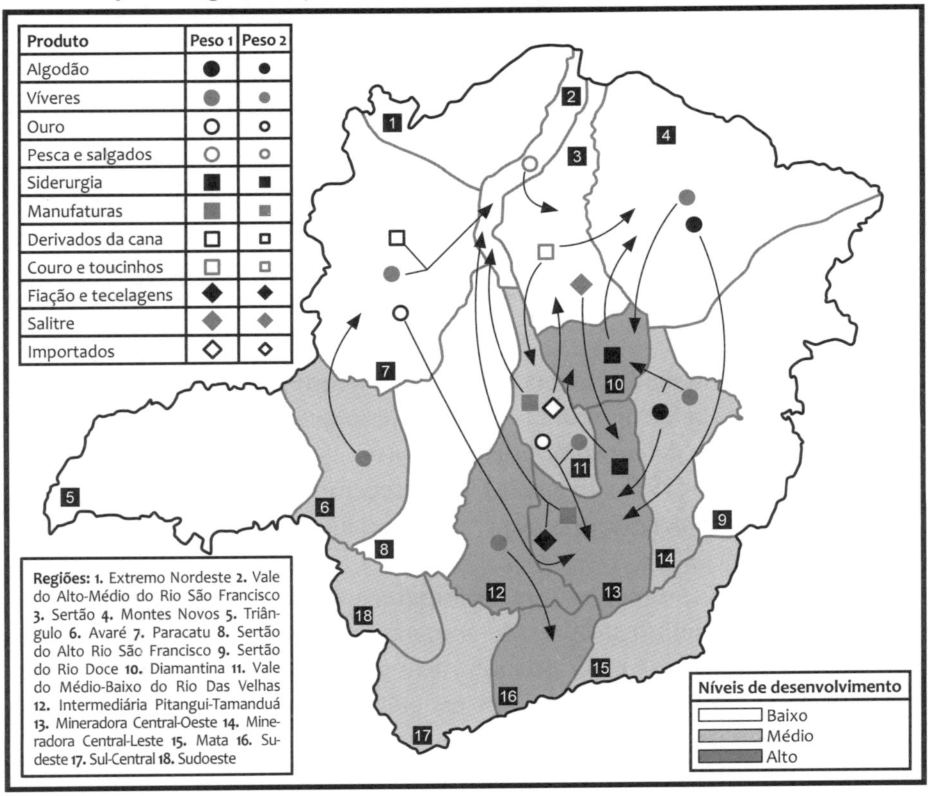

Fonte: Paiva e Godoy (s/d).

História do Português Brasileiro

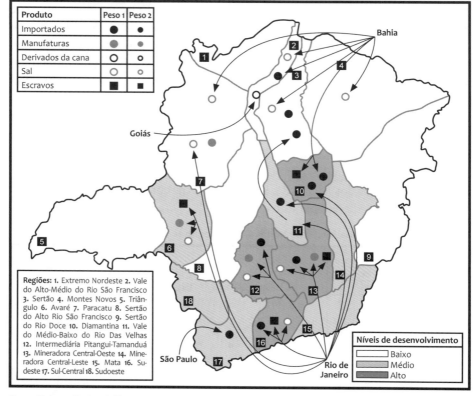

Mapa 9 – Regionalização de Minas Gerais, segundo Paiva e Godoy; mapa 14

Fonte: Paiva e Godoy (s/d).

Paiva e Godoy trabalham com a noção de microrregiões e entendem que as relações entre elas se reconfiguram a cada critério que se adote. Por isso, pode-se chamar esse tipo de *cartografia situacionista*. Já as divisões de Nascentes (1953) e de Zágari (1998) compartilham noções da *cartografia tradicional*, que defende a existência de grandes áreas regionais recortadas segundo vários critérios simultâneos.

As microrregiões expostas pela cartografia situacionista só podem ser explicadas à luz da micro-história e não comportam visões tradicionais que relacionem, na superfície do mapa, de forma aparentemente óbvia, grandes acontecimentos históricos com grandes áreas geográficas. A propósito, veja-se o que diz Massey sobre as cartografias situacionistas:

A relação entre Dialetologia e História

Cartografias situacionistas, na medida em que ainda tentam retratar o universo, mapeiam esse universo como não sendo uma ordem única. Por um lado, as cartografias situacionistas buscam desorientar, desfamiliarizar, provocar uma visão a partir de um ângulo inusitado. Por outro lado, [...] buscam expor as incoerências e fragmentações do próprio espaço. (Massey, 2008: 160-162)

Adentrando-se, mesmo que parcialmente, na história da cartografia mineira, pode-se perceber que os atos de instituição do espaço – por meio da manipulação de mapas – muito contribuíram para distinguir (ou conceber), numa continuidade territorial, a região, supondo-se que esta significasse um documento da natureza a serviço dos planos ou das estratégias político-administrativas. Os mapas, nesse sentido, foram instrumentos da objetividade territorial do poder. Em vista disso, a face cartográfica assume diferentes contornos ao longo do tempo, atestando os processos complexos da configuração territorial, especialmente entre os séculos XVIII e XIX, e ainda ocorrendo os equívocos de uma perspectiva teleológica do recorte regional. Quando se manuseiam os mapas geográficos como se estes produzissem a moldura mineira, arrisca-se a prender-se a essa pretendida carga de objetividade. Inscrever um objeto no mapa, então, exige bastante cautela, para não se reproduzir a história do poder convertida à dimensão cartográfica.

CONSIDERAÇÕES FINAIS

Conforme se viu, os estudos dialetológicos em Minas Gerais indicam a existência, no estado, de grandes áreas dialetais. Uma vez que a língua, bem como os usos culturais, não muda bruscamente, supõe-se que essas grandes áreas tenham origem no passado, ou melhor, nos movimentos migratórios que ocasionaram o povoamento do estado de acordo com as atividades diversas que se desenvolveram em seu território.

No entanto, os recentes estudos históricos não dão suporte para que se interpretem as grandes áreas a partir de grandes e decisivos acontecimentos. Nem mesmo os exemplos de mapas apresentados nas últimas seções, elaborados à luz de uma cartografia que assume melhor o caráter representativo do espaço no mapa – ao contrário da cartografia clássica, que acreditava no caráter supostamente exato do mapa como "fotografia" do espaço –, são capazes de mostrar todos os atributos regionalmente localizados que, de forma dinâmica, no fluxo ininterrupto do tempo, levam à espacialização de um dado fenômeno. Além da espacialização geográfica – de ordem mais física – e da econômica,

299

seria necessário considerar, na compreensão do espaço a que se denomina Minas Gerais, uma série de outros elementos, tais como o ritmo e a natureza do povoamento/migrações, a composição urbana, as instâncias educativas, a urdidura político-administrativa, as sociabilidades religiosa ou intelectual, o transporte, a educação, entre alguns outros também muito relevantes. Devem-se observar ainda as específicas confrontações étnicas em partes do território mineiro, que envolveriam as atuações de brancos nativos do Brasil ou de europeus, africanos, criolos, mestiços e de diferentes povos indígenas.

Nesse sentido, a *cartografia situacionista* e a *de mosaico*, representadas nos mapas de Cunha et al. (2008) e de Paiva e Godoy (2002), são um grande avanço face à cartografia naturalista, mas ainda são insuficientes para que se absorvam, por meio da superfície do mapa, o maior conjunto possível de elementos necessários à interpretação de um dado fenômeno, como o linguístico. Tais elementos indicam que a experiência social plasmada num território é sempre singular – como urdidura –, conforme as indicações da denominada micro-história, embora ela possa estar na órbita de um centro hegemônico, que nela se inscreve. Portanto, as generalizações que não compreendem o jogo das variáveis, na realidade, reproduzem os estereótipos de uma síntese geo-histórica, uma síntese sempre ingênua e excessivamente simplificadora, diferente da que seria necessária para explicar a existência de grandes áreas dialetais num dado território.

Os documentos cartográficos, performativos da dinâmica social e política, não são simplesmente descritores da realidade do espaço, mas seus "construtores", "reprogramadores". Os mapas cartográficos (topográficos, geodésicos) aplicados às pesquisas históricas, ademais, com seu grafismo visual, embora sejam valiosos à representação da simultaneidade dos fatos ou dos acontecimentos, não se prestam, como as narrativas, às leituras da variação dos ritmos e aos processos diacrônicos mais complexos, incluindo o traçado oscilante da duração.

Essas observações podem levar à conclusão de que o mapa é um instrumento falacioso para análise do espaço e da realidade que nele se encontra. Gomes (2008: 27) adverte:

> é possível ler através do mapa desde que se conheça e se considere as condições de sua produção; os dados, a realidade que estaria além do mapa, podem ser explorados desde que nos limites claros do processo de representação que é o mapa e dos limites materiais e cognitivos da sua fabricação.

As grandes áreas dialetais do estado podem ser explicadas apenas à luz de uma cartografia crítica, atualizada, que se preste a uma análise histórica também crítica.

Não se está aqui negando, de forma alguma, a diversidade dialetológica registrada nas cartas dos atlas e trabalhos afins. O que se faz, sim, é mostrar que essa realidade não pode ser interpretada de forma espelhar, por mapas que tratem de outros fenômenos que não o estritamente linguístico, apesar do alto alcance que os próprios dialetólogos propõem à interdisciplinaridade inerente ao seu objeto de estudo, conforme se viu no início deste capítulo.

Espera-se que essa reflexão possa contribuir para o refinamento do uso da cartografia nos estudos dialetológicos, não só de Minas Gerais, mas nos estudos dialetológicos em geral.

NOTAS

[1] Publicado anteriormente na revista *Gragoatá*, Niterói, n. 40, p. 47-69, 1. sem. 2016.

[2] Neste texto, Geografia Linguística, Dialetologia e Geolinguística estão sendo usados como sinônimos, embora não se desconheça que os termos guardam, entre si, certas diferenças.

[3] O Decreto no. 30.643, de 20/03/1952, definia a finalidade da Comissão de Filologia da Casa de Rui Barbosa, recentemente criada: "A Comissão de Filologia promoverá pesquisas em todo o vasto campo de filologia portuguesa [...], sendo sua finalidade principal a elaboração do *Atlas linguístico do Brasil*". Tanto quanto outras iniciativas de caráter nacionalista do segundo governo do presidente Getúlio Vargas, o atlas nacional teria a finalidade de registrar a unidade na diversidade.

[4] Embora "dialeto" e "falar" não sejam sinônimos na bibliografia que trata do assunto, não se entrará, neste texto, no detalhamento das diferenças que os caracterizam. Note-se, porém, a preferência de Nascentes e de Zágari pelo termo "falar".

[5] Nos Mapas 4, 5 e 6, as hachuras das cartas mostram a extensão territorial em que se encontra determinado uso linguístico. As linhas descontínuas nas bordas indicam a atenuação do uso.

REFERÊNCIAS BIBLIOGRÁFICAS

Critérios de indexação:

(1) As entradas vêm pelo sobrenome, em sequência alfabética e cronoló-
     gica, do texto mais antigo para o texto mais recente.
(2) Em caso de mais de um autor, um ponto e vírgula separa os nomes.
(3) A data de publicação aparece no final do verbete. Sempre que possí-
     vel, indica-se entre colchetes a data da primeira edição.
(4) Nos textos publicados em coletâneas, remete-se apenas aos organi-
     zadores, data e páginas, entre parênteses. Para a obtenção dos dados
     bibliográficos completos, procure pelo sobrenome do organizador e
     data da publicação.

ABOH, E. et al. (Ed.). *Romance Languages and Linguistic Theory 2007*. Amsterdam & Philadelphia: John Benjamins, 2009.

ACIOLI, Vera Lúcia. *Jurisdição e conflitos*: aspectos da administração colonial. Pernambuco, século XVII. Recife: Edufpe; Alagoas: Edufal, 1997.

ADORNO, Sergio. *Os aprendizes do poder*: o bacharelismo liberal na política brasileira. Rio de Janeiro: Paz e Terra, 1988.

AGUILERA, V. de A. *Atlas linguístico do Paraná* – ALPR. Curitiba: Imprensa Oficial do Estado, 1994.

AGUILERA, V. de A. (Org.). A Geolinguística no Brasil: caminhos e perspectivas. Londrina: Ed. UEL, p. 31-54, 1998.

AGUILERA, V. (Org.). *Para a história do português brasileiro*. Londrina: Editora da Universidade Estadual de Londrina, 2 tomos, 2009.

ALCÂNTARA MACHADO, Antonio de. Sociedade. *Novelas paulistanas*. Rio de Janeiro: José Olympio, 1971 [1928]; São Paulo: Edusp/Belo Horizonte: Itatiaia, 1988.

ALENCAR, José de. *Senhora*. São Paulo: Penguim/Companhia das Letras, 2013.

ALENCASTRO, L. F. (Org.). *História da vida privada no Brasil*. Império: a corte e a modernidade nacio-nal, 1997.

ALKMIM, Mônica. Estruturas negativas e, anúncios de jornais do século XIX. In: Tania Alkmim (Org. 2002: 177-196), 2002.

ALKMIM, Tania (Org.). *Para a história do português brasileiro*. V. III: Novos estudos. São Paulo: Humanitas/FFLCH/USP, 2002.

ALKMIM, Tania. Estereótipos linguísticos: negros em charges do século XIX. In: Tania Alkmim (Org. 2002: 383-402), 2002.

ALKMIM, Tania. A fala como marca: escravos nos anúncios de Gilberto Freire. *Scripta*.v. 9, n. 18, 221-229, 1º sem. 2006.

ALKMIM, Tania. Fala de escravos brasileiros e portugueses: um esboço de comparação. In: Tânia Lobo; Ilza Ribeiro; Zenaide Carneiro; Norma Almeida (Orgs. 2006, t. II: 585-594), 2006.

ALKMIM. Tania. Os escravos e a língua: em busca de bases históricas para uma reflexão. In: Jânia Ramos e Mônica Alkmim (Orgs. 2007: 465-484), 2007.

ALKMIM, Tania. Falas e cores: um estudo sobre o português de negros e escravos no Brasil do século XIX. In: Ivana S. Lima; Laura do Carmo (Orgs. 2008: 247-164), 2008.

ALKMIM, Tania. Itinerários linguísticos de africanos e seus descendentes no Brasil do século XIX. In: Ana M. Carvalho (Org. 2009: 177-197), 2009.

ALMANACH DO ESTADO DE SÃO PAULO PARA 1890. São Paulo: Editores-Proprietarios Jorge Seckler & Comp., anno VII, 1890.

ALMEIDA, Carla Maria Carvalho de. *Ricos e pobres em Minas Gerais*: produção e hierarquização social no mundo colonial, 1750-1822. Belo Horizonte: Argumentum, 2010.

ALONSO, Ângela. *Ideias em movimento*: a geração de 1870 na crise do Brasil-Império. São Paulo: Paz e Terra, 2002.

ALVES, Luiz Antônio. Presença açoriana nos estados de São Paulo e Paraná. In: Vera Lúcia Barroso (Org. 2002: 96-125), 2002.

AMARAL, Amadeu. *O dialeto caipira*. São Paulo: Hucitec, 1982 [1920].

AMERICANO, Jorge. *São Paulo nesse tempo (1915-1935)*. São Paulo: Melhoramentos, 1962.

ANDERSON, Benedict. *Nação e consciência nacional*. São Paulo: Ática, 1983.

ANTUNES, L. B.; RANGEL, C. V. A. R. Descrição das vogais orais do português falado na região do Vale do Aço. *Principium*, v. 1, p. 93-103, 2001.

ARAGÃO, M. do S. S. de; MENEZES, C. P. B. de. *Atlas linguístico da Paraíba*, 2 v. Brasília: CNPq/UFPB, 1984.

ARANHA, J. P. de G. (Org.). *Correspondência*: Machado de Assis & Joaquim Nabuco. Rio de Janeiro: Topbooks, 2003.

ARAÚJO, Íris Morais. *Militão Augusto de Azevedo*: fotografia, história e antropologia. São Paulo: Alameda, 2010.

ARNOUX, Elvira Narvaja de; BEIN, Roberto (Comp.). *La Regulación Política de las Prácticas Lingüísticas*. Buenos Aires: Eudeba, 2010.

ARQUIVOS HISTÓRICOS DO CENTRO DE MEMÓRIA. Processos do Judiciário. De Francisco Mesquita ao Juiz do Comércio de Campinas, contra Ribeiro. Processo 04227, Ofício 1. Unicamp: CMU, 1871.

ARQUIVOS HISTÓRICOS DO CENTRO DE MEMÓRIA. Processos do Judiciário. São citadas as empresas: Negreiros & Mesquita (1892) e Cerqueira César & Mesquita (1893); Processo 05565, Ofício 3, Unicamp, CMU, 1894.

ASHBY, W.; MITHUN; PERISSINOTO, G.; RAPOSO, E. (Eds.). *Linguistic Perspectives on the Romance Languages*: Selected Papers from the XXI Linguistic Symposium on Romance Languages (Currents Issues in Linguistic Theory Series). Amsterdam: John Benjamins, 1993.

ASSIS, J. M. Machado de. *Obra completa*, v. III. Rio de Janeiro: Nova Aguilar, 1994.

ASSIS, J. M. Machado de. *Esaú e Jacó*. São Paulo: Ática, 2010.

ATAS DA CONGREGAÇÃO DA ESCOLA NORMAL DA CAPITAL. São Paulo: Acervo Histórico Caetano de Campos / Centro de Referência em Educação Mário Covas, 1895.

AUER, P.; HINSKENS, F.; KERSWIL, P. *Dialect change*: Convergence and divergence in European languages. Cambridge: Cambridge University Press, 2005.

AUSLANDER, L. *Taste and Power*: Furnishing Modern France. Berkeley/Los Angeles: University of California Press, 1996.

AVELAR, J. O. de; ÁLVAREZ-LOPES, L. (Orgs.). *Dinâmicas afro-latinas*: língua(s) e história(s). Frankfurt: Peter Lang Edition, 2015.

AZEVEDO, Aroldo. Mapa de povoamento no século XVI. Apud HERMANN, J. Cenário do Encontro de Povos. In: IBGE, Centro de Documentação e Disseminação de Informações, p.20, Fig.1, 2000.

AZEVEDO, Aroldo. Mapa de povoamento no século XVII. Apud HERMANN, J. Cenário do Encontro de Povos. In: IBGE, Centro de Documentação e Disseminação de Informações, p.25, Fig.5, 2000.

Referências bibliográficas

AZEVEDO, Aroldo. Mapa de Povoamento no século XVIII. Apud HERMANN, J. Cenário do Encontro de Povos. In: IBGE, Centro de Documentação e Disseminação de Informações, p.28, Fig.8, 2000.

AZEVEDO, Artur. *Teatro de Artur Azevedo.* Coleção Clássicos do Teatro Brasileiro. v. 8, t. VI. Rio de Janeiro: Funarte-Ministério da Cultural, 1995.

AZEVEDO, Artur. *Melhor teatro Artur Azevedo.* Seleção e prefácio Barbara Heliodora. São Paulo: Global, 2008.

AZEVEDO, Thales. *Ensaios de antropologia social.* Salvador: Progresso, 1959.

AZEVEDO, Vicente. *Cartas de Álvares de Azevedo.* São Paulo: biblioteca Academia Paulista de Letras, São Paulo, 1976.

BACELLAR, Carlos de Almeida Prado. *Os senhores da terra*: família e sistema sucessório entre os senhores de engenho do Oeste Paulista, 1765-1855. Campinas. Área de publicações CMU/Unicamp, 1997.

BALTIN, M.; COLLINS, C. (Eds.). *Handbook of Syntax.* Oxford/Cambridge: Blackwell, 2011.

BARBOSA, Afrânio Gonçalves. Normas cultas e normas vernáculas: a encruzilhada histórico-diacrônica nos estudos sobre português brasileiro. In: Ataliba T. de Castilho et al. (Org. 2007: 483-498), 2007.

BARBOSA, Pilar; KATO, Mary A.; DUARTE, Maria Eugênia Lamoglia. Null Sujects in European and Brazilian Portuguese. *Linguistics*, v. 4, n. 2, p. 11-52, 2005.

BARBUY, H. *A Cidade-exposição*: comércio e cosmopolitismo em São Paulo, 1860-1914. São Paulo: Edusp, 2006.

BARRETEAU, Daniel. *Inventaire des études linguistiques sur les pays d'Afrique Noire d'expression française et sur Madagascar.* Paris: Conseil National de la Langue Française, 1978.

BARRETO, Lima. *Correspondência*, t. I. São Paulo: Brasiliense, 1956 [1915].

BARRETO, Luís Pereira. O séc. XX e o dr. Eduardo Prado. *O Estado de São Paulo*, 23/05/1901.

BARROS, D. S. C. Na fronteira entre Rio e Minas: caracterização das regiões dialetais e estudos sobre o /S/ em coda no continuum linguístico RJ-BH. CIDS – *Congresso Internacional de Dialetologia e Sociolinguística*: Caderno de Resumos, 2014.

BARROS, J. *Grammatica da lingua portuguesa*, Lisboa: Lodouicum Rotorigiu, Typographum, 1540. Disponível em: <https://goo.gl/ bVjEKx>. Acesso em: 20 de outubro de 2013.

BARROSO, Vera Lúcia (Org.). *Açorianos no Brasil*: história, memória, genealogia e historiografia. Porto Alegre: Est Edições, 2002.

BASSANEZI, M. S. C. B.; BOTELHO, T. R. (Orgs.). *Linhas e entrelinhas*: as diferentes leituras das atas paroquiais dos setecentos e oitocentos. Belo Horizonte: Fapemig/Veredas e Cenários, 2009.

BASTOS, C.; ALMEIDA, M. V. de; FELDMAN, B. B. (Orgs.). *Trânsitos coloniais*: diálogos críticos luso-brasileiros. Campinas: Editora da Unicamp, 2007.

BAXANDALL, Michael. *Padrões de intenção*: a explicação histórica dos quadros. São Paulo: Companhia das Letras, 2006.

BEAUREPAIRE-ROHAN, Henrique Pedro Carlos de. *Dicionário de vocábulos brasileiros.* Rio de Janeiro: Imprensa Nacional, 1889; 2ª ed. Salvador: Livraria Progresso, 1956.

BECHARA, Evanildo. *Moderna gramática portuguesa.* 37ª ed. Rio de Janeiro: Lucerna, 2002.

BERARDINELLI, Cleonice (Org.). *Autos.* Rio de Janeiro: Casa da Palavra, 2012.

BERGER, Peter; LUCKMANN, Thomas. *A construção social da realidade.* 7a. ed. Trad. Floriano de S. Fernandes. Rio de Janeiro: Vozes, 1973.

BERLINCK, R. de A. *A ordem V SN no português do Brasil*: sincronia e diacronia. Dissertação de Mestrado em Linguística. Campinas: Universidade Estadual de Campinas, 1988. Disponível em: <http://repositorio. unicamp.br/jspui/handle/REPOSIP/270747>. Acesso em: 24 ago. 2012.

BERLINCK, Rosane de Andrade. A construção V SN no português do Brasil: uma visão diacrônica do fenômeno da ordem. In: Fernando Tarallo (Org. 1989: 95-112), 1989.

BERLINCK, Rosane de Andrade. Sobre a realização do objeto indireto no português do Brasil, comunicação apresentada no II Encontro do Círculo de Estudos Linguísticos do Sul (CELSUL), Florianópolis, 1997.

BERLINCK, R. A. O objeto indireto no português brasileiro do século XIX. *Anais do II Congresso Nacional da Abralin e XIV Instituto Linguístico.* Florianópolis, p. 210 -220, 1999.

BERLINCK, Rosane de Andrade. Brazilian Portuguese vs Order: A Diachronic Analysis. In: M. A. Kato; Esmeralda V. Negrão (Orgs. 2000: 175-194), 2000.

BERLINCK, Rosana de Andrade; DUARTE, Maria Eugênia L.; OLIVEIRA, Marilza de. Predicação. In: Mary Aizawa Kato; Milton do Nascimento (Orgs. 2009: 97-188), 2009.

BESSA FREIRE, J. R. Nheengatu: a outra língua brasileira. In: I. S. Lima; L. do Carmo (Orgs. 2008: 119-150), 2008.

BETHELL, Leslie (Org.). *História da América Latina*. São Paulo: Edusp, v. 2, 1999.

BEZERRA NETO, Eduardo. A contribuição açoriana ao desenvolvimento do Ceará nos séculos XVIII e XIX. *Revista do Instituto do Ceará*, p. 207-220, 1997.

BÍBLIA SAGRADA. *Nova tradução na linguagem de hoje*. São Paulo: Paulinas, 2005.

BINZER, Ina Von. *Os meus romanos*: alegrias e tristezas de uma educadora alemã no Brasil. 6ª ed. São Paulo: Paz e Terra, 1994.

BLAYER, Irene Maria F. *Aspects of the Vocalic System in the Speech of the Azores Islands*. Ph.D. Diss. Toronto: University of Toronto, 1992.

BLOCH, Marc. *Os reis taumaturgos*. 2ª ed. São Paulo: Companhia das Letras, 2018.

BOAS, Franz. As limitações do método comparativo da antropologia. In: Celso Castro (Org. 2010 [1896]: 25-39), 2010.

BOLÉO, Manuel de Paiva. *Inquérito linguístico*. Coimbra: Universidade de Coimbra, 1942.

BOLÉO, Manuel de Paiva. *Brasileirismos*: problemas de método. Coimbra: Universidade de Coimbra, 1943.

BOLÉO, Manuel de Paiva. *Filologia e história*: a emigração açoriana para o Brasil (com documentos inéditos). Coimbra: Coimbra Ed., 1945.

BOLÉO, Manuel de Paiva; SILVA, Maria Helena Santos. O mapa dos dialectos e falares de Portugal continental. *Boletim de Filologia XX*, fascs. 1 e 2. Lisboa: Centro de Estudos Filológicos, p. 85 -112, 1961. Disponível em: <http://eve.instituto-camoes.pt/search/page-2.html?searchphrase=all&searchword=Bol etim+de+filologia>. Acesso em: 10 jan. 2019.

BORTONI-RICARDO, Stella Maris. *Do campo à cidade*: estudo sociolinguístico de redes e migrações sociais. São Paulo: Parábola, 2013.

BORTONI-RICARDO, S. M.; MACHADO, V. R. (Orgs.). *Os doze trabalhos de Hércules*: do oral para o escrito. São Paulo: Parábola, 2013.

BORTONI-RICARDO, Stella Maris; OLIVEIRA, Tatiana de. Corrigir ou não variantes não padrão na fala do aluno? In: S. M. Bortoni-Ricardo; V. R. Machado (Orgs., 2013: 45-62), 2013.

BOSI, Alfredo. *Dialética da colonização*. São Paulo: Companhia das Letras, 1992.

BOURDIEU, Pierre *A economia das trocas simbólicas*. São Paulo: Perspectiva, 1996.

BOURDIEU, Pierre *O poder simbólico*. Rio de Janeiro: Bertrand Brasil, 2001. [Lisboa: Difel, 1989].

BOURDIEU, Pierre. *Questões de sociologia*. Lisboa: Fim de Século, 2003.

BOURDIEU, Pierre. *A economia das trocas linguísticas*: o que falar quer dizer. Trad. Sergio Miceli et al. 2ª ed. São Paulo Edusp, 2008; 6ª ed., São Paulo: Perspectiva, 2009; 7ª ed., 2011.

BRAGA, Maria Luiza. Construções de tópico do discurso. In: A. J. Naro (Org. 1986: 393-446), 1986.

BRANCO, Camillo Castello. *Cartas de Camillo Castello Branco*. Lisboa: Tavares Cardoso e Irmão, 1895.

BRANDÃO, Carlos Rodrigues. *O que é o método Paulo Freire*. São Paulo: Ática, 1981.

BRANDÃO, Silvia Figueiredo. *A geografia linguística no Brasil*. São Paulo: Ática, 1991.

BRASIL. Decreto n. 30.643/1952. Disponível em: <http://www2. camara.leg.br/legin/fed/decret/1950-1959/ decreto-30643-20-marco1952-339719-publicacaooriginal-1-pe.html>. Acesso em: 10 dez. 2014.

BRITO, Ana Maria (Org.). *Gramática*: história, teorias, aplicações. Porto: Universidade do Porto, 2010, p. 29-49. Disponível em: <https://ler.letras.up.pt/site/default.aspx?qry=id022id1334&fb=sim>. Acesso em: maio 2010.

BRUNOT, Ferdinand. *Histoire de la Langue Française*: des origines a 1900. Paris, Librairie Armand Colin, 1905 t. I. 547 p. Disponível em: <https://archive.org/details/HistoireDeLaLangueFranaise/page/n85>. Acesso em: 13 maio 2012.

BURKE, Peter. *Linguagens e comunidades*: nos primórdios da Europa moderna. Trad. Cristina Yamagami. São Paulo: Unesp, 2010.

CALDEIRA, Jorge. *O banqueiro do sertão*. São Paulo: Mameluco, 2006, 2v.

Referências bibliográficas

CALLOU, Dinah; AVELAR, Juanito. Estruturas com "ter" e "haver" em anúncios do século XIX. In: Tania Alkmim (Org. 2003: 46-67), 2003.

CALLOU, D.; BARBOSA, A. (Orgs.) *A norma brasileira em construção*: cartas a Rui Barbosa (1866 a 1899). Rio de Janeiro: Fundação Casa de Rui Barbosa, 2011.

CAMPAGNANO, Anna Rosa. *Judaísmo italiano*: línguas faladas por judeus na Itália. Disponível em: <http://hebraismoitaliano.blogspot.com.br/2011/03>. Acesso em: 23 mar. 2013.

CÂNDIDA BARROS, Maria. Notas sobre a política jesuítica da língua geral na Amazônia (séculos XVII-XVIII). In: José Ribamar Bessa Freire e Maria Carlota Rosa (Orgs. 2003: 85-112), 2003.

CANDIDO, Antônio. Nas arcadas. *Recortes*. 3ª ed. Rio de Janeiro: Ouro sobre Azul, p. 251-255, 2004.

CANDIDO, Antônio. Um ilustrado Júlio de Mesquita Filho. In: Júlio Mesquita Filho e Marina Mesquita. *Cartas do exílio*. São Paulo: Terceiro Nome, p. 357-358, 2006.

CAPELATO, Maria Helena; PRADO, Maria Ligia. *O Bravo Matutino*: imprensa e ideologia no jornal *O Estado de S. Paulo*. São Paulo: Alfa-Omega, 1980.

CARDEIRA, Esperança Maria da Cruz Marreiros. *Entre o português antigo e o português clássico*. Lisboa: Imprensa Nacional/Casa da Moeda, 2005.

CARDIM, Fernão. *Tratados da gente do Brasil*. São Paulo: Ed. Nacional/Brasil INL, 1978. Apud A. Pareira, (1976: 28), 1976.

CARDOSO, J. N. C.; RIBEIRO, Maria A. *Circulações no espaço lusófono*. IX Semana Cultural da Universidade de Coimbra. Coimbra: Faculdade de Letras, Universidade de Coimbra, 2007.

CARDOSO, Suzana A. *Geolinguística*: tradição e modernidade. São Paulo: Parábola, 2010.

CARDOSO, Suzana; MOTA, Jacyra; MATTOS E SILVA, Rosa Virgínia (Orgs.). *Quinhentos anos de história linguística no Brasil*. Salvador: Empresa Gráfica da Bahia/Funcultura/Governo da Bahia, 2006.

CARDOSO, Suzana A. M. S. et al. *Atlas linguístico do Brasil (ALiB)*, v.1 e 2. Londrina: Eduel, 2014.

CARDOSO, C. F.; VAINFAS, R. (Orgs.). *Domínios da história*: ensaios de teoria e metodologia. Rio de Janeiro: Campos, 1997.

CARDOSO, W. A língua literária. In: A. Coutinho. *A literatura no Brasil*. Rio de Janeiro: EDUF, v. 6, 1986.

CARMELO, Fr. Luis do Monte. Compendio de orthografia, com sufficientes Catalogos, e novas Regras, paraque em todas as Provincias, e Dominios de Portugal, possam os curiosos comprehender facilmente a Orthologia, e Prosódia, isto he, a Recta Pronunciaçam, e Accentos proprios, da Lingua Portuguesa: Accrescentado com outros novos catalogos, e explicaçam de muitos Vocabulos antigos, e antiquados, para intelligencia dos antigos Escritores Portuguezes; de todos os Termos Vulgares menos cultos, e mais ordinarios, que sem algũa necessidade nam se devem usar em Discursos eruditos; das Frases, e Dicçoens Cómicas de mais frequente uso, as quaes sem hum bom discernimento nam se-devem introduzir em Discursos graves, ou sérios, e finalmente dos Vocabulos, e diversos Abusos da Plebe, mais conhecidos, e contrarios ao nosso Idioma, os quaes sempre se-devem corrigir, ou evitar. Lisboa: Na Officina de Antonio Rodrigues Galhardo, 1767. Apud C. Maia (2010).

CARNEIRO, Édison. *Ladinos e crioulos* (Estudos sobre o negro no Brasil). Rio de Janeiro: Civilização Brasileira, 1964.

CARNEIRO, Zenaide; OLIVEIRA, Mariana; ALMEIDA, Norma. *Cartas brasileiras (1809-2000)*. V. 1, 1809-1904. Feira de Santana: UEFS Editora, 2011.

CARRARA, Ângelo. A população do Brasil, 1570-1700: uma revisão historiográfica. *Tempo*, v.20, Niterói, 2014. Disponível em: http://www.scielo.br/scielo.php?script=sci_arttext&pid=S1413-77042014000100210&ln g=pt&tlng=pt. Acesso em: 04 jul. 2019.

CARRASCOZA, J. A. *A evolução do texto publicitário*: a associação de palavras como elemento de sedução na publicidade. São Paulo: Futura, 1999.

CARRILHO, Ernestina; PEREIRA, Sandra. On the Areal Distribution of Non-standard Syntactic Constructions. *European Portuguese*. Comunicação apresentada no 6th Congress of Dialectology and Geolinguistics (SIDG), Eslovênia, p. 14-18, set. 2009.

CARRILHO, Ernestina; PEREIRA, Sandra. *Sobre a distribuição geográfica de construções sintácticas não-padrão em português europeu*. Textos Seleccionados, XXVI Encontro da Associação Portuguesa de Linguística, Lisboa, APL, p. 125-139, 2011.

CARVALHO, A. M. (Org.). *Português em contato.* Madri: Iberoamericana, 2009.

CARVALHO, José Murilo de. *Os bestializados*: o Rio de Janeiro e a república que não foi. São Paulo: Companhia das Letras, 1987.

CARVALHO, José Murilo de. *A formação das almas*: o imaginário da república no Brasil. São Paulo: Companhia das Letras, 1990; 2ª ed., 2007.

CARVALHO, José Murilo de. (Coord.). *A construção nacional: 1830-1889.* São Paulo: Fundação Mapfre/ Objetiva, 2012.

CARVALHO, José Murilo de. A vida política. In: J. M. de Carvalho (Coord. 2012: v. 2: 83-129), 2012.

CASTELNAU-L'ESTOILE, Charlotte de. *Operários de uma vinha estéril.* Trad. Ilka Stern Cohen. Bauru: Edusc, 2006.

CASTILHO DA COSTA, A. Tradições discursivas em A Província de São Paulo (1875): gêneros textuais e sua constituição. In: I SIMELP Simpósio Mundial de Estudos de Língua Portuguesa, 2008, São Paulo, SP. Anais do Simelp, 2008. 27 p. Disponível em < http://simelp.fflch.usp.br/sites/simelp.fflch.usp.br/files/ inline-files/S503.pdf>. Acesso em: 24 ago. 2012.

CASTILHO, Ataliba T. de (Org.). *Para a história do português brasileiro.* São Paulo: Humanitas, 1998.

CASTILHO, Ataliba T. de. Para a história do português de São Paulo. *Revista Portuguesa de Filologia*, v. XXIII, p. 29-70, 1999-2000.

CASTILHO, Ataliba T. de et al. (Org.). *Descrição, história e aquisição do português brasileiro.* Campinas: Pontes, 2007.

CASTILHO, Ataliba T. de (Org.). *História do português paulista*, série Estudos, v. 1. Campinas: Instituto de Estudos da Linguagem, 2009.

CASTILHO, Ataliba T. de (Coord.). *O português brasileiro em seu contexto histórico.* São Paulo: Contexto, (v. 1 da série História do Português Brasileiro), 2018.

CASTILHO, Ataliba T. de. Linguística histórica e a história do português Bbasileiro. In: A. Castilho (Coord. 2018: 10-31), 2018.

CASTRO, Celso (Org.). *Antropologia cultural.* 6ª ed. Organização e tradução de Celso Castro. Rio de Janeiro: Jorge Zahar, 2010 [1896].

CASTRO, H. História social. In: C. F. Cardoso; R. Vainfas (Orgs. 1997), 1997.

CASTRO, Ivo. Para uma história do português clássico. *Actas do Congresso Internacional sobre o Português.* v. II. Lisboa, Associação Portuguesa de Linguística, p. 135-150, 1996. Disponível em <http://www.clul. ul.pt/files/ivo_castro/1996_Portugus_Clssico.pdf>. Acesso em: 18 set. 2011.

CASTRO, Ivo. *Introdução à história do português.* 2. ed. Lisboa: Edições Colibri, 2006.

CASTRO, Ivo. Vésperas brasilianas. In: M. S. Santiago-Almeida; M. C. Lima-Hernandes (Orgs. 2012: 45-72), 2012.

CASTRO, Ivo. Português médio. In: Eduardo B. P. Raposo et al. *Gramática do português.* Lisboa: Fundação Calouste Gulbenkian, v. I, p. 11-12, 2013.

CASTRO, Ivo et al. *Curso de história da língua portuguesa.* v. 1. Lisboa: Universidade Aberta, 1991.

CASTRO, Ivo; DUARTE Inês (Org.). *Razões e emoção*: miscelânea de estudos para Maria Helena Mateus. Lisboa: Colibri, 2003.

CASTRO, Yeda P. de. Colaboração à antropologia linguística nos estudos afro-brasileiros. In: Cléo Martins; Raul Lodi. (Org.). *Faraimara*: o caçador traz a alegria. Rio de Janeiro: Pallas, p. 81-97, 2000.

CASTRO, Yeda P. de. *Falares africanos na Bahia.* Um vocabulário afro-brasileiro. Rio de Janeiro: Academia Brasileira de Letras/ Topbooks, 2001.

CAVALCANTE, Sílvia R. *A indeterminação do sujeito na escrita padrão*: a imprensa carioca dos séculos XIX e XX. Dissertação de Mestrado em Língua Portuguesa. Rio de Janeiro: Faculdade de Letras, UFRJ, 1999.

CAVALCANTE, Sílvia R. *O uso do se com infinitivo na história do português, do português clássico ao português europeu e brasileiro modernos.* Tese de Doutorado em Linguística. Campinas: Instituto de Estudos da Linguagem/Universidade Estadual de Campinas, 2006.

CAVALCANTE, Silvia; DUARTE, M. Eugênia; PAGOTTO, Emílio. Clíticos no século XIX: uma questão de posição social? In: D. Callou; A. Barbosa (Orgs. 2011: 167-217), 2011.

Referências bibliográficas

CERELLO, A. G. *O livro nos textos jesuíticos do século XVI*: edição, produção e circulação de livros nas cartas dos jesuítas na América portuguesa (1549-1563). Dissertação de Mestrado em Literatura Brasileira. São Paulo: FFLCH/USP, 2007.

CHAMBERS, J.K.; TRUDGILL, P.; SCHILLINGESTES, N. (Eds.). *The Handbook of Language Variation and Change*. Oxford: Blackwell, 2002.

CHAMBOULEYRON, R.; ARENZ, K. (Orgs.). *Anais do IV Encontro Internacional de História Colonial*. Dinâmica imperial no antigo regime português: séculos XVI-XVIII. Belém: Editora Açaí, 6v., 2014.

CHARTIER, Roger. *Os desafios da escrita*. São Paulo: Unesp, 2002a. Disponível em: <http://pt.scribd.com/doc/6936790/Roger-Chartier-Os-Desafios-da-Escrita>. Acesso em: 12 set. 2010.

CHARTIER, Roger. *História cultural*: entre práticas e representações. 2ª ed. Tradução: Maria Manuela de Galhardo. Algés: Difel, 2002b. Disponível em: <http://pt.scribd.com/doc/40893023/A-Historia-Cultural-Roger-Chartier>. Acesso em: 12 set. 2010.

CHAVES, Elaine. *O surgimento do português brasileiro*: inovações linguísticas e inovações tecnológicas nos séculos 18 e 19. Tese de Doutorado (Programa de Pós-Graduação em Estudos Linguísticos). Belo Horizonte: Faculdade de Letras, Universidade Federal de Minas Gerais, 2013.

CIGARRA, A. Depositada na Hemeroteca do Estado de São Paulo. São Paulo, anno II, n. 28, 1915.

CIGARRA, A. Depositada na Hemeroteca do Estado de São Paulo. São Paulo, anno III, n. 51, 1916.

CIGARRA, A. Depositada na Hemeroteca do Estado de São Paulo. São Paulo, anno IV, n. 67, 1917.

CIGARRA, A. Depositada na Hemeroteca do Estado de São Paulo. São Paulo, anno V, n. 100, 1918.

CINTRA, Luís F. Lindley. Nova proposta de classificação dos dialetos galego-português. *Boletim de Filologia*, XXII (1 e 2), p. 81-116, 1971. Reeditado em *Estudos de dialectologia portuguesa*. Lisboa: Sá da Costa, 1983. Disponível em <http://instituto-camoes.pt/hlp/biblioteca/novaproposta.pdf>.

CINTRA, Luís F. Lindley. Sobre o mais antigo texto não literário português: A Notícia do Torto (leitura crítica, data, lugar de redação e comentário linguístico. *Boletim de Filologia*. Lisboa, XXXI (1986-87), p. 21-77, 1990.

CINTRA, Luís F. Lindley. *Estudos de dialectologia portuguesa*, 2ª ed. Lisboa: Sá da Costa, 1995.

CINTRA, Luís F. Lindley. Os dialectos da Ilha da Madeira no quadro geral dos dialectos galego-portugueses. Comunicação apresentada ao II Congresso da Cultura Madeirense (1990), reeditado em J. E. Franco (2008 [1990]: 95-104), 2008.

COAN, G. I. *Construções-se em anúncios publicitários de revistas paulistanas*. Dissertação de Mestrado. São Paulo: Faculdade de Filosofia, Letras e Ciências Humanas, Universidade de São Paulo, 2011.

COATES, T.J. *Degredados e órfãs*: colonização dirigida pela coroa no império português, 1550-1755. Trad. José Vieira de Lima. Lisboa: Comissão Nacional para as Comemorações dos Descobrimentos Portugueses, 1998.

COELHO, Olga; SILVA, Wellington. Páginas de história da terminologia relativa ao português brasileiro. In: Ataliba T. Castilho (Coord. 2018: 73-95), 2018.

COELHO NETO, Paulo. *Obra seleta*. V. I. Rio de Janeiro: Aguilar, p. LXXXIII-CVI, 1958.

COHEN, Maria Antonieta Amarante de M. Contacto linguístico na Romênia: o judeu-espanhol. *Caligrama* 14: 51-63, 2009.

COHEN, M. A. A. de M. et al. (Org.) *Anais do 1° Encontro sobre a Diversidade Linguística de Minas Gerais*: cultura e memória. Belo Horizonte: Faculdade de Letras da UFMG, 2011.

COHEN, M. A. A. de M. A importância dos projetos 'Filologia Bandeirante' (1998-2002) e 'Pelas Trilhas de Minas: as bandeiras e a língua nas Gerais' (2002-2004) para descrição e análise da diversidade linguística de Minas Gerais. In: M. A. A. de M. Cohen et al. (Org. 2011 : 1-26), 2011.

CONRAD, Robert. *The destruction of the Brazilian slavery*: *1859-1888*. University of California Press, 1972. Tradução para o português: *Os últimos anos da escravatura no Brasil*: 1850-1888. Rio de Janeiro: Civilização Brasileira, 1972.

CORDEIRO, Carlos; MADEIRA, Artur. A emigração açoriana para o Brasil (1541-1820). Uma leitura em torno de interesses e vontades. *Arquipélago, História*, 2ª série, VII: p. 99-122, 2003.

CORREIO DA SEMANA. São Paulo, anno V, n. 199, 1914.

CORRESPONDÊNCIA OFICIAL DA ESCOLA NORMAL DA CAPITAL. São Paulo: Acervo Histórico Caetano de Campos / Centro de Referência em Educação Mário Covas, 1984.

História do Português Brasileiro

Costa, Emília Viotti da. *A abolição.* 8ª ed. São Paulo: Ed. da Unesp, 2008.

Costa, Angela M.; Schwarcz, Lilia M. *1890-1914. No tempo das certezas.* São Paulo: Companhia das Letras, 2007.

Costa Filho, Miguel. *A imprensa periódica mineira do primeiro reinado.* Rio de Janeiro: Delegação do Distrito Federal, 1955.

Crisma, P.; Longobardi, G. (Eds.). *The Oxford Handbook of Diachronic and Historical Linguistics.* Oxford University Press (no prelo).

Crônica de Dom Pedro. Edizione critica, con introduzione e glossario a cura di Giuliano Macchi. Roma: Edizioni Dell'Ateneo, 1966.

Crônica Geral de Espanha de 1344. Edição crítica do texto português por Luiz Felipe Lindley Cintra. Lisboa: Imprensa Nacional da Casa da Moeda, 1951.

Cuesta, Pilar de Vázquez; Luz, Maria Albertina Mendes. *Gramática da Língua Portuguesa.* Biblioteca Románica Hispánica. Madrid: Gredos, 1971.

Cunha, Alfredo. Elementos para a história da imprensa periódica portuguesa (1641-1821). Separata das Memórias da Academia das Ciências de Lisboa, classe Letras, 4, 1941. 299 p. Disponível em <http://teoriadojornalismo.ufp.edu.pt/inventarios/cunha-a-1941-1>. Acesso em: 30 mai. 2011.

Cunha, Antonio G. *Dicionário etimológico nova fronteira da língua portuguesa.* Rio de Janeiro: Nova Fronteira, 1982.

Cunha, A. M. et al. História econômica e regionalização: contribuição a um desafio teórico-metodológico. *Estudos Econômicos.* São Paulo, v. 38, n. 3, p. 493-524; jul.-set. 2008.

Cunha, Celso; Cintra, L. F. L. *Nova gramática do português contemporâneo*, Lisboa: João Sá da Costa, 1984.

Cunha, Euclides da. *Correspondência.* (1890 a 1894). Disponível em: <http://www.culturabrasil.org/correspondencia_euclides_da_cunha.htm>. Acesso em: 12 maio 2010.

Cyrino, Sonia M. L. Observações sobre a mudança diacrônica no português do Brasil: objeto nulo e clíticos. In: I. Roberts; M. Kato (Orgs. 1993: 163-183), 1993.

Cyrino, Sonia M. L.; Duarte, M.E. L..; Kato, M. A. Visible Subjects and Invisible Clitics in Brazilian Portuguese. In: M. A. Kato; E. V. Negrão (Eds. 2000: 55-73), 2000.

Cyrino, Sonia; Torres Morais, Maria A. (Coords.). *Mudança sintática do português brasileiro*: perspectiva gerativista. V. 6 da História do Português Brasileiro. São Paulo: Contexto, 2018.

Da Matta, R. *Carnavais, malandros e heróis*: para uma sociologia do dilema brasileiro. 6ª ed. Rio de Janeiro: Rocco, 1997.

Da Matta, R. Sabe com quem está falando? Um ensaio sobre a distinção entre indivíduo e pessoa no Brasil. In: R. da Matta (1997: 179-248), 1997.

Da Matta, R. *Fé em Deus e pé na tábua.* Rio de Janeiro: Rocco, 2010.

Dantas, A.M.S. *Uma vila e seu povo*: relações hierárquicas e poder local (Olinda, século XVII). Dissertação de Mestrado. Natal: Programa de Pós-Graduação em História. Universidade Federal do Rio Grande do Norte, 2017,118 p.

David, Sarah Wons. *Cristãos novos e a inquisição portuguesa*: o saber feminino no Brasil colonial (século XVI). Monografia. Universidade Federal do Paraná. Curitiba, 2017.

Deaecto, M. *Comércio e vida urbana na cidade de São Paulo (1889-1930).* São Paulo: Senac, 2002.

Dean, Warren. *A industrialização de São Paulo.* 2a ed. São Paulo: Difel, 1971.

Decat, Maria Beatriz. Construções de tópico em português: uma abordagem diacrônica à luz do encaixamento no sistema pronominal. In: F. Tarallo (Org. 1989: 113-139), 1989.

Demanda do Santo Graal, A. Edição de Joseph-Maria Piel, concluída por Irene Freire Nunes. Introdução de Ivo de Castro. Lisboa: Imprensa Nacional / Casa da Moeda, 1988.

Dias, Jorge. Nótulas de etnografia madeirense: contribuição para o estudo das origens étnico-culturais da população da ilha da Madeira. *Biblos*, v. 28: p.179-201, 1952.

Dillard, J. L. Black English: Its History and Usage in the United States. New York: Random House, 1972, apud Jeff Siegel, Koines and Koineization. *Language in Society*, v.14, p. 357-78, 1985.

Discursos Parlamentares. Biblioteca Brasiliana Mindlin, Universidade de São Paulo. Disponível em: <https://digital.bbm.usp.br/handle/bbm/4735>. Acesso em: out. 2016.

Referências bibliográficas

DOM JOÃO I, rei de Portugal. *Livro de montaria*. Publicado por Francisco Maria Esteves Pereira. Coimbra: Imprensa da Universidade, 1918.

DRUMMOND, Maria Francelina Silami Ibrahim. Primeiras luzes nas letras. *Revista do Arquivo Público Mineiro*. Belo Horizonte, v. 44, n. 1, jan-jun., p. 57-71, 2008. (Dossiê). Disponível em <http://www.siaapm. cultura.mg.gov.br/acervo/rapm_pdf/RAPM%2006%202008_primeiras%20luzes%20nas%20letras. pdf>. Acesso em: 16 dez. 2010.

DUARTE, M. Eugênia L. Do pronome nulo ao pronome pleno: trajetória do sujeito no português do Brasil. In: Mary Kato; Ian Roberts (Orgs. 1993: 107-128), 1993.

DUARTE, Maria Eugênia L. *A perda do princípio "evite pronome" no português brasileiro*. Tese de Doutorado. Campinas: Instituto de Estudos da Linguagem, Unicamp, 1995.

DUARTE, Maria Eugênia L. Construções com *se* apassivador e indeterminador em anúncios do século XIX. In: T. M. Alkmim (Org. 2002: 155-176), 2002.

DUARTE, Maria Eugênia L. Evolução na representação do sujeito pronominal em dois tempos. In: M. C. Paiva; M. E. L. Duarte (Orgs. 2003: 115-128), 2003a.

DUARTE, Maria Eugênia L. Sujeitos indeterminados em PE e PB. *Boletim da ABRALIN*, n. 26, Anais do II Congresso Internacional da Abralin. Ceará: Imprensa Universitária/UFC, p. 405-409, 2003b.

DUARTE, Maria Eugênia L. Sujeitos de referência definida e arbitrária: aspectos conservadores e inovadores na escrita padrão. *Revista Linguística*. UFRJ. V. 3, n. 1, p. 85-117, 2007.

DUARTE, Maria Eugênia Lamoglia. Do pronome nulo ao pronome pleno: a trajetória do sujeito no português do Brasil. In: Mary Aizawa Kato; Ian Roberts. (Orgs. 1996; 2ª ed., 2018: 107-128), 2018a.

DUARTE, Maria Eugênia L. O sujeito nulo no português brasileiro. In: S. Cyrino; M.A. Torres Morais (Coords. 2018: 26-71), 2018b.

DUARTE, Maria Eugênia L.; CALLOU, Dinah (Orgs.). *Para a história do português brasileiro*: notícias de corpora e outros estudos – V. IV. Rio de Janeiro: UFRJ/ Faperj, 2002.

DUARTE, Maria Eugênia L.; LOPES, C. R. S. Realizaram, realizou-se ou realizamos...? As formas de indeterminação do sujeito em cartas de jornais do século XIX. In: M. E. L. Duarte; D. Callou (Orgs. 2002: 155-165), 2002.

DUARTE, M. Eugênia L.; EUGENIA, L. D. M. Clítico acusativo, pronome lexical e categoria vazia no português do Brasil. In: Fernando Tarallo (Org. 1989: 19-34), 1989.

DUARTE, Inês. Construções de topicalização. In: Eduardo B. P. Raposo et al. – *Gramática do Português*. (Orgs. 2013: 401-426), 2013.

DUARTE, I.; GONÇALVES, A. Construções de subordinação funcionalmente defectivas: o caso das construções perfectivas em PE e PB. Comunicação apresentada na Abralin Fortaleza, 14-16 março, 2001.

ELIAS, Norbert. *O processo civilizador*: uma história dos costumes. Rio de Janeiro: Zahar, 1993.

ELIAS, Norbert. *A sociedade de corte*. Rio de Janeiro: Zahar, 2001.

ELIAS, Norbert; SCOTSON, John L. *Os estabelecidos e os outsiders*: sociologia das relações de poder a partir de uma pequena comunidade. Rio de Janeiro: Zahar, 2000.

ÉLIS, Bernardo. In: SILVEIRA, Valdomiro. *O mundo Caboclo de Valdomiro Silveira*. Rio de Janeiro: Cultrix, 1974.

ENDRUSCHAT, A.; KEMMLER, R.; SCHAFERPRIE, B. (Orgs.). *Grammatische Strukturen des Europaischen Portugiesisch*. Tubingen: Calepinus Verlag, 2006.

FARACO, Carlos Alberto. Breve retrospectiva do pensamento linguístico-histórico no Brasil. In: A. T. de Castilho (Coord. 2018: 32-71), 2018.

FARIA, I. H. (Org.) *Lindley Cintra*: homenagem ao homem, ao mestre e ao cidadão. Lisboa: Cosmos, 1999.

FARIAS, Jair Gomes de. Variação entre *a*, *para* e *em* no português brasileiro e no português europeu: algumas notas. *Letras de Hoje*. Porto Alegre. v. 41, n. 1, p. 213-234, mar. 2006.

FAUSTO, Boris. *História do Brasil*. São Paulo: Editora da Universidade de São Paulo/FDE, 1994; 6ª ed., 1998.

FEBVRE, Lucien; MARTIN, Henri-Jean Br. *Aparecimento do livro*. Trad. de Henrique Tavares e Castro. Revisão Científica de: Artur Anselmo. Lisboa: Fundação Calouste Gulbenkian, 2000.

FERNANDES, Florestan. *Circuito fechado*. 2ª ed. São Paulo: Hucitec, 1977.

FERNANDES, F. A. M. *Comunicação na pedagogia dos jesuítas na era colonial*. São Paulo: Loyola, 1980.

FERREIRA, Antonio Celso. *A epopeia bandeirante*: letrados, instituições, invenção histórica (1870-1940). São Paulo: Editora Unesp, 2002.

FERREIRA, Aurélio B. de H. *Novo Dicionário da língua portuguesa*. Rio de Janeiro: Nova Fronteira, 1975.

FERREIRA, A. C.; MAHL, M. L. (Org.). *Letras e identidade*: São Paulo no século XX, capital e interior. São Paulo: Annablume, 2008.

FERREIRA, Carlota da S. et al. *Atlas linguístico de Sergipe*. Salvador, UFBA: Instituto de Letras/Fundação Estadual de Cultura de Sergipe, 1987.

FERREIRA, Sérgio L. A "açorianização" do litoral catarinense no setecentos. Disponível em: <http://www.humanas.ufpr.br/portal/cedope/files/2011/12/A-%C3%A7orianiza%C3%A7%C3%A3o-do-litoral-catarinense-no-Setecentos-S%C3%A9rgio-Luiz-Ferreira.pdf>. Acesso em: 10 dez. 2018.

FERRETTI, Danilo José Zioni. *A construção da paulistanidade*: identidade, historiografia e política em São Paulo (1856-1930). Tese de Doutorado em História Social. São Paulo: Faculdade de Filosofia, Letras e Ciências Humanas/USP, 2004.

FIGUEIRAS, P. *Cartas inéditas de Camilo Castelo Branco à filha Bernardina Amélia, ao genro e à neta*. Porto: Universidade Fernando Pessoa, 2002.

FINEGAN, Edward. Style and Standardization in English. In: Tim William Machan; Scott Charles T. (Eds. 1992: 102-130), 1992.

FLORIPI, Simone. *Estudo da variação do determinante em sintagmas nominais possessivos na história do português*. Tese de Doutorado em Linguística. Campinas: Instituto de Estudos da Linguagem/Unicamp, 2008.

FRAGOSO, João. A nobreza da república: Notas sobre a formação da primeira elite senhorial do Rio de Janeiro (séculos XVI e XVII). *Topoi. Revista de História*, v. I, p. 45-122, 2000.

FRANCA, Leonel. *O método pedagógico dos jesuítas*. Rio de Janeiro: Agir, 1952.

FRANCO, J. E. (Coord.). *Cultura madeirense*: temas e problemas. Porto: Campo das Letras, 2008.

FREHSE, Fraya. *O tempo das ruas*: São Paulo de fins do império. São Paulo: Edusp, 2005.

FREIRE, Gilberto. *O escravo nos anúncios de jornais brasileiros do século XIX*. Recife: Imprensa Universitária, 1963.

FREIRE, José R. Bessa. Da "fala boa" ao português na Amazônia brasileira. *Amerindia: Revue d'Ethnolinguistique Amérindienne*, Paris, n. 8, p. 39-83, 1983. Republicada em *Cadernos*, v. 6: p. 1-65, 2000.

FREIRE, José R. Bessa. Nheengatu: a outra língua brasileira. In: I. S. Lima; L. do Carmo (Orgs. 2008), 2008.

FREIRE, Paulo. *Educação como prática da liberdade*. São Paulo: Paz e Terra, 1967.

FREIRE, Paulo. *Pedagogia do oprimido*. 17ª ed. Rio de Janeiro: Paz e Terra, 1987.

FREYRE, Gilberto. *Casa-grande e senzala*: formação da família brasileira sob o regime da economia patriarcal. 51ª ed. São Paulo: Global, 2006.

FREYRE, Gilberto. Na Madeira. Impressões de um brasileiro. *Diário de Notícias da Madeira*, 15 de julho de 1987, p. 2. In: A. Vieira (2008), 2008.

FREYRE, G. *O escravo nos anúncios de jornais brasileiros do século XIX*. 4ª ed. São Paulo: Global, 2010 [1963].

FURLAN, O. *A. influência açoriana no Português do Brasil em Santa Catarina*. Florianópolis: Editora da Universidade Federal de Santa Catarina. 1989.

GALVES, Charlotte. Pronomes e categorias vazias em português do Brasil. *Cadernos de Estudos Linguísticos* 7: 107-136, 1984.

GALVES, Charlotte. A sintaxe do português brasileiro. *Ensaios de Linguística*, v.13, p. 31-49, 1987.

GALVES, Charlotte. Do português clássico ao português europeu moderno, uma análise minimalista. *Estudos Linguísticos e Literários*, Salvador: v. 19, p. 105-128, 1997.

GALVES, C. M. C. A língua das caravelas: periodização do português europeu e origem do português brasileiro. In: A. Castilho; et al. (Org. 2007: 513-528), 2007. Disponível em: <http://www.tycho.iel.unicamp.br/gentle-wiki/arquivos/9/98/GALVES_C-2007a.pdf>. Acesso em 15 ago. 2018.

GALVES, Charlotte M. C. Periodização e competição de gramáticas: o caso do português médio. In: T. Lobo et al. (Org. 2012 [2010]). Disponível em: <http://www.tycho.iel.unicamp.br/~tycho/pesquisa/artigos/GALVES_C-2010.pdf>. Acesso em: 5 set. 2011.

Referências bibliográficas

GALVES, Charlotte M. C. European Portugueses and Brazilian Portuguese: How Quickly May Languages Diverge? In: P. Crisma; G. Longobardi (Eds., no prelo). *The Oxford Handbook of Diachronic and Historical Linguistics.* Oxford University Press. Disponível em: http://www.tycho.iel.unicamp.br/~tycho/pesquisa/artigos/Galves_ch22.pdf. Acesso em: 25 maio 2019.

GALVES, Charlotte M. C.; PAIXÃO DE SOUSA, Maria C.; NAMIUTI, C. Novas perspectivas para antigas questões: revisitando a periodização da língua portuguesa. In: A. Endruschat; A. Kemmler; B. Schaferprie (Eds. 2006: 45-75), 2006.

GALVES, C. M. C.; RIBEIRO, Ilza Maria de Oliveira; MORAES, M. A. T. Syntax and Morphology in the Placement of Clitics in European and Brazilian Portuguese. *Journal of Portuguese Linguistics*, Lisboa, v. 4, n.2, p. 143-177, 2005. Disponível em: <http://www.tycho.iel.unicamp.br/~tycho/prfpml/fase2/relatorios/2005/Galves_Ribeiro_Torres%20Morais.pdf>. Acesso em: 15 jan. 2019.

GANDRA, E.; POSSAMAI, P. (Orgs.). *Estudos de história do cotidiano.* Pelotas: Ed. da Universidade Federal de Pelotas, 2011.

GARCIA MOUTON, Pilar (Coord.. *Atlas Linguístico de la Península Ibérica.* Madrid, CSIC, 2016. Edición digital de Navarro Tomás (Dir.). ALPI-CSIC [<www.alpi.csic.es>].

GARMADI, Juliette. *Introdução à sociolinguística.* Trad. de Eugénio Cavalheiro. Lisboa: Publicações Dom Quixote, 1983.

GARRETT, Almeida. *Cartas de amor à Viscondessa da Luz.* Introdução, organização e fixação do texto e notas de Sérgio Nazar David. Rio de Janeiro: 7 Letras, 2004.

GAZETA DE CAMPINAS. Datas: 1873; 1876; 1877, 1882.

GEERTZ, Clifford. *Negara*: um estado-teatro no século XIX. Lisboa: Difel, 1980.

GEERTZ, Clifford. *Interpretação das culturas.* Rio de Janeiro: LTC, 2011.

GILLIER, Raïssa; PEREIRA, Sandra. A insularidade no falar. III Colóquio Internacional INSULA *Para além da Natureza / Artifício.* Universidade da Madeira, 2017. Disponível em: < http://alfclul.clul.ul.pt/wochwel/documents/Gillier&Pereira_2017_Insula.pdf>. Acesso em: 18 jan. 2017.

GINZBURG, Carlo. Sinais. Raízes de um paradigma indiciário. *Mitos, emblemas, sinais.* 2ª ed. São Paulo: Companhia das Letras, p. 143-179, 1989.

GODINHO, Vitorino Magalhães. *Estrutura da antiga sociedade portuguesa.* 2ª ed. Lisboa: Arcádia, 1975.

GODOY, Josina Maria Lopes de; COELHO, Norma Porto Carreiro. *Livro de leitura para adultos*: movimento de cultura popular. Recife: Gráfica Editora do Recife S. A., 1962.

GÓES, Marta. *Alfredo Mesquita, um grão-fino na contramão.* São Paulo: Albatroz, Loqui e Terceiro Nome, 2007.

GOMES, A. *Grammatica portugueza.* 16ª ed. Rio de Janeiro: Livraria Francisco Alves, 1915.

GOMES, C. Efeito functional do uso variável da preposição. *Revista de Estudos Linguísticos*, v. 7, n. 2, p. 61-70, 1998.

GOMES, Flávio dos Santos; CARVALHO, Marcus. *O alufá Rufino*: tráfico, escravidão e liberdade no Atlântico Negro. (c1822- c1853). São Paulo: Companhia das Letras, 2010.

GOMES, M. do C. A. de A. *Mapas e mapeamentos*: dimensões históricas; as políticas cartográficas em Minas Gerais (1850-1930). Tese de Doutorado em História. Belo Horizonte: FAFICH/UFMG, 2005.

GORSKI, E.; COELHO, I. (Orgs.). *Sociolinguística e ensino*: contribuições para a formação do professor de língua. Florianópolis: Edufsc, 2006.

GOUVEA, Diogo. Carta de Diogo de Gouveia para D. João III de 29 de março de 1532, publicada por Jaime Cortesão na *Paulicea Lusitana Monumenta Histórica.* 3 v. Lisboa: Real Gabinete de Leitura do Rio de Janeiro, 1956.

GOUVEIA, M. M. M. (Org.). *Vitorino Nemésio*: estudo e antologia. Lisboa: Instituto de Cultura e Língua Portuguesa/Ministério da Educação e Cultura, 1986.

GRUZINSKI, Serge. O historiador, o macaco e a centaura: a "história cultural" no novo milênio. *Estudos Avançados* (USP) 17, p. 321-342, 2003.

GUEDES, Marymarcia.; BERLINK, Rosane de A. (Orgs.). *E os preços eram commodos*: anúncios de jornais brasileiros do século XIX. São Paulo: Humanitas/FFLCH/USP, 2000.

GUEDES, Marymarcia; BERLINCK, Rosane A. Variação em complementos preposicionados no português paulista do século XIX. *Estudos Linguísticos*. São Paulo, v. 32, 2003.

GUIMARÃES, Aléxia Teles. A importância dos provérbios no judeu-espanhol. *Caligrama* 2, p. 97-101, 1997.

HANSEN, João Adolfo. A civilização pela palavra. In: E. Lopes; L. Fria Filho; C. Veiga (Orgs. 2011: 19-41), 2011.

HERMANN, J. Cenário do encontro de povos. *Brasil 500 anos de povoamento*. IBGE: Rio de Janeiro, 2000.

HILSDORF, M.Lúcia Spedo. *História da educação brasileira*: Leituras. São Paulo: Thomson, 2003.

HISSA, C. E. V. *A mobilidade das fronteiras*: inserções da geografia na crise da modernidade. Belo Horizonte: Editora UFMG, 2006.

HOBSBAWN, E.; RANGER, T. *A invenção das tradições*. Rio de Janeiro: Paz e Terra, 1984.

HOLANDA, Sérgio B. *Raízes do Brasil*, 5ª ed. Rio de Janeiro: Livraria José Olympio, 1969.

HOLANDA, Sérgio B. *Raízes do Brasil*. São Paulo: Companhia das Letras, 2005 [1936].

HOLMES, J.; KERSWILL. Contact Is not Enough: A Response to Trudgill. *Language in Society* 37, 2008, p. 273-277, 2008.

HOMEM, Maria Cecília Naclério. *O palacete paulistano e outras formas urbanas de morar da elite cafeeira (1867-1918)*. São Paulo: Martins Fontes, 1998.

HOUAISS, Antônio. *Sugestões para uma política da língua*. Rio de Janeiro: MEC/INL, 1960. Disponível em: <https://digital.bbm.usp.br/handle/bbm/4735 >. Acesso em: outubro de 2016.

HOUAISS, Antônio. *O português no Brasil*: pequena enciclopédia da cultura brasileira. 2ª ed. Rio de Janeiro: Unibrade, 1988 [1985].

HUDSON, Richard Anthony. *Sociolinguistics*. Cambridge: Cambridge University Press, 1983.

IBGE, Centro de Documentação e Disseminação de Informações. *Brasil*: 500 anos de povoamento. IBGE, 2000.

INVENTÁRIOS E TESTAMENTOS DA VILA DE SÃO PAULO DO CAMPO DE PIRATININGA. São Paulo: Departamento do Arquivo do Estado de São Paulo, 46 volumes (1920-).

JAHR, E. H. (Ed.). *Advances in Historical, Sociolinguistics*. Berlin: Mouton de Gruyter, 1998.

KARASH, Mary C. *Slave Life in Rio de Janeiro*: 1808-1850. New Jersey: Princeton University Press, 1987. Trad. para o português: *A vida dos escravos no Rio de Janeiro (1808-1850)*. São Paulo: Companhia das Letras, 2000 [1987].

KATO, Mary A. The Distribution of Null and Pronominal Objects in Brazilian Portuguese. In: W. Ashby; M. Mithun; G. Perissinoto; E. Raposo (Eds. 1993: 225-235), 1993.

KATO, Mary A. (Org.). *Gramática do português falado*, v. V. Campinas: Fapesp/Editora da Unicamp; 2ª ed. 2002 [1996].

KATO, Mary A. Strong and weak pronominals in the null subject parameter. *Probus*, n.11, 1999: p. 1-37, 1999.

KATO, Mary A. Comparando o português da América com o português de Portugal e com outras línguas. *Museu da Língua Portuguesa*, 2006. Disponível em: <http://museudalinguaportuguesa.org.br/colunas_php?id_coluna=13>. Acesso em: 19 maio 2019.

KATO, Mary A. O sujeito nulo revisitado no português brasileiro. In: M. A. Torres Morais; M. L. Andrade (Orgs. 2009: 61-82), 2009.

KATO, Mary A. et al. Padrões de predicação no português falado no Brasil. In: M. Kato (Org. 1996: 201-274), 1996.

KATO, Mary A.; NASCIMENTO, Milton do (Orgs.). *Gramática do português culto falado no Brasil*. Campinas: Editora da Unicamp, 2009.

KATO, Mary A.; NEGRÃO, Esmeralda V. (Eds.). *Brazilian Portuguese and the Null Subject Parameter*. Frankfurt-Madrid: Vervuert-Iberoamericana, 2000.

KATO, Mary A. The partial Pro-drop Nature and the Restricted VS Order in Brazilian Portuguese. In: M. Kato; E. Negrão (Eds. 2000: 223-258), 2000.

KATO, Mary A.; TARALLO, Fernando. Restrictive *vs* Syntax in Brazilian Portuguese: Its Correlation with Invisible Clitics and Visible Subjects. Trabalho apresentado na *Georgetown Round Table in Languages and Linguistics 1988*. Washington DC, 1988.

KATO, Mary A. et al. Português brasileiro no fim do século XIX e na virada do milênio. In: S. Cardoso; J. Mota; R.V. Mattos e Silva (Orgs. 2006: 413-438) 2006.

Referências bibliográficas

KERSWILL, Paul. Koineization and Accommodation. In: J. K. Chambers; P. Trudgill; N. Schlillingestes (Eds. 2002: 669-702), 2002.

KERSWILL, P. Koineization as Language Change. In: CHAMBERS, J. K.; TRUDGILL, P; SCHILLING-ESTES, N. (eds.) *The Handbook of Language Variation and Change.* Oxford: Blackwell. 2000, pp. 669-702. Disponível em: <em http://citeseerx.ist.psu.edu/viewdoc/download?doi=10.1.1.694.65&rep=rep1&typ e=pdf>. Acesso em: maio de 2019.

KERSWILL, P.; TRUDGILL, P. The Birth of New Dialects. In: P. Auer; F. Hinskens; P. Kerswill (Eds 2005: 196-220), 2005.

KEYSERLING, Meyer. *História dos judeus em Portugal.* Trad. de Gabriele B. Corrêa da Silva e Anita W. Novinsky. São Paulo: Pespectiva, 2009.

KING, L.; MALEY, C. S. (Eds.). *Selected Papers from the XIIIth Linguistic Symposium on Romance Languages.* Amsterdam; Philadelphia: John Benjamins Publising Company, 1985.

KLEIN, Hebert S. A integração social e econômica dos imigrantes portugueses no fim do século XIX e no século XX. *Rev. Brasileira de Estudos de População*, São Paulo, v. 6 n. 2, p.17-37, jul.-dez/ 1989.

KLEIN, L. F. Trajetória da educação jesuítica no Brasil. Texto apresentado no *Ciclo de Debates. Pateo do Collegio*, São Paulo, 2016, sob o título *A Pedagogia Jesuítica.* Disponível em: <file:///C:/Users/Acer/ Downloads/Klein,%20L.F.2016TrajetoriaEducJesuiticaBrasil.pdf>. Acesso em 23 jun. 2018.

KNOWLES, Gerry. *A Cultural History of the English Language.* London; New York: Arnold, 1997.

KROCH, Anthony. *Morphosyntactic Variation.* Proceedings of the 30th Annual Meeting of the Chicago Linguistics Society, v. 2, p. 180-201, 1994.

KROCH, Anthony. Syntactic Change In: M. Baltin; C. Collins (Eds. 2011: 699-729), 2011.

LABOV, William. *Sociolinguistic Patterns.* Philadelphia: University of Pennsylvania Press, 1972.

LABOV, William. *Principles of Linguistic Change*: internal factors. Oxford/Cambridge: Blackwell, 1999 [1994].

LAFAYE, Jacques. A literatura e a vida intelectual na América espanhola colonial. In: Leslie Bethell (Org. 1999, v. 2: 595-635), 1999.

LAMPEDUSA, T. *O leopardo.* São Paulo: Companhia das Letras, 2017.

LAPA, José Roberto do Amaral. *Os cantos e os antros*: Campinas 1850-1900. São Paulo: Edusp, 1996.

LARA, Sílvia H. Linguagem, domínio senhorial e identidade étnica nas Minas Gerais de meados do século XVII. In: C. Bastos; M. V. de Almeida, M. V. de; B. B. Feldman (Orgs. 2007: 1-25), 2007.

LAYTANO, Dante de. Colonização açoriana no Rio Grande do Sul. *Anais do IV Simpósio Nacional dos Professores Universitários de História* – ANPUH, Porto Alegre, p. 391-421, 1967.

LAYTANO, Dante de. *Legado luso-açoriano na formação do Rio Grande do Sul.* Porto Alegre: CERPES, 1974.

LE GOFF, Jacques. *Para uma outra Idade Média*: tempo, trabalho e cultura no Ocidente. 2ª ed. Petrópolis: Vozes, 2013.

LEÃO, A. C. (Org.) À *margem da história da República.* Rio de Janeiro: Ed. Do Anuário do Brasil, 1924.

LEITE, Serafim. *História da Companhia de Jesus no Brasil.* Rio de Janeiro, Instituto Nacional do Livro. 2 vols., 1945.

LEITE, Serafim da Silva. *Cartas dos primeiros jesuítas do Brasil.* São Paulo: Comissão do IV Centenário da Cidade de São Paulo, 1954.

LEITE, Sylvia Helena Telarolli de Almeida. *Chapéus de palhas, panamás, plumas, cartolas, "Rigalegios"*: a caricatura na literatura paulista (1900-1920). Tese de Doutorado em Literatura Brasileira. São Paulo: FFLCH/USP, 1992.

LEITH, D. *A Social History of English.* London/New York. Routledge, 1995 [1983].

LIMA, Alceu de Amoroso (Tristão de Athayde). Política e letras. In: A. C. Leão (Org. 1924: 857-891), 1924.

LIMA, Ivana S. Práticas e fronteiras: africanos, descendentes e língua nacional no Rio de Janeiro. In: I. Lima, L. do Carmo do (Orgs. 2008: 91-107), 2008.

LIMA, Ivana S. Diz que é forro – práticas de comunicação escrava em anúncios de jornal. In: J. O. de Avelar; L. Álvarez-Lopes (Orgs., 2014: 31-42) 2015.

LIMA, Ivana S.; CARMO, L. de (Orgs.). *História social da língua nacional.* Rio de Janeiro: Edições Casa de Rui Barbosa, 2008.

LIMA, Ivana S.; CARMO, L. do (Orgs.). *História social da língua nacional 2*: diáspora africana. Rio de Janeiro: NAU/Faperj, 2014.

LIVRO DE LEITURA PARA ADULTOS. Recife: Gráfica Editora do Recife S. A, 1962.

LOBATO, Antonio Jose dos Reis. *Arte da gramática da língua portugueza composta e offerecida ao illmo e exmo senhor Sebastião José de Carvalho e Mello, conde de Oeiras*. Lisboa: Na Real Officina Typografica, 1770.

LOBATO, José B. de Monteiro. *Urupês*. 20ª ed. São Paulo: Brasiliense 1976 [1918].

LOBO, Tânia. *Para uma sociolinguística histórica do português do Brasil*: edição filológica e análise linguística de cartas particulares do recôncavo da Bahia, século XIX. Tese de Doutorado em Letras Vernáculas. São Paulo: FFLCH/Universidade de São Paulo, 2001.

LOBO, Tânia et al. (Org.). *Para a história do português brasileiro*. v. VI, Salvador: EDUFBA, 2006.

LOBO, Tânia Lobo; CARNEIRO, Z., SOLEDADE, J., ALMEIDA, A. A., RIBEIRO, S. (Org.). *ROSAE*: linguística histórica, história das línguas e outras histórias. Salvador: Edufba, 2012 [2010]. Disponível em: <http://www.tycho.iel.unicamp.br/~tycho/pesquisa/artigos/GALVES_C-2010.pdf>. Acesso em: 5 set. 2011.

LOBO, Tânia; OLIVEIRA, Klebson. Escrita liberta: letramento de negros forros na Bahia do século XIX. In: A. T. de Castilho; M. A. Torres Morais; R. Lopes Vasconcelos; C. S. M. Lazzarini (Orgs. 2007: 437-460), 2007.

LOBO, Tânia; OLIVEIRA, Klebson. (Orgs.). *África à vista*: dez estudos sobre o português escrito por africanos no Brasil do século XIX. Salvador: EDUFBA, 2009.

LOBO, Tania; OLIVEIRA, Klebson. Introdução (ou sobre como a África, no Brasil, avista a escrita). In: T. Lobo; K. Oliveira (Orgs. 2009, v. 1, p. 6-49), 2009.

LOBO, Tania; OLIVEIRA, Klébson. O nome dela era Rosa: epistolografia de uma ex-escrava no Brasil do século XVII. In: T. Lobo et al. (Orgs. 2012: v. 1, pp. 788-813), 2012.

LOPES, Célia Regina (Org.). *Fatos linguísticos em cartas pessoais do século 19*: a norma brasileira em Construção. Rio de Janeiro: Faperj, 2005.

LOPES, Célia Regina (Org.). *A norma brasileira em construção*: fatos linguísticos em cartas pessoais do século XIX. Rio de Janeiro: Faperj, 2009.

LOPES, Célia Regina (Coord.). *Mudança sintática das classes de palavras*: perspectiva funcionalista, v. 4 da História do Português Brasileiro. São Paulo: Contexto, 2018.

LOPES, Célia Regina et al. A reorganização do sistema pronominal de 2a. pessoa na história do português brasileiro. In: C.R. Lopes (Coord. 2018: 24-185) 2018.

LOPES, E.; FRIA FILHO, L.; VEIGA, C. (Orgs.). *500 Anos de educação no Brasil*. Belo Horizonte: Autêntica, 2011.

LOPEZ, Adriana; MOTA, Carlos Guilherme. *História do Brasil*: uma interpretação. São Paulo: Editora Senac, 2008.

LUFT, Celso Pedro. *Gramática resumida*: explicação da Nomenclatura Brasileira. 3ª ed. Porto Alegre: Globo, 1976.

MCLUHAN, Marshall. *A galáxia de Gutenberg*. São Paulo: Companhia Editora Nacional, 1972.

MACEDO SOARES, A. J. de. *Diccionario brazileiro da língua portugueza*. Rio de Janeiro: Typ. De G. Leuzinger & Filhos, 1875-1888. Nova edição: *Dicionário brasileiro da língua portuguesa*. Rio de Janeiro: MEC/INL, 2 vols., 1954-1955.

MACHADO NETO, Antônio Luís. *Estrutura social da república das letras*: sociologia da vida intelectual brasileira, 1870-1930. São Paulo: Grijalbo/Edusp, 1973.

MACHAN, Tim William; SCOTT, Charles T. (Eds.). *English in its Social Contexts*: Essays in Historical Contexts. New York; Oxford: Oxford University Press, 1992.

MADRE DE DEUS, Frei Gaspar da. *Memórias para a história da capitania de São Vicente hoje chamada de São Paulo*. Belo Horizonte: Itatiaia Limitada, 1975 [1797].

MAGALHÃES, J. S.; TRAVAGLIA, L. C. (Orgs.). *Múltiplas perspectivas em linguística*. Uberlândia: Editora da Universidade Federal de Uberlândia, 2008.

MAGALHÃES, J. V. Couto de. *O selvagem*. Belo Horizonte: Itatiaia /São Paulo: Edusp, 1975 [1876].

MAGALHÃES, Joaquim. O açúcar nas ilhas portuguesas do Atlântico. Séculos XV e XVI. *Varia História*, Belo Horizonte, v. 25, n. 41, p. 151-175, 2009.

Referências bibliográficas

MAGALHÃES, Telma. *O uso de artigo definido diante de pronomes possessivos em textos portugueses do século XVI a XIX*. Trabalho de qualificação. Campinas: nstituto de Estudos da Linguagem, Unicamp, 2002.

MAGRO, Catarina. Introdutores de orações infinitivas: o que diz a sintaxe dos clíticos. In: Seminário Tópicos de Sintaxe do Português. 2005. Disponível em: <http://www.clul.ulisboa.pt/files/catarina_magro/trabalho_ID.pdf>. Acesso em: 15 abr. 2018.

MAIA, C. de A. Sociolinguística histórica e periodização linguística: algumas reflexões sobre a distinção entre português arcaico e português moderno. *Diacrítica.* v. 10, p. 3-30, 1995.

MAIA, C. de A. A consciência da dimensão imperial da língua na produção linguístico-gramatical portuguesa. In: A. M. Brito (Org. 2010: 29-49), 2010. Disponível em: <https://ler.letras.up.pt/site/default. aspx?qry=id022id1334&fb=sim>. Acesso em: maio 2010.

MAMIGONIAN, Beatriz. O Bilhete do africano Cyro. In: I. S. Lima; L. Carmo (Orgs. 2014: 379-385), 2014.

MANDELBAUM, D. G. (Ed.). *Selected Writings in Language, Culture, and Personality*. Berkeley / Los Angeles / London: University of California Press, 1994.

MAPA DO ARQUIPÉLAGO DOS AÇORES. Disponível em: <https://br.images.search.yahoo.com/search/ images?p=a%C3%A7ores+mapa&fr=yset_chr_syc_oracle&imgurl=http%3A%2F%2Fi2. wp.com%2Famantesdeviagens.com%2Fwp-content%2Fuploads%2F2015%2F09%2FMapa_Acores. png%3Fresize%3D603%252C405#id=8&iurl=https%3A%2F%2Fupload.wikimedia.org%2Fwikipe dia%2Fcommons%2F2%2F21%2FAzores_Base_Map.png&action=click >. Acesso em: 18 jan. 2010.

MARCÍLIO, Maria Luiza. A população paulistana ao longo dos 450 anos da Cidade. In: Paula Porta (Org. 2004: 245-265), 2004.

MARCÍLIO, Maria Luiza. *História da escola em São Paulo e no Brasil*. São Paulo: Imprensa Oficial do Estado de São Paulo/Instituto Fernand Braudel, 2005.

MARCOVITCH, J. *Pioneiros e empreendedores*: a saga do desenvolvimento no Brasil. São Paulo: Edusp / Saraiva, v. 1, 2006.

MARCOVITCH, J. Júlio Mesquita. In: Jacques Marcovitch (2006: 219-250), 2006.

MARQUES, Marisa Pires. *Mem de Sá*: um percurso singular no império quinhentista português. Tese de Doutorado em História dos Descobrimentos e da Expansão Portuguesa. Lisboa: Universidade de Nova Lisboa, 2017.

MARTINS, Ana Luiza. Imprensa em tempos de império. In: A. L. Martins; T. R. de Luca (2008a: 45-80).

MARTINS, Ana Luiza. *Revistas em Revista*: Imprensa e Práticas Culturais em Tempos de República – São Paulo (1890-1922). São Paulo: Edusp/Fapesp, 2008b.

MARTINS, Ana Luiza; DE LUCA, Tânia Regina. *Imprensa e cidade*. São Paulo: Unesp, 2006.

MARTINS, Ana Luiza; DE LUCA, Tânia Regina. *História da imprensa no Brasil*. São Paulo: Contexto, 2008.

MARTINS, Ana Maria (Coord.). CORDIAL-SIN: *Corpus dialectal para o estudo da sintaxe / Syntax-oriented Corpus of Portuguese Dialects*. Lisboa, Centro de Linguística da Universidade de Lisboa, 2000. Disponível em: http://www.clul.ulisboa.pt/en/10-research/314-cordial-sin-corpus. Acesso em: 19 maio 2019.

MARTINS, Ana Maria. Construções com *se*: mudança e variação no português europeu. In: I. Castro; I. Duarte (Eds. 2003: 19-41), 2003.

MARTINS, Ana Maria. Passive and Impersonal se in the History of Portuguese. In: C. Pusch; J. Kabatek; W. Raible (Eds. 2005: 411-430), 2005.

MARTINS, Ana Maria. Subject Doubling in European Portuguese Dialects: The Role of Impersonal se. In: E. Aboh et al. (Eds. 2009:179-200), 2009.

MARTINS, Ana Maria. Clíticos na história do português à luz do teatro vicentino. *Estudos de Linguística Galega* 3, p. 83-109, 2011.

MARTINS, Ana Maria. A colocação dos pronomes clíticos em sincronia e diacronia. In: A. M. Martins; E. Carrilho (Eds. 2016: 401-430), 2016.

MARTINS, Ana Maria; CARRILHO, E. (Eds.). *Manual de Linguística Portuguesa*. Berlin/Boston: De Gruyter, 2016.

MARTINS, Ananias. Imigrantes esquecidos na fronteira norte. Açorianos na colonização e na cultura. Maranhão, século XVII. In: V. L. Barroso (Org., 2002: 16-41), 2002.

MARTINS, Cleo; LODI, Raul. (Orgs.). *Faraimara*: o caçador traz a alegria. Rio de Janeiro: Pallas, 2000.

MARTINS, José de Souza. O migrante brasileiro em São Paulo. In: P. Porta (Org. 2004, v. 3:153-213), 2004.

MARTINS, Marco Antonio. A sintaxe dos pronomes pessoais clíticos na história do português brasileiro. In: Sônia Cyrino; M. A. Torres Morais (Coords. 2018: 150-209), 2018.

MARTINS, M. A.; ABRAÇADO, J. (Orgs.). *Mapeamento sociolinguístico do português brasileiro*. São Paulo: Contexto, 2015.

MASSEY, D. *Pelo espaço*: uma nova política da espacialidade. Trad. Hilda Pareto Maciel e Rogério Haesbaert. Rio de Janeiro: Bertrand Brasil, 2008.

MATOS, Gregório de. *Obra poética (1633-1696)* 2 vols., 2ª ed. [Ed. de James Amado. prep. e not. de Emanuel Araújo]. Rio de Janeiro: Record, 1990.

MATTOS, Ilmar Rohloff de. *O tempo Saquarema*. São Paulo: Hucitec, 1987.

MATTOS, L. A. *Primórdios da educação no Brasil*: 1549-1570. Rio de Janeiro: Gráfica Editora Aurora, 1958.

MATTOS E SILVA, Rosa Virgínia. Para uma caracterização do período arcaico do português. *D.E.L.T.A*, v. 10, n. especial, p. 247-276, 1994.

MATTOS E SILVA, Rosa Virgínia (Org.). *Para a história do português brasileiro*, v. II, 2 tomos. São Paulo: Humanitas/Fapesp, 2001.

MATTOS E SILVA, Rosa Virgínia. O português são dois... ainda em busca do tempo perdido. In: E. Gorski; I. Coelho (Orgs. 2006: 277-288), 2006.

MATTOSO, Kátia M. de Queiroz. S*er escravo no Brasil*. São Paulo: Brasiliense, 1982.

MEILLET, Antoine. *Linguistique historique et linguistique générale*. Champion: Paris, 1906.

MELLO E SOUZA, L. de (Org.). *História da vida privada no Brasil*, v. 1 *Cotidiano e vida privada na América portuguesa*. São Paulo: Companhia das Letras, 1997.

MELLO, Evaldo C. da. *Rubro veio*: o imaginário da restauração pernambucana. Rio de Janeiro: Nova Fronteira, 1986.

MELLO NETTO, João C. *Poesia completa 1940-1980*. Lisboa: Imprensa Nacional-Casa da Moeda, 1986.

MELO, José Marques de. *História social da imprensa*: fatores socioculturais que retardaram a implantação da imprensa no Brasil. Porto Alegre: EDIPUCRS, Coleção Comunicação, 27, 2003.

MELO, Mário Lacerda. *Metropolização e subdesenvolvimento*: o caso do Recife. Recife: UFPE, 1978.

MENDES, Jairo Faria. O "Silêncio das Gerais": o nascimento tardio e a lenta consolidação dos jornais mineiros. In: Guilherme Jorge de Rezende (Org. 2012: 16-23), 2012.

MENESES, Ulpiano T. B. O fogão da *Société Anonyme du Gaz*: Sugestões para uma leitura histórica da imagem publicitária. *Projeto História* – Revista do Programa de Estudos Pós-Graduados de História da PUC-SP, v. 21, p. 105-119, 2000.

MENEZES, M.S. *Os casais Açorianos no povoamento de Santa Catarina*. Boletim do Instituto Histórico da Ilha Terceira, n. 10: 40-105, 1952.

MENEZES, Raimundo de. *Cartas e documentos de José de Alencar*. São Paulo: Imprensa Oficial do Estado, 1967.

MENON, Odete. Sobre a datação de você, ocê e senhorita. *Forum Linguístico*. Florianópolis, v. 6, n. 1, jan-jun, p. 45-71, 2009. Disponível em: <https://periodicos.ufsc.br/index.php/forum/article/view/1984-8412.2009v6n1p45/11865>. Acesso em: 12 jun. 2018.

MESGRAVES, Laima. De bandeirante a fazendeiro: aspectos da vida social e econômica em São Paulo colonial. In: Paula Porta (Org. 2004: 115-139), 2004.

MESQUITA FILHO, Júlio de; MESQUITA, Marina. *Cartas do exílio*. São Paulo: Terceiro Nome, 2006.

MESQUITA FILHO, Ruy. Os missivistas. In: Júlio de Mesquita Filho e Marina Mesquita (2006: 11-21), 2006.

MESQUITA FILHO, Ruy. Sobre a formação escolar de Marina Mesquita (mensagem pessoal). Mensagem recebida por helcius@usp.br.

MESQUITA, Júlio. Cartas pessoais. In: *Arquivo do Estado de São Paulo*. Coleção: Arquivo Privado Washington Luís. Referência do documento: 19801005, São Paulo, 28-01-1907.

MESQUITA, Júlio. Cartas pessoais. In: *Arquivo do Estado de São Paulo*. Coleção: Arquivo Privado Washington Luís. Referência do documento: 19801012 S. Paulo, 28-11-1907.

Referências bibliográficas

MESQUITA, Júlio. Cartas pessoais. In: *Arquivo do Estado de São Paulo*. Coleção: Arquivo Privado Washington Luís. Referência do documento: 19801013 S. Paulo, 12-12-1907.

MESQUITA, Júlio. Cartas pessoais. In: *Arquivo do Estado de São Paulo*. Coleção: Arquivo Privado Washington Luís. Referência do documento: 19801002 S. Paulo, 25-3-1911.

MESQUITA, Júlio. Cartas pessoais. In: *Arquivo do Estado de São Paulo*. Coleção: Arquivo Privado Washington Luís. Referência do documento: 19801010 S.Paulo, 30-03-1922.

MESQUITA, Júlio. Cartas pessoais. In: *Arquivo do Estado de São Paulo*. Coleção: Arquivo Privado Washington Luís. Referência do documento: 19801008 S. Paulo, 07-10-1922.

MESQUITA, Júlio. Cartas pessoais. In: *Arquivo do Estado de São Paulo*. Coleção: Arquivo Privado Washington Luís. Referência do documento: 19801007 S. Paulo, 26-12-1922.

MESQUITA, Júlio. Cartas pessoais. In: *Arquivo do Estado de São Paulo*. Coleção: Arquivo Privado Washington Luís. Referência do documento: 19801006 Rio de Janeiro, 07-10-1923.

MESQUITA, Júlio. Cartas pessoais. In: *Arquivo do Estado de São Paulo*. Coleção: Arquivo Privado Washington Luís. Referência do documento: 19801004, Rio de Janeiro, 15-11-1923.

MESTHRIE, Rajend. *English in Language Shift*: The History, Structure and Sociolinguistics of South African Indian English. Cambridge: Cambridge University Press, 1992.

MEYER-LÜBKE, W. *Introduccíon al Estudio de la Lingüística Romance*, Madrid: Tip. de la Revista de Archivos, Bibliotecas y Museos, 1914[1909].

MIAZZI, Maria Luísa Fernandez. *Introdução à linguística românica*. São Paulo: Cultrix, 1975.

MILROY, L. *Language and social network*. Oxford: Blackwell, 1980.

MODESTO, Marcello. Null Subjects in Brazilian Portuguese: Critique of Two Possible Analyses. In: M. A. Torres Morais; M. L. Andrade (Coords. 2009: 99-122), 2009.

MODOLO, Marcelo. *Gramaticalização das conjunções correlativas no português*. Tese de Doutorado. São Paulo: Universidade de São Paulo, 2004.

MONARCHA, Carlos. *Escola Normal da Praça*: o lado escuro das luzes. Campinas: Ed. Unicamp, 1999.

MONTE, Vanessa. *Correspondências paulistas*: as formas de tratamento em cartas de circulação pública (1765-1775). Tese de Doutorado em Língua Portuguesa. São Paulo: Faculdade de Filosofia, Letras e Ciências Humanas, USP, 2013.

MONTE CARMELO, Luis. *Compendio de ortographia*. Lisboa: Officina de Antonio Rodrigues Galhardo, 1767.

MONTEIRO, John. *Negros da terra*: índios e bandeirantes nas origens de São Paulo. São Paulo: Companhia das Letras, 1995.

MONUMENTA BRASILIAE, carta de 5/08/1552, assinada por Diogo Tinambé Piribira Mongeta Quatia.

MORAES, Carmen Sylvia Vidigal. *O ideário republicano e a educação*: o colégio culto à ciência de Campinas (1869 a 1892). Dissertação de Mestrado em Educação. São Paulo: Faculdade de Educação da Universidade de São Paulo, 1981.

MORAES DE CASTILHO, Célia Maria. Seria quatrocentista a base do português brasileiro? In: R.V. Mattos e Silva (Org. 2001, vl. 2: 57-90), 2001.

MORAES DE CASTILHO, Célia Maria. A linguagem dos inventários e testamentos: lendo nas entrelinhas. In: M. S. C. Bassanezi; T. R. Botelho (Orgs. 2009: 257-272) 2009a.

MORAES DE CASTILHO, Célia Maria. Estrutura discursiva dos Inventários e Testamentos de São Paulo (séculos. XVI-XVII). In: A. T. de Castilho (Org. 2009: 665-698), 2009b.

MORAES DE CASTILHO, Célia Maria. O problema da concordância de número nos inventários produzidos na vila de São Paulo do Campo: séculos XVI-XVII. In: V. Aguilera (Org. 2009, tomo 1: 223-264) 2009c.

MORAES DE CASTILHO, Célia Maria. Inventários e testamentos como documentos linguísticos. *Filologia e Linguística Portuguesa* 13 (1): 269-286, 2011.

MORAES DE CASTILHO, C. M. *Fundamentos sintáticos do português brasileiro*. São Paulo: Contexto, 2013.

MOTT, Luiz R. B. Uma escrava escreve uma carta no Piauí. *Mensário do Arquivo Nacional*, 10, 5, p. 7-10, 1979.

MOTT, Maria Lúcia. A criança escrava na literatura de viagens. *Cadernos de Pesquisa* (Fundação Carlos Chagas), São Paulo, v. 31, p. 57-68, 1979.

História do Português Brasileiro

MOTT, Luiz R.B. *Piaui colonial*: população, economia e sociedade. Teresina, Projeto Petrônio Portela, 1985.

MOTT, Maria Lúcia. Biografia de uma revoltada: Ercilia Nogueira Cobra. *Cadernos de Pesquisa* (Fundação Carlos Chagas), São Paulo, v. 58, p. 89-104, 1986.

MOURA, Clóvis. Verbete: Garcia, Esperança. In: Luiz R. B. Mott, 2004 [1985].

MOURA FILHA, M. B.; SOARES, M. S. M. A sociedade como agente modelador das vilas e cidades coloniais: um estudo de caso na Filipéia de Nossa Senhora das Neves nos séculos XVI e XVII. In: R. Chambouleyron; K. Arenz (Orgs. 2014, v. 6: 171-174), 2014.

NARO, A. The Genesis of Reflexive Impersonal in Portuguese: A Study in Syntactic Change as a Surface Phenomenon. *Language*, v. 52, n. 4, p. 779-811, 1976.

NARO, A. J. (Org.). *Projeto subsídios sociolinguísticos do censo à educação*, 3 vols. Rio de Janeiro: Universidade Federal do Rio de Janeiro, 1986.

NARO, A. J. SCHERRE, Maria Marta. Sobre as origens do português popular brasileiro. *D.E.L.T.A.*, v. IX, número especial, p. 437-455, 1993.

NARO, Anthony Julius; SCHERRE, Maria Marta. *Origens do português brasileiro*. São Paulo: Parábola Editorial, 2007.

NASCENTES, A. *O linguajar carioca*. 2ª ed. Rio de Janeiro: Organização Simões, 1953.

NASCENTES, A. *Bases para a elaboração de Atlas Linguístico do Brasil*, v. I. Rio de Janeiro: Casa de Ruy Barbosa, 1958.

NEGRÃO, Esmeralda V.; MÜLLER, Ana Lúcia. As mudanças no sistema pronominal do português brasileiro: substituição ou especialização de formas? *D.E.L.T.A.* 12 (1): p. 125-152, 1996.

NEME, Luiz Gonzaga da Silva. *Genealogia paulistana*. Disponível em: <www.arvore.net.br/Paulistana>. Acesso em 2003.

NEMÉSIO, Vitorino. *O mistério do Paço do Milhafre*. Lisboa: Livraria Bertrand, 1924.

NEMÉSIO, V. *Obras completas de Alexandre Herculano*. Cartas de Vale de Lobos a José Cândido dos Santos. Lisboa: Livraria Bertrand, 1981, v 3.

NEMÉSIO, V. Breve meditação. *Seara Nova*, ano VIII, n.175, 28.08.1929. Reeditado em M. M. M. Gouveia (Org. 1986), 1986.

NEMÉSIO, V. *Mau tempo no canal*. 6ª ed., Lisboa: Bertrand, 1986 [1944].

NEMÉSIO, V. *Os Açorianos e os Açores*: A águia. v. V. 1, 4ª série. Porto, 1928. Reeditado em M. M. M. Gouveia (Org. 1986), 1986.

NIZZA DA SILVA, M. Beatriz. *Documentos para a história da imigração portuguesa no Brasil (1850-1938)*. Rio de Janeiro: Editorial Nórdica, 1992.

NIZZA DA SILVA, Maria Beatriz. *Análise de estratificação social (o Rio de Janeiro de 1808 a 1821)*. São Paulo: FFLCH-USP (Departamento de História), 1995.

NOLL, Volker. *Das brasilianische Portugiesisch*. Herausbildung and Kontraste. Heidelberg: Winter, 1999. Tradução para o português de Mário Viaro: *O português brasileiro*: formação e contrastes. Rio de Janeiro: Globo, 2008.

NOLL, Volker. O mito da origem portuguesa do chiamento carioca. In: S. S. C. Ribeiro; S. B. B. Costa; S.A. M. Cardoso (Orgs. 2009: 306-319), 2009.

NOVINSKY, Anita. *Nova renascença*: diáspora judaica. Porto: Jornal Anual, 2000.

NUNES, Jairo. *O famigerado se*: uma análise sincrônica e diacrônica das construções com *se* apassivador e indeterminador. Dissertação de Mestrado em Linguística. Campinas: Instituto de Estudos da Linguagem/Unicamp, 1990.

NUNES, Jairo. *Se* apassivador e *se* indeterminador: o percurso no português brasileiro. *Cadernos de Estudos Linguísticos* 20, 1991: p. 33-57, 1991.

NUNES, Jairo. Direção de cliticização, objeto nulo e pronome tônico na posição de objeto em português brasileiro. In: I. Roberts e M. Kato (Orgs. 1993: 207-222), 1993.

OLIVEIRA, Bento José de. *Nova grammatica portuguesa*. Coimbra: Imprensa da Universidade, 1862. Disponível em: <http://purl.pt/17362/3/#/7>. Acesso em: 14 set 2020.

OLIVEIRA, Gilvan M. de. Matrizes da língua portuguesa no Brasil meridional: 1680-1830. In: R. V. Mattos e Silva (Org. 2001: 401-420), 2001.

Referências bibliográficas

OLIVEIRA, Gilvan M. de. *Política linguística – política historiográfica*. Epistemologia e escrita da história da(s) língua(s) a propósito da língua portuguesa no Brasil meridional (1759-1830). Tese de Doutorado em Linguística. Campinas: Universidade Estadual de Campinas, 2004.

OLIVEIRA, Klebson. Aquisição da escrita em textos de africanos e afro-descendentes no Brasil do século XIX: grafias para sílabas complexas, por exemplo. In: Tania Lobo; Ilza Ribeiro; Zenaide Carneiro e Norma Almeida (Orgs 2006, t. 1: 469-493), 2006a.

OLIVEIRA, Klebson. *Negros e a escrita no Brasil do século XIX*: sócio-história, edição filológica de documentos e estudo linguístico. Tese de Doutorado em Letras e Linguística, 2 vols. Salvador: Instituto de Letras/UFBA, 2006b.

OLIVEIRA, Klebson. Ajuntamento de fontes para a história do português popular brasileiro: amores, desamores e outras dores. *Cadernos de Estudos Linguísticos*. 50 (2), p. 217-230, jul./dez., 2008.

OLIVEIRA, Klebson. Tem Afrânio razão? A posse das letras por dois negros do século XIX. In: Vanderci Aguilera (Org. 2009, t. I: 285-343), 2009.

OLIVEIRA, Klebson. Textos de escravos no Brasil oitocentista: os tempos de uma edição filológica e de uma antologia comentada de alguns fatos linguísticos. *Filologia e Lingüística Portuguesa*, v. 10/11, p. 189-220, 2009.

OLIVEIRA, Klebson; LOBO, Tânia Conceição Freire. Introdução (ou sobre como a África, no Brasil, avista a escrita). In: Tânia Lobo; Klebson Oliveira. (Org. 2009: 6-49).

OLIVEIRA, Maria Inês C. de. Quem eram os "negros da Guiné"? A origem dos africanos na Bahia. *Afro-Ásia*, no. 19/ 20, 1997, p. 33-73.

OLIVEIRA, M. M.; COSTA, Milena Lepsch; CALEGÁRIO, P. M. S. D.; CUNHA LACERDA, Patrícia Fabiane Amaral da. A história social da língua portuguesa em Juiz de Fora no século XIX. *Principia*, Juiz de Fora, v. 16, p. 136-143, 2013.

OLIVEIRA, Marilza. Mudanças fonológicas explicam o enfraquecimento da morfologia verbal no PB? *Boletim da Abralin*. Fortaleza: Universidade Federal do Ceará, v. 26, p. 455-457, 2001.

OLIVEIRA, Marilza de. Para a história social da língua portuguesa em São Paulo: séculox XVI-XVIII. *Linguística*, v. 14: p. 323-351, 2002.

OLIVEIRA, Marilza de. Complementos verbais introduzidos pela preposição 'a'. In: J. Ramos; M. Alkmim (Orgs. 2007:197-234), 2007.

OLIVEIRA, Marilza de. Para a história social da língua portuguesa em São Paulo: séculos XVI e XVIII. In: A. T. de Castilho (Org. 2009: 185- 208), 2009.

OLIVEIRA, Marilza. Pluricentrismo na Arena Linguística. In: Augusto Soares da Silva; Amadeu Torres; Miguel Gonçalves (Orgs. 2011: 681-694), 2011.

OLIVEIRA, Marilza de. Colocação pronominal: índice social da elite intelectual. Comunicação apresentada no SINEFIL – V Simpósio Nacional de Estudos Filológicos e Linguísticos. UFMS – Campo Grande, 2013.

OLIVEIRA, Marilza. Mudança, estandardização e o significado social da ênclise pronominal. Comunicação apresentada no III Colóquio Internacional de Linguística Histórica, promovido pelo Centro de Estudos de Linguística Geral e Aplicada da Universidade de Coimbra (CELGA/ILTEC), 2017.

OLIVEIRA, Marilza de; KEWITZ, Verena. A representação do caipira na imprensa paulista do século XIX. In: A. T. de Castilho (Org. 2009: 83-98 e 209-238), 2009.

OLIVEIRA JR., Miguel (Org.). *NURC 50 anos (1969-2019)*. São Paulo: Parábola, 2019.

OMEGNA, Nelson. *A cidade colonial*. Rio de Janeiro: Livraria José Olympio Ed., 1961.

PAGOTTO, Emílio. *A posição dos clíticos em português*: um estudo diacrônico. Dissertação de Mestrado em Linguística. Campinas: Instituto de Estudos da Linguagem/Unicamp, 1992.

PAGOTTO, Emílio. Clíticos, mudança e seleção natural. In: I. Roberts; M. Kato (Orgs. 1993: 185-206), 1993.

PAGOTTO, Emílio. Norma e condescendência, ciência e pureza. *Línguas Instrumentos Linguísticos*, n. 2, Campinas, p. 49-68, 1998.

PAGOTTO, Emílio. A norma das construções e a constituição da norma no século XIX. Comunicação apresentada no III Seminário para a História do Português do Brasil. Campinas: Unicamp, 1999.

PAGOTTO, Emílio; DUARTE, M. Eugênia. Gênero e norma: avós e netos, classes e clíticos no final do século XIX. In: C.R. Lopes (Org. 2009: 67-81), 2009.

PAIVA, C. A.; GODOY, M. M. Território de contrastes: economia e sociedade nas Minas Gerais do século XIX. In: X Seminário sobre economia Mineira. 2002. Disponível em: <http://www.researchgate.net/ publication/4805244_Territrio_de_contrastes_-_economia_e_sociedade_das_Minas_Gerais_do_sculo_XIX.> Acesso em: 10 dez. 2014.

PAIVA, José Maria de. Educação jesuítica no Brasil Colonial. In: E. Lopes; L. Faria Filho; C. Veiga (Orgs. 2011: 43-59), 2011.

PAIVA, M. C.; DUARTE, M. E. L. *Mudança linguística em tempo real*. Rio de Janeiro: Contra Capa / Faperj, 2003.

PAIXÃO E SOUZA, M. C. *Língua barroca*: sintaxe e história do português nos seiscentos. Tese de Doutorado em Linguística. Campinas: Instituto de Estudos da Linguagem / Unicamp, 2005.

PAIXÃO E SOUZA, M. C.; KEWITZ, Verena. Vésperas brasilianas: uma agenda para os estudos sintáticos do português brasileiro nos primeiros séculos. *Revista Portuguesa de Humanidades*. Estudos Linguísticos. V.15-1, p. 67-92. Braga: Universidade Católica Portuguesa, 2011.

PALMA, D. Do registro à sedução: os primeiros tempos da fotografia na publicidade brasileira. *Revista Histórica* – Publicação trimestral do Arquivo do Estado de São Paulo, n. 01, p. 28-40, abril de 2005.

PAREDES DA SILVA, Vera Lúcia. *Cartas cariocas*: a variação do sujeito na escrita informal. Tese de Doutorado em Linguística. Rio de Janeiro: Universidade Federal do Rio de Janeiro, 1988.

PASCAL, Maria Aparecida Macedo. *Portugueses em São Paulo*: a face feminina da imigração. São Paulo: Expressão e Arte, 2005.

PEDRO I, Dom. *Cartas de Pedro I à Marquesa de Santos*: notas de Alberto Rangel. Rio de Janeiro: Nova Fronteira, 1984.

PEIXOTO, Afrânio. *História do Brasil*. Rio de Janeiro: Livraria Nacional, 1944.

PENA, Martins. *Comédias*. Edição crítica por Darcy Damasceno, Rio de Janeiro: Ed. Ouro, 1956.

PEREIRA, Avanete. *Poder local e cotidiano*: a Câmara de Salvador no século XVIII. Dissertação de Mestrado. Salvador: Programa de Pós-Graduação em História, Universidade Federal da Bahia, 1996.

PEREIRA, Eduardo Carlos. *Grammatica expositiva*. São Paulo: Weiszflog Irmãos & Co., 1907.

PEREIRA, Fernando Jasmins. *Estudos sobre história da Madeira*. Funchal: C.E H.A., 1991.

PEREIRA DE SOUZA, Washington Luís. *Na capitania de São Vicente*. Brasília: Edições do Senado Federal, Edições eletrônicas, 2004.

PESSOA, Fernando. *Correspondência inédita*. Lisboa: Livros Horizonte, 1996.

PESSOA, Marlos de B. *Formação de uma variedade urbana e semi-oralidade*: o caso do Recife. Tese de Doutorado em Linguística Românica. Tübingen: Eberhard Karls Universität, 1997.

PESSOA, Marlos de B. Da carta a outros gêneros textuais. In: M. E. L. Duarte; D. Callou (Orgs. 2002: 197-205), 2002.

PESSOA, Marlos de B. *Língua, textos e história*: manuscritos e impressões na história do português brasileiro. Recife: Programa de Pós-Graduação da UFPE, 2005.

PETRONE, Pasquale. *Aldeamentos paulistas*. São Paulo: Edusp, 1995.

PIAZZA, Walter Fernando. *A epopeia açórico-madeirense (1748-1756)*. Florianópolis: Editora da UFSC/Lunardelli, 1992.

PIAZZA, Walter Fernando. *Santa Catarina*: sua história. Florianópolis: Ed. da UFSC/Lunardelli, 1983.

PIERONI, Geraldo. *Os excluídos do reino*. Brasília: Ed. Universidade de Brasília; Imprensa Oficial do Estado, 2000.

PIERONI, Geraldo. *Banidos*: A inquisição e a lista dos cristão novos condenados a viver no Brasil. Rio de Janeiro: Bertrand Brasil, 2003.

PIMENTEL, Afonso Alberto. *Identidade, globalização, açorianidade*. Dissertação de Mestrado em Estudos Interculturais: Dinâmicas Insulares. Ponta Delgada: Universidade dos Açores, 2013. Disponível em: <https://repositorio.uac.pt/bitstream/10400.3/3104/2/DissertMestradoAfonsoAlbertoPereiraPimentel2013.pdf>. Acesso em: 29 dez. 2017

PINTO, Edith Pimentel. *Português do Brasil*: textos críticos e teóricos: 1820-1920. Fontes para a teoria e a literatura. Rio de Janeiro: Livros Técnicos e Científicos / São Paulo: Edusp, 1978.

PINTO, Maria Luís; RODRIGUES, José Damião. Aspectos do povoamento da ilha da Madeira e Porto Santo nos séculos XV e XVI. In: *Actas do III Colóquio Internacional de História da Madeira*. Funchal, p. 403-471, 1993.

Referências bibliográficas

PINTO, Maria Luís; RODRIGUES, José Damião; MADEIRA, Artur. A base demográfica. *Nova História de Portugal*, V. VII. Lisboa: Presença, 2001.

PINTO, M. L. R.; RODRIGUES, T. F. O povoamento das ilhas da Madeira e do Porto Santo nos séculos XV e XVI. In: C. Santos; P. Matos (Orgs. 2013: 15-54), 2013.

PIRES, Francisco (padre). Cartas 1552. In: Leite (2006 [1945], t. 1: 47), 2006.

PIRES, Mário Sérgio. *Sobrados e barões da velha São Paulo*. São Paulo: Manole, 2006.

PONTES, Eunice. *O tópico no português do Brasil*. Campinas: Pontes, 1987.

PORTA, P. (Org.). *História da cidade de São Paulo*: a cidade colonial 1554-1822, v. 1. São Paulo: Paz e Terra, v. 2, 3, 2004.

PRESTES, Gabriel. *Relatório da Escola Normal* apresentado ao Sr. Dr. Alfredo Pujol pelo Director Gabriel Prestes. São Paulo, São Paulo, Typografia do Diário Official, 1896.

PROJETO ATLAS LINGUÍSTICO DO BRASIL. Disponível em: <www.alib. ufba.br>. Acesso em: 30 nov. 2011.

PUSCH, C.; KABATEK, J.; RAIBLE, W. (Eds.). *Romance Corpus Linguistics II*: Corpora and Diachronic Linguistics. Tübingen: Gunter Narr Verlag, 2005.

QUEIROZ, Eça. *Eça de Queiroz entre os seus*: cartas íntimas. Lisboa: Livraria Lello & Irmão Ed., 1948.

QUEIROZ, José Maria Eça de; MARTINS, Joaquim Pedro de Oliveira. *Correspondência*. Campinas, SP: Ed. Unicamp, 1995.

QUEIROZ, Sônia. *Pé preto no barro branco*: a língua dos negros da Tabatinga. Belo Horizonte: Editora UFMG, 1998.

RAGO, M. A invenção do cotidiano na metrópole: sociabilidade e lazer em São Paulo, 1900-1950. In: P. Porta (Org. 2003, v. 2: 387-435), 2003.

RAMOS, Artur. *Introdução à antropologia brasileira*, vol 3, 3ª ed. Rio de Janeiro: Casa do Estudante do Brasil, 1937.

RAMOS, Artur. *As culturas negras no novo mundo*. Rio de Janeiro: Civilização Brasileira, 1937.

RAMOS, Jânia M. O emprego de preposições no português do Brasil. In: F. L. Tarallo (Org. 1989: 83-93), 1989.

RAMOS, Jânia M. *Teoria do caso e mudança linguística*: uma abordagem gerativo-variacionista. Tese de Doutorado em Linguística. Campinas: IEL/Universidade Estadual de Campinas, 1992.

RAMOS, Jânia M. *Três falares de Minas*: releitura sociolinguística de uma proposta dialetológica. II Congresso Internacional de Dialetologia e Sociolinguística: Diversidade Linguística e Políticas de Ensino, Belém (PA), apresentação oral, 2012.

RAMOS, Jânia M.; ALKMIM, M. G. R. (Orgs.). *Para história do português brasileiro*, v. V: Estudos sobre mudança linguística e história social. Belo Horizonte: FALE/UFMG, 2007.

RAMOS, Jânia M.; VENÂNCIO, Renato P. Topônimos mineiros: uma fonte para a história social da língua portuguesa. In: M. Eugênia Duarte; Dinah Callou (Orgs. 2002: 113-123), 2002.

RAMOS, Jânia M.; VENÂNCIO, Renato P. Por uma cronologia do português escrito no Brasil. In: Tânia Lobo et al. (Orgs. 2006, t. II: 575-584), 2006.

RAMOS, R. *Do reclame à comunicação*: pequena história da propaganda no Brasil. 4ª ed. São Paulo: Atual, 1987.

RAPOSO, E.; URIAGEREKA, J. Indefinite *se*. *Natural Language and Linguistic Theory*, v. 14, n. 4, p. 749-810, nov. 1996.

RAPOSO, Eduardo B. P. et al. (Comissão Organizadora). *Gramática do português*. Lisboa: Fundação Calouste Gulbenkian, vols. I e II, 2013.

RAZKY, A.; LIMA, A. F. DE; OLIVEIRA, M. B. DE; COSTA, E. O. da. (Orgs.). *Estudos sociodialetais do português brasileiro*. Campinas: Pontes, v. 1, 2014.

REBELO, H. Representações literárias das vogais orais madeirenses: os sistemas pré-acentuado e pós-acentuado. In: R. Samartim et al. (Orgs. 2015: 127-144), 2015. Disponível em: <https://www.unicv.edu.cv/images/ail/48Rebelo.pdf>. Acesso em: 21 ago. 2018.

REGISTRO DE DIPLOMAS DE HABILITAÇÃO – Escola Normal da Capital, 1888, 1894-1899. Acervo Histórico Caetano de Campos / Centro de Referência em Educação Mário Covas.

REIS, João José; GOMES, Flávio dos Santos; CARVALHO, Marcus. *O alufá Rufino*: tráfico, escravidão e liberdade no Atlântico Negro (1822-1853). São Paulo: Companhia das Letras, 2010.

323

REIS, João José. *Rebelião escrava no Brasil*: a história do levante dos malês em 1835. Edição revista e ampliada. São Paulo: Companhia das Letras, 2003.

RÉVAH, Paul. *La langue de Gil Vicente*. Paris: Klincksieck, 1959.

REZENDE, Antônio Paulo. *O Recife*: histórias de uma cidade. Recife: Fund. de Cultura Cidade do Recife, 2002.

REZENDE, G. J. de (Org.). *Impasses e perspectivas da imprensa em Minas Gerais*. São João Del Rey: Universidade Federal de São João del Rei, 2012.

RIBAMAR, José; ROSA, Maria Carlota (Orgs.). *Línguas gerais*: política linguística e catequese na América do Sul no período colonial. Rio de Janeiro: EDUERJ, 2003.

RIBEIRO, Darcy. *Os índios e a civilização*: a integração das populações indígenas no Brasil moderno. Petrópolis: Vozes, 1977.

RIBEIRO, Ilza. A mudança sintática do português brasileiro é mudança em relação a que gramática? In: A.T. de Castilho (Org. 1998: 101-119), 1998.

RIBEIRO, Ilza. O sujeito nulo no português popular brasileiro. In: M. A. C. R. Torres; M. L. C. V. O. Andrade (Orgs. 2009: 83-98), 2009.

RIBEIRO, João. *A língua nacional e outros estudos linguísticos*. Petrópolis: Vozes, 1979 [1921].

RIBEIRO, J. et al. *Esboço de um atlas linguístico de Minas Gerais* – v. 1. Rio de Janeiro: Fundação Casa de Rui Barbosa / Juiz de Fora: Universidade Federal de Juiz de Fora, 1977.

RIBEIRO, Julio C. *Grammatica portugueza*. 3ª ed. Rio de Janeiro: Livraria Francisco Alves, 1889; 12ª ed. Rio de Janeiro: Francisco Alves, 1914 [1881].

RIBEIRO, Maria Alice Rosa. *História sem fim... inventário da saúde pública*. São Paulo 1880-1930. São Paulo: Editora da Universidade Estadual Paulista, 1993.

RIBEIRO, Priscilla. *A ordem de constituintes sentenciais no português paulista*. Dissertação de Mestrado. São Paulo: Universidade de São Paulo, 2010.

RIBEIRO, P. R. O. *(Re)descobrindo o falar mineiro através da história social da zona da mata*. Tese de Doutorado em Linguística. Juiz de Fora: Universidade Federal de Juiz de Fora, 2013.

RIBEIRO, P. R. O.; SOARES, M.S.; CUNHA LACERDA, P. F. A. da. A realização da noção de existência no mineirês: um estudo da variação dos verbos ter, haver e existir. *Revista Signótica*, v. 25, p. 533-559, 2013.

RIBEIRO, S. S. C.; COSTA, S. B. B.; CARDOSO, S. A. M. (Orgs.). *Dos sons às palavras*: nas trilhas da língua portuguesa [online]. Salvador: Editora da Universidade Federal da Bahia, 2009.

RICUPERO, Rodrigo Monteferrante. A formação da elite colonial através da conquista territorial (c. 1530-c. 1630). In: *Anais do XVII Encontro Regional de História – O lugar da História*. ANPUH/SPUNICAMP. Campinas, 6 a 10 de setembro de 2004. Cd-rom, 2004.

RICUPERO, Rodrigo. *A formação da elite colonial*: Brasil c.1530-1630. São Paulo: Alameda, 2008.

RILEY, Carlos Guilherme. A emigração açoriana para o Brasil no século XIX: braçais e intelectuais. *Arquipélago, História*, 2ª série, v. VII: p. 143-172, 2003.

RIO, J. do (pseudônimo do jornalista João Paulo Emílio Cristóvão dos Santos Coelho Barreto). Tabuletas. *A alma encantadora das ruas*. São Paulo: Companhia das Letras, p. 97-102, 2008.

ROBERTS, Ian. Taraldsen's Generalisation and Language Change: Two Ways to Lose Null Subjects. In: M. A. Torres Morais; M. L. Andrade (Orgs. 2009: 27-60), 2009.

ROBERTS, I.; KATO, M. (Orgs.). *Português brasileiro*: uma viagem diacrônica: homenagem a Fernando Tarallo. Campinas: Editora da Unicamp, 1993; 2ª ed.: São Paulo: Contexto, 2018.

ROCCO, Salvador et al. *Poliantéia comemorativa*: *1846-1946*: 1º Centenário do Ensino Normal de São Paulo. São Paulo: Graphica Brescia, 1946.

ROCHA, A. P. A.; ANTUNES, L. B. Divisão dialetal em Minas Gerais: notas sobre os aspectos fonéticos. In: A. Rrazky; A. F. Lima; M. B. de Oliveira (Orgs. 2014, v. 1: 97-111), 2014.

ROCHA, A. P. A.; RAMOS, J. M. Estudos de dialetologia em Minas Gerais: breve histórico. *Estudos*, Salvador, v. 41, p. 71-86, 2010.

ROCHA, Gilberto P. N.; RODRIGUES, José Damião; MADEIRA, Artur B.; MONTEIRO, A. O arquiélago dos Açores como região de fronteira. Comunicação apresentada no VI Congresso da Asociación de Demografía Histórica / Escola Superior de Educação Castelo Branco. Castelo Branco: p.105-140, 2001. Disponível em: <https://docplayer.com.br/42662737-O-arquipelago-dos-acores-como-regiao-de-fronteira.html>. Acesso em: jun. 2019.

Referências bibliográficas

ROCHER, Guy. *Sociologia geral*. 2ª ed. Trad. Ana Ravara. Lisboa: Presença, v. 5, 1977.

RODRIGUES, Aryon D. *Línguas brasileiras*: para o conhecimento das línguas indígenas. São Paulo: Loyola, 1986.

RODRIGUES, Aryon D. As línguas gerais sul-americanas. *Papia*. Revista de Crioulos de Base Ibérica 4 (2). Brasília: Thesaurus Editora/UNB, p. 6-18, 1996.

RODRIGUES, João Lourenço. *Um retrospecto*: alguns subsídios para a história pragmática do ensino público em São Paulo. São Paulo: Instituto D. Anna Rosa, 1930.

RODRIGUES, José Honório. *A vitória da língua portuguesa no Brasil colonial*. Humanidades, v. 1, n. 4. Brasília, 1983, p. 22-41.

RODRIGUES, José; MADEIRA, Artur. Rivalidades imperiais e emigração: os açorianos no Maranhão e no Pará nos séculos XVII e XVIII. *Anais de História de Além-Mar*, v. IV, p. 247-263, 2003.

RODRIGUES, José D.; ROCHA, Gilberta. A emigração açoriana para o Brasil: ritmos e destinos. *Deslocamentos & Histórias*: os portugueses, p. 245-258. Florianópolis: Editora da Universidade Federal de Santa Catarina, 2008. Disponível em: <http://docplayer.com.br/58210314-O-brasil-ritmos-e-destinos.html>. Acesso em: 30 maio 2018.

RODRIGUES, Marly. *A década de 50*. 4ª ed. São Paulo: Ática, 2003.

RODRIGUES, Raimundo Nina. *Os africanos no Brasil*. 5ª ed.: São Paulo: Companhia Editora Nacional, 1977 [1932].

RODRIGUES, Teresa. Portugal nos séculos XVI e XVII. Vicissitudes da dinâmica demográfica. *População e Prospectiva*: Working Papers. Funchal: Centro de Estudos de População, Economia e Sociedade, s/d. Disponível em: <http://www.cepese.pt/portal/pt/publicacoes/colecoes/working-papers/populacao-e-prospectiva/portugal-nos-seculos-XVI-e-XVIi.-vicissitudes-da-dinamica-demografica/Portugal-nos-seculos-XVI-e-XVII-Vicissitudes-da.pdf>. Acesso em: 20 abr. 2019.

ROGERS, F. M. Insular Portuguese Pronunciation: Porto Santo, Eastern Azores. *Hispanic Review*, XVI, n.1: p.1-33, 1948. Disponível em: <http://www.jstor.org/stable/470808>. Acesso em: 28 jun. 2018.

ROGERS, F. M. Insular Portuguese Pronunciation: Central and Western Azores. *Hispanic Review XVII*, n.1: p.47-70, 1949.

ROMERO, Silvio. *Estudos sobre a poesia popular* (1879-1880). Rio de Janeiro: Typ. Laemmert & C., 1888.

ROSSI, Nelson. *Atlas prévio dos falares baianos*. Rio de Janeiro: MEC/INL, 1963.

RUBERT, Arlindo. *A igreja no Brasil*: expansão territorial e absolutismo estatal (1700-1822). Vol. III. Santa Maria: Editora Pallotti, 1988, p. 145.

SAHLINS, Marshall. *Ilhas de História*. Rio de Janeiro: Zahar, 1990.

SAID ALI, Manuel. O pronome "se". In: M. Said Ali. *Dificuldades da língua portuguesa*. Rio de Janeiro / São Paulo: Laemmert, C. Livreiros, p. 115-142, 1908.

SAINT-HILAIRE, A. de. *Viagem pelas províncias do Rio de Janeiro e Minas Gerais*. Tradução de Vivaldi Moreira. Belo Horizonte: Itatiaia / São Paulo: Edusp, 1975.

SALIBA, Elias Thomé. *Raízes do riso*: a representação humorística na história brasileira – da Belle Époque aos primeiros tempos do rádio. São Paulo: Companhia das Letras, 2002.

SALOMÃO, S. N. Norma e Variação. *A língua portuguesa nos seus percursos multiculturais*. Roma: Edizioni Nuova Cultura, p. 141-145, 2012.

SALVADOR, José Gonçalves. *Os cristãos novos e o comércio do Atlântico meridional*. São Paulo: Pioneira/MEC, 1973.

SALVADOR, José Gonçalves. *Os cristãos novos*: povoamento e conquista do solo brasileiro, 1530-1680. São Paulo: Pioneira, Edusp, 1976.

SALVADOR, José Gonçalves. *Os cristãos novos e o comércio no Atlântico meridional, com enfoque nas capitanias do sul, 1530-1680*. São Paulo: Pioneira, 1978.

SAMARTIM, R.; BELLO VÁZQUEZ, R.; FEIJÓ, E. J. T.; BRITO-SEMEDO, M. (Eds.). *Estudos da AIL em ciências da linguagem*: língua, linguística, didática. AIL Editora: Santiago de Compostela / Coimbra, p. 127-144, 2015.

SANTIAGO-ALMEIDA, M. M.; LIMA-HERNANDES, M. C. (Orgs.). *História do português paulista*. Campinas: Instituto de Estudos da Linguagem, 2012.

SANTOS, C. J. F. *Nem tudo era italiano* – São Paulo e pobreza (1890-1915). São Paulo: Annablume/FAPESP, 1998.

SANTOS, Fernanda C. E. *O colégio da Bahia*: uma (quase) universidade na América portuguesa (1556-1763). Tese de Doutorado em História. Florianópolis. Universidade Federal de Santa Catarina, 2014.

História do Português Brasileiro

SANTOS, José Maria dos. *Os republicanos paulistas e a abolição*. São Paulo: Martins Fontes, 1942.

SANTOS, Maria Licínia Fernandes dos. *Os madeirenses na colonização do Brasil*. Coimbra: Faculdade de Letras, 1997. Disponível em: <https://estudogeral.sib.uc.pt:8443/dspace/bitstream/10316/9771/1/Santos,%20Maria%20Lic%C3%ADnia%20Fernandes.pdf>. Acesso em: 18 maio 2018.

SANTOS, Milton. *A urbanização brasileira*. São Paulo: Edusp, 2002.

SANTOS, C.; MATOS, P. (Orgs.). *A demografia das sociedades insulares portuguesas*: séculos XV a XX. Braga: Centro de Investigação Transdisciplinar "Cultura, Espaço e Memória", p. 15-54, 2013.

SANTOS SILVA, Hosana. *O lugar da língua na São Paulo transformada*: os usos linguísticos dos intelectuais republicanos paulistas. Tese de doutorado. São Paulo: FFLCH/USP, 2012.

SAPIR, E.; MANDELBAUM, David G. (Org.). *Selected Writings in Language, Culture, and Personality*. Berkeley: The University of California Press, [1949] 1985.

SCHAFFER, Raymond Murray. *A afinação do mundo*: uma exploração pioneira pela história passada e pelo atual estado do mais negligenciado aspecto do nosso ambiente, a paisagem sonora. São Paulo: Ed. da Unesp, 2001.

SCHAMA, Simon. *A história dos judeus*: à procura das palavras (1000 a.C.-1492 d.C.). São Paulo: Companhia das Letras, 2013.

SCHEI, Ane. A colocação pronominal na literatura brasileira do século XIX. *Filologia e Linguística Portuguesa*, n. 5, p. 57-84, 2002.

SCHER, A. P. *As construções com dois complementos no inglês e no português do Brasil*: um estudo sintático comparativo. Dissertação de Mestrado em Linguística. Campinas: IEL, Unicamp, 1996.

SCHERRE, M.; DIAS, E.; ANDRADE, C.; MARTINS, G. Variação dos pronomes 'tu' e 'você'. In: M. A. Martins; J. Abraçadso (Orgs. 2015: 133-172), 2015.

SCHWARCZ, Lilia. *O espetáculo das raças*. São Paulo: Companhia das Letras, 1993.

SCHWARCZ, Lilia. *As barbas do imperador*: D. Pedro II, um monarca nos trópicos. São Paulo: Companhia das Letras, 1998.

SCHWARCZ, Lilia. *O império em procissão*: ritos e símbolos do segundo reinado. Rio de Janeiro: Zahar, 2001.

SCHWARTZ, Stuart. *Segredos internos*. São Paulo: Companhia das Letras, 1988.

SCHWARTZ, Stuart B. Trabalho e cultura: vida nos engenhos e vida dos escravos. In: *Escravos, roceiros e rebeldes*. Bauru: EDUSC, 2001 [1992].

SCHWARTZ, Stuart B. Resistance and Accommodation in Eighteenth-century Brazil: The Slaves' View of Slavery. *Hispanic American Historical Review*, no. 57, 1, fev. 1977, p. 69-81.

SCHWARTZ, Stuart. A Commonwealth within Itself. The Early Brazilian Sugar Industry, 1550-1670. *Revista de Indias*, v. LXV, n. 233, p. 79-116, 2005.

SEABRA, M. C. T. C. de. *Uma abordagem diacrônica das construções de tópico em português*. Dissertação de Mestrado. Belo Horizonte: Universidade Federal de Minas Gerais, 1994.

SEABRA, M. C. T. C. *Atlas toponímico do estado de Minas Gerais*: variante regional do Atlas Toponímico do Brasil. In: J. S. Magalhães; L. C. Travaglila (Orgs. 2008: 1945-1952), 2008.

SEGURA, L.; SARAMAGO, J. Madeira e Açores: autonomia e coesão dialetais. In: I. H. Faria (Org. 1999: 707-738), 1999.

SERQUEIRA, F. J. M. *Apontamentos acerca do falar do Baixo-Minho*. Lisboa: Revista de Portugal, 1957.

SERRÃO, J. *Dicionário de História de Portugal*, v. IV. Porto: Livraria Figueirinhas, s/d.

SERRÃO, J. *A emigração portuguesa*: sondagem histórica. 4ª ed. Livros Horizonte, 1982.

SHIBATANI, M. Passive and Related Constructions: A Prototype Analysis. *Language*, v. 61, n. 4, p. 821-848, Dec., 1985.

SHIGUNOV NETO, Alexandre; MACIEL, Lisete. O ensino jesuítico no período colonial brasileiro: algumas discussões. *Educar*, Curitiba, n. 31, p. 169-189, 2008.

SIEGEL, Jeff. Koines and Koineization. *Language in Society*, v. 14, p. 357-78, 1985.

SIEGEL, J. Mixing, Leveling, and Pidgin/Creole Development. In: SPEARS, A. K.; WINFORD, D. (Eds.). *The Structure and Status of Pidgins and Creoles*, 1997, pp. 111-49. Amsterdam/Philadelphia: John Benjamins, citado por Kerswill, 2000, p.669.

SILVA, Adriana M. Paulo da. Espaços de normatização do português brasileiro: professores e alunos nas aulas de primeiras letras, na Corte e no Recife, em meados do século XIX. In: Ivana S. Lima; Laura do Carmo (Orgs. 2008), 2008.

Referências bibliográficas

SILVA, Augusto Soares da (Org.). *Linguagem e cognição*: a perspectiva da linguística cognitiva. Braga: Associação Portuguesa de Linguística / Universidade Católica Portuguesa, 2001, 2ª ed., 2003.

SILVA, Augusto Soares da; TORRES, Amadeu; GONÇALVES, Miguel (Orgs.). *Línguas pluricêntricas*. Variação linguística e dimensões sociocognitivas. Braga: Publicações da Faculdade de Filosofia da Universidade Católica Portuguesa, 2011.

SILVA, J. T.; RUIZ, R. São Paulo, de vila a cidade: a fundação, o poder público e a vida política. In: P. Porta (Org. 2004: 69-113), 2004.

SILVA, Kalina V. De ganhadores, bandidos, soldados e festas: o cotidiano nas ruas das cidades açucareiras de Pernambuco nos séculos XVII e XVIII. In: E. Gandra; P. Possamai (Orgs. 2011: 63-85), 2011.

SILVA, Leonardo Dantas. *Episódios da imigração portuguesa em Pernambuco*: açorianos no Nordeste. Funchal: Região Autônoma da Madeira; Centro de Estudos de História do Atlântico, p. 465-480, 2000.

SILVA, Maurício. *O sorriso da sociedade*: literatura e academicismo no Brasil da virada do século (1890-1920). São Paulo: Alameda, 2013.

SILVA, R. S. *Diagramação*: o planejamento visual gráfico na comunicação impressa. São Paulo: Summus, 1985.

SILVA NETO, Serafim da. *Introdução ao estudo da língua portuguesa no Brasil*. Rio de Janeiro: Presença, 1953; 3ª ed., Rio de Janeiro: Presença, INL, 1976; 4ª ed., 1977; 5ª ed., 1986.

SILVA NETO, Serafim da. *História da língua portuguesa*. Rio de Janeiro: Presença, 1979 [1952].

SILVA NETO, Serafim. *Introdução à história da língua portuguesa*. Rio de Janeiro: Presença/INL Fundação Nacional Pró-Memória, 1986 [1950].

SILVEIRA, Célia Regina. O caipira: fonte da identidade paulista em Valdomiro Silveira. In: A. C. Ferreira; M. L. Mahl (Orgs. 2008: 49-74), 2008.

SILVEIRA, Valdomiro. A Pantasma. *O Estado de S. Paulo*. São Paulo, 25 ago. 1906, Crônica, p. 1.

SILVEIRA, Valdomiro. A avinha má. *O Estado de S. Paulo*. São Paulo, 10 ago. 1906, Crônica, p. 1.

SILVEIRA, Valdomiro. Enredos. *O Estado de S. Paulo*. São Paulo, 26 out. 1906, Crônica, p. 1.

SILVEIRA, Valdomiro. Eu, no Sertão. *O Estado de S. Paulo*. São Paulo, 28 jun. 1906,Crônica, p. 1.

SILVEIRA, Valdomiro. Mau Costume. *O Estado de S. Paulo*. São Paulo, 17 jan. 1906, Crônica, p. 1.

SILVEIRA, Valdomiro. No sertão. *O Estado de S. Paulo*. São Paulo, 12 set. 1906, Crônica, p. 1.

SILVEIRA, Valdomiro. Tal e qual. *O Estado de S. Paulo*. São Paulo, 25 jan. 1906, Crônica, p. 1.

SILVEIRA, Valdomiro. Trama. *O Estado de S. Paulo*. São Paulo, 31 jul. 1906, Crônica, p. 1.

SILVEIRA, Valdomiro. As fruitas. *O Estado de S. Paulo*. São Paulo, 08 jan. 1906, Crônica, p. 1.

SIMÕES, José; KEWITZ, Verena. Edição das cartas da capitania e São Paulo. Aldeamento de índios – século XVIII e XIX. In: Projeto Para a História do Português Brasileiro. Disponível em: <http://phpp. fflch.usp.br/sites/phpp.fflch.usp.br/files/SIM%C3%95ES-0%282006%29%20Aldeamento%20de%20 %C3%ADndios.pdf>. Acesso em: 14 jan. 2013.

SINGER, Paul. *Desenvolvimento econômico e evolução urbana*. São Paulo: Editora Nacional/USP, 1968.

SINGER, Paul. *A economia política da urbanização*. São Paulo: Contexto, 2002.

SOARES, Luiz Carlos. *O "povo de Cam" na capital do Brasil*. A escravidão urbana no Rio de Janeiro do século XIX. Rio de Janeiro: Faperj/ 7 Letras, 2007.

SOARES, Mariza de Carvalho. *Rotas atlânticas da diáspora africana*: da baía do Benim ao Rio de Janeiro. Niterói: Editora da Universidade Federal Fluminense, v. 1, 2007.

SODRÉ, N. W. *História da imprensa no Brasil*. Rio de Janeiro: Mauad, 1966; 4ª ed. com capítulo inédito, 1999.

SOUSA, Alberto. *Do mocambo à favela*. Recife, 1920-1990. João Pessoa: Editora da UFPB, 2003.

SOUSA, Jorge Pedro. *Relembrando o contexto histórico*: Portugal 1644-1974. Teorização do Jornalismo em Portugal. Porto: Universidade Fernando Pessoa, 2010a. 32 p. Postado em 27 de mai de 2010, 15:21. Disponível em: <http://teoriadojornalismo.ufp.edu.pt/contexto>. Acesso em: 13 ago. 2010.

SOUSA, Jorge Pedro. Cronologia. Site do projeto: *Teorização do Jornalismo em Portugal*: das origens a abril de 1974. Porto: Universidade Fernando Pessoa, 2010b. 32 p. Postado em 25 de mai de 2010, 15:17. Disponível em: <http://teoriadojornalismo.ufp.edu.pt/contexto>. Acesso em: 13 ago. 2010.

SOUSA, J. P. Uma história do jornalismo em Portugal até ao 25 de abril de 1974. In: Jorge Pedro Souza (Org. 2008: 93-118), 2008. Disponível em: <https://bdigital.ufp.pt/dspace/bitstream/10284/1163/3/Hist%20 Jor%20Port%20at%C3%A9%201974%20JPS%20BOCC.pdf>. Acesso em: 23 jan. 2011.

SOUSA, J. P. (Org.). *Jornalismo*: história, teoria e metodologia da pesquisa – perspectivas luso-brasileiras. Porto: Porto Edições/Universidade Fernando Pessoa, 2008.

História do Português Brasileiro

TANURI, Leonor Maria. *O ensino normal no estado de São Paulo, 1890-1930*. São Paulo: FE/USP, 1979.

TARALLO, Fernando. *Relativization Strategies in Brazilian Portuguese*. Ph.D. Dissertation. Filadélfia: University of Pennsylvania, 1983.

TARALLO, Fernando. The Filling of the Gap: Pro-drop Rules in Brazilian Portuguese. In: L. King; C. A. Maley (Eds. 1985), 1985.

TARALLO, Fernando L. (Org.). *Fotografias sociolinguísticas*. Campinas: Pontes, 1989.

TARALLO, Fernando. Diagnosticando uma gramática brasileira: o português d'aquém e d'além mar ao final do século XIX. In: I. Roberts; M. Kato (Orgs. 1993: 69-102; 2a ed. 2008: 69-102), 1993.

TARALLO, Fernando; KATO, Mary Aizawa. Harmonia trans-sistêmica: variação intra- e inter-linguística. *Diadorim*: Revista de Estudos Linguísticos e Literários, n. 2, p. 13-42, 2007.

TAUNAY, Afonso d'Escragnolle. *São Paulo no século XVI*. História da vila Piratiningana. Tours: E. Arrault & Cia, 1921.

TAUNAY, Afonso de E. *História das bandeiras paulistas*. 2ª ed. São Paulo: Melhoramentos, 3 t., s/d.

TAUNAY, Afonso de E. *João Ramalho e Santo André da Borda do Campo*. 2ª ed.. São Paulo: Imprensa Gráfica da Revista dos Tribunais S.A., 1968.

TELES, Ana Regina T. *Cartografia e georreferenciamento na geolinguística*: revisão e atualização das regiões dialetais e da rede de pontos para a elaboração do Atlas Linguístico do Brasil formuladas por Antenor Nascentes. Tese. Programa de Pós-Graduação em Língua e Cultura. Salvador: Universidade Federal da Bahia, 2018.

TENGARRINHA, José. *História da imprensa periódica portuguesa*. 2ª ed. Lisboa: Caminho, 1989.

TEYSSIER, Paul. *História da língua portuguesa*. Trad. Celso Cunha. Lisboa: Livraria Sá da Costa , 1994 [1980]; 2a ed, 1990.

THEODORO, Janice; RUIZ, Rafael. *São Paulo, da vila à cidade*: a fundação, o poder público e a vida. São Paulo: Paz e Terra, 2005.

TOLEDO, Roberto Pompeu de. *A capital da solidão*: uma história de São Paulo das origens a 1900. Rio de Janeiro: Objetiva, 2003.

TORRES MORAIS, Maria A. Aspectos diacrônicos do movimento do verbo, estrutura da frase e caso nominativo no português do Brasil. In: I. Roberts; M. Kato (Orgs. 1993: 263-306), 1993.

TORRES MORAIS, Maria A. Aspectos da história das palavras negativas no português. In: R. V. Mattos e Silva (Org. 2001, p. 443-482), 2001.

TORRES MORAIS, Maria A. Rastreando aspectos gramaticais e sociohistóricos do português brasileiro em anúncios de jornais do século XIX. In: T. M. Alkmim (Org. 2002: 69-125), 2002.

TORRES MORAIS, Maria A. C. R.; ANDRADE, Maria L. C. V. O. (Orgs.). *História do português paulista*. Série Estudos, v. II. Campinas: Instituto de Estudos da Linguagem da Unicamp, 2009.

TORRES, J. C. de O. *O homem e a montanha*: introdução ao estudo das influências da situação geográfica para a formação do espírito mineiro. Belo Horizonte: Autêntica, 2011.

TRUDGILL, P. Introduction. In: Peter Trudgill (Ed.). *Applied Sociolinguistics*. London: Academic Press, 1984.

TRUDGILL, P. J. *Dialects in Contact*. Oxford: Blackwell, 1986.

TRUDGILL, P. J. The Chaos Before the Order: New Zealand English and the Second Stage of New-dialect Formation. In: E. H. Jahr (Ed. 1998: 1-11), 1998.

TRUDGILL, Peter. Dialect Contact, Dialectology and Sociolinguistics. *Cuadernos de Filologia Inglesa*, v. 8, p. 1-8, 1999.

TRUDGILL, Peter. *New-dialect Formation*. The Inevitability of Colonial Englishes. Edinburgh: Edinburgh University Press, 2004.

TRUDGILL, P. J.; GORDON, E.; LEWIS, G.; MACLAGAN, M. Determinism in New-dialect Formation and the Genesis of New Zealand English and the Second Stage of New-dialect Formation. *Journal of Linguistics* 36, p. 299-318, 2000.

VAINFAS, Ronaldo. *Jerusalém colonial*: judeus portugueses no Brasil holandês. Rio de Janeiro: Civilização Brasileira, 2010.

VASCONCELLOS, José Leite de. Dialectos açoreanos: contribuição para o estudo da dialectologia portuguesa. *Revista Lusitana* 2: 289-330, 1890-1892.

VASCONCELOS, José Leite de. *Esquisse d'une dialectologie portugaise*. 3ª ed. Lisboa: INIC-CLUL, 1987 [1901].

328

Referências bibliográficas

VASCONCELOS, José Leite de. *Opúsculos* – v. IV – Filologia. Coimbra: Imprensa da Universidade, 1929.

VASCONCELOS, Simão de. *Crônica da Companhia de Jesus*. 3ª ed. Petrópolis: Vozes; INL/MEC, v. 1, 1977 [1865].

VEIGA, José Pedro. *Ephemerides mineiras (1664-1897)*. v. III. Jul-set. Ouro Preto: Imprensa Official do Estado de Minas, 1897.

VEIGA, José Pedro. A imprensa de Minas Gerais (1807-1897). *Revista do Arquivo Público Mineiro*. Ano III, p. 169-249, 1898.

VENANCIO, Renato. Presença portuguesa: de colonizadores a imigrantes. In: IBGE. *Brasil 500 anos de povoamento*. Rio de Janeiro: IBGE, p. 63-77, 2000.

VERDELHO, T. Brasileirismos. Em torno dos primeiros registos lexicográficos. In: J. N. Cardoso; Maria A. Ribeiro (Orgs., 2007: 5-81), 2007.

VERÍSSIMO, José. Briga de gramáticos. In: *Obras completas de Rui Barbosa*. Anexos à Réplica. V. 29, t. 4. Rio de Janeiro: MEC, p. 113-119, 1969 [1902].

VESTERGAARD, T.; SCHRØDER, K. *A linguagem da propaganda*. 4ª ed. Trad. João Alves dos Santos. São Paulo: Martins Fontes, 2004.

VICENTE, Gil. *Auto da barca do purgatório* [1518]. In: C. Berardinelli (Org. 2012: 96-122), 2012.

VIDA MODERNA, A, São Paulo, anno IX, n. 234, 1914.

VIDA PAULISTA, São Paulo, n. 9, 1903.

VIDAS E PAIXÕES DOS APÓSTOLOS, v. 1. Edição crítica e estudo por Isabel Vilares Cepeda. Lisboa: Centro de Linguística da Universidade de Lisboa / Instituto Nacional de Investigação Científica, 1982.

VIDAS DE SANTOS, DE UM MANUSCRITO ALCOBACENSE. Edição dirigida por Ivo Castro. Lisboa: Centro de Estudos Geográficos / Instituto Nacional de Investigação Científica, 1985.

VIEIRA, Alberto. *Os flamengos e as ilhas portuguesas do Atlântico*. Funchal: Centro de Estudos de História do Atlântico – CEHA, 2005. Disponível em: <http://www.scielo.br/pdf/vh/v25n41/v25n41a08.pdf>. Acesso em: 2 jun. 2018.

VIEIRA, Alberto. A civilização do açúcar e a Madeira. In: J. E. Franco, 2008. Disponível em: <https://ceha. madeira.gov.pt/CEHA/investigacao/AV-textos>. Acesso em: 18 maio 2018.

VILLALTA, Luiz Carlos. O que se fala e o que se lê: língua, instrução e leitura. In: L. de Mello e Souza (Org. 1997: 331-385), 1997.

VILHEMA, Marilda. A viagem do imigrante açoriano para o Brasil em meados do séc. XVIII. In: *Anais da 2ª Semana de Estudos Açorianos*. Florianópolis: Universidade Federal de Santa Catarina, 1989.

VIOTTI, Hélio S.J. A. O ensino dos jesuítas e a independência do Brasil. *Humanismo Pluridimensional*. São Paulo: Edições Loyola, p. 917-920, 1974.

WEHLING, Arno; WEHLING, Maria José C. de. *Formação do Brasil colonial*. Rio de Janeiro: Nova Fronteira, 1994.

WILCKEN, Patrick. *O império à deriva*: a corte portuguesa no Rio de Janeiro 1808-1821. Campinas: Ponto de Leitura, 2005.

WISSENBACH, Maria Cristina C. *Sonhos africanos, vivências ladinas*: escravos e forros em São Paulo (1850-1880). São Paulo: Hucitec, 1998.

WISSENBACH, Maria Cristina C. Cartas, procurações, escapulários e patuás: os múltiplos significados da escrita entre escravos e forros na sociedade oitocentista brasileira. *Revista Brasileira de História da Educação*, no. 4/ jul.dez. 2002, p. 103-122, 2002.

WIZNITZER, Arnold. *Os judeus no Brasil colonial*. Trad.Olívia Krahenbuhl. São Paulo: Livraria Pioneira/ Edusp, 1966.

ZÁGARI, M. R. L. Os falares mineiros: esboço de um atlas linguístico de Minas Gerais. In: A. Aguilera (Org. 1998: 31-54), 1998.

ZEQUINI, Anicleide. A fundação de São Paulo e os primeiros paulistas: indígenas, europeus e mamelucos. In: *A formação do estado de São Paulo, seus habitantes e os usos da terra*, 3 volumes. São Paulo: Imprensa Oficial, v. 1, p. 29-49, 2004.

ZUMTHOR, Paul. *A letra e a voz*: a "literatura" medieval. São Paulo: Companhia das Letras, 1993.

ZUMTHOR, Paul. *Escritura e nomadismo*: entrevistas e ensaios. Cotia: Ateliê, 2005.

OS AUTORES

Ana Paula Rocha possui graduação em Letras (1997) e mestrado em Letras (2001) pela Universidade Federal de Juiz de Fora. É doutora em Letras (2006) pela Pontifícia Universidade Católica do Rio de Janeiro. Leciona Língua Portuguesa no Instituto de Educação de Angra dos Reis, da Universidade Federal Fluminense. Enquanto professora da Universidade Federal de Ouro Preto, foi coordenadora do Projeto ALiB no estado de Minas Gerais.

Célia Maria Moraes de Castilho graduou-se em Língua Portuguesa e Língua Francesa pela Faculdade de Filosofia, Ciências e Letras de Marília (1968-1971), faculdade em que cursou a especialização em Filologia e Língua Portuguesa (1973). É mestre pelo Instituto de Estudos da Linguagem da Universidade Estadual de Campinas e doutora pela mesma instituição. Fez seu pós-doutorado na Faculdade de Filosofia, Letras e Ciências Humanas da Universidade de São Paulo, sob a supervisão de Marilza de Oliveira (2006-2008). Pesquisadora ligada à equipe paulista do Projeto para a História do Português Brasileiro desde 1988, desenvolveu pesquisas sobre a sintaxe do português médio, que postulou em 2001 como o português que se implantaria no Brasil, sobre os inventários e documentos escritos em São Paulo e sobre a concordância no português médio e no PB dos séculos XIX a XX.

Elaine Chaves graduou-se em licenciatura e bacharelado em Língua Portuguesa (1998-2002) na Universidade Federal de Ouro Preto. É mestre pelo Programa de Pós-graduação em Estudos Linguísticos da Faculdade de Letras da Universidade Federal de Minas Gerais (FALE/UFMG, 2004) e doutora pelo Programa de Pós-graduação em Estudos Linguísticos FALE/UFMG (2013). Fez seu pós-doutorado na Universidade Federal de Minas Gerais em 2014-2015. Atualmente, é professora da Universidade do Estado de Minas Gerais e desenvolve pesquisa na área de Sociolinguística e Dialetologia.

Francisco Eduardo de Andrade possui mestrado em História pela Universidade Federal de Minas Gerais (UFMG), doutorado em História pela Universidade de São Paulo (USP), e pós-doutorado na École des Hautes Études en Sciences Sociales (EHESS, França). Professor associado da Universidade Federal de Ouro Preto (UFOP), com diversos trabalhos publicados sobre historiografia e história de Minas Gerais. Suas pesquisas, com ênfase em história do Brasil do período colonial, versam sobre os seguintes temas: historiografia mineira e patrimônio cultural; fronteira e territorialidade (economia minerária e agrária); poderes, instituições religiosas e administração estatal da América portuguesa.

Giovana Ike Coan graduou-se em Letras (Português/Inglês) pela Faculdade de Filosofia, Letras e Ciências Humanas da Universidade de São Paulo (2004-2008). Na mesma instituição, obteve os títulos de mestre em Filologia e Língua Portuguesa (2011) e de doutora em Filologia e Língua Portuguesa (2016). Como pesquisadora, tem participado de diversos eventos e atuado principalmente nos seguintes temas: construções com *se*, formas de tratamento, pessoalidade e impessoalidade, história social da língua, português paulista, discurso republicano, Colégio Culto à Ciência/Ginásio de Campinas. É autora de artigos científicos e capítulos de livros sobre tais temas.

Hélcius Batista Pereira graduou-se em Ciências Econômicas na Universidade Estadual Paulista (Unesp) em 1992 e, depois, em Letras na Universidade de São Paulo (USP) em 2003. É mestre em Filologia e Língua Portuguesa por essa mesma universidade (2005) e doutor por esse mesmo programa (2011). É docente e pesquisador da graduação e do Programa de Pós-Graduação em Letras (PLE) da Universidade Estadual de Maringá (UEM). Suas pesquisas tomam por objeto a descrição da língua em uso e a história social do português brasileiro.

Jânia Martins Ramos é docente na Universidade Federal de Minas Gerais (1994-2015) e na Universidade Federal de Ouro Preto (1981-1993), pesquisadora CNPq (1998-2017) e na FAPEMIG (2007-2012). Possui graduação em Letras (1977) na Universidade Federal de Minas Gerais. É mestre pelo Programa de Pós-Graduação em Estudos Linguísticos (1983) e doutora pela Universidade Estadual de Campinas (1992). Fez dois estágios de pós-doutorado, respectivamente, na Universidade de São Paulo (2000) e Universidade Federal do Rio de Janeiro (2014), participou como *Visiting Scholar* na Universidade de Maryland (2000) e na Universidade de Tübingen (2001). É autora de artigos capítulos de livros e livros na área.

Maria Alice Rosa Ribeiro graduou-se em Ciências Econômicas (1971-1974) na Faculdade de Ciências Econômicas da Universidade Federal do Rio Grande do Sul (UFRGS). É mestre em História pelo Programa de Pós-Graduação em História da Universidade Estadual de Campinas, Unicamp (1980) e doutora pelo Programa de Pós-Graduação em Economia do Instituto de Economia (IE) da Unicamp, sob a orientação de Sergio S. Silva, com a tese *História sem fim: um inventário da saúde pública*, São Paulo 1880-1930. (1991). Fez seu pós-doutorado no Institute of Latin American Studies (ILAS), Universidade de Londres (1994-1995). É pesquisadora colaboradora do Centro de Memória – Unicamp desde 2009.

Marilza de Oliveira possui graduação em Letras pela Universidade de São Paulo (1980), mestrado em Linguística pela Universidade Estadual de Campinas (1992) e doutorado em Linguística pela Universidade Estadual de Campinas (1996). Atualmente é professora titular da Universidade de São Paulo. Tem experiência na área de Letras, com ênfase em Sintaxe e Linguística Histórica, atuando principalmente nos seguintes temas: linguística histórica, sintaxe, história social e morfologia lexical.

Marlos de Barros Pessoa possui graduação em Letras pela Universidade Católica de Pernambuco (1981), mestrado em Letras pela Universidade Federal de Pernambuco (1989) e doutorado em Linguística Românica pela Eberhard Karls Universität Tübingen, na Alemanha (1997). É professor titular da Universidade Federal de Pernambuco. Leciona Língua Latina e História da Língua Portuguesa no curso de graduação e participa do Programa de Pós-Graduação em Letras. Tem experiência na área de Linguística, com ênfase em Linguística Histórica e História Social da Linguagem, atuando principalmente com os seguintes temas: história social da linguagem, língua escrita, manuscritos e impressos, e oralidade na história.

Priscilla Barbosa Ribeiro é doutora em Filologia e Língua Portuguesa (2015) pela Universidade de São Paulo. É mestre nessa área (2011) e licenciada (2005) em Letras pela mesma universidade. Dedica-se a pesquisa interdisciplinar com vistas a analisar as relações entre língua e sociedade, com ênfase nas áreas de Sintaxe, Sociolinguística e História Social da Língua.

Tania Alkmim graduou-se em Letras em 1971 na Universidade Federal do Rio de Janeiro (UFRJ). É mestre em Linguística pelo Programa de Pós-graduação em Linguística do Instituto de Estudos da Linguagem da Unicamp, com a dissertação *A classe "difícil" de predicados adjetivais do português* (1975). Doutorou-se pela Université Paris V, sob a orientação de Louis-Jean Calvet em 1984. Fez pós-doutorado no Laboratoire du CNRS, Unité Mixte de Recherche 158 Langage, Langues et Cultures d'Afrique Noire (LLACAN), França. É professora associada aposentada do Departamento de Linguística – IEL/Unicamp. É autora de diversos livros e artigos na área.

GRÁFICA PAYM
Tel. [11] 4392-3344
paym@graficapaym.com.br